SCIENCES ÉCONOMIQUES & SOCIALES

SPÉCIALITÉ

SES 1re

Sous la direction de

Didier ANSELM
Professeur au lycée Charles-Gabriel Pravaz, Pont-de-Beauvoisin (38)
INSPE, académie de Grenoble (38)

Laurence ARLAUD
Professeure au lycée Jean Monnet, Franconville (95)

Aurélie BLANC
Professeure au lycée de l'Édit, Roussillon (38)

Laëtitia BLANC
Professeure à l'université Grenoble Alpes, Saint-Martin-d'Hères (38)

Éric CASSAGNE
Professeur au lycée Pape Clément, Pessac (33)

Bruno DECHAMPS
Professeur au lycée Évariste Galois, Sartrouville (78)

Emmanuel FARGES
Professeur au lycée René Cassin, Arpajon (91)

Aurélie GIRERD-CHANET
Professeure au lycée des Glières, Annemasse (74)

Aurélie MANON
Professeure au lycée de l'Albanais, Rumilly (74)

Nicolas OLIVIER
Professeur au lycée Nelson Mandela, Nantes (44)

Nelly SARRAUTE FAVRE
Professeure au lycée de la Vallée de Chevreuse, Gif-sur-Yvette (78)

Mathieu YVEN
Professeur au lycée international, Saint-Germain-en-Laye (78)

*Les éditions Hatier remercient **Mathieu Yven** pour sa précieuse relecture de l'ensemble du manuel.*

Hatier

Programme de Première
Bulletin officiel n° 1 du 22 janvier 2019

Questionnements	Objectifs d'apprentissage

Science économique

Questionnements	Objectifs d'apprentissage
Comment un marché concurrentiel fonctionne-t-il ?	▸ Savoir que le marché est une institution et savoir distinguer les marchés selon leur degré de concurrence (de la concurrence parfaite au monopole). ▸ Savoir interpréter des courbes d'offre et de demande ainsi que leurs pentes, et comprendre comment leur confrontation détermine l'équilibre sur un marché de type concurrentiel où les agents sont preneurs de prix. ▸ Savoir illustrer et interpréter les déplacements des courbes et sur les courbes, par différents exemples chiffrés, notamment celui de la mise en œuvre d'une taxe forfaitaire. ▸ Savoir déduire la courbe d'offre de la maximisation du profit par le producteur et comprendre qu'en situation de coût marginal croissant, le producteur produit la quantité qui permet d'égaliser le coût marginal et le prix ; savoir l'illustrer par des exemples. ▸ Comprendre les notions de surplus du producteur et du consommateur. ▸ Comprendre la notion de gains à l'échange et savoir que la somme des surplus est maximisée à l'équilibre.
Comment les marchés imparfaitement concurrentiels fonctionnent-ils ?	▸ Comprendre, à l'aide d'exemples, les principales sources du pouvoir de marché (nombre limité d'offreurs, ententes et barrières à l'entrée). ▸ Comprendre que le monopole est faiseur de prix et être capable de donner des exemples de monopoles (monopole naturel, institutionnel et d'innovation). ▸ Comprendre, à l'aide de représentations graphiques et/ou d'un exemple chiffré, que l'équilibre du monopole n'est pas efficace. ▸ Comprendre ce qu'est un oligopole et, à l'aide du dilemme du prisonnier, pourquoi les firmes en oligopole ont intérêt à former des ententes. ▸ Comprendre que la politique de la concurrence, en régulant les fusions-acquisitions et en luttant contre les ententes illicites et les abus de position dominante, augmente le surplus du consommateur.
Quelles sont les principales défaillances du marché ?	▸ Comprendre que le marché est défaillant en présence d'externalités et être capable de l'illustrer par un exemple (notamment celui de la pollution). ▸ Comprendre que le marché est défaillant en présence de biens communs et de biens collectifs, et être capable de l'illustrer par des exemples. ▸ Connaître les deux principales formes d'information asymétrique, la sélection adverse et l'aléa moral, et être capable de les illustrer par des exemples (notamment celui des voitures d'occasion pour la sélection adverse et de l'assurance pour l'aléa moral). ▸ Comprendre que la sélection adverse peut mener à l'absence d'équilibre. ▸ Être capable d'illustrer l'intervention des pouvoirs publics face à ces différentes défaillances.
Comment les agents économiques se financent-ils ?	▸ Comprendre que le financement consiste à couvrir des besoins de financement par des capacités de financement. ▸ Comprendre que le taux d'intérêt – à la fois la rémunération du prêteur et le coût du crédit pour l'emprunteur – est le prix sur le marché des fonds prêtables. ▸ Savoir que le revenu disponible des ménages se répartit entre consommation et épargne et qu'ils peuvent dégager des besoins ou des capacités de financement. ▸ Savoir ce qu'est l'excédent brut d'exploitation et comprendre que les entreprises se financent par auto-financement et financement externe (emprunts bancaires et recours au marché financier, en particulier actions et obligations). ▸ Savoir que le solde budgétaire résulte de la différence entre les recettes (fiscales et non fiscales) et les dépenses de l'État ; comprendre que le déficit budgétaire est financé par l'emprunt et savoir qu'une politique de dépenses publiques peut avoir des effets contradictoires sur l'activité (relance de la demande/effet d'éviction).
Qu'est-ce que la monnaie et comment est-elle créée ?	▸ Connaître les fonctions de la monnaie et les formes de la monnaie. ▸ Comprendre comment le crédit bancaire contribue à la création monétaire, à partir du bilan simplifié d'une entreprise et de celui d'une banque. ▸ Comprendre le rôle de la banque centrale dans le processus de création monétaire, en particulier à travers le pilotage du taux d'intérêt à court terme sur le marché monétaire, et comprendre les effets que ces interventions peuvent produire sur le niveau des prix et sur l'activité économique.

© Hatier, 2023. ISBN : 978-2-401-09711-7

Sociologie et science politique

Comment la socialisation contribue-t-elle à expliquer les différences de comportement des individus ?	▶ Comprendre comment les individus expérimentent et intériorisent des façons d'agir, de penser et d'anticiper l'avenir qui sont socialement situées et qui sont à l'origine de différences de comportements, de préférences et d'aspirations. ▶ Comprendre comment la diversité des configurations familiales modifie les conditions de la socialisation des enfants et des adolescents. ▶ Comprendre qu'il existe des socialisations secondaires (professionnelle, conjugale, politique) à la suite de la socialisation primaire. ▶ Comprendre que la pluralité des influences socialisatrices peut être à l'origine de trajectoires individuelles improbables.

Comment se construisent et évoluent les liens sociaux ?	▶ Comprendre et pouvoir illustrer la diversité des liens qui relient les individus au sein de différents groupes sociaux (familles, groupes de pairs, univers professionnel, associations, réseaux). ▶ Connaître les critères de construction des Professions et Catégories Socioprofessionnelles (PCS). ▶ Comprendre et savoir illustrer le processus d'individualisation ainsi que l'évolution des formes de solidarité en connaissant la distinction classique entre solidarité « mécanique » et solidarité « organique ». ▶ Comprendre comment les nouvelles sociabilités numériques contribuent au lien social. ▶ Comprendre comment différents facteurs (précarités, isolements, ségrégations, ruptures familiales) exposent les individus à l'affaiblissement ou à la rupture de liens sociaux.

Quels sont les processus sociaux qui contribuent à la déviance ?	▶ Comprendre la distinction entre normes sociales et normes juridiques, et connaître la diversité des formes de contrôle social. ▶ Comprendre que la déviance et/ou la désignation d'un acte comme déviant se définissent comme une transgression des normes et qu'elles revêtent des formes variées selon les sociétés et, en leur sein, selon les groupes sociaux. ▶ Comprendre que la déviance peut s'analyser comme le produit de différents processus sociaux (étiquetage, stigmatisation, carrières déviantes). ▶ Comprendre et illustrer la distinction entre déviance et délinquance. ▶ Comprendre et illustrer les difficultés de mesure de la délinquance.

Comment se forme et s'exprime l'opinion publique ?	▶ Comprendre que l'émergence de l'opinion publique est indissociable de l'avènement de la démocratie : d'abord monopole des catégories « éclairées », l'opinion publique est désormais entendue comme celle du plus grand nombre. ▶ Comprendre les principes et les techniques des sondages, et les débats relatifs à leur interprétation de l'opinion publique. ▶ Comprendre comment le recours fréquent aux sondages d'opinion contribue à forger l'opinion publique et modifie l'exercice de la démocratie (démocratie d'opinion) et de la vie politique (contrôle des gouvernants, participation électorale, communication politique).

Voter : une affaire individuelle ou collective ?	▶ Être capable d'interpréter des taux d'inscription sur les listes électorales, des taux de participation et d'abstention aux élections. ▶ Comprendre que la participation électorale est liée à divers facteurs inégalement partagés au sein de la population (degré d'intégration sociale, intérêt pour la politique, sentiment de compétence politique) et de variables contextuelles (perception des enjeux de l'élection, types d'élection). ▶ Comprendre que le vote est à la fois un acte individuel (expression de préférences en fonction d'un contexte et d'une offre électorale) et un acte collectif (expression d'appartenances sociales). ▶ Comprendre que la volatilité électorale revêt des formes variées (intermittence du vote, changement des préférences électorales) et qu'elle peut refléter un affaiblissement ou une recomposition du poids de certaines variables sociales, un déclin de l'identification politique (clivage gauche/droite notamment) et un renforcement du poids des variables contextuelles.

Regards croisés

Comment l'assurance et la protection sociale contribuent-elles à la gestion des risques dans les sociétés développées ?	▶ Connaître les principaux types de risques économiques et sociaux auxquels les individus sont confrontés (maladie, accident, perte d'emploi, vieillesse). ▶ Comprendre que l'exposition au risque et l'attitude face au risque (perception du risque, aversion au risque, conduites à risque) diffèrent selon les individus, les groupes sociaux et les sociétés, et être capable de l'illustrer par des exemples. ▶ Comprendre les effets positifs (bien-être, incitation à l'innovation) et négatifs (aléa moral) du partage des risques tant pour les individus que pour la société. ▶ Connaître les principes (prévention, mutualisation et diversification) qui permettent la gestion collective des risques et savoir les illustrer par des exemples. ▶ Connaître le rôle des principales institutions qui contribuent à la gestion des risques (famille, sociétés et mutuelles d'assurance, pouvoirs publics). ▶ Comprendre que la protection sociale, par ses logiques d'assurance et d'assistance, contribue à une couverture des risques fondée sur le principe de solidarité collective.

Comment les entreprises sont-elles organisées et gouvernées ?	▶ Comprendre le cycle de vie d'une entreprise à partir de quelques exemples (création, croissance, changement de statuts juridiques, disparition). ▶ Connaître et être capable d'illustrer la diversité des figures de l'entrepreneur : par leur statut juridique (entrepreneur individuel, micro-entrepreneur, chef d'entreprise) ; par leur position et leurs fonctions économiques (entrepreneur-innovateur, manager, actionnaire). ▶ Comprendre les notions de gouvernance, d'autorité et de décentralisation/centralisation des décisions au sein d'une entreprise. ▶ Comprendre qu'une entreprise est un lieu de relations sociales (coopération, hiérarchie, conflit) entre différentes parties prenantes (salariés, managers, propriétaires/actionnaires, partenaires d'une coopérative).

SOMMAIRE

SE PRÉPARER au BAC

Acquérir la méthode des épreuves écrites

Acquérir les savoir-faire de SES

S'entraîner à la dissertation

S'entraîner à l'épreuve composée

Partie 1 Mobiliser ses connaissances

Partie 2 Étudier un document statistique

Partie 3 Raisonnement s'appuyant sur un dossier documentaire

S'entraîner au Grand Oral

Vers le GRAND ORAL

Dans les ateliers

Et après ?

Partie 1

Science économique

Chapitre 1

Comment un marché concurrentiel fonctionne-t-il ?

Dossiers

Ateliers

LA VIDÉOTHÈQUE DU CHAPITRE

hatier-clic.fr/23ses1101

Les effets d'une subvention .... p. 13

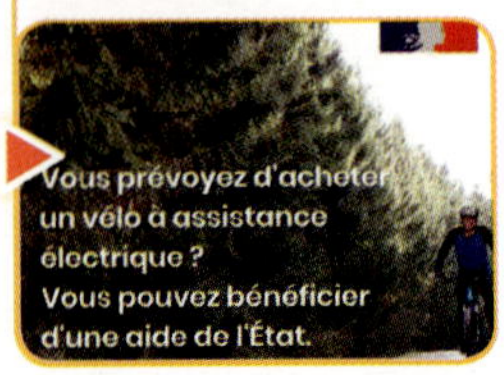

Un marché en ligne d'œuvres virtuelles .... p. 14

La concurrence .... p. 15

Sécheresse : le prix de la viande à la baisse .... p. 16

Qui paie la gratuité ? .... p. 18

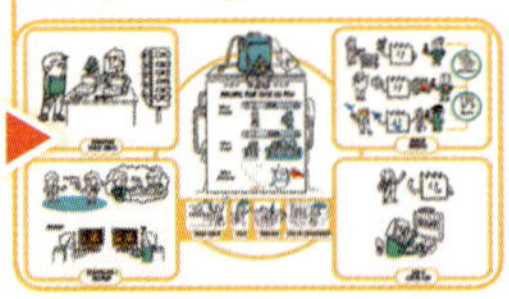

Prix plafond sur les micrologements .... p. 19

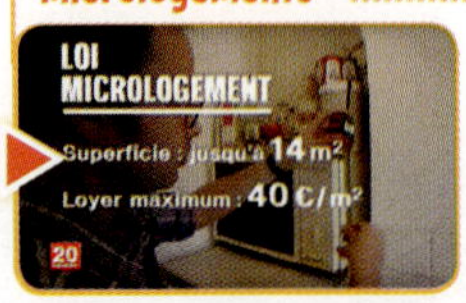

Quelle efficacité des taxes sur le tabac ? .... p. 21

Vidéo de **RÉVISION** du chapitre

hatier-clic.fr/23ses1102

1 S'interroger sur l'offre, la demande et le prix

Martin Vidberg, *Perdus sur l'île déserte*, 2009.

- D'après cette planche de BD, pourquoi les prix varient-ils sur le marché ?

2 Envisager les effets d'une subvention

Vidéo 1 min
hatier-clic.fr/23ses1103

- Pourquoi les pouvoirs publics mettent-ils en place une aide pour l'achat d'un vélo électrique ?
- Cette subvention se répercute-t-elle sur les prix ?

3 Réagir à la hausse du prix de l'essence

2021

2022

- Dans quelle mesure la hausse des prix de l'essence entraîne-t-elle une baisse de la consommation ?
- Selon vous, la concurrence s'exerce-t-elle sur ce marché ?

Dossier 1

Qu'est-ce qu'un marché ?

Doc 1 La diversité des marchés

a Un marché en ligne d'œuvres virtuelles.

b La vente d'œuvres d'art aux enchères, un marché particulier.

1. Comment fonctionne le marché des œuvres virtuelles (dites NFT) (doc. a) ? Comment les prix y sont fixés ? Qui sont les acheteurs ? Qui sont les vendeurs ?
2. Quelles sont les différences avec un marché de producteurs locaux ? avec la vente aux enchères ?
3. Comment définir un marché ?

Doc 2 Le marché a besoin d'institutions pour fonctionner

« Le marché n'est pas un fait naturel, il n'émerge pas spontanément, mais il est le résultat d'une construction par les acteurs sociaux : il a besoin qu'un certain nombre de règles soient définies pour fonctionner correctement. C'est en cela que le marché est une institution. Ainsi, pour choisir de vendre un bien, il faut que celui-ci nous appartienne, c'est-à-dire qu'il existe des règles juridiques nous définissant comme propriétaire du bien, et garantissant cette propriété. Il ne peut donc y avoir d'échange marchand sans détermination de droits de propriété [...]. Les brevets, par exemple, sont des droits de propriété sur des innovations : ils permettent d'assurer l'exclusivité de l'usage d'une invention. [...] Pour que l'économie de marché fonctionne, [...] il faut garantir les droits des participants aux échanges (droits de propriété, droits des consommateurs, des travailleurs sur le marché du travail, etc.), mais aussi garantir le respect des règles de la concurrence. [...] L'existence d'institutions et le respect des contrats sont ainsi nécessaires pour qu'offreurs et demandeurs puissent se rencontrer et s'accordent sur les conditions d'échange (par exemple en matière de contrat de travail entre l'employeur et le salarié). <u>Toutes les ressources peuvent-elles être gérées par le marché ?</u> Le degré et les choix de "marchandisation" évoluent dans le temps et d'une société à l'autre. »

Laurent Braquet, *Objectif Mention TB au Bac, Spécialité SES en Première*, Ellipses, 2019.

1. Pourquoi le fonctionnement du marché nécessite-t-il des règles ?
2. Donnez des exemples d'institutions qui garantissent la confiance nécessaire à l'échange.
3. Illustrez la phrase soulignée par des exemples.
4. Montrez que le marché est une institution.

Vocabulaire

- Les **institutions** sont les règles, conventions, normes de comportement qui encadrent les relations entre agents économiques (comme la monnaie).
- Le **preneur de prix** est un agent économique qui n'a pas la capacité d'exercer une influence sur le niveau des prix du marché, contrairement au **faiseur de prix**. Il ne peut que décider de la quantité qu'il souhaite acheter ou vendre pour le prix de marché.

Doc 3 Le modèle du marché en concurrence parfaite

« Le marché concurrentiel est celui sur lequel un agent individuel ne peut pas influencer les prix (il est **preneur de prix**). On continue souvent de nos jours à évoquer un marché de concurrence parfaite (CPP) […], satisfaisant cinq conditions […] :

Atomicité	Les agents sont trop petits et trop nombreux pour pouvoir influer sur les prix.
Homogénéité	Les biens sont identiques et ne se distinguent que par leur prix.
Libre entrée et sortie	Il est possible d'entrer et de sortir d'un marché sans coût.
Libre circulation	Le travail et le capital circulent librement d'un secteur d'activité à l'autre.
Transparence	Tous les participants au marché disposent de toutes les informations nécessaires.

Dans la mesure où aucun marché concret ne fonctionne comme les marchés de CPP décrits par la théorie, à quoi sert de les étudier ? C'est d'abord un modèle simple. […] Il n'est possible de raisonner facilement que sur un modèle simple. De plus, malgré cette simplicité, des économistes estiment que ce modèle capture des éléments importants du fonctionnement des marchés concurrentiels. »

Arnaud Parienty, *Précis d'économie*, La Découverte, 2017.

1. Quel est l'intérêt du modèle de la concurrence (pure et) parfaite (CPP) face à la diversité des marchés ?
2. Pourquoi aucun agent économique ne peut influencer seul les prix sur un marché en concurrence parfaite ?
3. Donnez un exemple de marché où la condition d'atomicité n'est pas respectée. Les entreprises sont-elles encore « preneuses de prix » ?
4. Donnez un exemple de situation où la condition d'homogénéité des produits n'est pas respectée. Les entreprises sont-elles encore « preneuses de prix » ?

Vidéo +
La concurrence
hatier-clic.fr/23ses1105

Exercice

Identifier les structures de marché

	Nombre d'offreurs		
Nombre de demandeurs	**Un**	**Quelques-uns**	**Un grand nombre**
Un	Monopole bilatéral	Monopsone contrarié	Monopsone
Quelques-uns	Monopole contrarié	Oligopole bilatéral	Oligopsone
Un grand nombre	Monopole	Oligopole	Concurrence parfaite

D'après la classification des marchés d'Heinrich Von Stackelberg (1934).

▶ À quelle structure de marché correspondent les situations suivantes ?

a. Samsung, Huawei et Apple se partagent plus de 75 % du marché des smartphones en Europe.
b. Le marché des baguettes de pain dans une grande ville.
c. Jusqu'en 2023, la SNCF était l'unique entreprise offrant des services de transport ferroviaire de voyageurs en France.
d. En France, la ligue de football professionnelle vend les droits TV des matchs à quelques chaînes.
e. En France, les industries du tabac ne peuvent vendre qu'à une seule entreprise (Altadis) qui assure la totalité de la distribution.

Je fais le point

Version interactive
hatier-clic.fr/23ses1106

Complétez le texte avec les mots suivants : institutions • offre • virtuel • prix • demande • droits de propriété • monnaie • institution

Le marché est un lieu (réel ou ……, quand il n'y a pas de rencontre physique) de rencontre des acheteurs (=……) et des vendeurs (= ……). Cette confrontation aboutit à la fixation d'un …….

Le marché a besoin d'…… pour fonctionner, c'est-à-dire de règles et conventions qui encadrent les échanges marchands. Par exemple, les …… et la …… sont des ……. Le marché est lui-même une …… qui fixe le cadre des échanges marchands.

Je m'entraîne pour le BAC

Épreuve composée partie 1

Illustrez la diversité des situations de marché par des exemples.

Dossier 2 Comment le marché concurrentiel atteint-il l'équilibre ?

Doc 1 Sécheresse : quelles conséquences sur le marché de la viande ?

Vidéo 1 min 30
hatier-clic.fr/23ses1107

À cause de la sécheresse et du manque d'herbe, les éleveurs doivent acheter du foin, ce qui entraîne un surcoût et les pousse à vendre leurs bêtes plus tôt.

1. De quoi dépend l'offre dans cet exemple ?
2. Quels peuvent être les autres déterminants de l'offre ?
3. Pourquoi les prix de la viande baissent-ils ?
4. Si les prix baissent sur le marché de la viande, comment vont évoluer les quantités offertes ? Justifiez.

Doc 2 L'équilibre sur le marché concurrentiel

Le marché fictif des pommes de terre

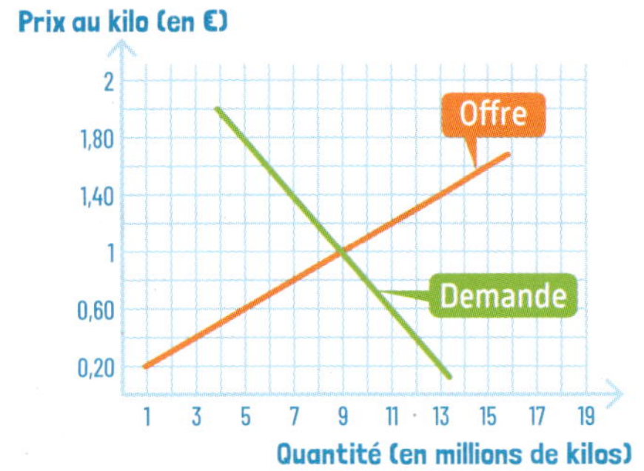

1. On appelle prix d'équilibre le prix qui permet l'égalité sur le marché entre l'offre et la demande. Quel est ce prix sur le graphique ?
2. Qu'observe-t-on pour la quantité offerte et la quantité demandée si le prix est à 1,40 € ? Et à 0,40 € ?
3. Comment évolue le prix en cas de pénurie sur un marché concurrentiel ? en cas de surproduction ?
4. La demande de pommes de terre augmente : pour chaque quantité, les consommateurs sont prêts à payer 0,20 € de plus. Reproduisez le graphique et tracez la nouvelle courbe de demande. Quelles conséquences sur le prix d'équilibre et la quantité échangée ?

Doc 3 La courbe de demande

« Considérons tous les locataires possibles d'appartements. Demandons à chacun d'eux le montant maximum qu'il serait disposé à payer pour occuper un des appartements. Regardons pour commencer la personne qui est disposée à payer le prix le plus élevé. Peut-être cette personne a-t-elle beaucoup d'argent, peut-être est-elle paresseuse et ne désire-t-elle pas marcher beaucoup… peu importe. Supposons que cette personne soit prête à payer 500 € par mois pour un appartement.
S'il n'y a qu'une seule personne disposée à payer ce montant et si le prix de location d'un appartement est de 500 €, un seul appartement sera loué et il le sera à la personne qui est prête à payer ce prix.
Supposons maintenant que le prix le plus élevé qu'une autre personne est disposée à payer soit de 490 €. Si le prix de location est de 499 €, il n'y aura toujours qu'un seul appartement loué et il le sera à la personne disposée à payer 500 €. […] De même, il n'y aura que deux appartements loués tant que le prix n'est pas égal au montant maximum suivant qu'une troisième personne est disposée à payer. Et ainsi de suite. […]
La courbe de demande pour les appartements est décroissante : si le prix de location des appartements diminue, un plus grand nombre de personnes seront disposées à en louer. »

Hal R. Varian, *Introduction à la microéconomie*, 9e édition, De Boeck Supérieur, 2014.

1. Quels sont les déterminants de la demande ?
2. Que se passe-t-il si le prix est strictement supérieur à 500 € ? S'il est compris entre 491 et 500 € ? S'il devient inférieur à 491 euros ?
3. À cause de la forte inflation, l'État décide de donner 100 € à chaque locataire : comment se déplace la courbe de demande d'appartements ?

Doc 4 La pente de la courbe de demande

1. Donnez d'autres exemples de biens substituables et complémentaires.
2. En se basant sur le document, le personnage est-il peu sensible ou très sensible à la variation du prix des pommes ? Pourquoi ?
3. Pouvez-vous en déduire que la pente de la courbe de demande est faible ou forte ?
4. Quand le bien peut être substitué par un autre bien, la pente de la courbe de demande est-elle faible ou forte ?

Planches extraites de Grady Klein et Yoram Bauman, traduction et adaptation de Christophe Bontemps, *L'Économie en BD, La microéconomie*, Eyrolles, 2014.

Exercice

→ Fiche Outil p. 292

Illustrer le déplacement des courbes et le retour à l'équilibre

Une variation du prix fait varier les quantités demandées et offertes : on parle de **déplacement sur la courbe**. Mais la demande (ou l'offre) peut varier si à un même prix la quantité demandée (ou offerte) augmente ou baisse : on parle alors de **déplacement de la courbe**. Prenons l'exemple du marché des poires.

▶ **Choisissez la bonne réponse parmi les propositions a, b, c et d.**

1. La tarte aux poires était à la mode l'année dernière, cette année, c'est la tarte aux pommes. Cela entraîne un déplacement de la courbe : a. d'offre/de demande b. vers la droite/vers la gauche et un déplacement du prix et de la quantité d'équilibre c. vers le haut/le bas.

2. Les conditions météorologiques optimales permettent une récolte de poires exceptionnelle cette année. Cela entraîne un déplacement de la courbe : a. d'offre/de demande b. vers la gauche/vers la droite et un déplacement du prix d'équilibre c. vers le haut/bas et la quantité d'équilibre d. vers le haut/bas.

Je fais le point

Version interactive
hatier-clic.fr/23ses1108

Complétez le schéma avec les termes appropriés : supérieure, inférieure, diminution, augmentation.

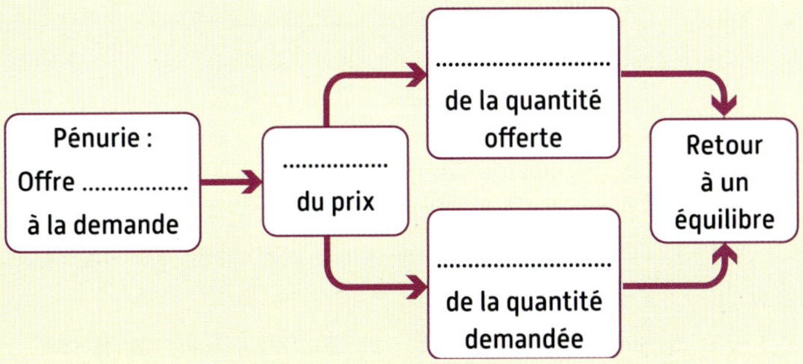

Je m'entraîne pour le BAC

1. À l'aide du doc.2, montrez comment varient l'offre et la demande en fonction du prix.
2. À l'aide du doc.2 et de vos connaissances, montrez qu'un marché concurrentiel ne peut pas être durablement en déséquilibre.

→ Méthode BAC p. 292

Dossier 3 Quels sont les gains à l'échange sur un marché ?

Doc 1 Qui paie la gratuité ?

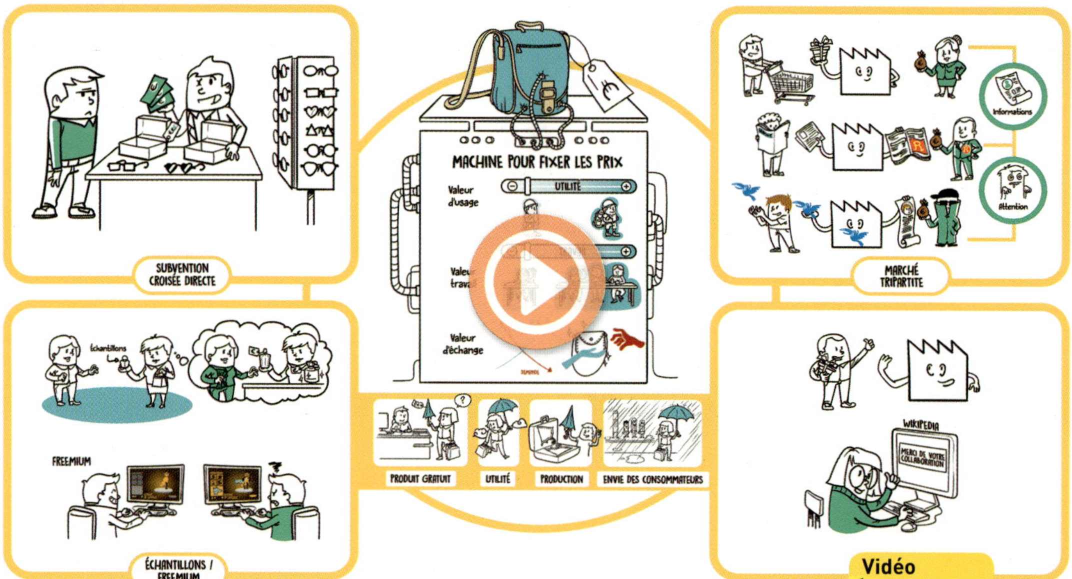

Vidéo
hatier-clic.fr/23ses1109

1. Relevez les quatre solutions pour proposer un produit gratuitement.
2. Les producteurs ont-ils des gains à l'échange alors que leur produit est proposé gratuitement ?

Doc 2 La mesure des gains à l'échange

« Supposons qu'un consommateur, en entrant dans un magasin, soit prêt à payer 100 euros pour un pantalon et qu'il en trouve un répondant à ses attentes pour 50 euros, la différence entre ce qu'il était disposé à payer (compte tenu de son calcul en termes d'utilité et de dépense) et ce qu'il a payé est appelé le surplus du consommateur. [...] Par analogie avec le consommateur, on appelle surplus du producteur ce qu'il gagne par la différence entre le prix du marché et le prix qu'il était prêt à accepter. »

Marc Montoussé, Isabelle Waquet, *Microéconomie*, Éditions Bréal, 2018.

1. Dans un marché concurrentiel, quel prix doit payer le consommateur ?
2. De quoi dépend le prix maximum qu'est prêt à payer un consommateur ?
3. De quoi dépend le prix minimum auquel est prêt à vendre un producteur ?
4. Donnez une définition du surplus du producteur et du surplus du consommateur.

Doc 3 La représentation graphique des gains à l'échange

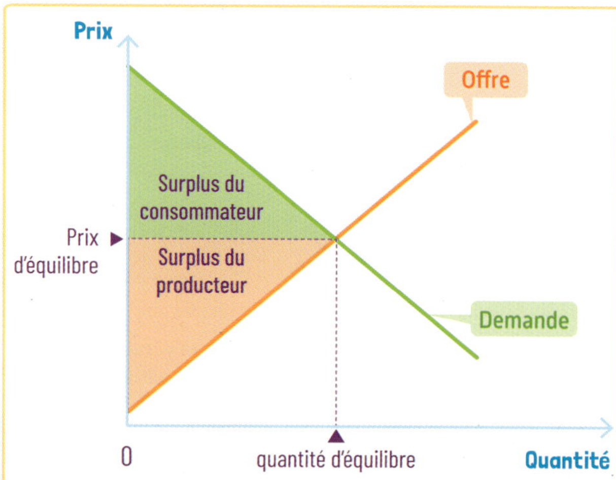

1. Selon ce graphique, est-ce que certains acheteurs étaient disposés à payer un prix supérieur au prix d'équilibre ? Justifiez.
2. Pourquoi n'y a-t-il plus de surplus pour une quantité supérieure à la quantité d'équilibre ?
3. Montrez que la surface « surplus du producteur » représente les gains à l'échange réalisés par les vendeurs.

Exercice

→ Fiche Outil p. 292

Illustrer graphiquement les effets d'un prix plancher

L'État fixe un **prix plancher** sur les produits agricoles supérieur au prix d'équilibre, pour aider les agriculteurs qui ne peuvent pas vivre de leur travail.

▶ **Reproduisez le graphique ci-contre et tracez un prix plancher correspondant à cette situation. Comment évoluent :**
a. les quantités échangées, **b.** le surplus du consommateur, **c.** le surplus du producteur et **d.** le **surplus total** ?

Doc 4 Les effets d'un prix plafond sur les gains à l'échange

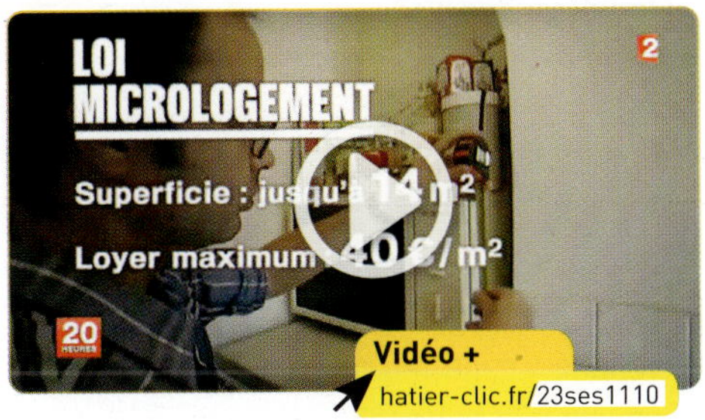

« Ainsi, pour les baux[1] conclus en métropole en 2022, les propriétaires d'un bien situé en zone A bis - comme à Joinville qui est éligible - ne peuvent appliquer un loyer supérieur à 17,62 euros du mètre carré hors charges, contre 17,55 euros en 2021. En zone A, le plafond est passé de 13,04 euros l'an passé à 13,09 euros actuellement. En zone B1, le plafond est de 10,55 euros en 2022, contre 10,51 euros en 2021. En B2, il atteint désormais 9,17 euros, contre 9,13 euros l'an passé. [...] Dans certaines villes, ce loyer est proche de la moyenne du marché. En revanche, dans d'autres, la décote[2] est importante. C'est donc un élément essentiel à prendre en compte pour évaluer la rentabilité de l'opération. »

Marie-Eve Frénay, « Immobilier : les nouveaux loyers plafonds pour défiscaliser dans l'ancien », www.lesechos.fr, 20 mai 2022, © *Les Échos*.

1. Un bail est un contrat par lequel une personne (bailleur) laisse à une autre (locataire) le droit de se servir d'un logement moyennant un certain prix (loyer).
2. Minoration des loyers perçus qui entraîne une perte d'une partie des gains à l'échange pour les propriétaires.

1. **Expliquez pourquoi les pouvoirs publics mettent en place un prix plafond sur les loyers.**

2. **La phrase soulignée correspond-elle à un prix plafond supérieur ou inférieur au prix d'équilibre ?**

3. **En vous aidant de l'exemple de l'exercice, représentez graphiquement cette situation : comment évoluent le surplus du producteur, le surplus du consommateur et le surplus total ?**

Vocabulaire

- Il y a **gain à l'échange** lorsque le prix payé est inférieur au prix que le demandeur était prêt à payer ou lorsque le prix de vente est supérieur au prix auquel l'offreur était prêt à vendre.
- Le **prix d'équilibre** est celui auquel l'offre est égale à la demande sur un marché concurrentiel.
- Un **prix plafond** est le prix maximum de vente imposé par les pouvoirs publics.
- Un **prix plancher** est le prix minimum de vente imposé par les pouvoirs publics.
- Le **surplus total** est la somme du surplus du consommateur et du producteur, qui est une mesure des gains à l'échange.

Je fais le point

Version interactive hatier-clic.fr/23ses1111

Vrai ou faux ?

1. Lorsque le prix augmente sur un marché, le surplus du consommateur augmente.
2. La somme du surplus du consommateur et du surplus du producteur constitue le surplus total.
3. Un prix plafond inférieur au prix d'équilibre conduit à une perte du surplus du producteur.
4. Un prix plancher supérieur au prix d'équilibre conduit à une hausse du surplus du consommateur.

Je m'entraîne pour le BAC

Épreuve composée partie 3

Écrivez un paragraphe argumenté montrant qu'il existe des gains à l'échange sur le marché concurrentiel.

Dossier 4 Comment une taxe forfaitaire ou une subvention agit-elle sur l'équilibre ?

Doc 1 La taxe soda

1. Quel effet devrait avoir une taxe sur le prix et les quantités demandées ?
2. Selon vous, quel est l'objectif de la « taxe soda » ?
3. La taxe forfaitaire sur les boissons sucrées est passée de 0,11 € par bouteille de 1,5 litre à 0,32 €. Quelle est la stratégie de Coca-Cola face à cette augmentation ?
4. Une taxe forfaitaire sur les producteurs se répercute-t-elle forcément sur les prix ? Justifiez.

« C'est une ruse qui rapporte gros à Coca-Cola. La marque a décidé de réduire la taille de ses bouteilles afin de ne pas être touchée par la taxe soda entrée en vigueur en 2012 et renforcée au 1er juillet 2018. Elle vise à faire payer plus cher les produits les plus sucrés. Comme nous vous l'avions déjà annoncé en avril, Coca-Cola a ainsi progressivement remplacé les bouteilles de 2 litres par de nouvelles de 1,75 litre et celles de 1,5 litre par des contenants de 1,25 litre.

Cette technique de changement de format évite à Coca-Cola une hausse des prix trop importante due à la taxe. Problème, si la quantité vendue a diminué, les tarifs n'ont pas baissé, ils ont même augmenté ! La bouteille de 2 litres vendue en moyenne 1,71 euro a perdu 25 centilitres de boisson, mais est désormais vendue 4 centimes de plus à 1,75 litre. Il en va de même pour le contenant de 1,5 litre qui est passé de 1,42 euro à 1,48 euro la bouteille alors qu'elle ne fait désormais plus que 1,25 litre. [...] Coca-Cola a tenté de justifier cette pratique en expliquant que les prix de revente de ses produits étaient fixés par les supermarchés, et que le changement de taille des bouteilles était dû à "l'évolution des attentes des consommateurs". »

Sarah Ugolini, « Comment Coca-Cola a rusé pour contourner la taxe soda », www.capital.fr, 4 septembre 2018.

Doc 2 Les effets d'une taxe forfaitaire sur les consommateurs

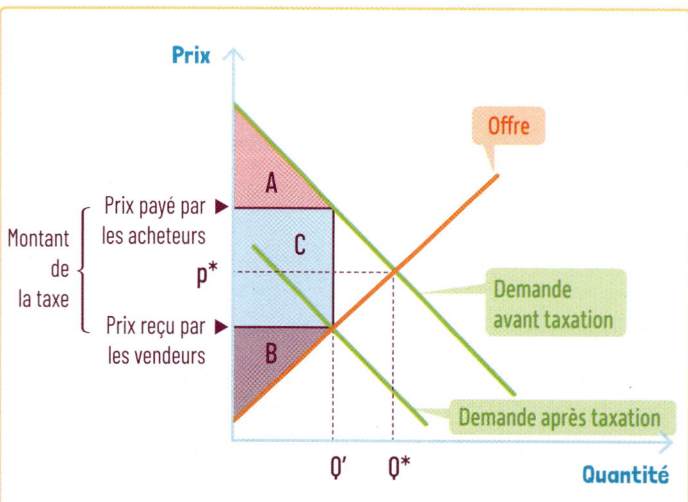

1. Comment évoluent la quantité et le prix d'équilibre après la taxe ?
2. Que représentent les surfaces A, B et C ?
3. Quels sont les effets de la taxe pour les vendeurs ? pour les acheteurs ?
4. La mise en place de la taxe maintient-elle le surplus total si on prend en compte les recettes fiscales supplémentaires dans le surplus total ?

Vocabulaire

> Une **taxe forfaitaire** est un impôt d'un montant fixe.

Doc 3 L'exemple d'une subvention forfaitaire sur les voitures électriques

« Le 12 octobre 2020, le ministre des Transports, Jean-Baptiste Djebbari, a annoncé dans *Le Parisien* l'octroi d'un bonus pour l'achat d'une voiture électrique d'occasion. La date de lancement de l'aide, dont le montant s'élèvera à 1 000 euros, n'a pas encore été précisée. Il s'agit d'un moyen supplémentaire de soutenir le secteur automobile, mais également d'opérer plus rapidement la transition écologique. [...] Concernant le bonus accordé pour l'achat d'une électrique d'occasion, il n'existe aucune condition de revenus pour y accéder. Ainsi, tous les ménages français ont la possibilité d'en profiter. De plus, le dispositif peut être cumulé avec la prime à la casse. Pour y prétendre, il faut néanmoins que le véhicule acquis soit doté d'une motorisation 100 % électrique. »

« Les mesures mises en place pour favoriser l'achat de voitures électriques sont-elles efficaces ? », www.bfmtv.com, 30 novembre 2020.

1. Pourquoi peut-on parler d'une subvention forfaitaire dans cet exemple ?
2. Quel est l'objectif de cette subvention forfaitaire ?
3. En vous aidant de l'exemple du document 2, réalisez un graphique montrant l'impact d'une subvention forfaitaire sur le prix et la quantité d'équilibre.

Doc 4 Tabac, alcool : les taxes sont-elles efficaces ?

Vidéo 4 min 30
hatier-clic.fr/23ses1112

1. Quelles sont les conséquences d'une taxe sur le tabac pour le consommateur, pour le producteur et pour l'État ?
2. Selon les études citées, la taxe atteint-elle son objectif de changement des comportements pour la consommation de tabac ?
3. Pourquoi la taxe est-elle plus efficace s'il existe des produits de substitution ?

Je fais le point

Version interactive
hatier-clic.fr/23ses1113

Choisissez la bonne proposition dans chaque affirmation.

1. Une taxe forfaitaire sur les consommateurs augmente/diminue le prix d'équilibre.
2. Une subvention forfaitaire augmente/diminue les quantités échangées.
3. Une taxe forfaitaire sur les producteurs déplace la courbe d'offre vers la droite/vers la gauche.
4. Une subvention pour les consommateurs augmente/diminue le prix d'équilibre.

Je m'entraîne pour le BAC

Épreuve composée partie 3

À l'aide de vos connaissances et du dossier documentaire, vous montrerez comment la mise en place d'une taxe forfaitaire agit sur l'équilibre du marché concurrentiel.

→ Méthode BAC p. 118

Atelier 1 Calculer La quantité optimale à produire

Étape 1 Calculer des coûts

Max possède un café : son objectif est de réaliser un profit, c'est-à-dire que son chiffre d'affaires soit supérieur au coût total de production. Le prix de marché s'impose à lui : il est de 2 € par tasse de café. Il doit décider combien de tasses de café vendre par heure pour maximiser son profit.

1. [Doc. 1] Complétez le tableau.
2. Pour quelles quantités de tasses Max réalise-t-il du profit (C'est la zone de profit) ?

Étape 2 Réaliser un graphique

3. Représentez graphiquement les courbes de coût moyen, de coût marginal et de prix.
4. Identifiez graphiquement la zone de profit.
5. Quelle est la quantité produite pour laquelle le profit est maximal ?
6. Complétez le doc. 2 avec les mots suivants : élevé – prix d'équilibre – égal – coût marginal - baisser - preneuse de prix – inférieur.

Doc 1 Les coûts de l'entreprise de Max

Version numérique hatier-clic.fr/23ses1114

Quantité produite (Qp)	0	1	2	3	4	5	6	7	8	9	10
Coût total (CT)	0,6	2,5	4,4	6	7,7	9,5	11,4	13,5	15,6	17,9	20,3
Coût moyen (CM)	-										
Coût marginal (Cm)	-										
Prix du marché (Pm)	2	2	2	2	2	2	2	2	2	2	2
Chiffre d'affaires (CA)											
Profit (π)											

Doc 2 Maximisation du profit et courbe d'offre

L'entreprise est ...a... et vend donc au prix du marché, qui s'impose à elle. Si elle vendait plus cher que le prix d'équilibre, elle vendrait moins que les entreprises concurrentes. Ainsi, quelle que soit la quantité vendue par l'entreprise, chaque unité supplémentaire vendue rapporte une recette marginale égale au ....b....

L'entreprise commence à faire du profit à partir du moment où le coût moyen devient ...c... au prix de vente, autrement dit, au moment où elle vend plus cher que ce que lui coûte la production de son produit.

Le volume de production qui maximise le profit de l'entreprise est le moment où le coût de la dernière unité produite (coût marginal) est ...d... au prix de marché. Si elle produit une unité de plus, le coût marginal devient plus élevé que la recette marginale, et elle commence donc à faire ...e... son profit total. Le point d'intersection entre la courbe de coût marginal et la droite de prix de marché (recette marginale) est appelé : l'optimum de production. Il s'agit du volume de production pour lequel l'entreprise réalise le profit total le plus ...f...

Pour l'entreprise preneuse de prix, la courbe de ...g... indique pour tout prix la quantité à produire afin de maximiser son profit, donc sa courbe d'offre.

Ne pas confondre

- Ne pas confondre **Coût moyen** (le coût unitaire, c'est-à-dire le coût total rapporté à la quantité produite : CT/Qp) et **coût de production marginal** (le coût de la dernière unité produite : $CT_n - CT_{n-1}$)
- Ne pas confondre **Chiffre d'affaires** (la quantité produite multipliée par le prix de vente : Qp x Pm), **Profit** (le chiffre d'affaires moins le coût de production total : CA – CT) et **Recette marginale** (ce que rapporte la dernière unité vendue).

Atelier 2

Débattre
Le marché du travail, un marché comme les autres ?

Vers le GRAND ORAL

Étape 1 Analyser le sujet

1. Définissez les termes du sujet et reformulez-le pour en vérifier la compréhension.
2. Représentez graphiquement le marché du travail avec les termes suivants : salaire – plein emploi – salaire d'équilibre – quantité de travail – offre de travail – demande de travail.
3. Représentez graphiquement l'impact d'une hausse de la population active sur le marché du travail.

Étape 2 Rechercher des informations

4. Partagez la classe en deux groupes : l'un défendra la position des économistes néoclassiques, l'autre celle des économistes keynésiens.
5. Quel est l'impact d'une hausse du salaire minimum sur le marché du travail pour les économistes néoclassiques ? pour les économistes keynésiens ?
6. Qu'est-ce qui pourrait empêcher l'autorégulation du marché du travail (au sens néoclassique) en France ?

Étape 3 Organiser le débat

Un modérateur répartit la parole.
Un élève de chaque groupe note au tableau les arguments de son groupe.

Coup de pouce

✓ Sur le marché du travail, l'offre provient des salariés, la demande des employeurs, et le prix est le salaire.

✓ Ressource en + : La révolution keynésienne hatier-clic.fr/23ses1115

Doc 1 Le marché du travail : double sens et double théorie

« Le marché du travail a un double sens. Au sens courant, il désigne la situation de l'emploi dans une économie et, plus précisément, l'état des emplois disponibles (nature, qualifications exigées, quantité). On dira ainsi que les demandeurs d'emploi, c'est-à-dire les chômeurs, ont des difficultés pour s'insérer sur le marché du travail car les offres d'emplois des entreprises sont insuffisantes.

Le marché du travail est aussi un concept économique. C'est un marché mettant en relation ceux qui offrent leur travail (les salariés) et ceux qui demandent ce service qu'est le travail (facteur de production pour les entreprises). Langage courant et langage économique s'opposent ici car l'offre de travail des salariés (notion économique) correspond à la demande d'emploi (sens courant). À l'inverse, la demande de travail des entreprises correspond à l'offre d'emploi (sens courant).

LE MARCHÉ DU TRAVAIL

Offre d'emplois par les entreprises	=	Demande de travail (sens économique)
Demande d'emplois par les individus (chômeurs par exemple)	=	Offre de travail

Sur le marché du travail, la confrontation de l'offre et de la demande conduit à déterminer deux grandeurs : le salaire et le niveau d'emploi. La théorie néo-classique utilise ce mécanisme de marché pour démontrer que le chômage ne peut être durable. Il suffit en effet de diminuer les salaires pour que la demande de travail des entreprises s'accroisse et fasse disparaître le chômage.

Les économistes keynésiens ont cependant contesté ce mécanisme car une baisse des salaires réduit le pouvoir d'achat et donc la demande qui s'adresse aux entreprises de telle sorte que celles-ci ne sont nullement incitées à embaucher, pour accroître leur production. Le chômage résulte au contraire d'une insuffisance de la demande effective.

Lorsque la demande de travail est inférieure à l'offre de travail émanant des salariés, le marché du travail est en situation de sous-emploi. Le sous-emploi correspond donc à l'existence d'un chômage. […] Le plein-emploi correspond à une situation caractérisée par l'emploi de toutes les personnes appartenant à la population active. »

Jean-Yves Capul, « Marché du travail », *Dictionnaire SES*,

Comment un marché

A Différentes structures de marchés

- **Les agents économiques se rencontrent sur un marché pour échanger des biens ou des services.** Les marchés ont besoin d'institutions pour fonctionner, comme les droits de propriété, la monnaie, le Code du travail… Le marché est lui-même une institution car il organise une grande partie des échanges. Il existe une diversité de marchés (marché des capitaux, marché du travail…).
- **Les marchés se distinguent selon leur degré de concurrence**. Ainsi, le nombre d'offreurs sur le marché détermine leur capacité à influencer le prix. En situation de monopole ou d'oligopole, les offreurs ont la capacité d'influencer le prix d'équilibre (ils sont faiseurs de prix). Dans le cadre de la concurrence parfaite, les vendeurs sont nombreux et aucun n'a la capacité d'influencer le prix (ils sont preneurs de prix).

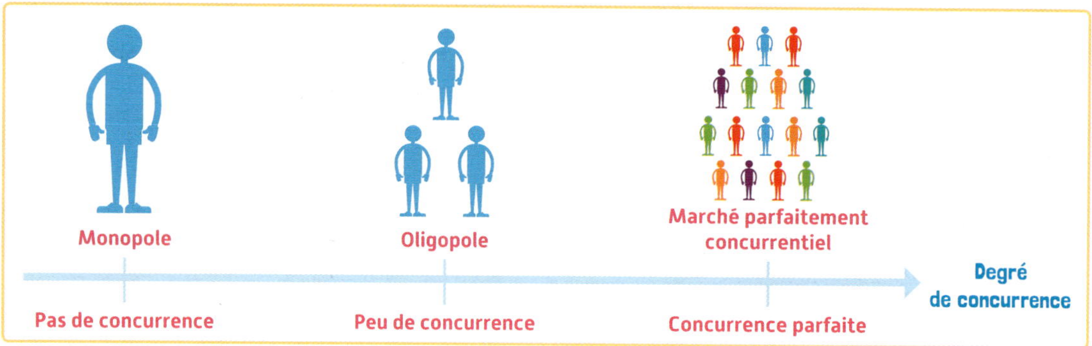

B Prix et quantité d'équilibre

- **La demande décroît avec le prix** : la pente est alors négative. Plus la pente est faible, plus le consommateur sera sensible au prix : la quantité demandée est fortement modifiée par une variation du prix, notamment quand il existe des produits de substitution. Plus la pente est forte, moins le consommateur est sensible au prix : c'est le cas pour les produits de première nécessité.
- **L'offre croît avec le prix** : la pente est alors positive. Pour maximiser son profit, l'entreprise doit produire une quantité telle que sa recette marginale soit égale à son coût marginal. Ainsi, la courbe d'offre correspond à la courbe de coût marginal puisque, pour chaque niveau de prix, la courbe de coût marginal permet de déterminer les quantités qui seront offertes.
- **Un déplacement sur les courbes** d'offre ou demande a lieu quand seul le prix se modifie. Lorsque d'autres déterminants de l'offre ou de la demande varient, **les courbes se déplacent** car la relation prix/quantité est modifiée. Par exemple, lorsque les coûts de production augmentent, la courbe d'offre se déplace vers la gauche (baisse de la quantité offerte du bien pour tous les niveaux de prix). De la même façon, si le revenu des ménages augmente, la courbe de demande se déplace vers la droite (hausse de la quantité demandée du bien pour tous les niveaux de prix).
- Au **prix d'équilibre, l'offre est égale à la demande. En cas de déséquilibre**, la variation du prix permet **l'autorégulation du marché**.

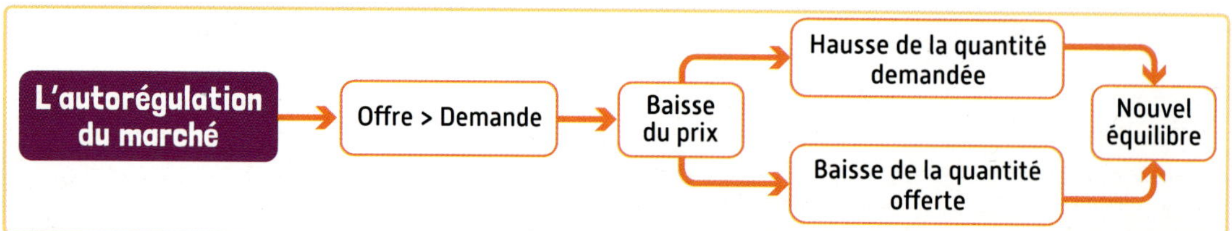

Podcast du cours
hatier-clic.fr/23ses1116

C Gains à l'échange et mécanismes de marché

- Les gains à l'échange **désignent les avantages que l'échange procure aux demandeurs et aux offreurs**. Ils correspondent à la somme des surplus des producteurs et des consommateurs.
- **Le** surplus du consommateur est la différence entre le prix maximum que le demandeur était prêt à payer et le prix d'équilibre qu'il va effectivement payer. **Le** surplus du producteur est la différence entre le prix minimum auquel il était prêt à vendre et le prix d'équilibre.
- **À l'équilibre, la somme des surplus est maximisée**. En effet, si le prix est supérieur au prix d'équilibre alors il y a une hausse du surplus du producteur, au détriment du surplus du consommateur, mais la quantité échangée est plus faible : il y a une baisse du surplus total (perte sèche).
- Une taxe forfaitaire modifie le comportement des agents économiques. Si elle porte sur le producteur, les vendeurs vont diminuer la quantité offerte pour chaque prix : la courbe d'offre se déplace vers la gauche. Les quantités échangées diminuent, le prix payé par les acheteurs augmente mais pas celui perçu par les vendeurs : la différence entre le prix payé et le prix reçu constitue la taxe (et, au total, les recettes fiscales).
- Une **subvention** pour encourager certains comportements, comme la subvention pour les véhicules électriques, **déplace la courbe de demande vers la droite**. La quantité échangée augmente et le prix d'équilibre est plus élevé, ce sera le prix perçu par les offreurs, alors que le prix payé par les demandeurs est plus faible.

Taxe forfaitaire sur les acheteurs → Baisse de la quantité demandée pour chaque prix → Baisse des quantités échangées et baisse du prix → Les acheteurs paient plus cher et les vendeurs perçoivent un prix moins élevé

Notions

- **Concurrence (pure et) parfaite** Modèle théorique de marché qui repose sur cinq hypothèses : atomicité, homogénéité, transparence, libre entrée et sortie, et libre circulation.
- **Coût marginal** Le coût de production de la dernière unité produite.
- **Faiseur de prix** Un agent en capacité d'influencer le prix du marché.
- **Gains à l'échange** Les avantages que l'échange procure aux demandeurs et aux offreurs. Ils correspondent à la somme des surplus des producteurs et des consommateurs.
- **Institutions** L'ensemble de règles formelles ou informelles qui encadrent les échanges marchands, comme les droits de propriété, la monnaie, le Code du travail.
- **Marché** Un lieu, réel ou virtuel, de confrontation de l'offre et de la demande, pour aboutir à la fixation d'un prix.
- **Monopole** Un marché avec un seul offreur (ou un offreur majoritaire) face à une multitude de demandeurs.
- **Oligopole** Un marché avec un petit nombre d'offreurs.
- **Preneur de prix** La situation d'un agent qui n'est pas en capacité d'influencer le prix de marché.
- **Prix d'équilibre** Sur un marché concurrentiel, le prix auquel l'offre est égale à la demande.
- **Recette marginale** La recette provenant de la dernière unité vendue.
- **Surplus du consommateur** Les gains à l'échange lorsque le prix payé est inférieur au prix que le demandeur était prêt à payer.
- **Surplus du producteur** Les gains à l'échange lorsque le prix de vente est supérieur au prix auquel l'offreur était prêt à vendre.
- **Surplus total** La somme du surplus du consommateur et du producteur, qui est une mesure des gains à l'échange.
- **Taxe forfaitaire** Un impôt d'un montant fixe.

Révisions

1 Réviser avec le schéma de synthèse

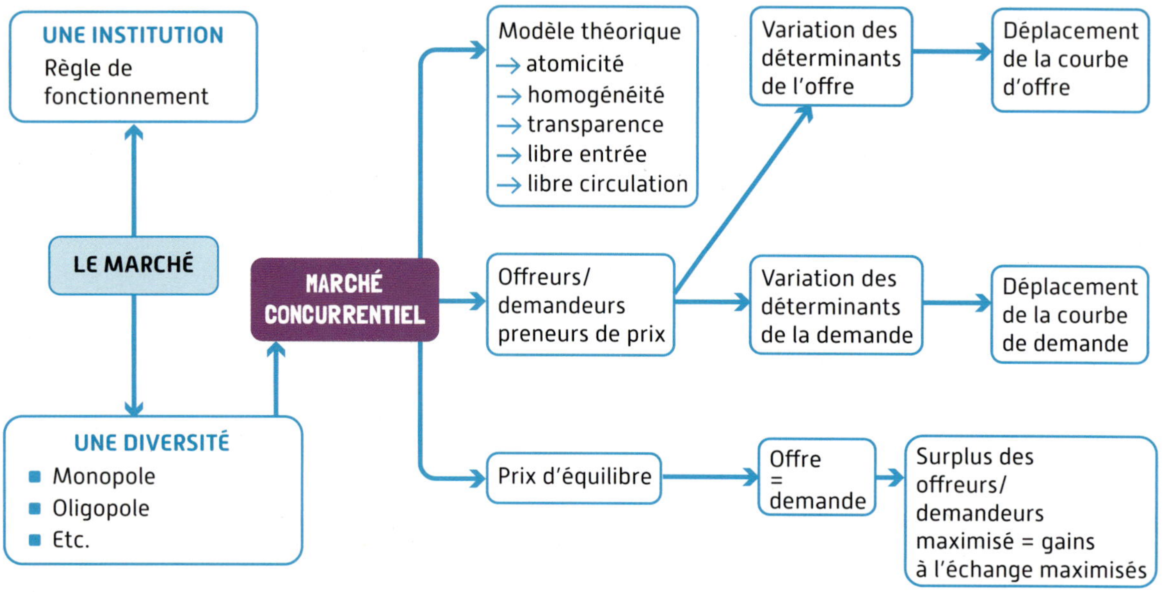

2 Savoir illustrer par des exemples

LA TAXE FORFAITAIRE : la taxe soda

UN PRIX PLAFOND : sur les loyers dans certaines grandes villes comme Paris

LE MONOPOLE : la SNCF

L'OLIGOPOLE : le marché des smartphones

LES DROITS DE PROPRIÉTÉ : les brevets

UN PRIX PLANCHER : le Smic

3 Savoir citer des chiffres clés

En 2022, le taux d'inflation est de **5,2 %** contre **1,6 %** en 2021.

Depuis le 1er janvier 2023, le montant du Smic horaire brut est en France de **11,27 euros**.

8 à 25 centimes/litre est le montant de la remise permise par l'aide exceptionnelle de l'État en 2022 pour pallier la hausse du prix de l'essence.

4 Savoir définir les notions clés

COÛT MARGINAL
INSTITUTIONS
MARCHÉ
PRENEURS DE PRIX
PRIX D'ÉQUILIBRE TAXE FORFAITAIRE
SURPLUS DU CONSOMMATEUR
SURPLUS DU PRODUCTEUR

5 Ne pas confondre

Déplacement **sur** les courbes

≠

Déplacement **de** la courbe

6 Voir la vidéo de RÉVISION

hatier-clic.fr/23ses1102

7 Écouter le podcast du cours

Podcast du cours
hatier-clic.fr/23ses1116

8 Vérifier ses connaissances

Mémocartes
hatier-clic.fr/23ses1117

Exercices interactifs
hatier-clic.fr/23ses1118

9 Aller plus loin

Lire

Yoram Bauman et Grady Klein, *L'Économie en BD, La microéconomie*, 2012, notamment les chapitres 11 à 16.

ÉCOUTER

La concurrence et le marché, podcast de France Culture hatier-clic.fr/23ses1120

Voir

Freakonomics, Heidi Ewing et Alex Gibney, 2012.

TV5MONDE

« Qui décide vraiment des prix du pétrole ? », reportage de TV5monde

Suivre l'actualité avec ACTU SES

actu-ses.editions-hatier.fr

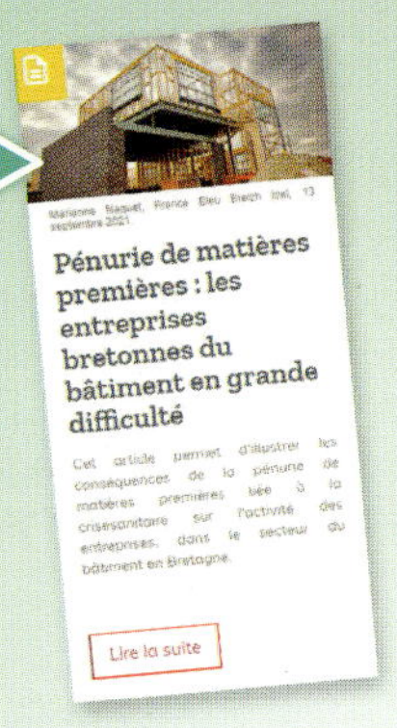

Pénurie de matières premières : les entreprises bretonnes du bâtiment en grande difficulté

Cet article permet d'illustrer les conséquences de la pénurie de matières premières liée à la crise sanitaire sur l'activité des entreprises dans le secteur du bâtiment en Bretagne.

Lire la suite

hatier-clic.fr/23ses1119

Vers le BAC

Mobiliser ses connaissances

QUESTION 1 **À partir d'un exemple, montrez que le marché a besoin d'institutions pour fonctionner.**

Coup de pouce

1. Quelles sont les notions à définir ?
2. À partir de votre cours et de vos connaissances, quels exemples d'institutions pouvez-vous mobiliser ?
3. Rédigez la réponse en définissant bien les notions et en utilisant un exemple précis d'institution nécessaire à l'échange.

QUESTION 2 **Distinguez les marchés selon leur degré de concurrence.**

QUESTION 3 **Différenciez le surplus du producteur et le surplus du consommateur.**

QUESTION 4 **Montrez l'impact d'une taxe forfaitaire sur le prix d'équilibre.**

QUESTION 5 **Comment le producteur choisit-il la quantité à produire ?**

QUESTION 6 **Montrez que le marché est une institution.**

QUESTION 7 **Présentez la notion de surplus du consommateur.**

QUESTION 8 **Présentez le lien entre taxe forfaitaire et surplus du producteur.**

QUESTION 9 **Vous présenterez une limite de la mise en place d'un prix plafond par les pouvoirs publics.**

Coup de pouce

Reliez chaque question (1 à 9) au type de question correspondant (A à F) :

A. Explication d'une notion ou d'un mécanisme.
B. Illustration d'une notion ou d'un mécanisme par un ou plusieurs exemples.
C. Relativisation d'une notion ou d'un mécanisme.
D. Comparaison de deux notions (présentation de différences ou de similitudes).
E. Présentation d'une notion ou d'un mécanisme.
F. Mise en relation de deux notions.

Étudier un document statistique

Vers le BAC

ÉTUDE DE DOCUMENT 1

Évolution du prix du tabac et des ventes de cigarettes en France

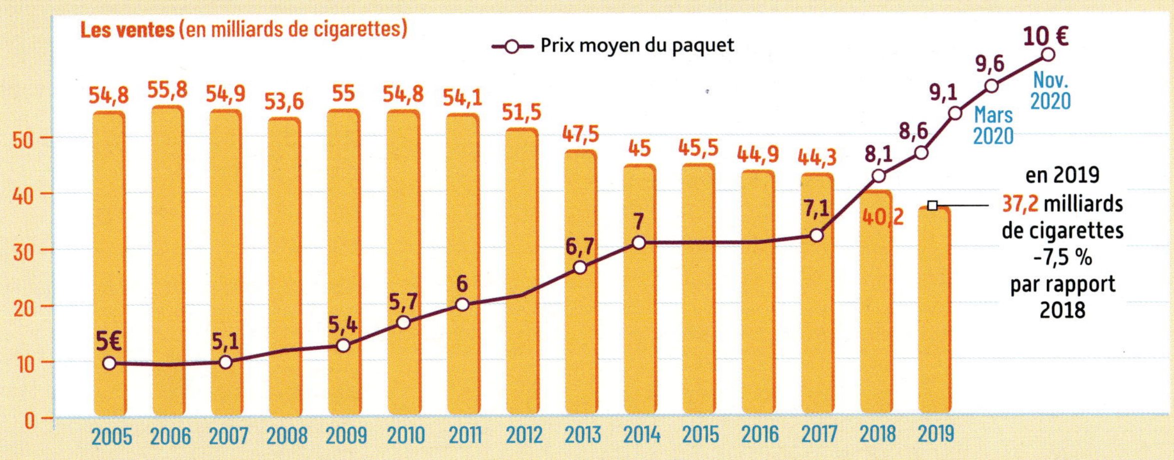

Note : La hausse des taxes sur le tabac s'inscrit dans une stratégie sanitaire globale du Parlement et du gouvernement visant à réduire le tabagisme.

Source : OFDT, Logista France

1. À l'aide du document, vous mettrez en évidence l'évolution du prix du tabac entre 2005 et 2019. → FICHE OUTIL p. 288
2. À l'aide du document et de vos connaissances, vous expliquerez l'effet d'une taxe sur l'équilibre du marché en prenant l'exemple du tabac.

Coup de pouce

1. Répondez aux cinq questions : Qu'est-ce qui est mesuré ? Comment ? Quand ? Où ? Par qui ?
2. Faites une phrase complète pour l'année 2005 : En 2005, en ......, le prix moyen du paquet de cigarettes est de ...... euros et ...... milliards de cigarettes ont été vendues selon ....
3. Illustrez avec des données chiffrées la corrélation (le lien) que met en évidence le graphique.
4. Y a-t-il un lien de causalité (le mouvement d'une variable provoque le mouvement d'une autre) ? Si oui, lequel ?

ÉTUDE DE DOCUMENT 2

Ventes de vélos à assistance électrique en France

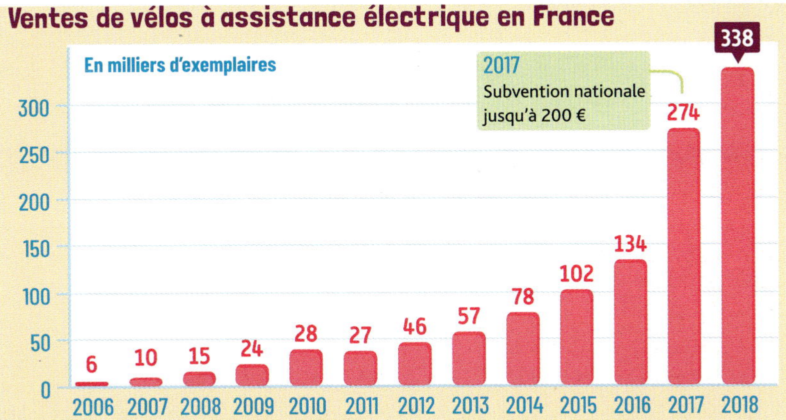

Source : Union Sport et Cycle

1. À l'aide du document, mettez en évidence l'évolution des ventes de vélos à assistance électrique entre 2006 et 2016.
2. À l'aide du document et de vos connaissances, montrez l'impact d'une subvention forfaitaire sur le marché des vélos électriques.

Coup de pouce

Faites un calcul pour montrer l'évolution des ventes de vélos et illustrez vos réponses par des données chiffrées.

Vers le BAC

Raisonnement s'appuyant sur un dossier documentaire

POINT MÉTHODE
Travailler sur les énoncés

Dans la partie 3 de l'épreuve composée, il est demandé de traiter le sujet en construisant un raisonnement, qui se compose d'une introduction, d'un développement et d'une conclusion. Pour le développement, les paragraphes et les idées doivent se suivre de façon logique pour former une réponse cohérente. Il ne s'agit pas de restituer l'ensemble de ses connaissances sur un chapitre, mais de sélectionner celles qui sont utiles au sujet puis de les organiser.
Pour cela, il faut d'abord **comprendre le sujet**.

ÉTAPE 1 Identifier et définir les notions

- Dans l'intitulé du sujet, il s'agit de repérer les termes importants, les notions clés. Il faut être capable de définir les notions pour éviter de mal interpréter le problème posé.
- On peut aussi commencer à lister l'ensemble des notions et des mécanismes qui peuvent être associés au sujet en mobilisant ses connaissances.

EXEMPLE :

À l'aide de vos connaissances et du dossier documentaire, vous montrez qu'il existe des gains à l'échange sur le marché concurrentiel.

Notions importantes

Notions à mobiliser : surplus du consommateur, surplus du producteur, prix d'équilibre

ÉTAPE 2 Préciser le cadrage du sujet

Il s'agit de préciser les bornes temporelles (depuis les années 1980 ? les années 2000 ?...) et spatiales (la société française ? les pays développés ?) du sujet. La réponse à ces questions peut être indiquée dans le sujet ou être déterminée par les documents. Vos connaissances peuvent aussi vous aider à poser un cadrage spatio-temporel.

EXEMPLE : *en fonction des documents, on peut se limiter à la France de nos jours.*

ÉTAPE 3 Identifier la tâche à accomplir

Repérer la consigne du sujet. On peut soit reformuler le sujet sous la forme d'une question, soit introduire la problématique de la manière suivante : « il s'agit de démontrer que... ».

EXEMPLE : *Il s'agit de démontrer que sur un marché concurrentiel les échanges procurent des avantages aux demandeurs et aux offreurs.*

APPLICATION

1. Quelles sont les notions à définir dans ce sujet ?
2. Quel(s) est(sont) le(s) mécanisme(s) à expliquer dans ce sujet ?
3. Quel est le cadrage spatio-temporel de ce sujet ?
4. Reformulez le sujet en commençant par « il s'agit de démontrer que... ».

Coup de pouce

Recensez d'abord les institutions concernées.
1. Expliquez-en quoi elles participent au fonctionnement du marché.
2. Structurez votre réponse par autant de parties que d'institutions.

SUJET

À l'aide de vos connaissances et du dossier documentaire, vous montrerez que le marché a besoin d'institutions pour fonctionner.

Doc 1

« Peu de personnes vont créer des entreprises, introduire de nouvelles technologies et investir si elles pensent que leurs profits vont être appropriés par l'État, extorqués par des fonctionnaires corrompus, ou volés par d'autres agents de l'économie. [...] En pratique, qu'entend-on par "protection des droits de propriété" ? Tout d'abord, un bon système politique dans lequel les dirigeants ne peuvent pas saisir les propriétés de leurs citoyens. Ensuite, un bon système judiciaire qui permet de trancher efficacement et rapidement les différends. Plus en détail, cela inclut également des lois contre les délits d'initiés[1], afin que les agents soient désireux d'acheter des actions et de financer ainsi les entreprises ; cela comprend des lois claires et bien appliquées sur les brevets, afin que les entreprises soient incitées à faire de la recherche et à développer de nouveaux produits. Cela signifie aussi des lois antitrust[2], afin que les marchés concurrentiels n'évoluent pas vers des situations de monopoles dans lesquelles les entreprises ont peu d'incitations à introduire de nouvelles méthodes de production et de nouveaux produits. »

Olivier Blanchard et Daniel Cohen, *Macroéconomie*, © Éditions Pearson, 7e édition, 2017.

1. Un délit d'initiés est le fait d'acheter ou de vendre des valeurs en bourse en se servant d'informations que les autres n'ont pas.
2. Les lois antitrust visent à réduire la concentration des entreprises sur un marché.

Doc 2

Dépôts de brevets, de marques, de dessins et de modèles en France entre 2017 et 2021

	2017	2018	2019	2020	2021	Évolution 2020-2021 en %
Dépôts de brevets	16 250	16 222	15 812	14 309	14 758	+ 3,1
Dépôts de marques	90 500	95 419	99 054	106 155	113 070	+ 6,5
Dépôts de dessins et modèles	6 000	5 757	5 691	5 903	5 853	- 1

Source : Inpi (Institut national de la propriété industrielle).

Doc 3

« La monnaie n'est pas un objet naturel mais une institution sociale créée par les hommes. Elle ne surgit pas spontanément au sein de toute collectivité humaine. Elle est suscitée en réponse à l'existence d'un besoin, celui d'organiser et de sécuriser les transactions économiques entre les membres d'une société donnée. C'est-à-dire que la monnaie "s'invente" lors de la transformation d'une société réduite, archaïque, autarcique, en une société urbanisée marquée par une spécialisation des fonctions entre les individus. Une telle société ne peut se satisfaire du système du troc : celui-ci peut demeurer un moyen d'échange mais à titre marginal par rapport au système de la monnaie. Le troc ne permet qu'un échange structurellement restreint, insuffisant en soi pour couvrir les besoins de consommation de la collectivité. [...] Les avantages de la monnaie sont tels qu'aucune société fondée sur l'échange qui l'a adoptée n'y a jamais renoncé par la suite. »

Frédéric Allemand, « La monnaie : institution sociale et "bien public" », dans *L'Union économique et monétaire : origine, fonctionnement, futur*, CVCE, « Dossier thématique », 2013. © CVCE.EU by UNI.LU

Vers le BAC

Dissertation

POINT MÉTHODE
Présenter et exploiter un document statistique

Pour réussir une dissertation, il faut savoir exploiter les documents statistiques du dossier documentaire.

ÉTAPE 1 Lire et comprendre un document statistique

▶ Pour bien lire le document, il faut répondre à cinq questions : Qu'est-ce que qui est mesuré ? Où ? Quand ? Par qui ? Comment ?

Quoi ?	Où ?	Quand ?	Qui ?	Comment ?
• De quel type de document s'agit-il ? (tableau, diagramme, courbes de variation, histogramme...) • Qu'est ce qui est mesuré, représenté ?	• Sur quelle population ? Sur quel territoire ? • Quel est le champ ?	• À quelle date ? • Sur quelle période portent les données ?	• Quelle est la source ? • Qui a produit les données statistiques présentées ?	• Quelles sont les unités ? (pourcentage, milliers... ; euros courants ou constants...)

▶ Pour vérifier la compréhension, faites une phrase complète avec une des données du document. Dans la phrase, il faut donc préciser la nature du document, sa source, les unités de mesure, la période, le lieu.

▶ Dégager ensuite les informations principales du document, en allant de la tendance générale aux cas particuliers.

ÉTAPE 2 Exploiter le document statistique

▶ Après avoir identifié les notions et mécanismes du cours qui permettent de répondre au sujet, il faut relier les données du document à ceux-ci. Il s'agit de relier au sujet les informations dégagées et déterminer comment les utiliser dans sa réponse.

▶ Sélectionnez ensuite les données pertinentes pour construire votre argumentation et répondre au sujet de la dissertation. Que va-t-on utiliser du document pour illustrer vos propos ?

▶ Pour clarifier une situation, on peut parfois faire une manipulation chiffrée : calculer l'écart entre 2 parts ou 2 taux, illustrer une évolution par le coefficient multiplicateur...

▶ Quand c'est possible, vous pouvez mettre en relation des documents statistiques et le(s) texte(s) pour répondre à la question. Vous pouvez donc les utiliser ensemble dans une illustration de paragraphe argumenté.

APPLICATION

1. Pour les deux documents statistiques, répondez aux 5 questions de l'étape 1.
2. Réalisez une comparaison chiffrée du salaire annuel moyen en EQTP des hommes et des femmes (doc. 2).
3. Faites un calcul pour montrer l'évolution du Smic entre 2013 et 2023 (doc. 3).
4. Repérez les liens possibles entre les documents.
5. Quels liens pouvez-vous établir entre les documents et les notions (ou mécanismes) au programme qui permettent de répondre au sujet ?

SUJET Le salaire résulte-t-il uniquement de la confrontation de l'offre et de la demande sur le marché du travail ?

Doc 1

« Prenez l'exemple du Mississippi et de la Louisiane après l'ouragan Katrina qui est l'ouragan le plus coûteux à avoir frappé le territoire américain jusqu'ici. L'État avait un besoin urgent de travailleurs dans le domaine de la construction - des charpentiers, des plombiers, etc. - pour réparer ou remplacer les habitations et les bureaux endommagés. Comment fut assurée la venue de cette main-d'œuvre nécessaire ? Par le marché [...] : la demande élevée de travailleurs fit augmenter les salaires. Pendant l'année 2005, le salaire hebdomadaire moyen aux États-Unis augmenta à un taux d'environ 6 %. Mais dans les zones lourdement touchées par Katrina, le salaire moyen augmenta à l'automne 2005 à un rythme supérieur de 30 % à la moyenne nationale, et certaines régions connurent une augmentation deux fois plus élevée. »

Paul Krugman, Rebin Welles, *Microéconomie*, De Boeck, 2e édition, 2013.

Doc 2

Revenus salariaux annuels moyens en France en 2019 (en euros courants)

Intitulé	Revenu salarial[1]	Salaire annuel moyen en EQTP[1]
Sexe		
Femmes	18 980	26 400
Hommes	24 450	31 450
Âge		
Moins de 25 ans	8 140	18 640
De 25 à 39 ans	20 270	26 200
De 40 à 49 ans	26 020	31 240
De 50 à 54 ans	27 180	32 260
55 ans ou plus	25 970	34 490
Diplôme		
Sans diplôme	15 420	21 920
CAP, BEP ou moins	18 240	23 910
Bac	20 950	25 840
Bac+2	26 380	30 920
Supérieur à bac+2	37 220	42 820
Ensemble	**21 760**	**29 070**

1. Le revenu salarial moyen en France en 2019 (tous temps de travail confondus) est de 21 760 euros ; il est de 29 070 euros pour un temps plein (EQTP – équivalent temps plein).

Champ : France hors Mayotte, ensemble des salariés hors élus et apprentis stagiaires, salariés agricoles et salaires versés par des particuliers-employeurs.

Source : Insee, panel « Tous salariés ».

Doc 3

Évolution du Smic mensuel brut (en euros)

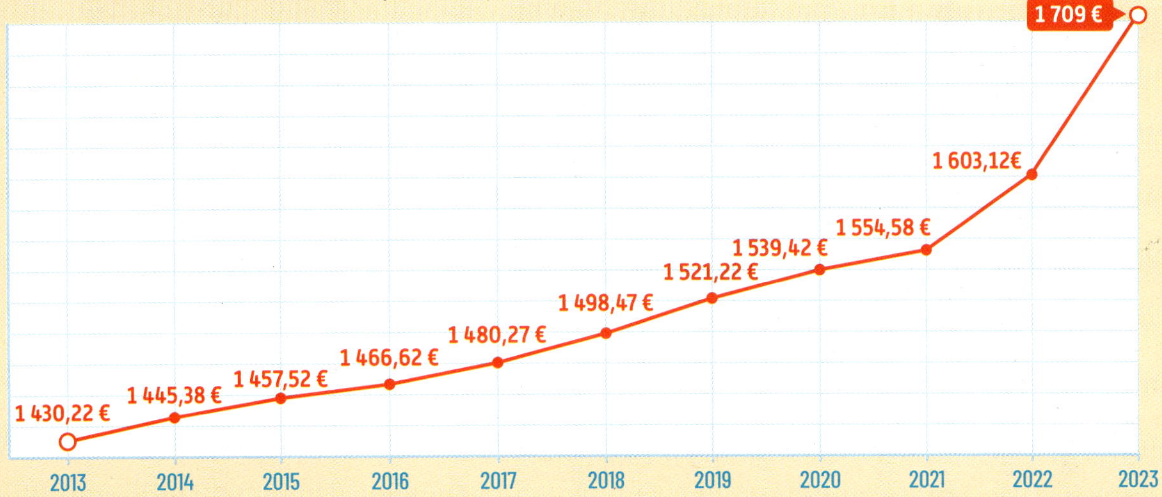

Smic : Salaire minimum interprofessionnel de croissance.
Champ : France hors Mayotte.

Source : Insee.

Chapitre 2 Comment les marchés imparfaitement concurrentiels fonctionnent-ils ?

Dossiers

Ateliers

LA VIDÉOTHÈQUE DU CHAPITRE

hatier-clic.fr/23ses1201

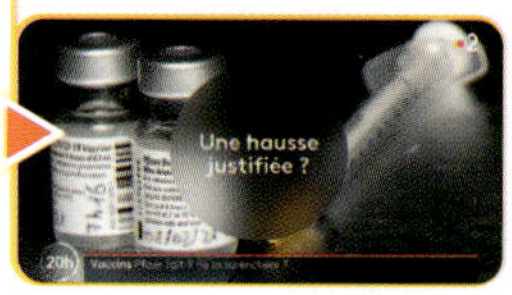

Vidéo de RÉVISION du chapitre

hatier-clic.fr/23ses1202

1 Réagir à un dessin de presse

La fin du monopole d'EDF-GDF date du 1er juillet 2007. En application d'une directive européenne, tout le marché européen de l'électricité et du gaz s'est ouvert à la concurrence. Les consommateurs ont donc le choix entre conserver les deux opérateurs historiques ou souscrire une offre auprès d'un nouveau fournisseur.

Dessin de Xavier Gorce, lepoint.fr, 14 octobre 2022.

- Rappelez ce qu'est la concurrence.
- En quoi les propos de ce dessin peuvent-ils paraître absurdes et drôles ?

2 Découvrir les ententes

« En décembre 2019, l'Autorité de la concurrence sanctionne les principaux fabricants de compotes à hauteur de 58,3 millions d'euros. »

- Quel est l'intérêt de l'entente pour les producteurs ?
- Pourquoi l'Autorité de la concurrence a-t-elle sanctionné cette entente ?

3 Donner son avis sur les situations de concurrence

- À quelles conditions une entreprise peut-elle fixer le prix qu'elle désire sur un marché ?
  > **a.** Quand elle est seule sur ce marché.
  > **b.** Quand il y a peu d'entreprises sur les marchés et qu'elles s'entendent.
  > **c.** Ce n'est pas possible, la concurrence finit toujours par jouer.

La classe est divisée en deux groupes, l'un doit expliquer que chacune de ces affirmations peut être vraie, l'autre qu'elles sont discutables.

Dossier 1

Quelles sont les sources du pouvoir de marché ?
L'exemple de la téléphonie mobile

Doc 1 Le marché de la téléphonie mobile en France

Part des opérateurs sur le marché mobile français
(en 2020, en % du nombre de clients)

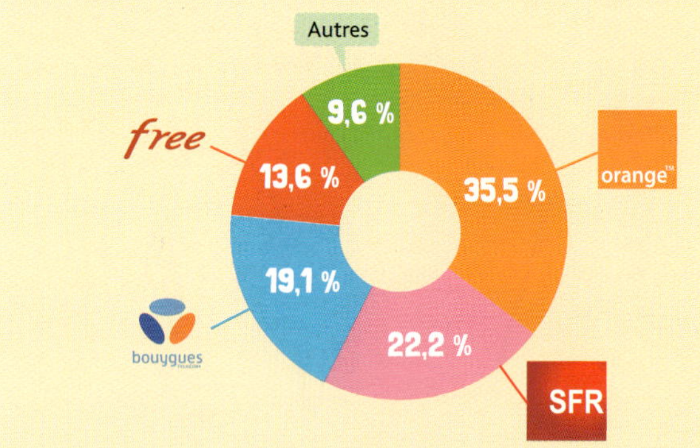

Source : HUMAPP, Rapport de la branche des télécommunications, 2021.

1. Quelles hypothèses de la concurrence parfaite (voir doc. 3 p. 15) ne sont pas respectées sur le marché de la téléphonie mobile ?
2. Ce marché est-il un monopole ou un oligopole ? Justifiez votre réponse.
3. Selon vous, pourquoi un faible nombre d'offreurs sur un marché peut-il entraîner un fort pouvoir de marché ?
4. Expliquez pourquoi le pouvoir de marché serait plus important dans ce secteur s'il n'y avait qu'un seul offreur.

Doc 2 Une entente entre les trois opérateurs historiques

Vidéo 2 min 30
hatier-clic.fr/23ses1204

Les trois opérateurs historiques, **SFR**, **Orange** et **Bouygues Telecom**, se sont entendus pour pratiquer des prix sans faire marcher la concurrence. Cette entente leur a coûté cher : ils ont été condamnés respectivement à une amende de 220, 256 et 58 millions d'euros.

▶ Regardez la vidéo (de 21 min 34 à 23 min 50), puis répondez aux questions suivantes.

1. Combien y avait-il d'opérateurs de téléphonie mobile en France en 2005 ?
2. Quelle était la structure du marché de la téléphonie mobile en 2005 (monopole, oligopole, concurrence parfaite) ?
3. Comment les opérateurs ont-ils cherché à renforcer leur pouvoir de marché ?
4. Quel avantage et quel inconvénient cela a-t-il pour les opérateurs de téléphonie mobile ?

Vocabulaire

> Les **barrières à l'entrée** sont les obstacles empêchant de nouvelles entreprises d'entrer sur un marché. Elles peuvent être légales (monopole d'Etat), naturelles (existence d'un réseau) ou stratégiques (détention d'un brevet).

> La **concurrence (pure et) parfaite** est un modèle théorique de marché qui repose sur 5 hypothèses : atomicité, homogénéité, transparence, (libre entrée et sortie, et libre circulation).

> Le **monopole** est, au sens strict, un marché avec un seul offreur face à une multitude de demandeurs.

> L'**oligopole** est un marché avec un nombre limité d'offreurs et un nombre important de demandeurs.

> Le **pouvoir de marché** désigne la capacité d'une entreprise à pouvoir fixer elle-même ses prix au-dessus du prix d'équilibre.

Doc 3 L'évolution des prix des forfaits mobiles

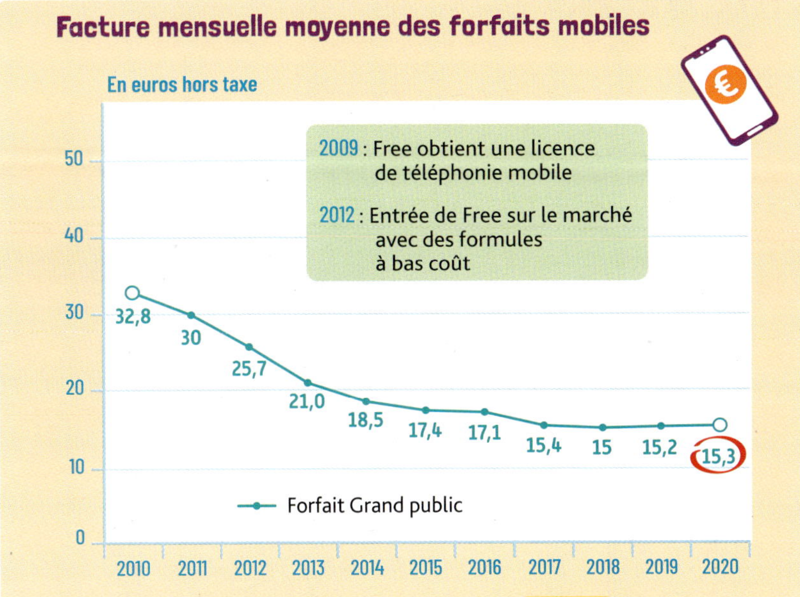

Source : ARCEP, 2021.

Vidéo +
Les 10 ans de Free sur le marché
hatier-clic.fr/23ses1205

1. Faites une phrase exprimant la signification de la donnée entourée.
2. Quelle évolution en % a connu le prix des forfaits grand public entre 2010 et 2020 ?
→ Fiche Outil p. 288
3. À votre avis, comment l'arrivée de Free peut-elle expliquer cette évolution ?

Doc 4 Les barrières à l'entrée, source de pouvoir de marché

Barrières légales	En 2019, l'État oblige les opérateurs de téléphonie mobile souhaitant obtenir des fréquences 5G à acheter une licence au prix minimum de 2,17 milliards d'euros.
Barrières naturelles	Sans l'autorisation d'utiliser en location le réseau mobile d'Orange, Free aurait été dans l'impossibilité d'entrer sur ce marché du fait de l'importance du coût de l'investissement de départ à faire sur une courte période.
Barrières stratégiques	En 2018, Orange a dépensé près de 700 millions d'euros dans la recherche et développement. En 2020, SFR lance une campagne publicitaire avec Cristiano Ronaldo et Sébastien Loeb.

1. Pourquoi le coût de la construction du réseau peut-il empêcher l'entrée de concurrents sur le marché ?
2. Pourquoi l'absence de notoriété peut-elle être un frein à l'arrivée d'une nouvelle entreprise sur un marché ?
3. En vous aidant des exemples donnés, proposez une définition des trois formes de barrières à l'entrée.
4. Quelles peuvent être les conséquences de ces barrières à l'entrée ?

Je fais le point

Version interactive
hatier-clic.fr/23ses1206

Trouvez la notion correspondant à chacune des affirmations suivantes.

a. Grâce au pouvoir de marché, les entreprises peuvent les fixer.
b. C'est une structure de marché dans laquelle il existe seulement quelques offreurs.
c. Cette pratique anti-concurrentielle consiste à se mettre d'accord sur les prix et la répartition du marché.
d. À l'entrée d'un marché, elles empêchent l'arrivée d'un nouvel offreur.
e. C'est une structure de marché dans laquelle il n'existe qu'un seul offreur.
f. Lorsque leur nombre est limité, il peut y avoir pouvoir de marché.

Je m'entraîne pour le BAC

Épreuve composée partie 3

Rédigez une séquence argumentative pour le sujet suivant :
À l'aide de vos connaissances et des documents, montrez que les barrières à l'entrée sont une source du pouvoir de marché.

→ Point Méthode p. 210

Dossier 2

Comment les monopoles fonctionnent-ils ?

Doc 1 SNCF Réseau, un monopole naturel

Secteurs à coûts fixes[1] très élevés (ex. : construction et entretien d'un réseau) → Une seule entreprise accapare le marché = MONOPOLE → Elle doit produire un nombre élevé d'unités pour y répartir les coûts fixes → Fortes économies d'échelle[2] : coût moyen minimal → prix bas et minimal

1 Coûts fixes : coûts de production qui sont indépendants de la quantité produite. Ils n'évoluent pas avec l'augmentation ou la diminution de la production.

2 Baisse du coût moyen de production lorsque les quantités produites augmentent.

1. Imaginons une entreprise ayant des coûts fixes d'un milliard d'euros. Quel est son coût moyen par unité si elle produit 1 000 000 d'unités ? 65 000 000 d'unités ?
2. À l'aide du schéma, expliquez pourquoi SNCF Réseau est considéré comme un monopole naturel.
3. Donnez deux autres exemples de secteurs où les coûts fixes sont très élevés.
4. Quel type de barrière à l'entrée empêche la concurrence dans ce type d'activité ? (voir p. 37.)

Vocabulaire

> Il y a **monopole d'innovation** quand une innovation, généralement protégée par un brevet, confère l'exclusivité de la vente du produit créé à l'entreprise qui en est à l'origine.

> Il y a **monopole institutionnel** quand les pouvoirs publics accordent à une entreprise l'exclusivité de la vente d'un produit.

> Il y a **monopole naturel** quand des coûts fixes très élevés ne peuvent être supportés que par une entreprise de grande taille.

Exercice

→ Fiche Outil p. 282

Identifier le prix et la quantité d'équilibre du monopole

Un État accorde à une entreprise le monopole de la fabrication de logiciels de gestion pour les administrations. Cette entreprise s'interroge sur les quantités à produire et le prix à fixer pour maximiser son profit[1]. Elle a centralisé dans le tableau ci-dessous l'évolution de la demande en fonction des prix. Elle considère que ses coûts fixes sont nuls et que le coût marginal est constant.

1. Complétez le tableau ci-dessous sachant que son coût moyen de production s'élève à 350 € par logiciel.
2. À quelle quantité l'entreprise parviendra-t-elle à maximiser son profit ? À quel prix correspond cette quantité ?
3. Comparez la recette marginale au coût marginal[2] avant et après la maximisation du profit : que pouvez-vous en déduire ?
4. Le monopole étant faiseur de prix (voir p. 15), pourquoi ne fixe-t-il pas ses prix à 1 200 €.

Prix	1 200 €	1 100 €	1 000 €	900 €	800 €	700 €	600 €
Demande	1	2	3	4	5	6	7
Recette totale	1 200 x 1 = 1 200	1 100 x 2 = 2 200	....	....	....	....	....
Recette marginale	1 200	2 200 – 1 200[3] = 1 000	....	....	....	....	....
Coût total	350 x 1 = 350	350 x 2 = 700	....	....	....	....	....
Coût marginal	350	700-350 = 350	....	....	....	....	....
Profit total	1 200 – 350 = 850	1 500	....	....	....	....	....

1. Le profit est maximisé pour une certaine quantité ; au-delà de cette quantité, le profit diminue.
2. Le coût marginal est le coût de la dernière unité produite.
3. Recette totale pour 2 logiciels - Recette totale pour 1 logiciel = Recette apportée par le 2e logiciel.

Doc 2 Pfizer, un monopole d'innovation

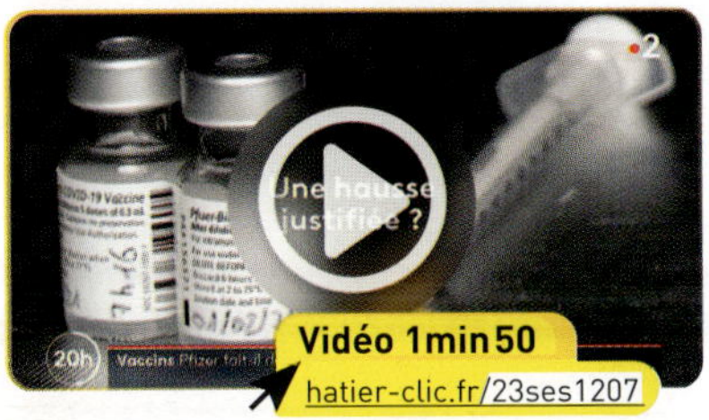

Mai 2021, le prix du vaccin Pfizer augmente de 4 euros par dose.

1. Pourquoi l'innovation procure-t-elle à Pfizer un pouvoir de marché ?
2. Sans brevet, Pfizer pourrait-elle garder longtemps le monopole sur son innovation ?
3. Montrez que Pfizer est aussi un monopole institutionnel.
4. Comment une entreprise peut-elle obtenir une situation de monopole ?

Doc 3 L'inefficacité de l'équilibre du monopole

a Surplus total et bien-être

« Nous avons appris qu'un monopole, contrairement à une firme concurrentielle, fixe un prix au-dessus de son coût marginal. Du point de vue des consommateurs, ce prix élevé rend le monopole non désirable. De son côté, le monopole réalise un profit lorsqu'il fixe un prix élevé qui, du point de vue du propriétaire de la firme, rend le monopole très désirable. Est-il possible que les avantages retirés par les propriétaires des firmes dépassent les coûts subis par les consommateurs, de sorte que le monopole soit désirable du point de vue de la société dans son ensemble ?

Pour répondre à cette question, nous utilisons l'analyse du bien-être économique, mesuré par le surplus total. Le surplus total est la somme du surplus du consommateur et du surplus du producteur. Le surplus des consommateurs représente leur volonté de payer pour un bien moins le prix qu'ils paient effectivement pour ce bien. Le surplus des producteurs représente le montant que ces derniers perçoivent pour un bien moins le coût de production du bien. »

D'après G. Makiw et M. Taylor, *Principes de l'économie*, De Boeck, 6e édition, 2022.

b Les surplus en situation de monopole

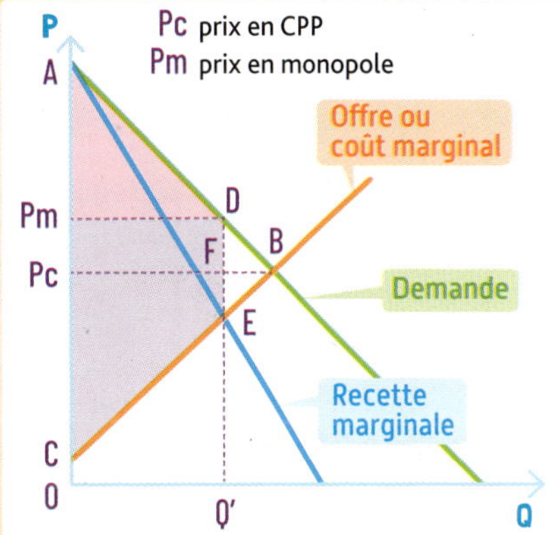

Rappel : En concurrence parfaite (CPP), les prix sont déterminés par la rencontre entre l'offre et la demande. La quantité produite correspondant à la situation dans laquelle le prix est égal au coût marginal, les courbes d'offre et de coût marginal se confondent.

1. À quelle condition un prix supérieur au prix du marché en concurrence serait favorable à la société ? (doc. 3a)
2. Identifiez sur le graphique le surplus total en situation de concurrence parfaite (CPP) en distinguant le surplus du consommateur et celui du producteur (doc. 3a et b).
3. Sur le graphique, identifiez la zone correspondant à la perte du surplus du consommateur en situation de monopole.
4. Répondez à la question posée par le texte en vous servant de la représentation graphique.

Je fais le point

Version interactive
hatier-clic.fr/23ses1208

Répondez par vrai ou faux aux affirmations suivantes.

a. Seule une innovation peut mettre une entreprise en situation de monopole.
b. L'État peut accorder le monopole à une entreprise s'il l'estime légitime.
c. Plus les coûts fixes sont élevés, moins l'augmentation de la production permet de grandes économies d'échelle.
d. Le monopole fixe lui-même ses prix.
e. Les prix du monopole sont les mêmes que ceux pratiqués en concurrence parfaite.
f. L'accroissement du surplus du producteur ayant le monopole compense la baisse de celui du consommateur.

Je m'entraîne pour le BAC

Épreuve composée partie 1

Illustrez par des exemples les trois formes de monopole.

Dossier 3

Fusions et ententes entre entreprises : quels intérêts et quels risques ?

Doc 1 Une fusion sur le marché de l'automobile

1. Qu'est-ce que « Stellantis » ?
2. À votre avis, pourquoi PSA et FCA ont-elles souhaité fusionner ?

Vocabulaire

> Un **cartel** se forme lorsque des entreprises concurrentes en situation d'oligopole concluent une entente illicite et limitent ainsi la concurrence qu'elles se font.

> Le **dilemme du prisonnier** est une application de la théorie des jeux qui s'intéresse aux questions de stratégie dans des situations où la difficulté à coopérer conduit deux acteurs à prendre rationnellement des décisions contraires à leur intérêt commun. Il montre que l'intérêt de tous est de coopérer pour atteindre l'intérêt collectif.

> Une **entente** est un accord entre entreprises pour réduire la concurrence sur un marché et aboutissant à des prix plus élevés et des quantités plus faibles.

> Une **fusion et acquisition** est une opération de regroupement de leur patrimoine par plusieurs entreprises pour ne plus former qu'une seule entreprise.

Exercice

Illustrer une situation d'entente entre producteurs

« Imaginons un marché comprenant deux producteurs, A et B. [...] Les profits réalisés par A [...] et par B [sont différents] selon que A et B décident une production forte ou faible. Il existe donc quatre solutions possibles :

Solution 1. Agression réciproque : A et B décident une forte production ; ils obtiennent un profit identique, égal à 5.

Solution 2. **Cartel** ou « collusion » : A et B s'entendent pour réduire leurs productions simultanément et faire remonter le prix ; leur profit est égal à 7.

Solution 3. Attaque réussie de A : A a une production forte et B ne suit pas. A réalise un profit maximum (10) en prenant des parts de marché importantes à B, et les profits de B s'annulent. Sur le marché, l'augmentation de la production fait baisser le prix ; A compense cette baisse du prix en augmentant sa part de marché, tandis que B voit simplement fondre ses profits.

Solution 4. Attaque réussie de B : situation symétrique de la précédente. B réalise un profit maximum égal à 10 et les profits de A s'annulent. »

Jacques Généreux, *Économie politique : 2. Microéconomie*, Hachette supérieur, 8e édition, 2016, © Hachette Livre.

1 Pourquoi peut-on dire que les entreprises A et B font face à un dilemme du prisonnier ?

2 Complétez le tableau ci-dessous pour résumer le dilemme du prisonnier des entreprises A et B.

Profits de A et B selon leur volume de production

		Production de A	
		Forte	Faible
Production de B	Forte	..... /	..... / .....
	Faible	..... /	..... / .....

3 Sans concertation possible, A choisirait-elle une production faible ou forte ? Expliquez pourquoi.

4 B suivant le même raisonnement, à laquelle des solutions proposées par le texte aboutit-on ?

5 Montrez que A et B auraient intérêt à former une entente.

Doc 2 Les avantages et dangers des fusions et acquisitions

Avantages pour les entreprises	Dangers potentiels pour la collectivité
- Baisse du coût moyen grâce aux économies d'échelle réalisées - Facilité d'accès à des financements - Meilleure visibilité, atout marketing - Possibilité de dépenses plus élevées en recherche et développement	- Moins de choix pour les consommateurs - Pouvoir de marché et hausse importante des prix en l'absence de concurrence effective - Possibilité d'ententes sur les marchés oligopolistiques - Pression possible sur le pouvoir politique du fait du poids économique

D'après « Les concentrations d'entreprises : entre avantages et dangers pour l'économie », legavox.fr, 6 janvier 2013.

1. Pourquoi une fusion peut-elle amener une entreprise à faire des économies d'échelle ?
2. Pourquoi la baisse du coût moyen ne va-t-elle pas forcément se traduire par une baisse des prix ?
3. Quel impact pourrait avoir une fusion sur le surplus du consommateur ?
4. Les fusions sont-elles forcément dangereuses pour la collectivité ?

Doc 3 Quelques exemples d'ententes illicites

« Les **ententes** illicites[1] sont souvent des ententes sur les prix. En mars 2006 par exemple, plusieurs entreprises du secteur du luxe (Chanel, Dior, Kenzo, Givenchy, etc.) et trois distributeurs (Marionnaud, Sephora et Nocibé) ont été condamnés à plusieurs dizaines de millions d'euros d'amende pour entente sur les prix entre 1997 et 2003.
Les ententes illicites peuvent aussi prendre la forme d'accords sur une répartition géographique (= répartition des débouchés). Exemple : l'entreprise A et l'entreprise B s'accordent pour se partager un marché. L'entreprise A se voit attribuer l'exclusivité sur la région X et l'entreprise B sur la région Y. La répartition illicite peut également porter sur différents niveaux de la chaîne économique. Exemple : l'éditeur A s'engage à ne pas développer une activité propre de distribution. En échange, le distributeur B s'engage à augmenter les achats auprès de l'éditeur A.
Enfin, l'entente illicite peut porter sur la quantité de produits fabriqués et/ou distribués sur le marché. Exemple : plusieurs entreprises oligopolistiques s'accordent pour limiter les quantités de produits distribués afin de maintenir les prix élevés. »

« Entente illicite : définitions, exemples et sanctions pénales », justifit.fr, 4 mai 2021. D.R.

1. Certaines ententes peuvent être considérées comme licites si elles ne faussent pas la concurrence.

1. Quelles formes peuvent prendre les ententes illicites ?
2. Pourquoi le consommateur peut-il être lésé par ces ententes ?
3. Pourquoi certaines ententes sont-elles illicites ?

Je fais le point

Version interactive
hatier-clic.fr/23ses1209

Complétez le texte à l'aide des termes suivants : *consommateur • pouvoir de marché • prisonnier • oligopole • prix • ententes • concurrence • production • coût moyen.*

Les fusions et acquisitions et les .... présentent des intérêts importants pour les entreprises mais elles peuvent porter atteinte au surplus du ....

Les entreprises qui fusionnent bénéficient de nombreux avantages, notamment la baisse du .... de production. Cependant, si cette fusion entraîne une baisse de la ...., l'entreprise aura alors un .... qui lui permettra d'augmenter les prix au détriment du consommateur.

Les fusions peuvent également aboutir à un .... dans lequel les entreprises font face à un dilemme du .... Elles ont alors intérêt à former des ententes pour augmenter leurs .... ou réduire leur .... et maximiser collectivement leurs gains au détriment des consommateurs.

Je m'entraîne pour le BAC

Épreuve composée partie 1

Expliquez pourquoi les firmes en oligopole ont intérêt à former des ententes.

Dossier 4 Comment la politique de la concurrence protège-t-elle le consommateur ?

Doc 1 La lutte contre les ententes illicites

Vidéo 2 min
hatier-clic.fr/23ses1210

Trois géants du sandwich industriel condamnés pour entente sur les prix.

1. **Quel problème entraîne une entente comme celle du cartel du sandwich ?**
2. **Comment l'Autorité de la concurrence en a-t-elle pris connaissance ?**
3. **Par quels moyens la politique de la concurrence en matière d'ententes protège-t-elle le surplus du consommateur ?**

Le saviez-vous ?

> Depuis la loi du 15 mai 2001, le **programme de clémence** permet à une entreprise de révéler à l'Autorité de la concurrence une entente à laquelle elle a participé, en contrepartie d'une exonération totale ou partielle de sanction.

Vidéo 3 min
Qu'est ce qu'un programme de clémence ?
hatier-clic.fr/23ses1211

Vocabulaire

> Un **abus de position dominante** est une pratique par laquelle une entreprise qui domine son marché utilise sa situation pour faire obstacle à la concurrence.

> La **politique de la concurrence** est l'ensemble des mesures prises par les pouvoirs publics afin de préserver ou améliorer la confrontation entre offreurs sur un marché.

Doc 2 La lutte contre les abus de position dominante

« L'Union européenne (UE) a sanctionné mercredi Google pour abus de position dominante avec une amende record de 4,34 milliards d'euros […]. Elle sanctionne l'entreprise américaine pour avoir abusé de la position dominante d'Android, son système gratuit d'exploitation pour smartphone, afin d'asseoir la suprématie de son service de recherche en ligne. […]

Le montant de l'amende peut atteindre théoriquement, selon les règles de la concurrence européenne, jusqu'à 10 % du chiffre d'affaires global de l'entreprise qui s'élevait pour Alphabet, maison mère de Google, à 110,9 milliards de dollars en 2017 (94,7 milliards d'euros).

Dans son communiqué, l'institution a détaillé ses griefs contre Google. Premièrement le groupe californien a exigé des fabricants qu'ils préinstallent l'application Google Search et son navigateur (Chrome) comme condition à l'octroi de la licence pour sa boutique d'applications en ligne (Play Store).

Deuxièmement, il a payé certains grands fabricants et certains grands opérateurs de réseaux mobiles pour qu'ils préinstallent en exclusivité l'application Google Search sur leurs appareils. »

« Android : l'UE sanctionne à nouveau Google par une amende record », capital.fr, 18 juillet 2018.

1. **Sur quel marché l'entreprise Google a-t-elle une position dominante ?**
2. **Expliquez pourquoi l'UE considère que Google en a abusé.**
3. **Comment la politique de la concurrence a-t-elle agi contre cet abus de position dominante ?**

Exercice

Illustrer la politique de la concurrence

Margrethe Vestager, Commissaire européenne à la concurrence.

a. Février 2019 La Commission européenne (CE) empêche la fusion entre Alstom et Siemens.
b. Juillet 2020 L'Autorité de la concurrence sanctionne d'une amende de 93 millions d'euros le cartel du jambon.
c. Août 2020 Elle interdit à Soditroy et E. Leclerc de prendre le contrôle d'un hypermarché Géant Casino.
d. Juillet 2022 La CE enquête sur un abus de position dominante d'Apple sur le marché des portefeuilles mobiles sur les appareils iOS.

▶ **Reproduisez et complétez le tableau.**

	Exemples			
	a	b	c	d
Institution intervenant				
Action répressive				
Raison de l'intervention				

Doc 3 Le contrôle des fusions et acquisitions

a L'abandon de la fusion TF1-M6

« TF1 et M6 abandonnent leur projet de fusion[1]. [...] Cette opération visait, pour Bouygues, la maison-mère de TF1, à racheter son rival, le groupe M6 [...]. Dans un communiqué publié après l'annonce de Bouygues, l'Autorité de la concurrence rappelle que "l'opération aurait pu engendrer des risques concurrentiels majeurs notamment sur les marchés de la publicité télévisuelle et de la distribution de services de télévision." [...] Pas plus tard que la semaine dernière, l'Autorité de la concurrence avait mené deux jours d'auditions des parties intéressées par la fusion à huis clos et devait rendre sa décision mi-octobre. Les services d'instruction de l'Autorité avaient, lors des auditions, réitéré leur position de fin juillet, plutôt défavorable et sans "véritable changement", malgré les concessions proposées depuis par les chaînes. »

« Coup de tonnerre : TF1 et M6 abandonnent leur projet de fusion », www.latribune.fr, 17 septembre 2022.

1. Par cette fusion, Bouygues souhaitait faire face à la concurrence croissante des plateformes internationales de streaming (Netflix, Disney +, Amazon...).

b Nombre de décisions prises par l'Autorité de la concurrence sur des demandes de rachats et fusions

	2017	2018	2019	2020	2021
Autorisations simples ou sous conditions	233	235	270	192	271
Interdictions	0	0	0	1	1

Source : Autorité de la concurrence.

1. Combien d'interdictions de fusions et acquisitions l'Autorité de la concurrence a-t-elle prononcées depuis 2017 ? Quelle conclusion en tirer ? (Doc. b)
2. Pourquoi TF1 et M6 souhaitaient-ils fusionner ?
3. Pour quelles raisons l'Autorité de la concurrence s'est-elle opposée à la fusion entre TF1 et M6 ? (Doc. a)

Je fais le point

Version interactive
hatier-clic.fr/23ses1212

Pour chacun des exemples ci-dessous, précisez la nature de la mesure : a. *lutte contre une entente illicite* • b. *contrôle des fusions-acquisitions* • c. *sanction de l'abus de position dominante*

1. 2,9 milliards d'amende pour des constructeurs de camion ayant gonflé les prix d'un commun accord.
2. 300 millions d'euros d'amende pour EDF qui exploitait des fichiers clients liés à sa mission de service public de l'électricité pour proposer des offres en gaz.
3. Interdiction du rachat de TNT Express par UPS.

Je m'entraîne pour le BAC

Dissertation Rédigez l'introduction du sujet suivant :
Comment la politique de la concurrence protège-t-elle les intérêts des consommateurs ?
➜ Point Méthode p. 256

Atelier 1 Créer un podcast Une entreprise en situation de concurrence monopolistique

Vers le GRAND ORAL

Étape 1 Prélever des informations

1. [Doc. 1] En quoi la concurrence monopolistique se différencie-t-elle de la concurrence parfaite ? En quoi se différencie-t-elle du monopole ?
2. [Doc. 1] Montrez qu'elle aboutit à un renforcement du pouvoir de marché.
3. [Doc. 2] Comment les entreprises se différencient-elles ?
4. [Doc. 3] En quoi BioBurger est-il un exemple de concurrence monopolistique ?

Étape 2 Créer le podcast pix

5. Choisissez une entreprise en situation de concurrence monopolistique.
6. Rassemblez les informations suivantes :
   a. nom de l'entreprise et année de création ;
   b. produit commercialisé ;
   c. principaux concurrents ;
   d. manière dont l'entreprise différencie son produit ;
   e. conséquences sur le pouvoir de marché, notamment sur la fixation du prix.

Coup de pouce

✓ Structurez votre propos.
✓ Parlez avec un débit adapté et un ton vivant. Entraînez-vous en vous minutant.
✓ Vous pouvez vous enregistrer sur mon-oral.net hatier-clic.fr/23ses1213

Doc 1 L'exemple du marché des boîtes de nuit

« Vous venez d'intégrer une nouvelle université et vous décidez de faire un tour en ville pour goûter la vie nocturne. La ville compte huit boîtes de nuit, toutes situées près de la gare. Chacune propose de la musique, des bars, des snacks légers, des endroits pour discuter, des prix différents pour la nourriture et les boissons, des prix d'entrée différents, des règles et des heures de fermeture différentes. […]

D'un côté, le marché des boîtes de nuit semble concurrentiel. […] D'un autre côté, il présente certaines caractéristiques du monopole. Comme chaque club se présente de manière unique, les propriétaires ont une certaine latitude sur la fixation des prix. Les vendeurs sur ce marché sont davantage des faiseurs de prix que des preneurs de prix et le prix d'entrée dépasse largement le coût marginal d'un client supplémentaire. […] Cette structure de marché est appelée concurrence monopolistique, un autre exemple de concurrence imparfaite. »

D'après G. Mankiw et M. Taylor, *Principes de l'économie*, De Boeck Supérieur, 6e édition, 2022.

Doc 2 La différenciation des produits

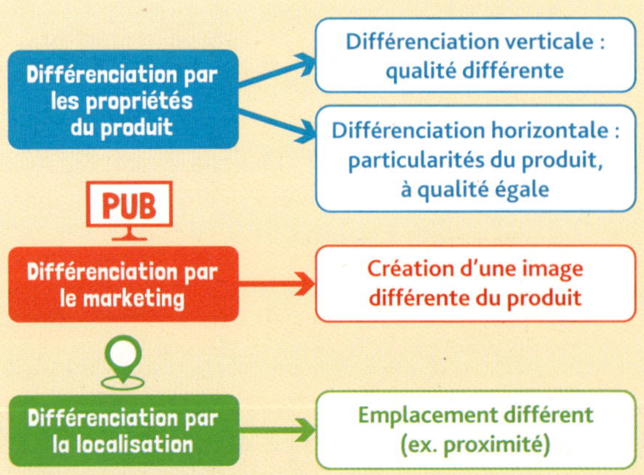

Source : D'après E. Buisson-Fenet et M. Navarro, *La Microéconomie en pratique*, Armand Colin, 3e édition, 2018.

Doc 3 L'exemple de bioburger

Un restaurant Bioburger, « premier *fastfood* 100 % bio ».

Atelier 2 Rédiger une synthèse La politique de la concurrence de l'UE face aux Gafam

Étape 1 Analyser le sujet

1. Recherchez ce que sont les Gafam.
2. Quel est le rôle de la politique de la concurrence européenne ?
3. Quels problèmes récurrents les Gafam posent-ils en matière de concurrence ?
4. Reformulez le sujet afin d'en vérifier la compréhension.

Étape 2 Rechercher des informations

5. Organisez la classe en plusieurs groupes de 4 élèves. Dans chaque groupe,
   - 2 élèves montreront les difficultés de l'UE à faire respecter les règles de la concurrence aux Gafam.
   - 2 élèves montreront que l'UE a des outils pour s'opposer aux Gafam.

Étape 3 Rédiger une synthèse

6. Chaque groupe met en commun avec la classe le résultat de ses recherches pour rédiger une réponse commune et argumentée à la question posée.

Coup de pouce

Rédigez :

✓ une introduction avec la définition des notions centrales du sujet.
✓ un paragraphe par argument, illustré par des exemples précis.
✓ une conclusion récapitulant les arguments.

Doc 1 Les condamnations par l'UE pour abus de position dominante (en millions d'euros)

2006	Microsoft	280,5
2008	Microsoft	860
2013	Microsoft	561
2017	Google	2 420
	Amazon	250
	Facebook	110
2018	Google	4 340
2019	Google	1 490
2022	Apple/Amazon	enquêtes en cours

Source : Commission européenne

Doc 2 La nouvelle législation de l'UE

Vidéo 2 min
L'UE face aux géants du Net
hatier-clic.fr/23ses1214

Doc 3 L'inefficacité des amendes européennes

« Il est utile de se pencher sur l'impact réel des amendes européennes, présentées comme une arme de dissuasion massive. On parle de 10 % du chiffre d'affaires en cas d'infraction, et jusqu'à 20 % en cas de récidive. [... L']impuissance et la lenteur européennes dans la mise en œuvre de ces armes fatales sont totales : Apple, condamné à 13 milliards d'euros en 2016, a gagné en appel et vu sa condamnation annulée. Rien n'a été payé. Google, condamné à 8,2 milliards d'euros au total, a vu une seule de ces amendes confirmée en appel pour l'instant, soit 2,4 milliards, pour une enquête commencée... en 2010. Microsoft a été condamné à 899 millions depuis 2004, et semble s'être acquitté de son amende, une somme qui représente 0,1 % de son profit opérationnel en 2021 ! [...]
Nous parlons donc de 3,4 milliards d'amendes effectivement payées en vingt ans, à comparer à quelque 300 milliards de profits pour les Gafam pour la seule année 2021. Alors cessons de penser que les sanctions financières vont changer les choses, même si ces menaces font évoluer le comportement des géants. »

A. Loesekrug-Pietri, « Puissance européenne face aux Gafam : mythe ou réalité ? », *Les Échos*, 19 mai 2022.

L'Essentiel

Comment les marchés fonctionnent-ils ?

A Le pouvoir de marché des monopoles et des oligopoles

- **Tous les marchés ne fonctionnent pas en concurrence parfaite**. Sur certains, **les entreprises ont un fort pouvoir de marché**, notamment dû à un nombre limité d'offreurs, à une entente entre entreprises. Par exemple, dans le secteur de la téléphonie mobile, trois opérateurs ont effectué une entente entre 1998 et 2002 pour pratiquer des prix plus élevés (et ont été sanctionnés pour cela). **L'existence de barrières à l'entrée** (légales, naturelles ou stratégiques) explique aussi ce pouvoir de marché. Devoir acheter une licence, faire des dépenses colossales en publicité ou construire son propre réseau sont autant de barrières à l'entrée.

- **Les situations de monopole sont diverses**. Le monopole institutionnel est créé par la décision d'une puissance publique qui estime nécessaire qu'une seule entreprise produise et commercialise un produit (barrière légale). C'est par exemple le cas des entreprises protégées par des brevets.
- Un monopole naturel comme SNCF Réseau peut advenir **en raison d'importants coûts fixes** difficiles à rentabiliser pour des entreprises en concurrence (barrière naturelle). Un monopole pourra faire des économies d'échelle et proposer des prix plus bas aux consommateurs qu'en situation de concurrence.
- Enfin, **une entreprise peut mettre en place une barrière stratégique**, notamment en finançant des programmes de recherche et développement pour innover. Elle est alors la seule à vendre cette innovation et se retrouve en situation de monopole d'innovation (cas des vaccins Pfizer en 2020).

B Les prix sur les marchés imparfaitement concurrentiels

- **Les monopoles sont faiseurs de prix.** Ils vont eux-mêmes choisir le niveau de prix qui leur permet de maximiser leur profit, à savoir celui qui correspond au niveau de demande pour laquelle le coût marginal est égal à la recette marginale. Ce prix est supérieur au prix d'équilibre.
- **Les oligopoles peuvent avoir des fonctionnements variés**. Leur capacité à être faiseurs de prix dépend donc de leur capacité à coopérer ou non. Or, les entreprises sont devant un dilemme du prisonnier. La conséquence de leur décision dépend du comportement des autres entreprises. Sans entente, elles se font une concurrence vive, ce qui réduit le profit de l'ensemble des entreprises du marché. Pour améliorer leur profit total, elles ont donc intérêt à s'entendre pour fixer leur prix au-dessus du prix d'équilibre.

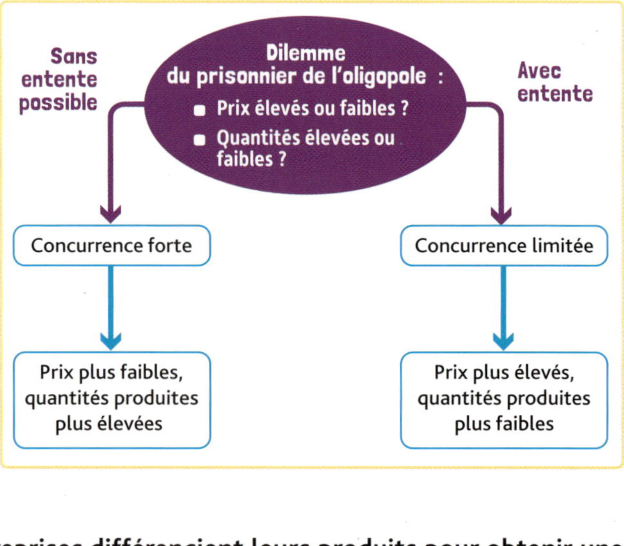

- **En concurrence monopolistique, les entreprises différencient leurs produits pour obtenir une situation de monopole sur un segment de marché**. Cela leur permet de fixer leur prix au-dessus du prix d'équilibre.

imparfaitement concurrentiels

Podcast du cours
hatier-clic.fr/23ses1215

C La politique de la concurrence

- **Ces situations de concurrence imparfaite ne sont pas efficaces économiquement.** À l'équilibre du monopole, le surplus total est moins important que celui en concurrence parfaite en raison de la baisse des quantités échangées. De plus, le **surplus du consommateur** est réduit du fait de la baisse des quantités échangées et de la hausse des prix au profit du monopole. Il est donc nécessaire que les pouvoirs publics agissent pour préserver la concurrence et protéger le surplus du consommateur. C'est le rôle de l'Autorité de la concurrence en France et de la Commission européenne au niveau de l'Union européenne que de mener une **politique de la concurrence** efficace.

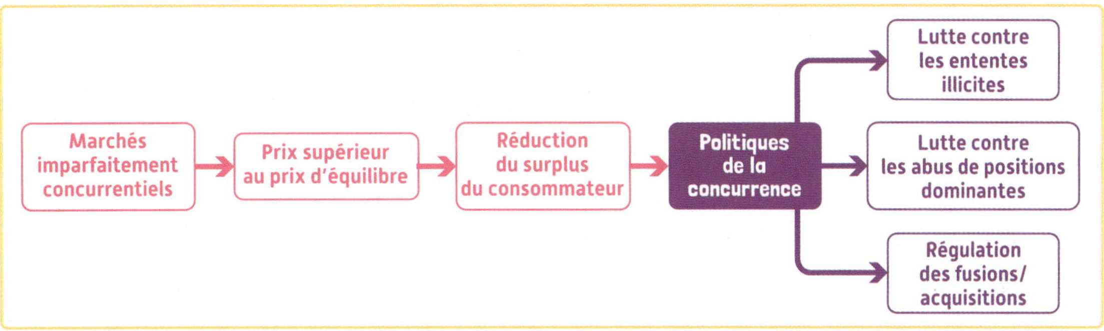

- **La politique de la concurrence s'articule essentiellement autour de trois grands types d'actions.**
1. Le contrôle des **fusions et acquisitions** aboutissant à un trop fort pouvoir de marché. La Commission européenne a ainsi interdit la fusion entre Alstom et Siemens en 2019 ;
2. L'interdiction et la sanction des **ententes** illicites, comme celle du cartel du sandwich en 2021. Le « programme de clémence » vise à mieux détecter les cartels en incitant les entreprises à dénoncer une entente à laquelle elles ont pris part ;
3. Enfin, la sanction des **abus de position dominante**. Les GAFAM ont ainsi été condamnées à des amendes très lourdes (4,34 milliards d'euros pour Google en 2018).

Notions

> **Abus de position dominante** Les pratiques par lesquelles une entreprise qui domine son marché utilise sa situation pour faire obstacle à la concurrence.

> **Barrières à l'entrée** Les obstacles empêchant l'entrée d'une entreprise sur un marché (voir p. 37).

> **Dilemme du prisonnier** La situation dans laquelle la difficulté à coopérer conduit deux acteurs à prendre rationnellement des décisions individuelles contraires à leur intérêt commun.

> **Entente** Un accord entre entreprises pour réduire la concurrence sur un marché et aboutissant à des prix plus élevés et des quantités plus faibles.

> **Fusion et acquisition** Une opération de regroupement de leur patrimoine par plusieurs entreprises pour ne plus former qu'une seule entreprise.

> **Monopole** Au sens strict, un marché avec un seul offreur face à une multitude de demandeurs.

> **Monopole d'innovation** La situation dans laquelle une innovation, généralement protégée par un brevet, confère l'exclusivité de la vente de ce produit à l'entreprise qui en est à l'origine.

> **Monopole institutionnel** La situation dans laquelle la loi ou une décision des pouvoirs publics accorde à une entreprise le droit exclusif de commercialiser un produit.

> **Monopole naturel** Le monopole d'une entreprise sur un marché sur lequel les coûts fixes sont élevés et où existent des économies d'échelle lui permettant de vendre à un prix inférieur à celui que pratiqueraient plusieurs firmes.

> **Oligopole** Un marché avec un nombre limité d'offreurs et un nombre important de demandeurs.

> **Politique de la concurrence** L'ensemble des mesures prises par les pouvoirs publics afin de préserver ou améliorer la confrontation entre offreurs sur un marché.

> **Pouvoir de marché** La capacité d'une entreprise à pouvoir fixer elle-même ses prix au-dessus du prix d'équilibre.

> **Surplus du consommateur** Voir p. 25.

Révisions

1 Réviser avec le schéma de synthèse

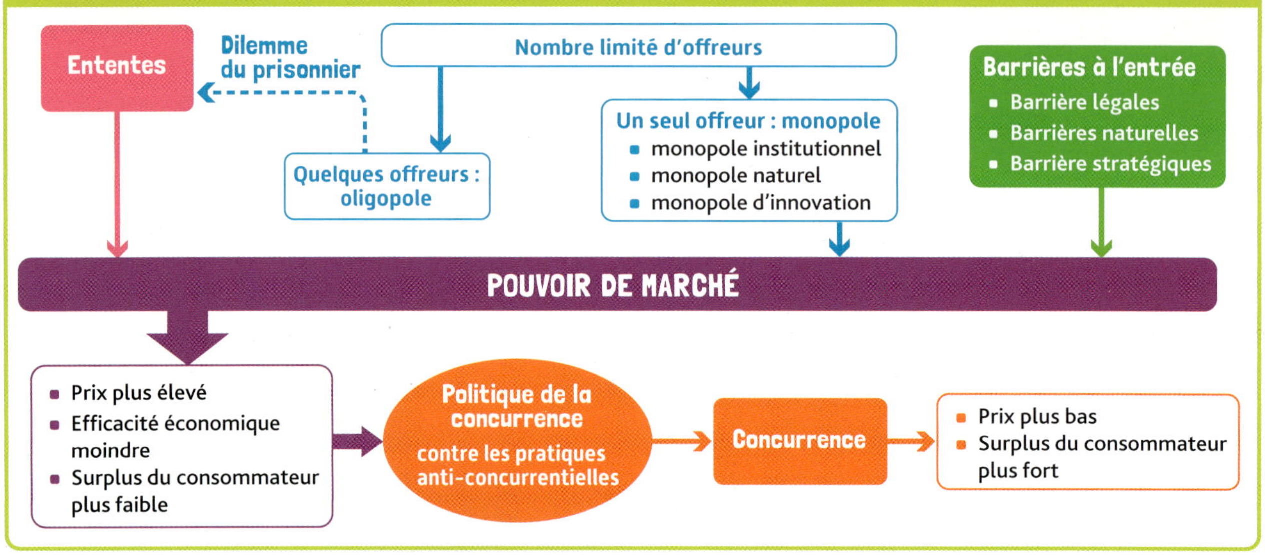

2 Savoir illustrer par des exemples

UN OLIGOPOLE :
le marché de la téléphonie mobile

UN MONOPOLE D'INNOVATION :
les vaccins Pfizer

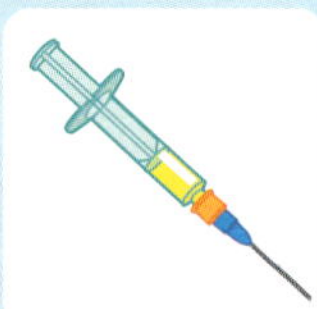

UN MONOPOLE NATUREL :
SNCF Réseau

UNE FUSION :
Stellantis

UNE ENTENTE ILLICITE :
Le cartel des sandwichs

LA POLITIQUE DE LA CONCURRENCE :
les abus de position dominante des Gafam condamnés par l'UE

3 Savoir citer des chiffres clés

Les **prix des forfaits téléphoniques** grand public ont baissé de **53,4 %** depuis l'arrivée de Free sur le marché en 2012.

Une **entente** fait augmenter les prix de **17 %** en moyenne.

L'Autorité de la Concurrence a **interdit 2 fusions et acquisitions** depuis sa création en 2009.

En 2018, **Google** a écopé d'une amende de **4,34 milliards d'euros** pour abus de position dominante.

4 Savoir définir les notions clés

ABUS DE POSITION DOMINANTE
BARRIÈRES À L'ENTRÉE
DILEMME DU PRISONNIER
ENTENTES
FUSIONS ET ACQUISITIONS
MONOPOLE
MONOPOLE INSTITUTIONNEL/NATUREL/D'INNOVATION
OLIGOPOLE
POLITIQUE DE LA CONCURRENCE
POUVOIR DE MARCHÉ

5 Ne pas confondre

Oligopole ≠ Entente

6 Voir la vidéo de RÉVISION

hatier-clic.fr/23ses1202

7 Écouter le podcast du cours

Podcast du cours
hatier-clic.fr/23ses1215

8 Vérifier ses connaissances

Mémocartes
hatier-clic.fr/23ses1216

Exercices interactifs
hatier-clic.fr/23ses1217

9 Aller plus loin

Lire

François Lévêque, *Les entreprise hyperpuissantes*, Odile Jacob, 2021.

Écouter

« Édition : la menace monopolistique », podcast de France Culture, 22 juin 2022.

hatier-clic.fr/23ses1218

Voir

The billion dollar code, série Netflix de Robert Thalheim, 2021

Vidéo 2 min
hatier-clic.fr/23ses1219

Une vidéo de l'UE expliquant sa lutte contre les cartels.

Suivre l'actualité avec ACTU SES

actu-ses.editions-hatier.fr

hatier-clic.fr/23ses1220

« En France, pourquoi l'ouverture à la concurrence des trains voyageurs patine », août 2022.

Vers le BAC — Mobiliser ses connaissances

QUESTION 1 Présentez deux formes de monopole.

Coup de pouce

1. Pour répondre à cette question, vous devez (plusieurs choix à faire) :
   a. Montrer que les monopoles ne sont pas efficaces
   b. Expliquer les spécificités de deux des trois formes de monopole : monopole institutionnel, monopole naturel ou monopole d'innovation
   c. Expliquer la différence entre un monopole et un oligopole
   d. Définir ce qu'est un monopole
   e. Expliquer pourquoi chacun des monopoles évoqués existe
   f. Donner deux exemples de monopole
   g. Expliquer pourquoi la politique de la concurrence empêche certains monopoles
2. Choisissez les deux formes de monopole que vous souhaitez développer. Quelles entreprises de la liste suivante seraient des exemples pertinents pour illustrer les formes de monopole choisies ? Orange, Pfizer, La Française des Jeux, Daunat, SNCF Réseau, SNCF.
3. Rédigez votre réponse au propre en vous aidant du modèle ci-dessous.

« Il existe plusieurs formes de monopole, ...1.......... .

Tout d'abord, il existe des monopoles ....2.......... . *En effet, ce type de monopole apparaît lorsque* ....3.......... . *Cela aboutit donc à ce que l'entreprise soit seule sur le marché. Par exemple, l'entreprise* ....4.......... *est en situation de monopole en raison de* ....5.......... . *Il s'agit donc bien d'un monopole* ....6.......... .

De plus, les monopoles peuvent être ....2.......... . *On retrouve ce type de monopole en raison de* ....3.......... . *Ainsi, l'entreprise* ....4.......... *illustre bien ce type de monopole puisque* ....5.......... .

Le monopole peut donc revêtir plusieurs formes : on trouve des monopoles ....6.......... *mais aussi des monopoles* ....6.......... .

1. Définissez la notion du sujet.
2. Affirmez le type de monopole traité dans ce paragraphe.
3. Expliquez, en mobilisant des notions, l'existence de ce type de monopole.
4. Donnez un exemple du monopole affirmé.
5. Expliquez en quoi cet exemple précis est bien un type du monopole affirmé.
6. Notez le type de monopole.

QUESTION 2 Montrez que l'équilibre du monopole n'est pas efficace.

Coup de pouce

1. La consigne ne vous demande pas d'évoquer les raisons pour lesquelles certains monopoles sont nécessaires.
2. Vous pouvez faire un graphique pour appuyer votre propos, mais attention à bien rédiger ce que ce graphique est censé montrer.
3. Pensez à comparer la situation de monopole avec celle en concurrence pure et parfaite.

QUESTION 3 À l'aide de deux exemples, illustrez l'action de la politique de concurrence pour préserver le surplus du consommateur.

Étudier un document statistique

Vers le BAC

ÉTUDE de document 1

Les sanctions prononcées à l'égard du cartel du yaourt en 2015

Entreprises du cartel	Sanctions en millions d'euros	Part dans la sanction totale en %
Bénéficiaires du programme de clémence		
Yoplait	0	0
Senagral	46[1]	23,8
Entreprises n'ayant pas bénéficié du programme de clémence		
Laiterie de Saint Malo	0.3	0,2
Laiteries Triballat	1,4	0,7
Alsace Lait	3,6	1,9
Lactalis Beurre et Crème	4	2,1
Laïta	8,1	4,2
Yéo Frais	12	6,2
Maîtres Laitiers du Cotentin	22,9	11,9
Novandie	38,3	19,9
Lactalis Nestlé Ultra Frais MDD	56,1	29,1
Total	192,7	100

D'après l'Autorité de la concurrence.

1. Au lieu de 101,3 millions d'euros.

Coup de pouce

1. Repérez les deux données que la question 1 demande de comparer.
Quels types de calcul simple pourriez-vous faire pour comparer ces deux données ?
2. Laquelle de ces reformulations correspond bien au sujet de la question 2 ?
– Pour quelles raisons la politique de la concurrence lutte-t-elle contre les ententes illicites ?
– De quelles manières la politique de la concurrence agit-elle contre les ententes illicites ?
3. Le document permet de repérer deux idées répondant au sujet : quelles sont-elles ?
– La politique de la concurrence sanctionne les ententes illicites.
– La politique de la concurrence dissuade de former des ententes illicites.
– La politique de la concurrence encourage à dénoncer les ententes illicites.
4. Pour chacune d'entre elles, quelle donnée permettrait le mieux de l'illustrer ?

1. À l'aide des données du document, comparez la part de Novandie dans la sanction totale à celle d'Alsace Lait.
2. À l'aide du document et de vos connaissances, vous montrerez comment la politique de la concurrence lutte contre les ententes illicites.

ÉTUDE de document 2

Coefficient multiplicateur des prix des télécommunications en France en comparaison de celui des États-Unis entre 2005 et 2014

Note : Jusqu'en 2011, seuls trois opérateurs (Bouygues, Orange et SFR) étaient présents sur le marché français et ont été sanctionnés pour entente illicite. Free entre sur le marché en 2012 après avoir obtenu une licence.
Source : Conseil d'analyse économique, 2019.

1. À l'aide du document, comparez le niveau des prix des télécommunications en France et aux États-Unis en 2005 puis en 2014.
→ Voir aussi Fiche Outil p. 288
2. À l'aide du document et de vos connaissances, vous montrerez que le pouvoir de marché d'un oligopole peut varier.

Vers le BAC

Raisonnement s'appuyant sur un dossier documentaire

POINT MÉTHODE
Présenter et exploiter un texte

Dans la partie 3 de l'épreuve composée, le dossier documentaire comprend un texte (maximum 2 500 signes) factuel ou théorique. Après avoir analysé le sujet et mobilisé vos connaissances, vous pouvez passer à l'étude du dossier documentaire, dont la lecture du texte. Cela vous permet de bien cadrer les éléments du texte qui se rapportent ou non au sujet.

EXEMPLE DE SUJET **À l'aide de vos connaissances et du dossier documentaire, vous montrerez qu'il existe différentes sources de pouvoir de marché.**

Texte associé dans le dossier documentaire

En microéconomie, il est usuel de classer les structures de marché en fonction du nombre d'acheteurs et de vendeurs [...] Aujourd'hui, nombre de marchés présentent une structure oligopolistique : quelques firmes effectuent l'essentiel de la production, à l'image de l'industrie des mémoires dynamiques (DRAM), qui rassemble au niveau mondial moins de dix producteurs. [...]

La prise en compte du nombre de firmes évoluant sur un marché est essentielle, dans la mesure où elle détermine (en partie) le pouvoir de marché dont dispose la firme : une firme en situation de concurrence ne peut pratiquer un prix supérieur à celui du marché, sous peine de perdre tous ses clients. [...] Les économistes ont développé de nombreuses analyses sur les différentes stratégies dont peuvent user les entreprises pour modifier à leur avantage les structures de marché. En particulier, lorsque les entreprises sont peu nombreuses, elles peuvent tenter de se constituer en cartel*.

Source : Emmanuel Combe, *Précis d'économie*, PUF, 2017

* cartel : entente illicite entre entreprises

Nombre limité d'offreurs

Barrières stratégiques

Ententes

ÉTAPE 1 Lire et comprendre le texte

- Repérez la source du texte puis faites-en une première lecture pour dégager l'idée générale du document.
- Relisez ensuite le texte pour en dégager les idées secondaires et surlignez les exemples éventuels apportés par l'auteur.

ÉTAPE 2 Relier le texte aux arguments

- Demandez-vous : « en quoi ce document permet-il de montrer que ... (sujet) ? », « à quel argument ce texte est relié ? », « l'illustre-t-il ? », « en développe-t-il un mécanisme ? »,...
- Notez à côté du document les notions en lien avec le sujet auxquelles le document vous fait penser ou qu'il permet d'illustrer.
- Attention : toutes les informations du texte ne sont pas forcément à utiliser.

ÉTAPE 3 Exploiter le texte dans l'argumentation

- Le texte apportera le plus souvent des éléments d'illustration, mais il peut parfois présenter une théorie ou un mécanisme à expliciter dans votre argument.
- Faites clairement référence au document (« le document 1 montre bien que ... »).
- Évitez de paraphraser le texte. Les citations sont possibles mais il faudra bien préciser ce qui sert votre argumentation dans cette citation. Préférez une reformulation insistant sur les aspects pertinents.
- Développez bien le lien entre l'idée du document et votre argument.

SUJET

À l'aide de vos connaissances et du dossier documentaire, vous montrerez comment la politique de la concurrence protège le surplus du consommateur.

APPLICATION

1. Quelle idée principale ressort du doc. 1 ?
2. À quelles notions pouvez-vous le relier ?
3. Grâce à vos connaissances, vous avez identifié 3 arguments. Le(s)quel(s) de ces arguments le texte illustre-t-il ?
   a. La lutte contre les ententes illicites protège le surplus du consommateur.
   b. La sanction des abus de position dominante protège le surplus du consommateur.
   c. Le contrôle des fusions et acquisitions préserve le surplus du consommateur.
4. Quelle partie du texte n'est pas utile à votre argumentation ?
5. Relevez les idées/données du texte illustrant chaque argument.
6. Rédigez un argument de la question 3 pouvant être illustré par le texte (en le reliant à un autre document si cela est pertinent).

Doc 1

« Le contrôle des concentrations constitue l'essentiel de l'activité du gendarme de la concurrence, qui a rendu au total 321 avis et décisions en 2021. [...] Une seule tentative de concentration a été interdite, à savoir le rachat de la Société du Pipeline Méditerranée-Rhône par le groupe Ardian, qui présentait à la fois des risques de "monopole" et de "hausses tarifaires", est-il détaillé dans le rapport. [...]
Au total, l'Autorité estime que son action sur les dix dernières années (2011-2021) a permis de faire gagner 18,5 milliards d'euros à l'économie française. Un chiffre obtenu en additionnant les recettes issues des amendes (7,6 milliards d'euros) et les surcoûts évités grâce à l'intervention de l'Autorité pour mettre fin à des comportements anticoncurrentiels (10,9 milliards d'euros). Dans un contexte où l'inflation est nettement repartie à la hausse depuis la fin 2021 (5,8 % sur un an en juin selon l'INSEE), l'Autorité insiste enfin sur son action contre les cartels et les ententes.
Selon plusieurs études économiques, ces pratiques engendrent "des surprix de l'ordre de 17 % en moyenne en Europe" pour les consommateurs et les entreprises, précise ainsi le gendarme de la concurrence. [...]
Pour 2022, l'Autorité poursuit son action, laquelle s'articule autour de sept axes : le bon fonctionnement concurrentiel des marchés numériques, la lutte contre le changement climatique, le pouvoir d'achat des consommateurs en période de crise, la lutte contre les pratiques anticoncurrentielles affectant les ressources publiques, la promotion de la culture de la concurrence, l'efficacité et la réactivité de l'Autorité dans un environnement dynamique et l'articulation de l'action de l'Autorité avec les autres objectifs de politique publique. »

« L'Autorité de la concurrence a accru son contrôle sur les opérations de concentration, "sans doute" par "un effet rattrapage" », *La Correspondance économique*, 7 juillet 2022.

Doc 2

Répartition des sanctions prononcées par l'Autorité de la concurrence en France en 2021
(en %)

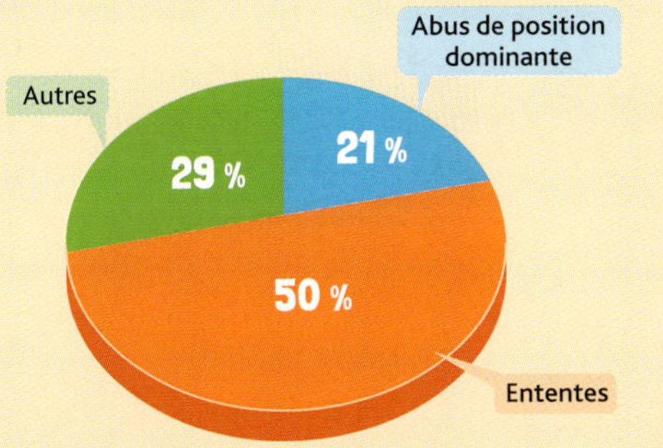

Source : Autorité de la concurrence, Rapport annuel, 2021.

Doc 3

Estimations des gains obtenus par les consommateurs par le contrôle des fusions et acquisitions, en milliards d'euros

	Estimation minimale	Estimation maximale
2016	18,3	30,4
2017	2,4	4,1
2018	15	25
2019	5,7	9,4
2020	13,8	23
2021	9,2	15,3

Commission Européenne, *Annual activity report 2021 – Competition.*

Lecture : En 2016, le contrôle des fusions et acquisitions aurait permis de faire gagner aux consommateurs européens au minimum 18,3 milliards d'euros.

Vers le BAC

Dissertation

POINT MÉTHODE
Organiser son travail

La dissertation nécessite d'accomplir une **succession de tâches** pour répondre au sujet de manière argumentée et structurée en 4 heures. Il est important d'avoir une bonne méthode de travail pour éviter le hors sujet, le manque de temps ou encore le non-respect de la forme de la dissertation.

Identifier les étapes successives à effectuer

Étape 1 Analyser le sujet → **Étape 2** Mobiliser ses connaissances → **Étape 3** Étudier les documents → **Étape 4** Construire un plan détaillé → **Étape 5** Rédiger

ÉTAPE 1

Analyser le sujet permet de bien cadrer ce qui est attendu et d'élaborer une problématique.

→ POINT MÉTHODE p. 98.

ÉTAPE 2

Mobiliser ses connaissances signifie convoquer celles qui sont pertinentes pour traiter le sujet : notions, mécanismes, auteurs, théories, exemples.

→ POINT MÉTHODE p. 120.

ÉTAPE 3

Étudier les documents pour trouver le lien entre chaque document et le sujet et identifier des pistes d'illustration.

→ POINT MÉTHODE p. 32 et 52.

ÉTAPE 4

Construire un plan détaillé permet d'organiser votre propos en deux ou trois grandes parties, elles-mêmes composées de deux ou trois sous-parties.

→ POINT MÉTHODE p. 76.

ÉTAPE 5

Rédiger le devoir en commençant au brouillon par votre **introduction** et votre **conclusion**. La conclusion doit répondre à la problématique de votre introduction. Poursuivre au propre pour la rédaction de l'ensemble.

→ POINT MÉTHODE p. 256 et 278.

APPLICATION

1. **Parmi les activités ci-dessous, quelles sont celles que vous estimez nécessaires à réaliser ?**
   a. Étudier le sujet
   b. Dégager des faits et/ou des idées du texte
   c. Rédiger entièrement le devoir au brouillon
   d. Extraire des données chiffrées qui illustrent vos propos
   e. Construire un plan détaillé
   f. Identifier les séquences argumentatives, les idées, utiles à la réponse
   g. Rédiger le devoir
   h. Exploiter ses connaissances
   i. Utiliser le plus possible de données chiffrées des documents statistiques
   j. Réécrire des phrases du texte
   k. Classer les idées dans le plan
   l. Rédiger l'introduction (et la conclusion) au brouillon
2. **Classez-les dans l'ordre de réalisation que vous jugez logique pour un travail sur une dissertation et associez chacune à une des 5 étapes de travail.**
3. **Estimez pour chaque étape le temps nécessaire pour sa réalisation (le total ne pouvant dépasser 4 heures), puis comparez avec les réponses de la classe.**
4. **Après avoir repéré et classé les étapes, appliquez la démarche pour la dissertation proposée en notant les temps passés étape par étape.**

Conseil

Pensez à bien gérer votre temps et à organiser votre travail sur les 4 heures dont vous disposez pour l'épreuve :
- ✓ ne bâclez pas la première étape, base essentielle de votre travail.
- ✓ prévoyez environ la moitié du temps pour la rédaction
- ✓ gardez du temps pour vous relire afin de corriger les éventuelles fautes et de vérifier que vous n'avez oublié aucun élément important.

SUJET Les barrières à l'entrée sont-elles la seule source de pouvoir de marché ?

Doc 1

Parts de marché des entreprises de la grande distribution en France en 2020

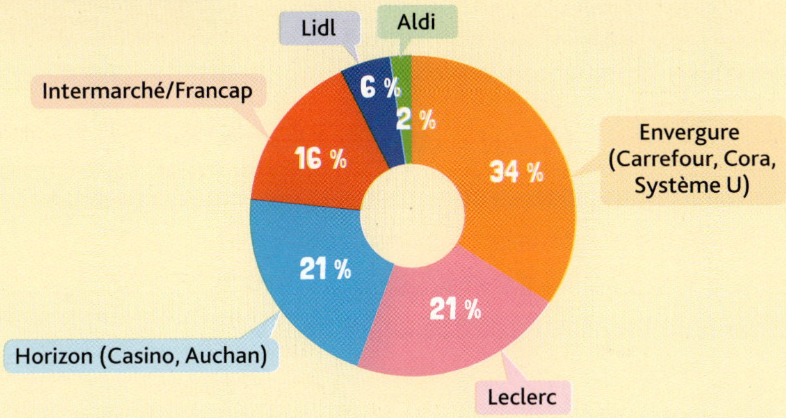

Source : d'après Autorité de la Concurrence, 2020.

Doc 2

Les cinq premières entreprises ayant déposé des demandes de brevets en 2022, en nombre de demandes à l'OEB[1]

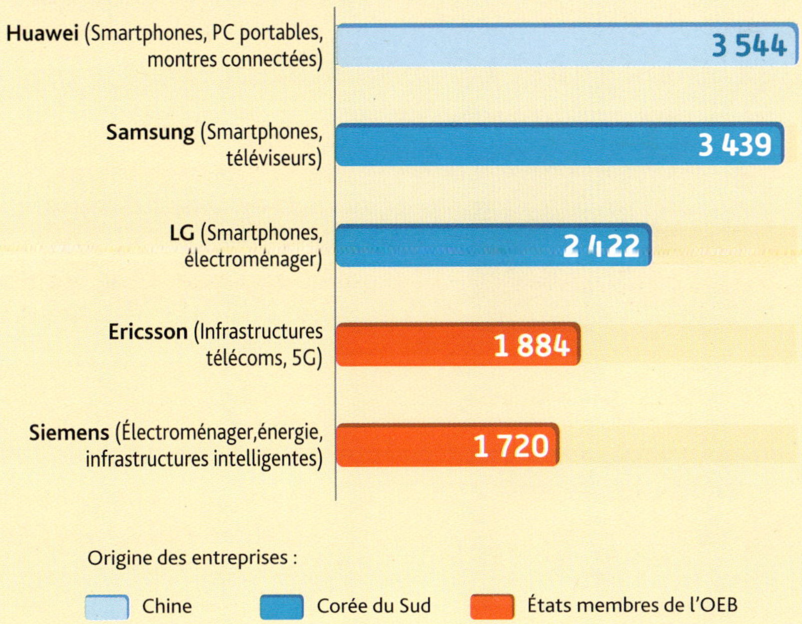

1. Office européen des brevets.

Source : d'après INPI, 2022.

Doc 3

« La baisse des prix promise dans [le secteur de l'électricité] n'a pas eu lieu. Bien au contraire : les tarifs ont augmenté de 60 % entre 2006 et 2020 pour les particuliers, quand l'inflation restait inférieure à 20 % durant la même période. [...]

L'association Consommation, logement, cadre de vie (CLCV) ne juge "pas viable" la déréglementation du secteur de l'électricité en France, tout en précisant ne pas être hostile aux privatisations. "La production nucléaire est exercée en monopole public, ce qui semble consensuel", écrit-elle [...]. "Le réseau étant aussi un monopole naturel, cela signifie que [...] les opérateurs alternatifs ne sauraient être concurrentiels ni sur le réseau ni sur la production." [...]

Les coûts du réseau électrique comme de la production nucléaire et renouvelable se composent en grande partie d'investissements lourds, amortissables sur plusieurs décennies, indépendants de la quantité d'énergie produite et transportée. Construire davantage de moyens de production ou de lignes que nécessaire pour pouvoir les mettre en concurrence aboutirait à un gâchis économique, doublé d'une absurdité écologique. »

Anne Debrégeas et David Garcia, « Qui veut la mort d'EDF ? », *Le Monde diplomatique*, 1er février 2021.

Chapitre 3

Quelles sont les principales défaillances du marché ?

Dossiers

Ateliers

LA VIDÉOTHÈQUE DU CHAPITRE

hatier-clic.fr/23ses1301

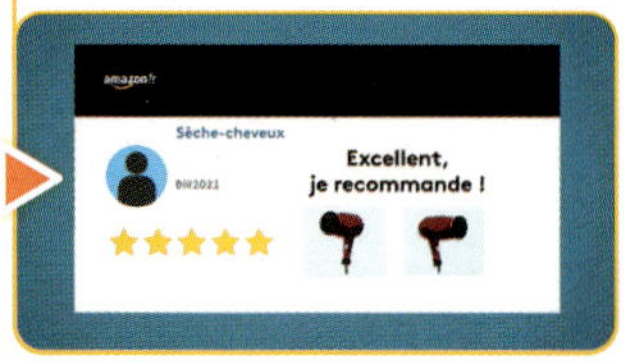

Vidéo de RÉVISION du chapitre

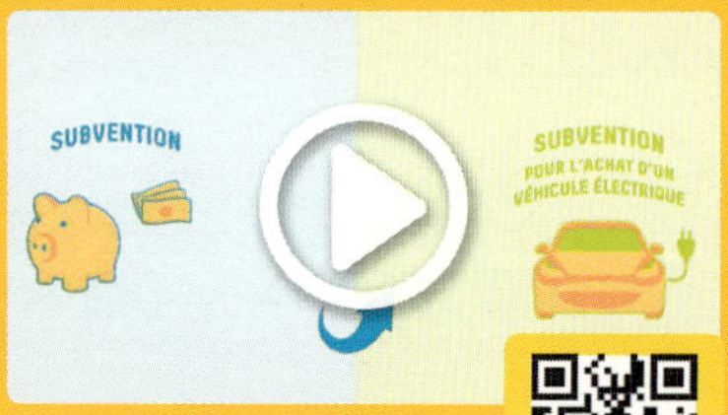

hatier-clic.fr/23ses1302

1 S'interroger sur la surpêche

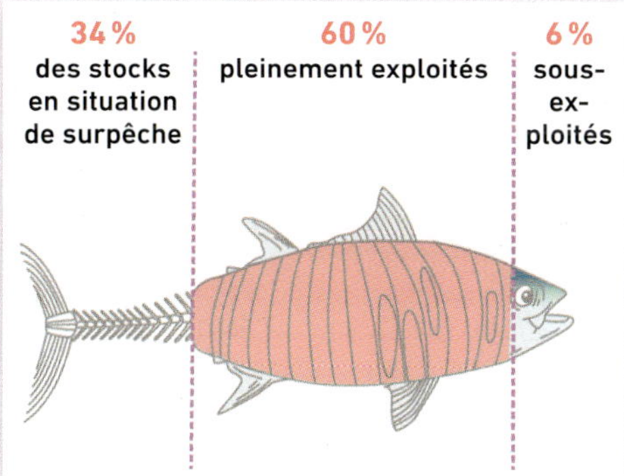

Source : FAO, 2021.

- Pourquoi est-il difficile d'empêcher la surpêche à l'échelle mondiale ?
- Comment les pouvoirs publics peuvent-ils agir pour préserver les ressources en poissons (ressources halieutiques) ?

2 Évaluer les mobiles d'occasion : bonne affaire ou pas ?

« Un téléphone reconditionné coûte jusqu'à 40 % moins cher qu'un neuf et est garanti un an. Pourtant, seulement 15 % des mobiles ont une seconde vie, car les smartphones reconditionnés peinent encore à convaincre les utilisateurs. »

- Quels sont les risques liés à l'achat d'un mobile reconditionné ?
- Quels dispositifs peuvent faciliter l'achat de mobiles d'occasion ?

3 Réagir aux mesures pour limiter le changement climatique

Sondage : Quelle est votre opinion sur des mesures que l'on pourrait adopter pour limiter les émissions de gaz à effet de serre ? (en %)

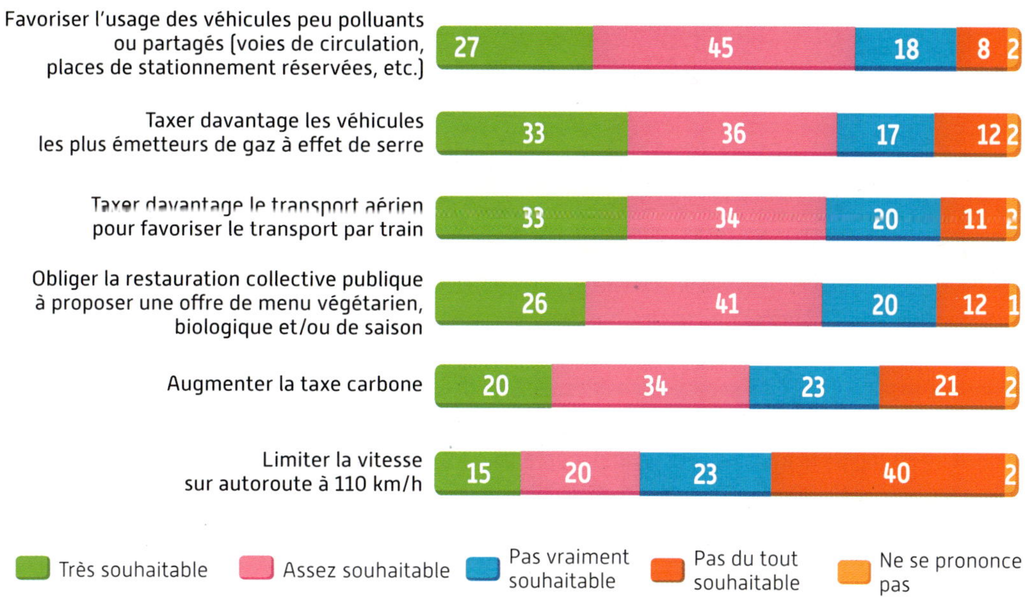

Source : « Les représentations sociales du changement climatique », sondage *OpinionWay* pour l'ADEME, 2020.

- Les Français sont-ils prêts à changer leurs comportements face au changement climatique ? Et vous ?
- Quel rôle les pouvoirs publics peuvent-ils jouer dans la lutte contre le réchauffement climatique ?

Dossier 1

Quelles sont les défaillances du marché en présence d'externalités ?

L'exemple de la pollution

Doc 1 La pollution au plomb, un exemple d'externalité négative

Vidéo 3 min
hatier-clic.fr/23ses1304

20 ans après la fermeture de la fonderie Metaleurop Nord, située dans le Pas-de-Calais, le niveau de plomb reste toujours élevé dans ses environs.

1. **Quels sont les risques pour la santé liés à l'exposition au plomb ?**
2. **Selon vous, pourquoi les riverains et la communauté d'agglomération demandent-ils réparation ?**

Vocabulaire

> Une **défaillance de marché** est une situation dans laquelle certains phénomènes perturbent le fonctionnement attendu du marché concurrentiel.

> On parle d'**externalités** quand l'activité économique d'un agent a des effets favorables (externalités positives) ou défavorables (externalités négatives) sur le bien-être d'un ou de plusieurs autres agents, sans contrepartie monétaire.

Doc 2 Externalité positive, externalité négative

« Les activités de consommation et de production génèrent des effets qui ne sont pas directement liés aux finalités de ces activités, et ces effets peuvent être positifs ou négatifs, selon les économistes. L'agriculture, par exemple, peut provoquer des problèmes de santé humaine si les consommateurs ingèrent des pesticides qui ont servi à intensifier les processus de production. L'industrie peut, de son côté, générer des pollutions de l'air ou de l'eau qui auront un impact présent ou futur sur les habitants. On parlera alors, d'externalités négatives. D'un autre côté, une innovation technologique mise au point par une entreprise peut améliorer les rendements d'une autre, de même qu'un paysan peut contribuer à l'amélioration du paysage et à l'aménagement de son territoire. On parlera alors d'externalités positives.

[…] Les économistes parlent d'externalités négatives lorsque les effets des productions nuisent à d'autres agents économiques, mais avec un bémol ; le coût de cette nuisance est indolore du point de vue des comptes financiers de celui qui l'a provoquée ; l'agriculteur ou l'industriel pollueur ne sera pas plus affecté dans ses comptes que ses homologues vertueux. Si l'externalité négative n'a donc pas de prix pour l'agent qui la provoque, elle a un coût collectif pour la société qui la subit. »

Dominique Méda, « Qu'entend-on par "externalité négative" ? », *Le Pourquoi du comment : économie et social*, www.radiofrance.fr

27 octobre 2021.

1. **Qu'est-ce qui distingue une externalité négative d'une externalité positive ?**
2. **Expliquez la phrase soulignée.**
3. **Pourquoi peut-on dire que l'externalité négative a un coût collectif pour la société ? Pourquoi peut-elle être considérée comme une défaillance de marché ?**

Doc 3 Les émissions de particules fines et leurs conséquences

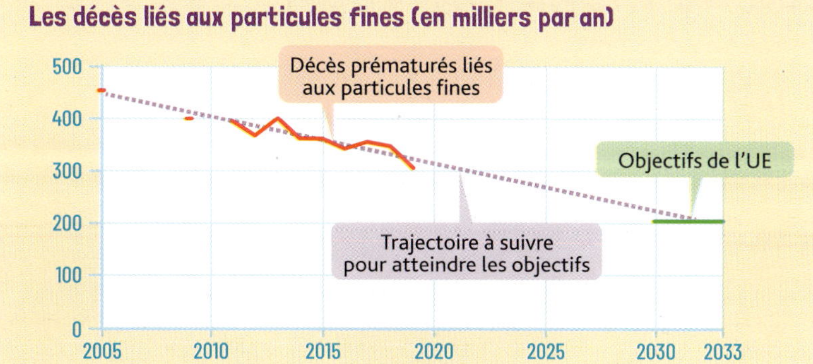

Pas de données entre 2006 et 2008, et en 2010.
Source : Agence européenne de l'environnement.

1. Quels acteurs sont à l'origine des émissions de particules fines ?
2. Cherchez quelles peuvent être les conséquences des particules fines sur la santé humaine.
3. Comment a évolué le nombre de décès prématurés liés aux particules fines entre 2011 et 2019 ?
→ Fiche Outil p. 288
4. Quelles actions les pouvoirs publics peuvent-ils entreprendre pour limiter les externalités négatives liées aux particules fines ?

Doc 4 Externalités et agriculture

« L'alimentation biologique a de réels bienfaits pour la santé. Elle protège notamment :

- **du risque de développer certains cancers.** Une récente étude britannique réalisée sur 623 080 femmes a conclu à une réduction de 21 % du risque de lymphome non hodgkinien (un cancer du sang) chez celles qui consomment souvent des aliments bio. [...] car les produits bio ont une faible teneur en pesticides, dont certains sont classés cancérogènes probables. Par défaut, le bio prouve bien leur nocivité.
- **des allergies.** Au moins une allergie est documentée, depuis qu'une étude néerlandaise menée sur 2 764 mères et bébés a montré que la consommation exclusive de produits laitiers biologiques, pendant la grossesse et l'enfance, était associée à une réduction de 36 % du risque d'eczéma à l'âge de 2 ans. [...]
- **des troubles cognitifs.** [...] Trois grandes études américaines ont montré que l'exposition des mères, lors de la grossesse, à certains insecticides était associée à un retard du développement psychomoteur et mental lors des 7 premières années de vie, à un QI plus faible et à un risque accru de troubles de l'attention. Manger bio prévient donc ces risques. »

D'après Kheira Bettayeb, « Manger bio est-il vraiment bon pour la santé », science-et-vie.com, 23 novembre 2020 © Sciences & Vie.

1. Pourquoi l'agriculture peut-elle être à l'origine d'externalités négatives sur l'environnement ?
2. Pourquoi l'agriculture biologique peut-elle au contraire générer des externalités positives ?

Je fais le point

Version interactive
hatier-clic.fr/23ses1305

Associez chaque notion (1 à 3) à sa définition (A à C) et à un exemple (a à c).

1. Externalité négative
2. Externalité positive
3. Défaillance de marché

A. Le fonctionnement optimal du marché est altéré par certains phénomènes.
B. L'activité d'un agent dégrade le bien-être d'un autre agent sans compensation monétaire.
C. L'activité d'un agent améliore le bien-être d'un autre agent sans compensation monétaire.

a. Une usine qui pollue une rivière cause un préjudice aux écosystèmes sans en subir le coût.
b. L'équilibre atteint sur le marché ne correspond pas à une situation collectivement souhaitable.
c. L'agriculture biologique contribue à la préservation de la biodiversité.

Je m'entraîne pour le BAC

Épreuve composée partie 1

Rédigez un paragraphe argumenté montrant que le marché est rendu défaillant en présence d'externalités négatives.

→ Méthode BAC p. 210

Dossier 2

Quelles défaillances du marché en présence de biens communs et collectifs ?

Pour commencer

Classer les biens en 4 catégories

Les économistes repèrent différents types de biens, caractérisés en fonction de leur caractère excluable ou non, rival ou non. Un bien est **rival** lorsque son usage par un agent empêche son usage par d'autres ; il est **non rival** lorsqu'il peut être consommé simultanément par plusieurs agents. Un bien est **excluable** lorsqu'il est possible d'empêcher un agent de le consommer ; si cela n'est pas possible, il est dit **non excluable**.

	Rival	Non-rival
Excluable	Bien privé	Bien de club
Non excluable	Bien commun	Bien collectif

1 Qu'est-ce qui distingue un bien privé d'un bien de club ? un bien commun d'un bien collectif ?

2 Déterminez la nature des biens suivants :

a. Une vidéo à la demande

b. L'eau d'un ruisseau

c. Une pizza

d. L'éclairage public

e. La justice

f. Un violon

Vocabulaire

> Un **bien collectif** est non rival et non excluable. Il peut être consommé simultanément par plusieurs personnes sans qu'il soit possible de les en empêcher.

> Un **bien commun** est rival et non excluable : il n'est pas possible d'empêcher un agent de le consommer et cette consommation diminue les quantités disponibles pour d'autres agents.

Doc 1 La tragédie des biens communs

Vidéo 3 min
hatier-clic.fr/23ses1306

Quatre pêcheurs d'un petit village dépendent d'un étang pour se nourrir. L'étang compte 12 poissons. Chaque couple de poissons donne naissance à un bébé chaque nuit.

1. Pourquoi les poissons sont-ils un exemple de bien commun ?
2. Combien de poissons les pêcheurs doivent-ils prélever pour maximiser leur subsistance ? Justifiez mathématiquement.
3. Quel comportement risquent-ils d'adopter individuellement ?
4. Selon vous, le marché permet-il une gestion efficace des biens communs ? Pourquoi ?

Le saviez-vous ?

> La **tragédie des biens communs** désigne la situation de surexploitation d'une ressource commune et limitée mais qui risque d'entraîner sa disparition.

Doc 2 La forêt, bien commun menacé

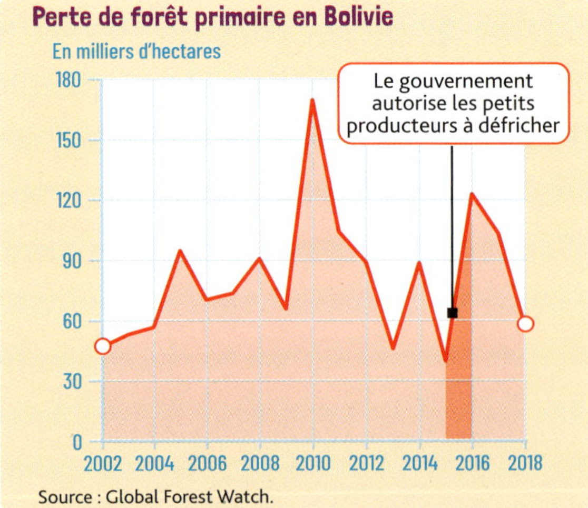

Source : Global Forest Watch.

1. Comment a évolué la forêt primaire en Bolivie depuis 2002 ?
2. Montrez que l'action des pouvoirs publics peut avoir des conséquences sur la préservation des biens communs.

Doc 3 Le jeu du bien collectif

La classe est divisée en **2 groupes**. Chaque élève reçoit **2 cartes rouges** (cœur/carreau) et **2 noires** (pique/trèfle). Une cagnotte est mise en place dans chaque groupe pour financer l'entretien d'un bien dont tout le monde bénéficiera : l'entretien d'un skatepark.

Chaque élève place **deux cartes**, face cachée, dans la cagnotte du groupe pour financer le bien collectif et garde **deux cartes**. Une **carte rouge** ajoutée à la cagnotte rapporte **1 point à chaque élève** du groupe. Chaque **carte rouge gardée** par l'élève lui rapporte **4 points (à lui seul)**.

Les cartes noires n'ont aucune valeur, mais permettent de maintenir le secret.

- **Premier tour de jeu** (sans discussion) : Comptez le nombre de cartes rouges dans la cagnotte. Chaque élève calcule son gain (1 point × nombre de cartes rouges dans la cagnotte + 4 points × nombre de cartes rouges conservées par lui) et l'inscrit sur la feuille de résultats.
- **On répète l'expérience une 2e fois**. Les élèves peuvent alors discuter des stratégies avant de jouer.
- **On répète l'expérience une 3e fois**, en faisant passer la valeur de la carte rouge conservée de 4 à 2 points.

1. **D'un point de vue purement individuel, quelle est la stratégie idéale pour maximiser ses gains ?**

2. **Dans quelles conditions le gain collectif maximal est-il obtenu ?**

Doc 4 Les biens collectifs échappent aux mécanismes de marché

« Pour certains biens économiques, il est pratiquement impossible d'exclure les usagers qui ne veulent rien payer de leur plein gré ; seule une autorité politique qui a le droit de lever des impôts pourra financer ce type de bien. Par exemple, une entreprise privée peut techniquement produire de la défense nationale en développant une armée privée, mais elle ne peut pas contraindre les usagers (toute la population du pays) à payer ce service collectif. Chaque habitant en profite pleinement et autant que tous les autres, qu'il accepte ou non de payer. Donc, à moins d'y être contraint, chacun a intérêt à jouer le "passager clandestin" – celui qui profite gratis du service payé par les autres. »

Jacques Généreux, *Jacques Généreux explique l'économie à tout le monde*, Éditions du Seuil, 2014.

1. **En quoi la défense nationale est-elle un bien collectif ? Citez d'autres exemples de biens collectifs.**

2. **Pourquoi les entreprises privées n'ont-elles, a priori, pas intérêt à « produire de la défense nationale » ?**

Je fais le point

Version interactive
hatier-clic.fr/23ses1307

Complétez le schéma avec les termes suivants : *rival* • *non excluable* • *surexploitation* • *perte collective.*

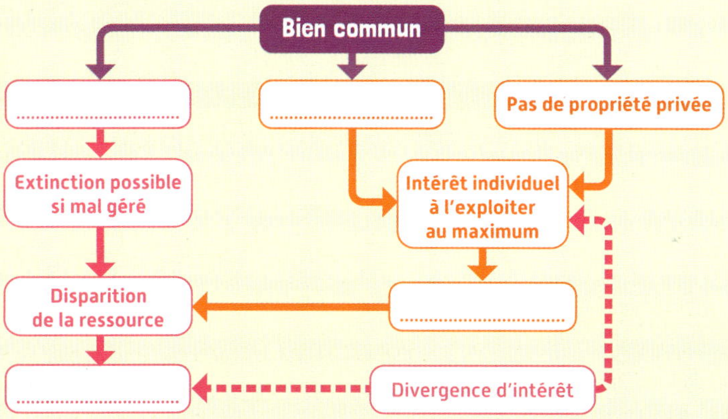

Je m'entraîne pour le BAC

Épreuve composée partie 3

À l'aide de vos connaissances et du dossier documentaire, vous montrerez que des défaillances de marché peuvent survenir en présence de biens communs et de biens collectifs.

→ Méthode BAC p. 118

Dossier 3

Pourquoi le marché est-il défaillant en présence d'asymétries d'information ?

Doc 1 Le marché des faux commentaires sur Amazon

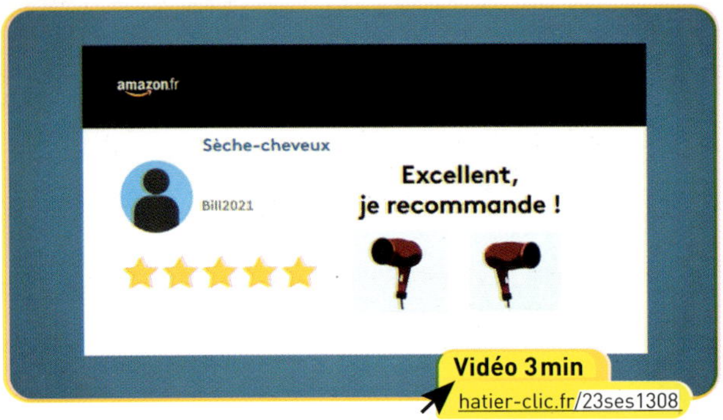

Vidéo 3 min
hatier-clic.fr/23ses1308

1. À quoi servent les avis sur Amazon ?
2. En quoi consiste le système de fraude aux faux commentaires utilisé par certains vendeurs sur cette plateforme ?
3. Selon vous, pourquoi cela génère-t-il une asymétrie d'information ?
4. Quelles peuvent être les conséquences de cette asymétrie d'information sur les achats des consommateurs ?

Doc 2 Le phénomène de sélection adverse sur le marché des voitures d'occasion

« Le marché des véhicules d'occasion aux États-Unis, non réglementé (sans contrôle sur la qualité des voitures vendues), est un exemple type d'asymétrie de l'information, car le vendeur connait l'état réel de la voiture puisqu'il en a été l'utilisateur, contrairement à l'acheteur.

Dans le cas où il existe deux types de voitures (bonne et mauvaise qualité), les vendeurs n'accepteront pas de vendre en dessous d'un certain prix, alors que les acheteurs n'accepteront pas d'acheter au-dessus d'un certain prix. [...]

L'acheteur n'a pas de moyen de savoir si le véhicule est de bonne ou de mauvaise qualité, il peut seulement pour cela se baser sur l'aspect général du véhicule et les dires du vendeur. Dans ce contexte, il sera prêt à acheter le véhicule, mais à un prix moindre qu'un véhicule de bonne qualité, car il sait qu'il y a une possibilité non nulle que ce véhicule s'avère de mauvaise qualité. [...]

Dans cette situation, les vendeurs de véhicule de bonne qualité vont toujours refuser l'offre faite par l'acheteur potentiel. [...] Ils vont progressivement se retirer du marché, augmentant ainsi la proportion de véhicules de mauvaise qualité, jusqu'à ce qu'il ne reste que ces véhicules sur le marché. Par la suite, le marché peut disparaître, car aucune transaction profitable ne peut être réalisée. L'asymétrie de l'information détruit le marché, c'est ce qui s'appelle le phénomène de "sélection adverse" ou "antisélection". »

Sylvain Fontan, « Georges A. Akerlof : théorie de la sélection adverse », lesechos.fr, 17 octobre 2013.

Vocabulaire

- Un **aléa moral** est une situation dans laquelle, après la signature d'un contrat, une partie modifie son comportement au détriment d'une autre.
- Il y a **asymétrie d'information** sur un marché lorsqu'un ou plusieurs agents détiennent une information que les autres agents ne possèdent pas.
- On parle de **sélection adverse** (ou d'anti-sélection) quand une asymétrie d'information conduit certains agents, offreurs ou demandeurs, à se retirer du marché.

1. Comment expliquer l'asymétrie d'information entre vendeurs et acheteurs sur le marché des véhicules d'occasion ?
2. Selon vous, pourquoi les acheteurs sont-ils incités à proposer un prix moyen d'achat plutôt faible ?
3. Pourquoi les vendeurs de véhicules de bonne qualité finissent-ils par se retirer du marché ?

Exercice

→ Fiche Outil p. 286

Évaluer l'effet de la sélection adverse sur l'équilibre du marché

Sur le marché des véhicules d'occasion, les offreurs sont les seuls à connaître la qualité du véhicule qu'ils vendent. 50 % des véhicules sont de bonne qualité, 50 % sont de mauvaise qualité. Les offreurs ont un prix de vente minimal en fonction de la qualité de leur véhicule (ils ne sont pas prêts à vendre en dessous de ce prix) ; de même, les demandeurs ont un prix d'achat maximal qui varie en fonction de la qualité du véhicule.

	Véhicules de bonne qualité	Véhicules de mauvaise qualité
Prix d'achat maximal des demandeurs (en €)	16 000	6 000
Prix de vente minimal des offreurs (en €)	12 000	4 000

1 **Sans connaissance sur la qualité des véhicules, est-il raisonnable pour un acheteur d'accepter de payer un véhicule 16 000 euros ?**

Supposons maintenant qu'en l'absence d'informations sur la qualité des voitures, les demandeurs proposent à tous les offreurs un prix unique qui correspond à la moyenne arithmétique simple de leurs prix d'achat maximal.

2 **Calculez le nouveau prix d'achat maximal.**
3 **À ce prix-là, les vendeurs de véhicules de bonne qualité sont-ils d'accord pour vendre leurs véhicules ? Pourquoi ?**
4 **Les vendeurs de véhicules de bonne qualité se retirant du marché, les demandeurs ont-ils intérêt à acheter les véhicules restants ? Pourquoi ?**
5 **Finalement, quel est l'effet de la sélection adverse sur l'équilibre du marché ?**

Doc 3 L'aléa moral, une forme d'information asymétrique

Dorothée de Monfreid, Jorge Bernstein, Denis Clerc, « Les gros mots de la BD », *Alternatives économiques*, août 2017.

1. **Pourquoi la bande dessinée illustre-t-elle la définition d'aléa moral ?**
2. **D'après la vidéo** hatier-clic.fr/23ses1309 **, comment se manifeste l'aléa moral dans les assurances ? les relations de travail ?**
3. **Quels sont ses risques dans le domaine bancaire ? Comment y est-il réduit ?**

Je fais le point

Version interactive
hatier-clic.fr/23ses1310

Complétez le texte à l'aide des mots ou expressions suivants : *aléa moral* • *asymétrie d'information* • *contrat* • *information* • *sélection adverse.*

Lorsqu'un ou plusieurs agents économiques disposent d'informations que d'autres agents ne possèdent pas, on parle d' .... Lorsque celle-ci conduit certains agents, offreurs ou demandeurs, à se retirer du marché, on parle de .... (la mauvaise offre chasse la bonne). Par ailleurs, il est possible que, dans le cadre d'un .... signé entre deux individus, l'un des deux contractants ne soit pas en mesure de s'assurer de la bonne exécution du contrat par l'autre contractant en raison d'un manque d' .... : on parle alors d' ....

Je m'entraîne pour le BAC

Épreuve composée partie 1

Quelles sont les différences entre l'aléa moral et la sélection adverse ?

Dossier 4 Comment les pouvoirs publics luttent-ils contre les défaillances du marché ?

Doc 1 Lutter contre la sélection adverse

Contrôle technique : exemples de déficiences interdisant de rouler

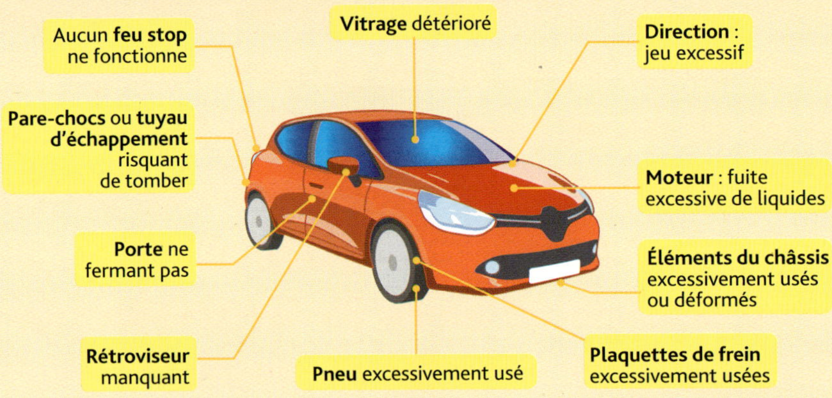

610 déficiences sur **131** points de contrôle

Déficiences mineures	Déficiences majeures	Déficiences critiques
pas d'obligation de contre-visite	contre-visite dans les 2 mois	contre-visite dans les 2 mois avec interdiction de circuler avant les réparations

Source : *La Voix du Nord*.

Depuis le 20 mai 2018, une nouvelle directive européenne est appliquée en France : elle vise à renforcer la prévention et la sécurité routières à l'aide d'un contrôle technique plus exigeant, effectué avant la quatrième année du véhicule puis tous les deux ans. En cas de vente d'un véhicule d'occasion de plus de 4 ans, le contrôle doit avoir été réalisé moins de 6 mois avant la transaction.

1. En quoi consiste le contrôle technique ? Quel est son objectif ?
2. Quelles garanties apporte-t-il au conducteur ?
3. En quoi le contrôle technique permet-il de réduire la sélection adverse sur le marché des véhicules d'occasion (voir exercice p. 63) ?

Doc 2 Lutter contre l'aléa moral

« Parmi les mesures mises en place par l'assurance maladie pour éviter des dépenses non nécessaires ou excessives, on peut citer :

- le **parcours de soins coordonnés** qui implique le choix d'un médecin traitant servant de régulateur, notamment pour orienter vers un médecin spécialiste. Le non-respect de ce parcours de soins (par exemple, s'adresser à un spécialiste sans passer par son médecin traitant) entraîne un moindre remboursement ;
- les **franchises médicales** ou tickets modérateurs (part du prix non remboursé et donc à la charge du patient) sur les médicaments (50 centimes par boîte en 2021), les actes paramédicaux (50 centimes par acte) ou les transports sanitaires (2 euros) ;
- les **participations forfaitaires** de 1 euro sur les consultations de médecins, les forfaits hospitaliers (20 euros par jour en hôpital ou en clinique).

Même si les personnes aux ressources les plus faibles (les bénéficiaires de la CMU) en sont exonérées, ces mesures peuvent avoir des conséquences parfois contradictoires. [Par exemple,] en augmentant le non-accès ou non-recours aux soins pour les personnes à faibles revenus, elles peuvent *in fine*, en raison d'une dégradation possible de l'état de santé des "non-recourants", générer des frais plus élevés par la suite. »

« Comment réguler la demande de soins ? », viepublique.fr, 30 novembre 2021.

1. Selon vous, pourquoi l'assurance maladie génère-t-elle un risque d'aléa moral (voir p. 62) ?
2. Comment les pouvoirs publics entendent-ils « responsabiliser » les patients dans leur consommation de soins ?
3. Quels sont les effets pervers liés aux mesures de régulation de la demande de soins ?

Doc 3 Lutter contre les externalités négatives

a **Le bonus écologique** est une aide de l'État à l'achat ou à la location d'un véhicule à faibles émissions de CO_2.

	Bonus écologique	
	Achat d'un véhicule électrique	Achat d'un véhicule hybride
2020	7 000 €	2 000 €
2021	6 000 €	1 000 €
2022	5 000 €	1 000 €

b **La prime à la reconversion** est une aide de l'État versée aux « ménages les plus modestes » pour l'achat d'un véhicule neuf ou d'occasion en échange de la mise au rebut d'un vieux véhicule : elle peut monter jusqu'à 5 000 €.

PRIME À LA CONVERSION

c **Une ZFE** (zone à faibles émissions) est destinée à protéger les populations dans les zones denses les plus polluées. Déjà adoptée par 231 villes ou métropoles européennes, elle est reconnue comme particulièrement efficace pour réduire les émissions provenant du trafic routier, l'une des principales sources de pollution en ville.

Source : ministère de la Transition Écologique.

▶ **Montrez que le bonus écologique, la prime à la reconversion et les ZFE sont des outils permettant aux pouvoirs publics de lutter contre les externalités négatives liées au transport automobile.**

Doc 4 Produire des biens collectifs

Budget 2022 : crédits des ministères (Total = 299,3 milliards d'euros)

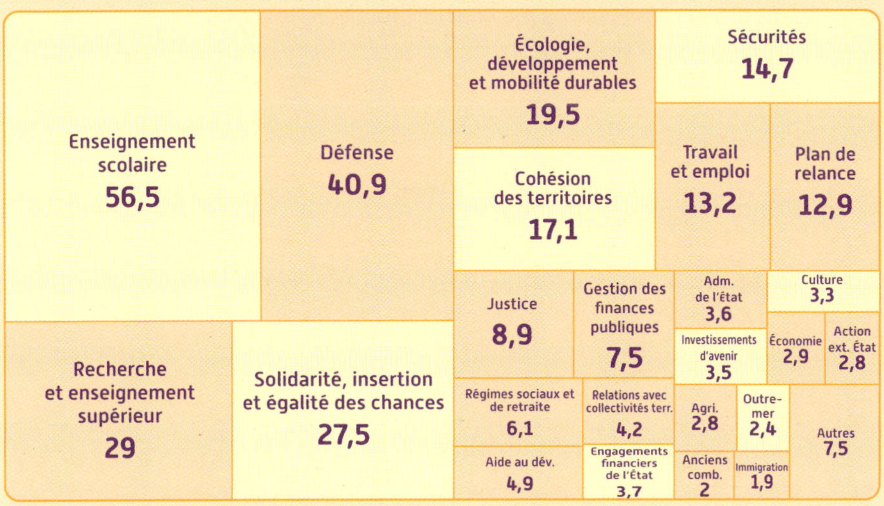

Source : AFP d'après le Projet de loi de finances 2022.

1. Calculez la part de l'enseignement scolaire dans les crédits des ministères puis faites une phrase exprimant la signification de cette part.
→ Fiche Outil p. 284.

2. Quelles dépenses de l'État correspondent à des biens collectifs (voir p. 60) ?

3. Selon vous, comment l'État finance-t-il ces productions ?

4. Pourquoi l'État finance-t-il des biens collectifs ?

Je fais le point

Version interactive
hatier-clic.fr/23ses1311

Répondez par vrai ou faux aux affirmations suivantes.

	Vrai	Faux
a. La mise en œuvre du contrôle technique permet de lutter contre le problème des biens collectifs.	❑	❑
b. L'aléa moral lié à l'assurance maladie peut être réduit grâce au principe du ticket modérateur.	❑	❑
c. Les pouvoirs publics prennent en charge la production des biens collectifs et les financent grâce aux prélèvements obligatoires.	❑	❑
d. Le bonus écologique pour l'achat d'un véhicule électrique permet de lutter contre le phénomène de sélection adverse.	❑	❑

Je m'entraîne pour le BAC

Épreuve composée partie 2

En vous appuyant sur le document 4, répondez aux questions suivantes :

1. Caractérisez la répartition des crédits entre les différents ministères dans le cadre du budget 2022.

2. Pourquoi les pouvoirs publics sont-ils contraints d'assurer la production des biens collectifs ?

Atelier 1

Débattre
L'eau, bien privé ou bien commun ?

Vers le GRAND ORAL

Étape 1 Compléter un tableau de synthèse

	L'eau, un bien privé (doc. 1)	L'eau, un bien commun (doc. 2)
Acteur chargé de la gestion de l'eau	....	....
Intérêts/effets	....	....

Étape 2 Mener le débat

1. La classe est répartie en deux groupes ; chacun défend une de ces deux idées :
   > L'eau est un bien privé dont la gestion doit être confiée au marché.
   > L'eau est un bien commun dont la gestion doit être confiée aux pouvoirs publics.
2. Chaque groupe doit trouver des arguments structurés et les illustrer, en s'appuyant sur les documents et/ou sur des recherches en ligne. Voir par exemple la vidéo hatier-clic.fr/23ses1312
3. Pendant le débat, un modérateur répartit la parole. Un élève classe dans un tableau à deux colonnes les arguments énoncés par chaque groupe.

Coup de pouce

✓ Anticipez les arguments adverses pour mieux y répondre.
✓ Reformulez vos idées si elles n'ont pas été comprises.
✓ Ne coupez pas la parole aux autres.

Doc 1 Confier la gestion de l'eau au marché ?

« Depuis le 1er janvier 2020, une nouvelle gestion de l'eau, déléguée à Veolia et Suez, est en vigueur à Toulouse et dans la métropole. Avec un tarif de 2,91 euros le m³ d'eau, [...] le prix de l'eau va baisser dans les 37 communes de Toulouse Métropole. [...] À Toulouse, c'est quasiment un euro/m³ qui sera économisé par foyer, 120 euros par an en moyenne.
[...] Comment une telle baisse a pu être rendue possible ? [...] Le contrat de 1990 prévoyait deux clauses : la remise du réseau en bon état et sans dettes, sachant que Toulouse constitue les deux tiers de la consommation dans la métropole. Il y a eu une forte concurrence entre les deux candidats. [...] Un contrôle citoyen sera établi sur ces deux DSP[1]. Une société dédiée au contrôle de chacune d'entre elles sera créée par Veolia et Suez, où siégeront des associations ainsi que des représentants de la société civile. »

Anthony Assemat, « Toulouse. En 2020, le prix de l'eau baisse pour devenir "le plus bas de France" », *Actu Toulouse*, 9 janvier 2020.

1. Délégation de service public.

Doc 2 La gestion publique de l'eau

« Dans la Métropole de Lyon, la gestion de l'eau s'apprête à revenir dans le giron de la collectivité : il s'agissait d'un engagement pris par la nouvelle majorité EELV[1]. [...] Jusqu'à présent, ce service était assuré par Veolia, à travers une délégation de service public. À partir du 1er janvier 2023, une régie publique de l'eau prendra le relai. [...] "La première orientation du cadre stratégique est la protection de la ressource, notamment sur la pollution agricole." [...] À travers ce projet de régie publique, l'exécutif écologiste nourrit plusieurs objectifs : garantir un accès à tous, jusqu'aux plus précaires, ainsi qu'une tarification sociale [...]. "En France Métropolitaine, 300 000 personnes n'ont même pas accès à un réseau d'eau potable", [...] avance le Grand Lyon [...] ajoutant que "ça ne doit pas coûter plus cher qu'avant". Un litre d'eau potable coûte actuellement 0,0031 centime. Veolia avait une marge officielle de 6,5 % sur la durée du contrat, d'après la Métropole [...]. La Métropole compte en tout cas garder le même coût de revient et profiter des marges pour améliorer les réseaux et mener sa politique cadre. »

Zoé Favre d'Anne, « Régie publique de l'eau : la nouvelle étape que s'apprête à franchir le Grand Lyon ce lundi », https://region-aura.latribune.fr, 13 décembre 2021.

1. Europe Écologie - Les Verts.

Atelier 2

Rédiger un article
La taxe carbone, un outil efficace ?

Étape 1 Analyser des documents

1. [Doc. 1] En fonction de quoi la taxe carbone est-elle déterminée ?
2. [Doc. 1] Quel est son objectif ?
3. [Doc. 2] Quel est l'effet d'une taxe sur l'équilibre du marché ?
4. [Doc. 3] Quels sont les effets positifs de la taxe carbone sur l'économie ?
5. [Doc. 3] Quels peuvent être ses effets négatifs ?

Étape 2 Rédiger un article

6. À l'aide des informations recueillies à l'étape 1, rédigez un article sur les avantages et les inconvénients de la taxe carbone.

Coup de pouce

✓ Structurez votre article avec :
– un **titre accrocheur**, qui donne une idée du contenu et attire l'attention ;
– quelques lignes d'**introduction** résumant l'essentiel de l'article et aiguisant la curiosité du lecteur ;
– des **intertitres** pour structurer l'article ;
– une « **chute** », qui conclut l'article et ouvre la réflexion.

✓ Chaque paragraphe de l'article pourra être rédigé en utilisant la méthode AEI.

→ POINT MÉTHODE p. 210.

Doc 1 Qu'est-ce que la taxe carbone ?

« La taxe carbone est un impôt environnemental dont le montant varie en fonction de la quantité de CO_2 rejetée dans l'atmosphère lors de la consommation d'un bien, d'un service ou encore d'une ressource (utilisation d'un véhicule, d'un chauffage au fioul, etc.). Dû par tout consommateur, particulier ou professionnel, d'énergie polluante, l'objectif de cet impôt est d'inciter à des pratiques plus respectueuses de l'environnement. Basée sur le principe pollueur-payeur, la taxe carbone est facturée à la quantité de CO_2 émise. [...] Son principal objectif est ainsi de lutter contre le réchauffement climatique en taxant les énergies fossiles telles que le pétrole, le charbon ou encore le gaz. Mise en place en 2014 en France[1], elle est également appelée "composante carbone" et fait partie des taxes intérieures de consommation. [...] Elle est due par tout consommateur et utilisateur de voitures qui roulent au carburant fossile (essence, diesel, GPL). »

Léa Boluze, « Taxe carbone : définition, fonctionnement et montant », www.capital.fr, 13 janvier 2022. D.R.

1. Fixé à 7 euros la tonne de carbone à sa création en 2014, son montant a progressivement augmenté pour atteindre 44,60 euros en 2018. Sa hausse prévue à la fin de l'année 2018 a été à l'origine du mouvement des Gilets Jaunes. Depuis, le montant de la taxe reste fixe.

Doc 2 L'impact de la taxation sur la pollution

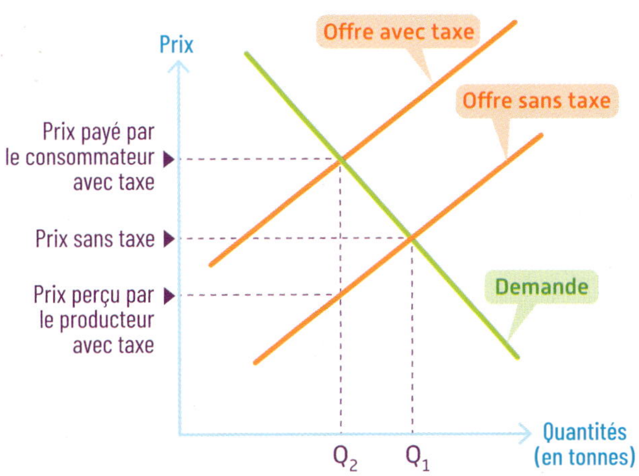

Doc 3 Avantages et inconvénients de la taxe carbone

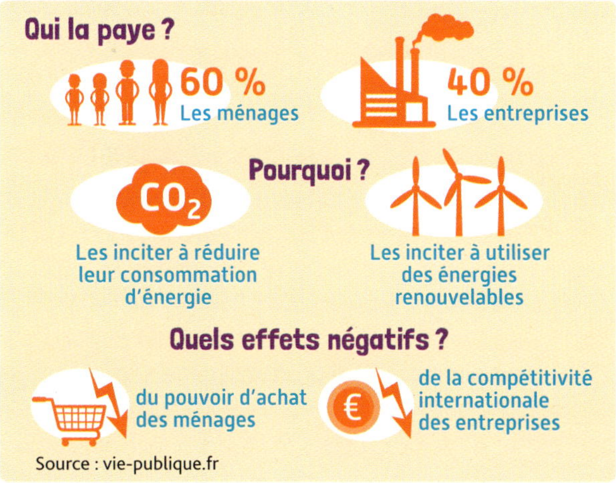

L'Essentiel Quelles sont les principales

A Le marché est défaillant en présence d'externalités

- **Dans certaines situations, l'activité d'un agent économique peut avoir un impact** (positif ou négatif) sur le bien-être d'un ou de plusieurs individus, sans qu'il y ait de compensation monétaire : on parle alors d'**externalité**. Lorsque le bien-être d'un agent diminue sans qu'il ne perçoive de compensation financière de la part de celui qui en est à l'origine, on parle d'**externalité négative**. Lorsque le bien-être d'un agent augmente sans que l'agent à l'origine de cette situation n'obtienne de compensation financière, on parle d'**externalité positive**. Dans les deux cas, le marché est défaillant car il échoue à faire payer ceux qui dégradent le bien-être d'autrui comme à récompenser ceux qui l'améliorent.
- **Les pouvoirs publics luttent contre les externalités négatives** par la mise en place de **règlementations** interdisant ou limitant les comportements à l'origine d'externalités négatives et de **taxes** (qui dissuadent les comportements d'achat ou de production provoquant des externalités négatives). Par ailleurs, les **subventions** récompensent les agents générant des externalités positives.

B Le marché est défaillant en présence de biens communs et collectifs

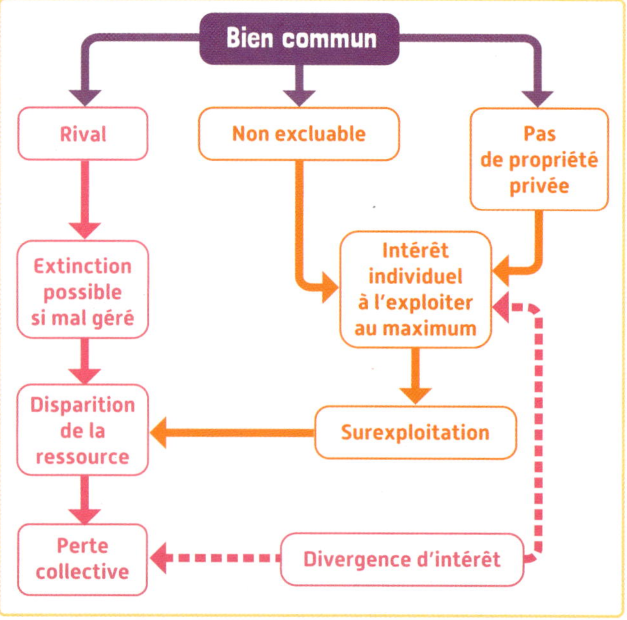

- **Les biens communs sont rivaux et non excluables, ce qui fait qu'il existe** un risque de surexploitation par le marché de ces ressources qui risque d'entraîner leur disparition. C'est ce que l'on appelle la **« tragédie des biens communs »**.
- **Par ailleurs, le marché ne permet pas d'assurer la production des biens collectifs**, qui sont des biens non rivaux et non excluables. En effet, aucun producteur privé n'a intérêt à les produire car il ne serait pas en mesure de faire payer les consommateurs et donc de réaliser un bénéfice.
- **Les pouvoirs publics peuvent s'impliquer activement dans la gestion et la production des biens communs**, de manière à éviter que la recherche du profit des organisations privées ne nuise à la gestion du bien. Enfin, ils doivent produire eux-mêmes les **biens collectifs** qui, par leur nature, ne peuvent pas être produits par le secteur privé. Ils s'appuient alors sur l'impôt pour financer leur coût.

défaillances du marché ?

Podcast du cours
hatier-clic.fr/23ses1313

C Le marché est défaillant en présence d'asymétries d'information

- **Les asymétries d'information peuvent entraîner des phénomènes de** sélection adverse dans la mesure où certains acteurs du marché, faute d'informations suffisantes, risquent de quitter le marché si les conditions de l'échange deviennent trop incertaines pour eux. Ainsi, sur le marché des véhicules d'occasion, en situation d'information imparfaite, les offreurs de véhicules de bonne qualité risquent de ne pas trouver d'acheteurs car ces derniers proposent des prix trop bas : le marché risque alors de disparaître.
- **Pour contrer ce phénomène, les pouvoirs publics peuvent mettre en place des systèmes de contrôle** (comme le contrôle technique pour les véhicules automobiles) qui permettent de révéler l'information à tous les acteurs sur le marché et donc de rendre les conditions de l'échange plus transparentes, ce qui facilite les transactions sur le marché.
- **Une situation d'asymétrie d'information peut également apparaître à la suite d'un contrat signé entre deux individus : on parle à ce sujet d'**aléa moral. Certains individus peuvent en effet profiter du fait que leur comportement n'est pas observé pour prendre des risques, au détriment d'autres agents qui se retrouvent alors lésés.

- Pour lutter contre ce phénomène, il s'agit de mettre en place des dispositifs permettant de mieux connaître le comportement des individus et de sanctionner ceux qui prennent des risques trop importants sans en assumer le coût (par exemple, mise en place par les pouvoirs publics du ticket modérateur dans le cadre de l'assurance maladie pour « responsabiliser » les usagers).

Notions

- **Aléa moral** Une situation dans laquelle, après la signature d'un contrat, une des parties modifie son comportement au détriment d'une autre.
- **Asymétrie d'information** Il y a asymétrie d'information sur un marché lorsqu'un ou plusieurs agents détiennent une information que les autres agents ne possèdent pas.
- **Bien collectif** Bien qui peut être consommé simultanément par plusieurs personnes sans qu'il soit possible de les empêcher de le consommer.
- **Bien commun** Un bien commun est rival et non excluable, c'est-à-dire qu'il n'est pas possible d'empêcher un agent de le consommer et que cette consommation diminue les quantités disponibles pour d'autres agents.
- **Coût social** Coût d'une activité qui est supporté par l'ensemble d'une collectivité (la pollution, par exemple).
- **Défaillance du marché** Situation dans laquelle certains phénomènes perturbent le fonctionnement attendu du marché concurrentiel.
- **Externalité** Il y a externalité lorsque l'activité économique d'un agent a des effets favorables (externalités positives) ou défavorables (externalités négatives) sur le bien-être d'un ou de plusieurs autres agents, sans qu'il y ait de contrepartie monétaire.
- **Réglementation** Ensemble de règles et de lois mises en œuvre par les pouvoirs publics pour encadrer les comportements des agents.
- **Sélection adverse** On parle de sélection adverse (ou d'anti-sélection) quand une asymétrie d'information conduit certains agents, offreurs ou demandeurs, à se retirer du marché.
- **Subvention** Aide financière accordée par les pouvoirs publics à un agent économique pour orienter son comportement.
- **Taxation** Procédé par lequel les pouvoirs publics fixent un prélèvement obligatoire sur une opération économique (production, achat par exemple).
- **Tragédie des biens communs** La situation de surexploitation d'une ressource commune mais limitée qui risque d'entraîner sa disparition.

Révisions

1 Réviser avec le schéma de synthèse

LES DÉFAILLANCES DU MARCHÉ

- **Problème des externalités**
  - Positives
  - Négatives
- **Problème des biens collectifs et communs**
  - Biens collectifs
    - Non rivaux
    - Non excluables
  - Biens communs
    - Rivaux
    - Non excluables
- **Problème des asymétries d'information**
  - Sélection adverse
  - Aléa moral

L'ACTION DES POUVOIRS PUBLICS

- Externalités :
  - Réglementation
  - Taxation
  - Subvention
- Biens collectifs : Prise en charge de la production
- Biens communs : Prise en charge ou délégation au marché
- Sélection adverse : Dispositifs de contrôle
- Aléa moral : Dispositifs visant à responsabiliser les usagers

2 Savoir illustrer par des exemples

LES EXTERNALITÉS NÉGATIVES : la pollution au plomb causée par l'usine Metaleurop

LES EXTERNALITÉS POSITIVES : les mesures agro-environnementales de l'État

LA TRAGÉDIE DES BIENS COMMUNS : la disparition des ressources halieutiques

UN BIEN COLLECTIF : la Défense assurée par les pouvoirs publics

LA SÉLECTION ADVERSE : le marché des véhicules d'occasion

L'ALÉA MORAL : les dispositifs de ticket modérateur (assurance maladie)

3 Savoir citer des chiffres clés

La **pollution** est responsable de **9 millions** de morts chaque année dans le monde

Les **pouvoirs publics** entretiennent **8 470 km** de **routes nationales**

Le montant de la **taxe carbone** est gelé depuis 2019 à hauteur de **44,6 euros** la tonne de CO_2

Le **bonus écologique** pour l'achat d'un véhicule électrique est de **5 000 euros** en 2022

4 Savoir définir les notions clés

ALÉA MORAL
ASYMÉTRIE D'INFORMATION
BIENS COLLECTIFS
BIENS COMMUNS
COÛT SOCIAL
EXTERNALITÉ
RÉGLEMENTATION
SÉLECTION ADVERSE
SUBVENTION
TAXATION

5 Ne pas confondre

Biens collectifs ≠ Biens communs

6 Voir la vidéo de RÉVISION

hatier-clic.fr/23ses1302

7 Écouter le podcast du cours

Podcast du cours

hatier-clic.fr/23ses1313

8 Vérifier ses connaissances

Mémocartes — hatier-clic.fr/23ses1314

Exercices interactifs — hatier-clic.fr/23ses1315

9 Aller plus loin

Lire

Dorothée Moisan, *Les plastiqueurs, Enquête sur ces industriels qui nous empoisonnent*, Kero, 2021.

Écouter

Série de podcasts « À la recherche du bien commun », *Entendez-vous l'éco ?*, France Culture.

Voir

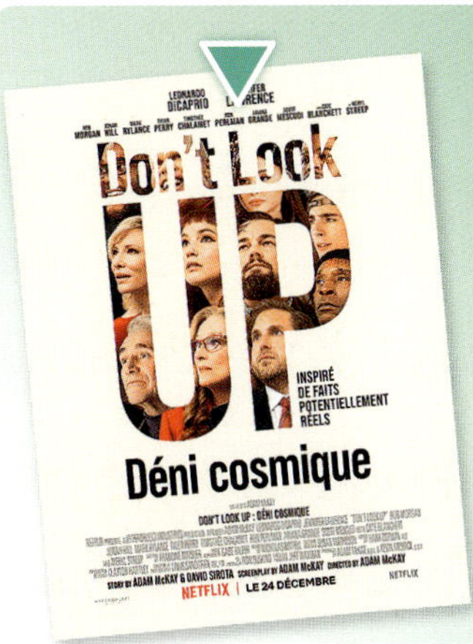

Don't Look Up, d'Adam McKay, 2021.

Suivre l'actualité avec ACTU SES

actu-ses.editions-hatier.fr

hatier-clic.fr/23ses1316

Marie Ingouf, lesinrocks.com, 26 janvier 2018

Pour lutter contre le réchauffement climatique, évitez les sandwichs

Quels sont les impacts environnementaux de la consommation de sandwichs ? Une étude anglaise dresse le bilan…

Lire la suite

Vers le BAC

Mobiliser ses connaissances

QUESTION 1 Illustrez par un exemple le fait que le marché est défaillant en présence de biens communs.

Coup de pouce

1. Quelle attente correspond à la consigne « Illustrez par un exemple » ?
   a. Réalisez un schéma.
   b. Donnez une donnée chiffrée, un fait, etc.
   c. Justifiez une affirmation.
2. Les biens suivants sont-ils des biens communs ?
   a. La Défense nationale V ☐ F ☐
   b. Un phare en pleine mer V ☐ F ☐
   c. L'eau des rivières V ☐ F ☐
   d. Les ressources halieutiques V ☐ F ☐
3. Complétez cette réponse possible à la question en utilisant les termes suivants :
   défaillant • difficile • excluables • optimale • rivaux • surexploités
   Les mécanismes de marché sont mis en échec par l'existence de biens communs, qui sont des biens .... et non .... , soumis à la « tragédie des biens communs ». Les poissons des océans sont un exemple de bien commun. Il est en effet très .... de restreindre leur exploitation par les pêcheurs mais, ce faisant, ils ont tendance à être .... et risquent de disparaître. Le marché est alors .... car il échoue à gérer de manière .... ces ressources.

QUESTION 2 Pourquoi la pollution constitue-t-elle une externalité négative ?

Coup de pouce

1. Définissez « externalité négative » et « pollution » avant de répondre.
2. La consigne vous invite à expliquer un phénomène économique.
3. Vous pouvez illustrer avec l'exemple de la pollution au plomb de l'usine Metaleurop (voir p. 58) ou un exemple pris dans l'actualité.
4. La réponse pourra être structurée à l'aide d'un paragraphe argumenté.

→ **POINT MÉTHODE** p. 210.

QUESTION 3 Expliquez pourquoi l'aléa moral constitue une défaillance de marché.

QUESTION 4 Expliquez pourquoi la sélection adverse peut conduire à l'absence d'équilibre sur le marché.

QUESTION 5 Illustrez l'intervention des pouvoirs publics face à une défaillance du marché.

Étudier un document statistique

Vers le BAC

ÉTUDE de document 1

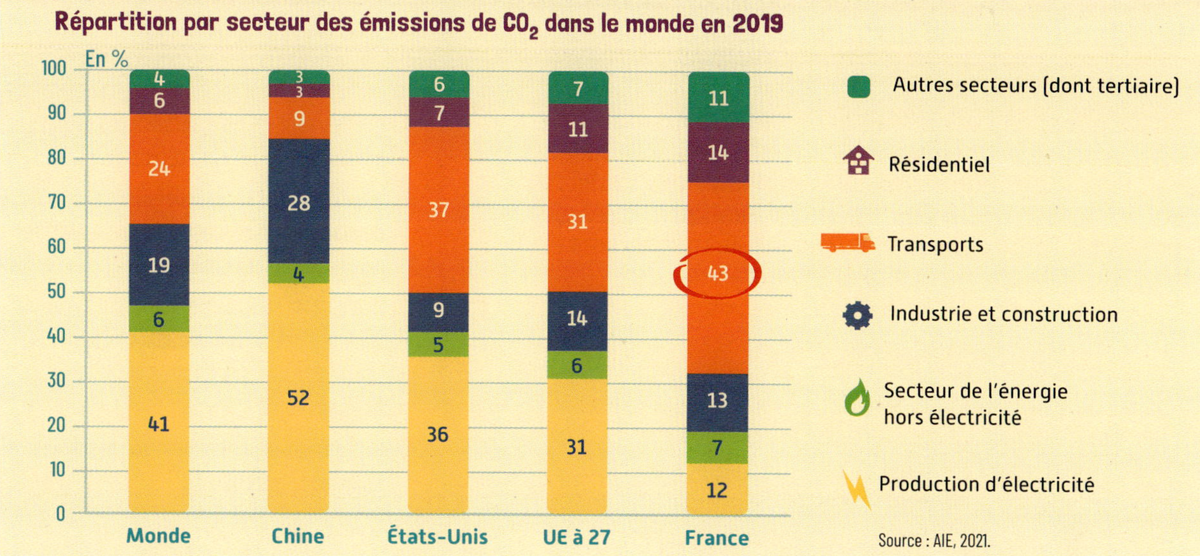

Source : AIE, 2021.

1. À l'aide du document, comparez la situation française à la moyenne mondiale en termes d'origine des émissions de CO_2.

2. À l'aide du document et de vos connaissances, indiquez sur quels secteurs de l'économie les pouvoirs publics doivent-ils agir pour lutter contre les émissions de CO_2 (externalités négatives) ?

Coup de pouce

a. Repérez ce qui est mesuré, la date des données, la nature et la source du document.

b. Quelle est la bonne formulation pour présenter la donnée entourée dans le document ?
1. En France, en 2019, 43 % des émissions de CO_2 dues à la combustion d'énergie provenaient du secteur des transports.
2. En France, en 2019, 43 % des entreprises du secteur des transports émettaient du CO_2.

c. Complétez cette réponse à la question 2.
Les secteurs des .... et de la .... émettent le plus de CO_2. On constate cependant qu'il existe des .... d'un pays à l'autre. En Chine, les émissions de CO_2 liées au secteur des transports sont, proportionnellement aux émissions totales, près de .... moins importantes qu'en France (elles représentent 9 % des émissions totales de CO_2 en Chine, contre .... en France).

ÉTUDE de document 2

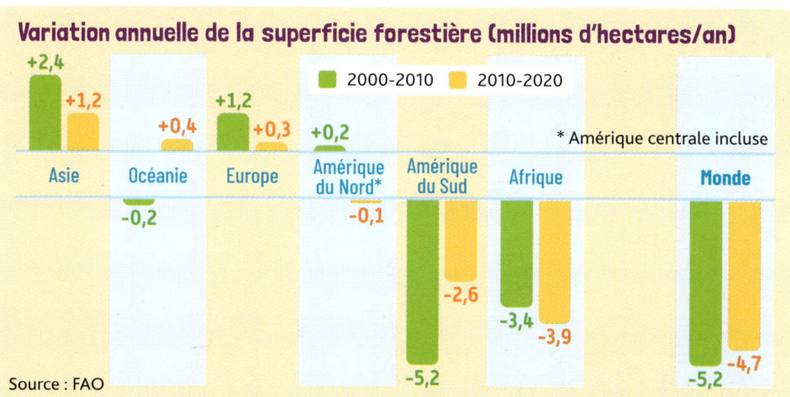

Source : FAO

1. À l'aide du document, montrez comment a évolué la déforestation dans le monde entre la période 2000-2010 et la période 2010-2020 ?

2. À l'aide du document et de vos connaissances, montrez que les forêts constituent un bien commun que le marché peine à préserver.

Raisonnement s'appuyant sur un dossier documentaire

POINT MÉTHODE
Présenter un mécanisme

Pour développer un raisonnement en SES, il faut mobiliser des phénomènes économiques et sociologiques étudiés en classe. Cependant, il ne s'agit pas simplement de constater ces phénomènes : il faut également les expliquer, c'est-à-dire présenter l'enchaînement de causes, le mécanisme qui les détermine, en suivant plusieurs étapes.

ÉTAPE 1 Identifier le phénomène

Il s'agit de définir la nature du phénomène à expliquer (économique, social) et ses caractéristiques, c'est-à-dire la manière dont il se manifeste.

ÉTAPE 2 Identifier les facteurs explicatifs du phénomène

Il faut identifier l'ensemble des faits, des éléments pouvant avoir un lien avec le phénomène considéré.

ÉTAPE 3 Trier les facteurs explicatifs

Il s'agit d'établir des liens de cause à effet, un fait en entraînant un autre, en enchaînant les phénomènes dans le « bon ordre » : A → B → C → D.

Taxation activités polluantes → Diminution offre sur le marché → Augmentation prix d'équilibre et diminution quantités produites → Diminution externalités négatives

ÉTAPE 4 Rédiger un argument s'appuyant sur un mécanisme

- Avant de rédiger l'argument, vous pouvez utiliser un schéma qui vous permettra de visualiser le mécanisme et d'avoir ainsi une vision d'ensemble du phénomène à expliquer.
- Lors de la rédaction, pensez à utiliser des mots de liaison pour enchaîner les différentes phases du raisonnement.

EXEMPLE :

La taxation des activités polluantes par les pouvoirs publics sur un marché donné entraîne une diminution de l'offre sur ce marché, qui se traduit par une augmentation du prix d'équilibre et une diminution des quantités produites.
La baisse des quantités échangées permet donc de mieux lutter contre les externalités négatives liées à la pollution.

APPLICATION

1. Quelles sont les trois défaillances de marché auxquelles le sujet fait référence ?
2. Identifiez pour chaque défaillance de marché une réponse possible apportée par les pouvoirs publics.
3. Réalisez un schéma permettant d'expliquer comment les pouvoirs publics luttent contre une des défaillances identifiées à la question 1.
4. Rédigez un argument basé sur le schéma réalisé à la question 3.

SUJET **À l'aide de vos connaissances et du dossier documentaire, vous montrerez comment les pouvoirs publics peuvent intervenir pour lutter contre les défaillances de marché.**

Doc 1

« Le certificat qualité de l'air Crit'Air est une vignette sécurisée, à coller sur le pare-brise du véhicule. Il indique sa classe environnementale. [Il] permet de favoriser les véhicules les moins polluants : modalités de stationnement favorables ; conditions de circulation privilégiées ; possibilité de circuler dans les Zones à faibles émissions mobilité (ZFE-m) ou en cas de pic de pollution. Le certificat Qualité de l'air est obligatoire pour circuler dans les Zones à faibles émissions mobilité instaurées sur certains territoires (Grenoble, Lyon et les communes à leurs alentours, Paris et une partie de la métropole du Grand Paris) ou pour circuler lorsque le préfet instaure la circulation différenciée lors de certains épisodes de pollution.
Le transport routier est l'une des sources importantes de pollution atmosphérique, notamment dans les agglomérations. Le certificat qualité de l'air permet à l'État ou aux collectivités territoriales de moduler les dispositifs applicables aux véhicules, en particulier les conditions de circulation et de stationnement, afin de favoriser l'utilisation des véhicules les moins polluants et de réduire la pollution atmosphérique et ses impacts sur la santé de la population. Les véhicules sont répartis en six classes environnementales, à l'exception des véhicules les plus polluants, qui sont non classés et n'ont pas droit au certificat qualité de l'air. La classification dépend du type de véhicule (voitures particulières, deux-roues, tricycles et quadricycles, véhicules utilitaires légers et véhicules lourds dont autobus et autocars), de sa motorisation et de la norme européenne d'émissions polluantes qu'il respecte, dite "norme Euro". Une classe spécifique est réservée aux véhicules électriques "zéro émission moteur". »

« Certificats qualité de l'air : Crit'Air », écologie.gouv.fr, 24 juin 2022.

Doc 2

Évolution du montant de la taxe carbone*

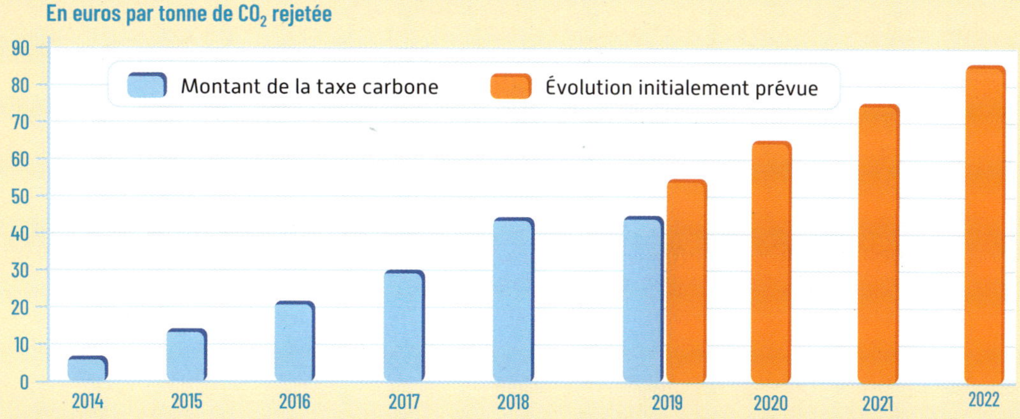

* La taxe carbone est une taxe payée par les particuliers et les entreprises qui s'intègre au prix des produits qui contribuent à l'émission de gaz à effet de serre. Son montant est figé à 44,6 euros par tonne de CO_2 depuis 2019. La hausse prévue de la taxe carbone à la fin de l'année 2018 avait amorcé le mouvement des Gilets Jaunes et conduit le gouvernement à geler le montant de la taxe.

Source : Ministère de la Transition écologique.

Vers le BAC

Dissertation

POINT MÉTHODE
Réaliser un plan détaillé

Construire un plan détaillé de qualité est primordial pour réussir une dissertation. Il est nécessaire de suivre deux étapes.

ÉTAPE 1 Identifier le type de sujet pour trouver le plan adapté

▶ Différents types de sujets sont proposés dans les épreuves du baccalauréat. Identifier celui qui vous est soumis est essentiel
pour organiser un plan qui réponde précisément à la problématique, le plus souvent en deux parties.

Type de sujet	Attentes	Libellés de sujet	Plans
Débat (dialectique)	Discuter une thèse, en évoquant les éléments en faveur de la thèse et ceux qui permettent de la relativiser.	Dans quelle mesure... ? Peut-on dire que ... ?	I. Oui II. Mais I. Non II. Mais
Analyse d'un phénomène	Expliquer ses causes	Comment expliquer ... ?	I. Cause 1 II. Cause 2
	Expliquer ses conséquences	Quels sont les effets ... ?	I. Effet 1 II. Effet 2
	Décrire le phénomène (ses différents aspects)	Vous analyserez ...	I. Constat II. Causes III. Conséquences
Mise en relation de notions	Les comparer	Comparez ...	I. Ressemblances II. Différences
	Étudier leurs interactions	Quelles sont les relations entre A et B ?	I. A a des effets sur B II. Mais B a aussi des effets sur A
	Montrer comment A agit sur B	Comment A agit-il sur B ?	I. A agit sur B d'une première façon II. A agit sur B d'une autre façon

ÉTAPE 2 Organiser les sous-parties

▶ Une fois repéré le plan attendu, vous devez organiser les sous-parties de chaque partie en vous appuyant sur vos connaissances et l'exploitation du dossier documentaire. Chaque sous-partie peut correspondre à une séquence argumentative (affirmation, explication et illustration → Fiche Méthode p. 210)

▶ Ne rédigez pas complètement le devoir au brouillon, cela vous ferait perdre du temps.

▶ Vous pouvez utiliser des abréviations et des couleurs pour faire ressortir la structure du raisonnement dans votre plan détaillé. Ce dernier vous servira de guide pour une rédaction cohérente et pour ne rien oublier de votre travail préparatoire (idées, exemples, données...).

APPLICATION

1. Pour chacun des sujets ci-dessous, identifiez le type de sujet et le type de plan attendu.

Sujet 1 Quels sont les effets de la taxation sur les externalités ?

Sujet 2 Les pouvoirs publics peuvent-ils lutter efficacement contre les externalités ?

Sujet 3 Comment les asymétries d'information engendrent-elles des défaillances de marché ?

2. Réalisez le plan détaillé du sujet p. 77.

SUJET Pourquoi le marché est-il parfois défaillant ?

Doc 1

Les émissions de CO_2 rejetées sur cinq trajets en fonction du mode de transport, en 2022, en kilogrammes par passager

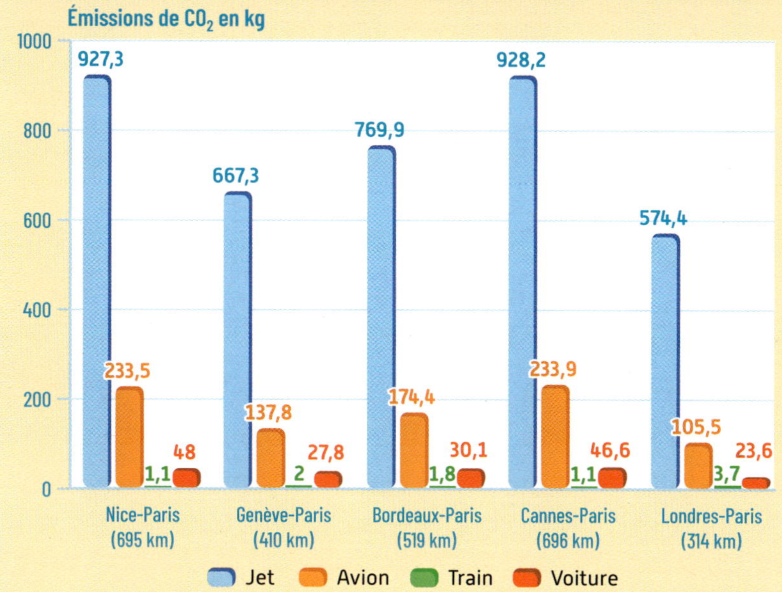

Source : Statista, 2023.

Doc 2

Les écarts de température de l'océan dans le monde par rapport aux températures moyennes du XXe siècle (1880-2000)

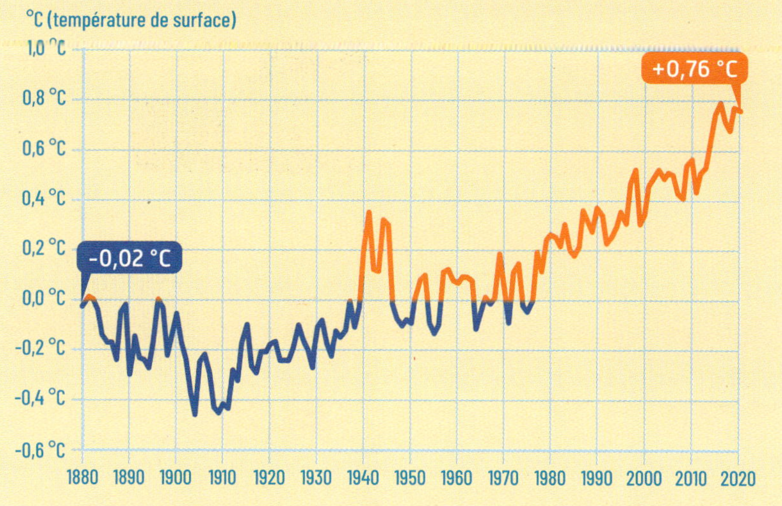

Source : *Statista* d'après Agence américaine d'observation océanique et atmosphérique (NOAA).

Doc 3

« En 1976, Rothschild et J. Stiglitz écrivirent un article concernant les effets de l'information asymétrique dans le monde des assurances. Certains assurés sont à haut risque alors que d'autres ont une probabilité plus faible de subir le risque. L'étude prend alors comme hypothèse que les assurés connaissent leur potentiel de risque, mais pas les assureurs.
L'entreprise d'assurance ne pouvant trier les "bons" assurés des "mauvais" est obligée de fixer une prime largement supérieure à celle qui suffirait pour couvrir les risques des "bons" agents. Cette prime satisfait les agents à haut risque, mais provoque le départ des agents à bas risque qui, à ce prix, préfèrent ne pas être assurés. Progressivement, l'entreprise ne sélectionne donc que les assurés à risque moyen et haut, ce qui la conduit à augmenter encore plus les primes ; celles-ci feront alors fuir les assurés à risque moyen, ce phénomène pouvant se poursuivre jusqu'à la faillite de l'entreprise d'assurance. »

Marc Montoussé, *Théories économiques*, Bréal, 2013.

Chapitre 4

Comment les agents économiques se financent-ils ?

Dossiers

Ateliers

LA VIDÉOTHÈQUE DU CHAPITRE

hatier-clic.fr/23ses1401

Un financement participatif .... p. 79

Besoins et sources de financement des entreprises .... p. 84

Faut-il annuler la dette des États ? ..... p. 89

La hausse des crédits à la consommation .... p. 82

Le budget de l'État : comment ça marche ? .... p. 86

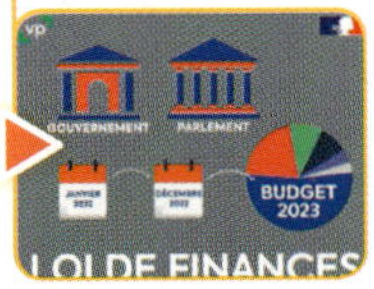

Le financement de la dette par l'emprunt .... p. 86

Vidéo de RÉVISION du chapitre

hatier-clic.fr/23ses1402

1 Calculer la capacité de financement d'un ménage

Alors qu'ils viennent tous les deux de trouver leur premier emploi, Aurélie et Axel envisagent de s'installer ensemble dans un appartement. Leurs revenus et leurs dépenses mensuels sont rassemblés dans le tableau ci-contre :

Revenus (en €)	
Salaires	2 800
Aide au logement	300
Total	
Dépenses (en €)	
Loyer	850
Abonnements internet et mobiles	40
Électricité	55
Eau	30
Abonnement Netflix	15
Courses	700
Carburants	200
Assurances	50
Total	

- Calculez le total des revenus et des dépenses d'Aurélie et Axel.
- Comparez l'ensemble de leurs revenus et de leurs dépenses. Selon vous, que peuvent-ils faire de cet excédent ?
- Ils souhaitent réaliser un voyage en Italie dont le coût serait de 3 000 euros. Pourquoi les résultats obtenus à la question précédente ne leur permettent-ils pas d'envisager ce voyage ?
- Comment peuvent-ils alors financer ce projet ?

2 Découvrir une nouvelle forme de financement des entreprises

Vidéo 3 min
hatier-clic.fr/23ses1403

« Si vous êtes entrepreneur ou un grand groupe, il est possible de faire appel à une banque ou de lancer une campagne de financement participatif. Le principe : faire financer votre projet par les consommateurs à condition de leur procurer un avantage en retour. »

- Qui a besoin de financement dans cet exemple ? Qui apporte le financement ?
- Quels sont les caractéristiques et l'intérêt de ce type de financement ? Connaissez-vous d'autres exemples ?

3 S'interroger sur le microcrédit

Le microcrédit personnel permet à toute personne exclue des crédits bancaires classiques, en raison de la faiblesse de ses revenus ou de la précarité de sa situation, d'obtenir un crédit pour financer un projet personnel.

- Selon vous, quels sont les avantages du microcrédit ?

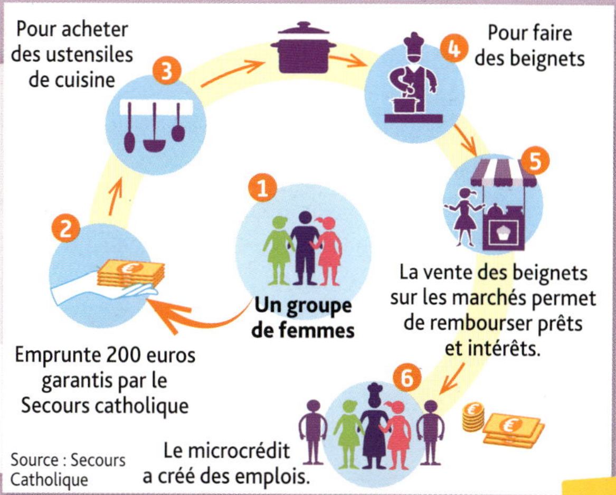

Source : Secours Catholique

Dossier 1

Quels agents ont un besoin ou une capacité de financement ?

Doc 1 Financer ses études à l'aide d'un prêt étudiant

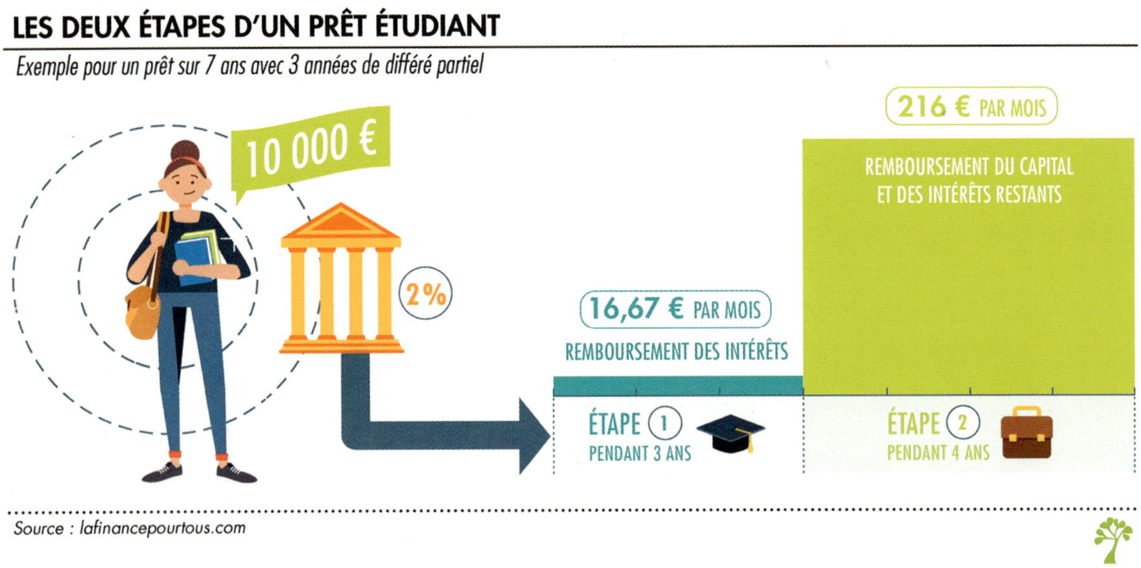

1. À quoi correspond le taux de 2 % ? Quel est, d'après cette proposition de prêt, le montant total remboursé au bout de 7 ans ?
2. Selon vous, dans quelles autres situations peut-on avoir recours à un prêt ?

Doc 2 Le financement de l'économie

« Comment [une entreprise] peut-elle acquérir son local et ses machines ? Comment un ménage peut-il acquérir un logement sans en avoir les moyens ? [...] En utilisant les ressources d'un agent qui en disposait et qui n'avait pas de projet dans lequel les employer. En effet, alors que des agents présentent des besoins de financement (leurs ressources sont inférieures à leurs dépenses), d'autres présentent des capacités de financement (leurs ressources sont supérieures à leurs dépenses). Ces derniers disposent d'une épargne qui peut être affectée aux agents qui en ont besoin. Cette affectation correspond au financement de l'économie. Le financement de l'économie concerne les opérations par lesquelles les agents présentant un besoin de financement obtiennent des ressources en provenance des agents en capacité de financement. Dit autrement, le financement de l'économie permet la couverture des besoins de financement par des capacités de financement. Au niveau individuel, les agents économiques (ménages, entreprises, administrations) peuvent présenter un besoin ou une capacité de financement ; cependant, au niveau macroéconomique, l'ensemble des ménages présente une capacité de financement, les entreprises et l'État présentent un besoin de financement. »

« Comment les agents économiques se financent-ils ? », Collège de France, janvier 2022.

1. Qu'est-ce qui distingue un agent à capacité de financement d'un agent à besoin de financement ?
2. Illustrez la phrase soulignée par des données de 2021 du doc. 3.
3. Les ménages ont-ils tous une capacité de financement ? Justifiez
4. Qu'est-ce que le financement de l'économie ?

Exercice

Représenter le marché des fonds prêtables

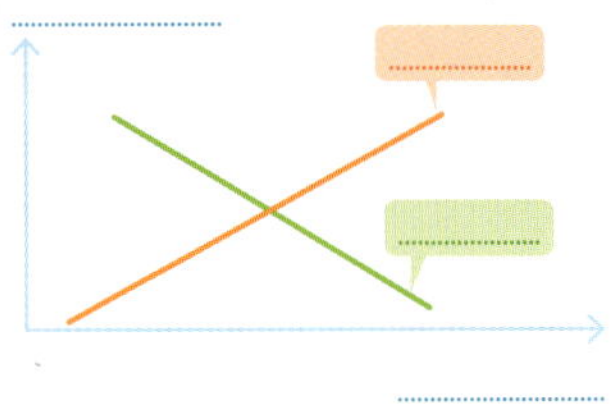

▶ Complétez le schéma avec les expressions : taux d'intérêt, offre de fonds prêtables, demande de fonds prêtables, quantités échangées.

Doc 3 Capacité et besoin de financement des secteurs institutionnels[1] (en milliards d'euros)

	2000	2005	2010	2015	2020[2]	2021
Sociétés financières	12,41	25,54	32,92	16,97	- 13,89	- 7,18
Administrations publiques	-25,36	- 52,46	- 140,61	- 79,75	- 202,57	- 159,18
Sociétés non financières	- 5,05	- 0,34	4,78	- 16,56	- 15,73	- 6,83
Ménages	38,57	30,12	82,06	64,74	178,5	129,17
Total de l'économie	**20,57**	**2,86**	**- 20,85**	**- 14,6**	**- 53,69**	**- 44,02**

« Capacité et besoin de financement des secteurs institutionnels », Banque de France, 24 mai 2022.

1. Unités institutionnelles regroupées en fonction de leur activité économique principale : sociétés financières (ex. la Banque Postale) ; administrations publiques (ex. une mairie) ; sociétés non financières (ex. Renault) ; ménages (une ou des personnes vivant dans le même foyer) ; institutions sans but lucratif au service des ménages (ex. les Restaurants du Cœur).

2. Année du confinement lié au Covid-19.

1. Faites une phrase donnant la signification des données entourées.
2. Comment est calculé le « Total de l'économie » ? Quelle est la signification de ce résultat ?
3. Quels changements observe-t-on en 2020 dans les capacités et besoins de financement ? Comment les expliquer ?

Doc 4 Les taux d'intérêt au cœur du financement

« Certains individus qui ne consomment pas immédiatement la totalité de leurs revenus disposent d'un surplus d'épargne. D'autres, à l'inverse, ont un déficit (ou un besoin) d'épargne. Ils souhaitent utiliser des ressources qu'ils n'ont pas encore épargnées. Ils estiment qu'une utilisation immédiate d'"épargne future" serait plus rémunératrice que l'utilisation ultérieure de l'accumulation de l'épargne correspondante. Ils sont donc prêts à emprunter contre le paiement d'un prix le surplus d'épargne à ceux qui en disposent. [...]
Comment rémunérer le prix de cette impatience ? C'est le taux d'intérêt qui remplit cette fonction. [...] Le taux d'intérêt est une sorte de thermomètre qui indique si les individus sont plutôt enclins à épargner, l'épargne devient alors abondante et donc bon marché – les taux d'intérêt baissent, ou si les agents économiques sont plutôt disposés à consommer leur épargne, celle-ci diminue et les ressources disponibles deviennent plus rares, les taux d'intérêt montent. »

Gérald Autier, « La finance, cet ennemi qui vous veut du bien », contrepoints.org, 11 février 2022.

1. Quelle relation y a-t-il entre revenu, consommation et épargne lorsqu'un agent est à capacité de financement ? À besoin de financement ?
2. Expliquez le passage souligné.

Je fais le point

Version interactive
hatier-clic.fr/23ses1404

Complétez le schéma à l'aide des mots ou expressions suivants :

1. Besoin de financement
2. Taux d'intérêt
3. Capacité de financement
4. Offre de fonds prêtables
5. Demande de fonds prêtables
6. Ménages
7. Entreprises non financières et administrations publiques

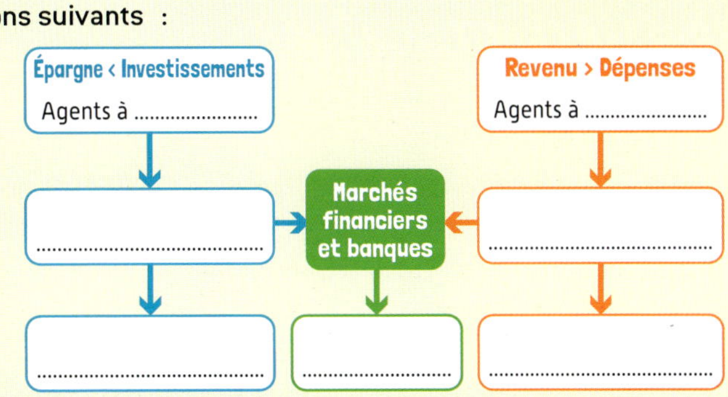

Je m'entraîne pour le BAC

Épreuve composée partie 1

Distinguez la capacité du besoin de financement.

Dossier 2 Comment les ménages se financent-ils ?

Doc 1 Vers une augmentation des crédits à la consommation

Le profil de l'emprunteur 2021
en crédit à la consommation

Emprunt
(montant moyen)
18 504 €

Durée moyenne
69 mois

Âge
44 ans

Revenu moyen
2 601 €

Type de contrat de travail
98 % en CDI

Type de projet
Voiture neuve
8 %
Voiture d'occasion
49 %
Besoin de trésorerie
39 %

Source : le-partenaire.fr, 2022.

Vidéo 1 min 30
hatier-clic.fr/23ses1405

1. Qu'est-ce qu'un crédit à la consommation ?
2. Quels biens sont principalement concernés par ce type de crédit ?
3. Comment peut-on expliquer que les ménages aient recours au crédit à la consommation alors qu'ils sont globalement à capacité de financement ?
4. Quel risque présente le crédit à la consommation ?

Exercice

→ Fiche Outil p. 284

Médecin salarié dans l'hôpital public de sa ville, Sam perçoit un salaire annuel brut de 50 000 euros dont 10 000 euros sont consacrés aux cotisations sociales. Il paye 5 000 euros d'impôt sur le revenu. Il possède un compte épargne qui lui rapporte 1 000 euros par an. Cette année, il a consommé 80 % de son revenu disponible.

1. Calculez le revenu primaire, puis le revenu disponible de Sam.
2. Calculez le montant de la consommation de Sam.
3. Quel est le montant de son épargne ? la part de son épargne ?
4. Vérifiez pour la situation de Sam l'équation suivante :
Revenu = Consommation + Épargne
5. Sam dispose-t-il d'un besoin ou d'une capacité de financement ? Justifiez.

Coup de pouce
Revenu disponible = Revenu primaire (revenus du travail + revenus du capital + revenus mixtes) – (impôts directs + cotisations sociales) + revenus de transfert.

Doc 2 Besoin de financement selon la nature

Recours au crédit des particuliers
(en milliards d'euros, janvier-août 2022)

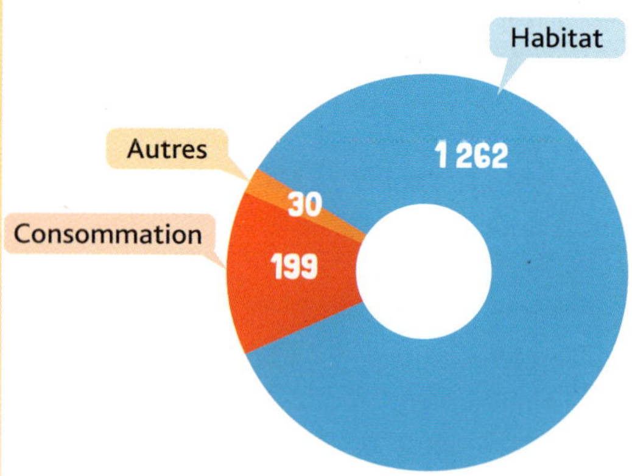

Source : Banque de France.

1. À l'aide d'un calcul, exprimez la part du besoin de financement pour les crédits à l'habitat dans l'ensemble des crédits. Faites une phrase exprimant la signification du résultat obtenu.
2. En dehors de l'habitat, quels peuvent être les motifs de demande de crédit ? Illustrez par des exemples.

Doc 3 La capacité de financement des ménages

a. Taux d'épargne financière et taux d'investissement immobilier en France

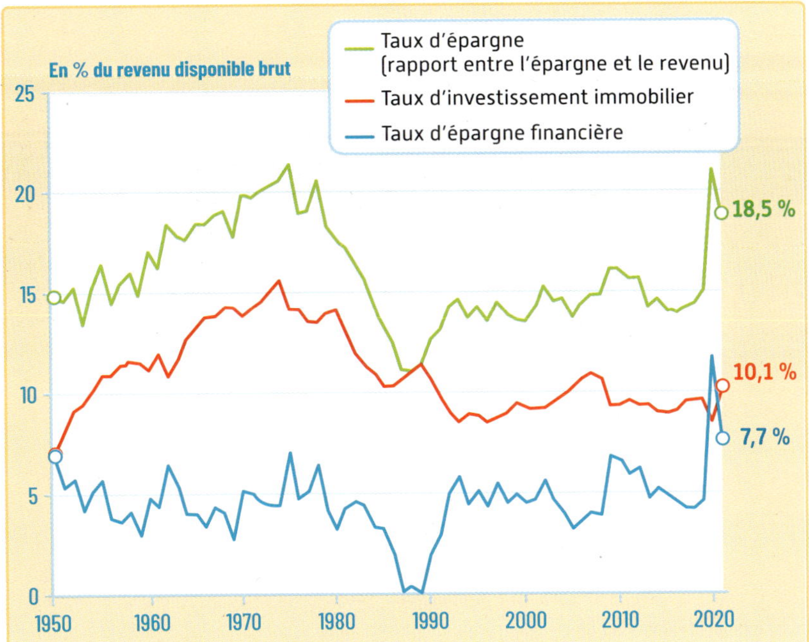

Source : lafinancepourtous.com d'après Insee.

1. Faites une phrase avec les données de 2019 (doc. 3a).
2. Peut-on établir une corrélation entre l'évolution du taux d'épargne et celles des deux autres taux (doc. 3a) ?
3. Justifiez la phrase soulignée dans le texte (doc. 3b).

Vocabulaire

- Le **taux d'épargne financière** est la part du revenu disponible consacrée à l'épargne financière, c'est-à-dire autre que l'investissement immobilier : livrets d'épargne, assurance-vie, titres...
- Le **taux d'investissement immobilier** est la part du revenu disponible brut des ménages investie en logements.

b. Capacité de financement et épargne financière

« Les Français sont des épargnants très prudents : ils consacrent la plus grande partie de leur flux d'épargne à des actifs non risqués. Les produits de taux[1] sont de loin les plus recherchés. Les placements en actions cotées restent le parent pauvre. Ils ne représentent que 5,3 % des encours d'épargne financière des Français en 2022. [...] Si plus de 80 % des ménages possèdent au moins un livret A, à l'inverse les placements directs en actions des ménages français restent faibles. [...] Ces dernières années, le placement financier qui attire le plus est l'assurance vie. Il l'emporte, y compris sur les dépôts et les livrets. [...] Au troisième trimestre 2022, les ménages détenaient environ 1 877 milliards d'euros en assurance-vie (en euros ou en unités de compte), soit un peu moins de 33 % du total de leur encours d'épargne financière. »

« Les placements des Français », d'après www.lafinancepourtous.com, 28 février 2023.

1. Produits financiers dont les revenus dépendent d'un taux.

Investissement immobilier...

...ou épargne financière ?

Je fais le point

Version interactive
hatier-clic.fr/23ses1406

Vrai ou faux ?

1. Tous les ménages dégagent une capacité de financement.
2. L'épargne se répartit entre épargne financière et investissement immobilier.
3. Le revenu des ménages se répartit entre consommation et épargne.
4. Le besoin de financement des ménages provient majoritairement de besoins liés à la consommation.
5. Un ménage a un besoin de financement lorsque son épargne est supérieure à sa consommation.

Je m'entraîne pour le BAC

Épreuve composée partie 1

À l'aide d'exemples, montrez que les ménages peuvent avoir une capacité ou un besoin de financement.

Dossier 3

Comment les entreprises se financent-elles ?

Doc 1 Besoins et sources de financement des entreprises

1. À quelles étapes de leur existence les entreprises ont-elles besoin de financement ?
2. Quels sont les différents modes de financement utilisés par les entreprises ?

Vidéo 3 min
hatier-clic.fr/23ses1407

Doc 2 Se financer sur les marchés financiers

« Quand une entreprise a besoin de capitaux, elle peut emprunter auprès des banques commerciales ou se financer directement auprès des investisseurs […].
La Bourse est un marché financier où l'on échange des actions[1]. Les actions sont des parts du capital d'une entreprise. Les acheteurs (et les vendeurs) de ces actions peuvent être des particuliers, des salariés de l'entreprise, des sociétés d'investissement, des compagnies d'assurances, mais aussi des banques. […]
Les actions sont des titres qui confèrent à leur détenteur – l'actionnaire – la propriété d'une partie du capital de la société, mais aussi le droit de participer à la gestion de la société (il peut voter lors des assemblées générales) et de recevoir une rémunération, distribuée en fonction du bénéfice de l'entreprise : les dividendes. […] Mais une entreprise peut aussi choisir de réinvestir ses bénéfices sans les distribuer aux actionnaires.
Pour se débarrasser de ses actions, un actionnaire ira sur le marché secondaire (par opposition au marché primaire sur lequel s'effectue la première cotation). En effet, lorsqu'une société est introduite en Bourse, comme Uber, c'est sur le marché primaire que l'opération, appelée IPO pour *initial public offering* ("offre publique initiale"), se fait. »

Mathilde Damgé, Matthieu Jublin et Ania Nussbaum
« Uber : comment se passe une entrée en Bourse ? »,
© *Le Monde*, 10 mai 2019.

1. Seules les entreprises ayant le statut juridique de société anonyme peuvent être cotées en Bourse et émettre des actions.

1. Toutes les entreprises peuvent-elles se financer auprès des banques ou avoir recours au marché financier ? Justifiez
2. Quelle différence y a-t-il pour une banque de financer une entreprise par le crédit ou en devenant un de ses actionnaires ?
3. Quelle différence y a-t-il entre les marchés primaire et secondaire ?

Doc 3 Taux de marge et taux d'autofinancement des sociétés non financières

	Taux de marge (en %)	Taux d'autofinancement (en %)
2021	34,3	105,3
2020	31,8	88,8
2019	33,3	97,1
2018	31,5	91,9
2017	31,7	96,2

Insee.

1. Faites une phrase donnant la signification des données pour l'année 2021.
2. Quelle est la particularité de l'année 2021 en matière d'autofinancement ?
3. Représentez graphiquement les données du document (graphique à compléter sur hatier-clic.fr/23ses1418.)
4. Quelle corrélation semble-t-il y avoir entre le taux de marge et le taux d'autofinancement ? Selon vous, comment peut-on l'expliquer ?

Exercice

→ Fiche Outil p. 284

Calculer l'excédent brut d'exploitation (EBE)

L'entreprise individuelle Drumershadow fabrique des baguettes de batterie. Elle anticipe un développement de son activité et souhaite acheter une nouvelle machine à assembler les baguettes dont le prix est de 10 000 €. Elle aimerait connaître sa capacité à autofinancer cet investissement.

Pour cela, elle dispose des chiffres suivants :

Nombre de paires de baguettes vendues : 100 000 € Prix unitaire d'une paire de baguettes : 10 €

Consommations intermédiaires : 850 000 € Rémunération des salariés : 110 000 €

Impôts sur la production : 5 % de la valeur ajoutée

1 **Recopiez et complétez le schéma ci-dessous.**

Chiffre d'affaires			
Consommations intermédiaires	Valeur ajoutée brute		
	Impôts sur la production	Rémunérations des salariés (dont cotisations sociales)	Excédent brut d'exploitation (EBE) ....

2 **Après versement des intérêts et impôts, il reste 15 % de l'EBE à Drumershadow pour financer son investissement. Calculez le montant de sa capacité de financement.**

3 **Si cette entreprise utilise l'intégralité de sa capacité de financement pour acheter la nouvelle machine, quel sera alors son taux d'autofinancement ?**

Vocabulaire

> **L'excédent brut d'exploitation** (EBE) est la partie de la valeur ajoutée qui revient à l'entreprise (EBE = VAB - rémunération des salariés et autres impôts sur la production + subventions).

> Le **taux d'autofinancement** est la part d'épargne brute qu'une entreprise peut consacrer à l'investissement (épargne brute/ investissement) x 100.

> Le **taux de marge** est la part de la valeur ajoutée qui revient à l'entreprise [(EBE) / VAB) x 100].

Je fais le point

Version interactive
hatier-clic.fr/23ses1408

Associez chaque notion (a à e) à sa définition (1 à 5).

Notions

a. Action
b. Autofinancement
c. Emprunt bancaire
d. Financement participatif
e. Obligation

Définitions

1. Financement d'un projet entre agents économiques en dehors des circuits financiers institutionnels, via une plateforme en ligne.
2. Financement par lequel une entreprise finance par ses propres ressources son besoin de financement.
3. Financement externe entraînant une augmentation du capital de l'entreprise.
4. Financement externe d'une entreprise auprès du système bancaire.
5. Financement externe consistant en une émission de titres de dette sur les marchés financiers.

Je m'entraîne pour le BAC

Épreuve composée partie 1

Montrez que les entreprises peuvent avoir recours à une diversité de sources de financement.

Dossier 4

Pourquoi et comment l'État se finance-t-il ?

Doc 1 Le budget de l'État en 2022 : un budget excédentaire ou déficitaire ?

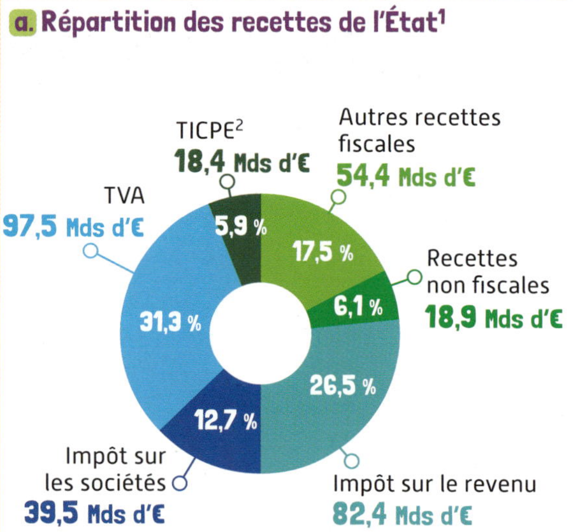

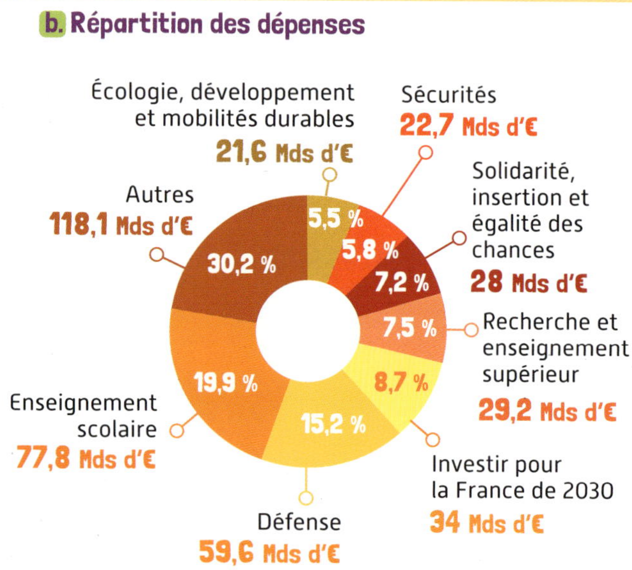

1. Ces recettes sont diminuées de 73 milliards de prélèvements (versements à l'Union européenne et aux collectivités locales).
2. TICPE : taxe intérieure de consommation sur les produits énergétiques.

Source : lafinancepour tous.com d'après Loi des finances 2022.

1. Quelles sont les principales recettes et dépenses de l'État ?
2. Calculez le solde budgétaire (voir p. 91) de l'État en 2022. Est-il excédentaire ou déficitaire ? Justifiez votre réponse.
3. Que peut-on en conclure concernant la capacité ou le besoin de financement de l'État ?

Vidéo +
Budget de l'État : comment ça marche ?
hatier-clic.fr/23ses1409

Doc 2 Le financement de la dette par l'emprunt

Vidéo 2 min 30
hatier-clic.fr/23ses1410

1. Quelle est l'institution en charge du financement de la dette publique ?
2. Comment appelle-t-on les titres émis par l'État pour financer sa dette ? Quels agents économiques s'en portent acquéreurs ?
3. Représentez à l'aide d'un schéma le marché de la dette publique.

Ne pas confondre

> **Déficit budgétaire et déficit public** : le **déficit budgétaire** est le solde négatif du budget de l'État au sens strict (l'administration centrale, les ministères), le **déficit public** est le solde négatif du budget de l'État au sens large (avec les collectivités locales et la Sécurité sociale).

> **Déficit public et dette publique** : la **dette publique** est l'ensemble des emprunts que l'État au sens large a émis ou garantis et dont l'encours (c'est-à-dire le montant total des emprunts) résulte de l'accumulation des **déficits**.

Doc 3 Les effets des mesures économiques face à la crise du Covid

« La crise sanitaire est un choc de demande (les ménages ne consomment plus car les commerces sont fermés) et un choc d'offre (les entreprises ne produisent plus car elles sont fermées). Pour y faire face, les gouvernements européens prennent des mesures essentiellement keynésiennes[1], cautionnées par un relâchement des contraintes budgétaires du traité de Maastricht[2]. [...] [Pour les financer], ils émettent des bons du trésor et accroissent le montant de leur dette. [...] La relance budgétaire, quelle qu'en soit sa forme – baisse des impôts, augmentation des dépenses publiques – a un effet multiplicateur[3] sur l'économie, permettant un accroissement de la demande plus que proportionnelle aux injections financières initiales de l'État.

Mais lorsque le seuil de la dette publique est dépassé, les ménages et les entreprises sont soucieux de l'avenir et s'interrogent sur la soutenabilité d'une politique de relance trop coûteuse. Craignant que le gouvernement décide de réajuster ses finances en réaugmentant les impôts par exemple, ils anticipent et substituent consommation et investissement par de l'épargne : la demande n'est alors plus redynamisée par le multiplicateur. C'est l'effet d'éviction, et la dette crée encore plus de déficit et de dette, car la demande ajoutée par les injections de l'État vient alors en substitution, plutôt qu'en complément, de la demande normale. »

Céline Soulas, « Relance économique : gare à l'effet d'éviction ! », theconversation.com, 2 avril 2020.

1. La relance keynésienne stipule que l'augmentation des dépenses publiques entraîne une augmentation des revenus des agents économiques puis de leurs dépenses favorisant ainsi l'augmentation de la production et de l'emploi.

2. Le traité de Maastricht prévoit que le déficit public ne dépasse pas 3 % du PIB et que la dette publique ne dépasse pas 60 % du PIB.

3. Effet par lequel une dépense publique provoque une augmentation plus que proportionnelle de la dépense privée.

1. Pourquoi les gouvernements européens augmentent-ils les dépenses publiques ?
2. D'après l'auteur de l'article, quelles peuvent être les limites d'une politique de relance ?

Exercice

Identifier les effets contradictoires d'une politique des dépenses publiques

À l'aide du document 3, recopiez et complétez le schéma avec : « hausse » ou « baisse ».

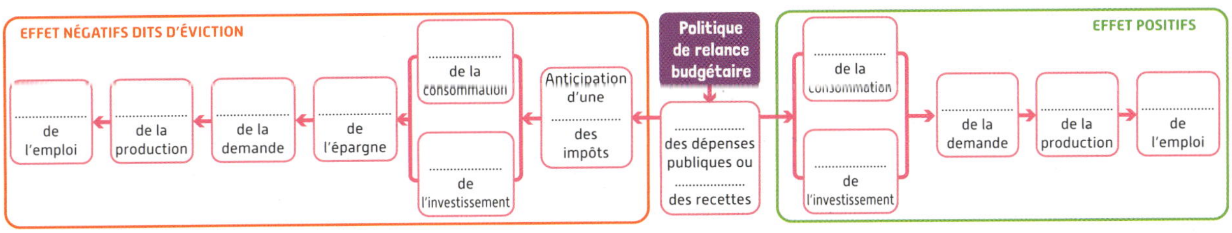

Je fais le point

Version interactive
hatier-clic.fr/23ses1411

Complétez le texte suivant :

L'État a un besoin de financement car ses dépenses sont .... à ses recettes. Le solde de son budget est .... Pour financer sa .... , qui résulte du cumul des déficits précédents, l'État peut émettre des .... L'État peut volontairement .... son déficit budgétaire pour relancer l'économie en favorisant la hausse de .... Mais face à l'anticipation de hausses futures d'impôts pour réduire le déficit, les agents augmentent .... ce qui baisse la demande : c'est l'effet ....

Je m'entraîne pour le BAC

Dissertation

Rédigez l'introduction du sujet de dissertation suivant :

Quels sont les effets possibles d'une augmentation du déficit public ?

→ Point MÉTHODE p. 256

Atelier 1 Rédiger un article L'impact du Covid sur le besoin de financement de l'État

Étape 1 Mesurer des évolutions

1. [Doc. 1] Faites une phrase donnant la signification des données en 2021.
2. [Doc. 2] À l'aide d'un calcul, mesurez la variation du déficit public entre 2019 et 2020 pour la France et l'Allemagne. (➔ Fiche outil p. 288).

Étape 2 Comparer des évolutions

3. [Doc. 2] Comment évolue le déficit public de la France sur l'ensemble de la période ?
4. [Doc. 2] Comparez cette évolution à celle du déficit public allemand.

Étape 3 Rédiger un article

Rédigez un texte d'une vingtaine de lignes pour comparer l'évolution du déficit public en France et en Allemagne entre 2015 et 2021 en mettant en évidence l'impact du confinement dû au Covid-19. Vous pouvez le débuter par le paragraphe suivant :

Les conséquences économiques et sociales de la crise sanitaire du Covid-19 et du confinement ont entraîné une forte hausse des dépenses publiques. Ces dépenses supplémentaires ont principalement porté, dans le domaine sanitaire, sur le financement des tests de dépistage. Dans le domaine économique et social, les dépenses supplémentaires ont principalement porté sur le soutien aux entreprises et aux ménages.

Coup de pouce

- ✓ Pour comparer, vous devez montrer les points communs et les différences, et repérer des périodes d'évolutions différentes.
- ✓ Illustrez avec des données chiffrées des documents.

Doc 1 Soldes budgétaires des États français et allemand

(En milliards d'euros)

	2015	2016	2017	2018	2019	2020	2021
Allemagne	29,1	36,4	43,7	65,6	53,2	-147,6	-134,3
France	-79,7	-81,3	-68,0	-54,1	-74,7	-207,7	-163,3

Eurostat.

Doc 2 Évolution du déficit public en France et en Allemagne

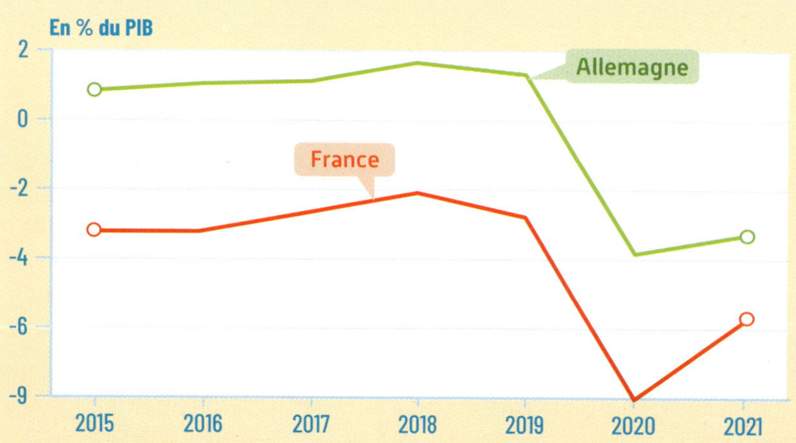

Source : Eurostat.

Le saviez-vous ?

> Le **déficit/excédent public** est défini dans le Traité de Maastricht comme le besoin de financement net/capacité de financement nette des administrations publiques du Système Européen des Comptes. Le secteur des Administrations publiques comprend les sous-secteurs suivants : administration centrale, administrations d'États fédérés, administrations locales et administrations de sécurité sociale.

> Le **solde budgétaire** est la différence entre les recettes et les dépenses de l'État. Il peut être excédentaire ou déficitaire.

Atelier 2

Débattre
Faut-il annuler la « dette Covid » ?

Vers le GRAND ORAL

Étape 1 Analyser le sujet

1. Définissez les termes du sujet puis reformulez-le pour en vérifier la compréhension.
2. Choisissez la position que vous souhaitez défendre :

A. La « dette Covid » doit être annulée	B. La « dette Covid » ne doit pas être annulée

Étape 2 Rechercher des informations

3. Par groupe, recherchez des arguments pour défendre et illustrer votre position en utilisant notamment les documents ci-dessous.

Étape 3 Mener le débat

4. Listez les arguments de votre position dans la case correspondante du tableau de l'étape 1. Lors du débat, copiez dans l'autre case les arguments qui s'opposent aux vôtres.

Coup de pouce
- ✓ Nommez un modérateur pour répartir le temps de parole.
- ✓ Trouvez d'autres arguments dans la vidéo « Faut-il annuler la dette des États ? » sur hatier-clic.fr/23ses1412.

Doc 1 Quelles conséquences à l'annulation de la « dette Covid » ?

« Le principal argument [des partisans de l'annulation de la dette] est que contrairement à tous les autres acteurs économiques, la BCE [Banque centrale européenne] a le monopole de la création monétaire et ne peut donc jamais faire faillite. Le déficit engendré par la suppression d'une partie de ses actifs (les dettes publiques qu'elle a rachetées) ne serait en conséquence pas un problème. Ce raisonnement ne tient cependant pas compte du fait que [...] les comptes publics enregistreraient certes une baisse de l'endettement, mais également une baisse des revenus que leur verse la BCE. Concrètement, la BCE verse des dividendes aux États membres chaque année (3,5 milliards d'euros à la France en 2019) en fonction des revenus de ses actifs, et notamment des intérêts reçus au titre de ses créances.

Ce qui a permis jusqu'à maintenant d'affronter la crise du Covid sans crise de l'endettement est la volonté des marchés financiers de continuer à prêter aux États membres à des taux très bas, voire négatifs, malgré des comptes publics très dégradés. [...] Ces marchés verraient d'un très mauvais œil la suppression de la dette, car cela témoignerait de l'incapacité de la France à la rembourser et signifierait une baisse des actifs publics. Leur confiance s'éroderait, ce qui ferait remonter les taux et pourrait transformer la situation déjà très compliquée en crise des dettes souveraines. »

« L'annulation de la dette Covid-19 : quelles conséquences », contrepoints.org, 23 décembre 2020.

Doc 2 Annuler la dette pour un plan d'investissement européen

« Les annulations de dette constituent des moments fondateurs. Ce fut le cas en 1953, quand l'Allemagne bénéficia d'un effacement des deux tiers de sa dette publique, lui permettant de retrouver le chemin de la prospérité et d'ancrer son avenir dans l'espace européen. Mais l'Europe ne traverse-t-elle pas aujourd'hui une crise d'une ampleur exceptionnelle qui appellerait des mesures tout aussi exceptionnelles ?

Par ailleurs, nous avons la chance d'avoir un créancier qui ne craint pas de perdre son argent : la BCE. Notre proposition est donc simple : passons un contrat entre les États européens et la BCE. Cette dernière s'engage à effacer les dettes publiques qu'elle détient (ou à les transformer en dettes perpétuelles sans intérêt), tandis que les États s'engagent à investir les mêmes montants dans la reconstruction écologique et sociale. Ces montants s'élèvent aujourd'hui, pour l'ensemble de l'Europe, à près de 2 500 milliards d'euros. De quoi répondre enfin aux attentes du Parlement européen [pour le financement de la transition écologique], et surtout à la sauvegarde de l'intérêt général. [...] Nous devons nous aussi réfléchir à nous servir du pouvoir de création monétaire de la BCE pour financer la reconstruction écologique et sociale, sous contrôle démocratique. »

« L'annulation des dettes publiques que la BCE détient constituerait un premier signal fort de la reconquête par l'Europe de son destin », tribune d'un collectif de 150 économistes parue sur lemonde.fr, © *Le Monde*, 5 février 2021.

Comment les agents

A Capacité et besoin de financement des agents économiques

- **Un agent économique peut dégager une** capacité de financement (lorsque ses revenus sont supérieurs à ses dépenses) **alors que d'autres dégagent un** besoin de financement (lorsque leurs revenus sont inférieurs à leurs dépenses). D'une manière générale, si les ménages et les sociétés financières sont à capacité de financement, les sociétés non financières et les administrations publiques sont à besoin de financement.

- **Les agents à capacité de financement acceptent de mettre leurs ressources à disposition des agents à besoin de financement, moyennant une rémunération** : il s'agit du taux d'intérêt. Celui-ci est alors une rétribution pour les agents à capacité de financement mais aussi le prix que les agents à besoin de financement doivent payer pour obtenir des capitaux.
- **La capacité ou le besoin de financement des ménages dépend de la différence entre leur** revenu disponible **et leur consommation.** Un ménage dont la consommation est plus faible que le revenu a une capacité de financement. Si l'ensemble des ménages a une capacité de financement, certains présentent un besoin de financement (pour l'achat d'un logement par exemple).
- **Les entreprises ont un besoin de financement** quand ce qu'il reste de leur excédent brut d'exploitation ne permet pas de financer leurs investissements.

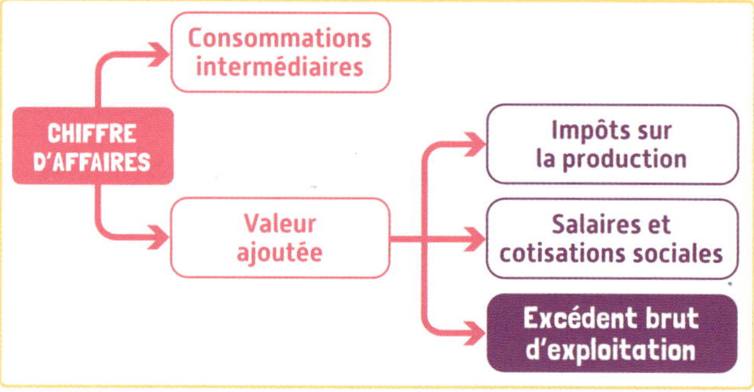

- **La capacité ou le besoin de financement de l'État résulte de la différence entre ses recettes** (impôts, taxes, cotisations sociales) **et ses dépenses** (services publics, prestations…). Lorsque ces dernières sont plus importantes que les recettes, l'État connaît un déficit budgétaire.

B Le financement des agents économiques

- Le financement des agents économiques consiste, pour un agent à besoin de financement, à trouver les fonds nécessaires à la réalisation de sa consommation et/ou de ses investissements. **Il existe, selon les agents, différentes modalités de financement** :
  - l'autofinancement. Les ménages peuvent par exemple utiliser leur épargne pour financer partiellement ou totalement un projet d'achat.
  - le financement bancaire : ce financement externe consiste pour un agent économique à contracter un emprunt auprès des sociétés financières comme une banque.
  - le recours aux marchés financiers : l'État et les entreprises (les sociétés anonymes cotées en Bourse) peuvent aussi avoir recours aux marchés financiers pour émettre des obligations (émission de bons du trésor pour l'État). Enfin, les entreprises cotées en Bourse peuvent se financer en émettant des actions sur les marchés financiers.

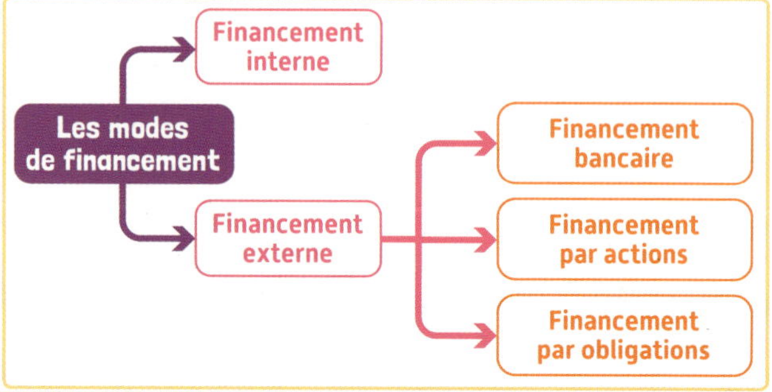

économiques se financent-ils ?

Podcast du cours
hatier-clic.fr/23ses1413

C Les effets d'une politique d'augmentation des dépenses publiques

- **En utilisant son budget** (ses recettes et ses dépenses), **l'État peut intervenir sur le fonctionnement de l'économie**. Cette intervention peut avoir des effets contradictoires.
- **Tout d'abord, l'augmentation des dépenses publiques (ou la diminution des recettes) par le déficit budgétaire peut avoir un effet moteur sur l'activité économique** car elle permet de soutenir ou d'encourager la demande (politique dite de relance). Ces dépenses publiques vont permettre de maintenir (en cas de crise) ou de stimuler la consommation et l'investissement des agents économiques, ce qui devrait entraîner une augmentation de production et de l'emploi.
- **Cependant, elles peuvent dans le même temps avoir un effet désincitatif** en poussant vers l'épargne les ménages qui anticipent de futures hausses d'impôts. La consommation et l'investissement vont alors diminuer, pouvant entraîner une diminution de la demande, de la production et de l'emploi. Les dépenses publiques ne viennent dans ce cas que compenser la baisse de la consommation. C'est l'**effet d'éviction**.

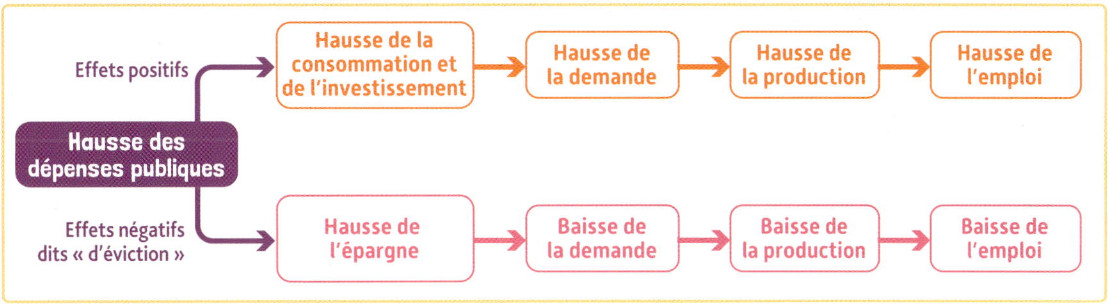

Notions

- **Action** Le titre de propriété d'une société.
- **Autofinancement (ou financement interne)** Le financement de ses investissements avec ses ressources propres.
- **Besoin de financement** La situation d'un agent économique dont les revenus sont inférieurs aux dépenses.
- **Capacité de financement** La situation d'un agent économique dont les revenus sont supérieurs aux dépenses.
- **Effet d'éviction** Le phénomène économique par lequel une hausse des dépenses publiques entraîne une baisse des consommations et des investissements privés.
- **Épargne** La part du revenu qui n'est pas consommée immédiatement.
- **Excédent brut d'exploitation** La part de la valeur ajoutée qui revient à l'entreprise.
- **Financement** L'opération par laquelle un agent économique se procure les ressources nécessaires à son activité.
- **Financement externe** Le financement des activités d'un agent économique avec des ressources provenant d'autres agents économiques.
- **Marchés financiers** Lieux (réels ou virtuels) sur lesquels les agents économiques échangent des produits financiers (actions ou obligations).
- **Obligation** Le titre de créance détenu sur une société ou un État.
- **Revenu disponible** Le revenu disponible brut des ménages (RDB) comprend les revenus d'activité (rémunérations des salariés et revenus mixtes des non salariés) et les revenus du patrimoine, augmentés des prestations sociales (hors transferts en nature) et diminués des impôts directs et cotisations sociales.
- **Solde budgétaire** La différence entre les recettes et les dépenses de l'État. Le solde peut être excédentaire ou déficitaire.
- **Taux d'intérêt** Le prix auquel un agent est disposé à prêter sa capacité de financement ou le prix auquel un agent à besoin de financement est disposé à emprunter les ressources dont il a besoin pour le satisfaire.

Révisions

1 Réviser avec le schéma de synthèse

Agents à capacité de financement
- Ménages
- Sociétés financières

← **Rémunération** — **TAUX D'INTÉRÊT** — **Coût** →

Agents à besoin de financement
- Administrations publiques
- Sociétés non financières

Administrations publiques → **Hausse des dépenses publiques via emprunt :** hausse du déficit budgétaire de l'État

→ **EFFET NÉGATIF**
Hausse de l'épargne, baisse de l'investissement privé (effet d'éviction qui ralentit l'activité)

→ **EFFET POSITIF**
Soutien et/ou relance de la demande (favorable à la croissance et l'emploi)

Sociétés non financières → **Financement**
- interne (autofinancement)
- externe (banques, marchés financiers)

2 Savoir illustrer par des exemples

LE FINANCEMENT BANCAIRE :
– l'emprunt d'un ménage pour l'acquisition d'une maison
– l'emprunt d'une entreprise pour acheter des machines

LE FINANCEMENT PAR ACTIONS :
l'entrée en Bourse de l'entreprise Uber

LE FINANCEMENT PAR OBLIGATIONS :
l'émission de bons du trésor pour financer la « dette Covid »

L'AUTOFINANCEMENT :
un ménage achetant une voiture grâce à son épargne

L'EFFET D'ÉVICTION :
l'augmentation de l'épargne des ménages suite à l'augmentation des dépenses lors de la crise du Covid

3 Savoir citer des chiffres clés

Le besoin de financement des administrations publiques en 2021 s'élève à **160 milliards** d'euros

63 % du financement des sociétés non financières sont réalisés par le crédit bancaire en France en 2019

Les banques ont accordé **1 061,3 milliards** d'euros de crédits aux entreprises en 2019

La capacité de financement des ménages en 2021 est de **130 milliards** d'euros

4 Savoir définir les notions clés

ACTION
BESOIN DE FINANCEMENT
CAPACITÉ DE FINANCEMENT
DÉFICIT PUBLIC
EFFET D'ÉVICTION
EXCÉDENT BRUT D'EXPLOITATION
FINANCEMENT BANCAIRE
OBLIGATION
REVENU DISPONIBLE

5 Ne pas confondre

Déficit public
≠
Dette publique

6 Voir la vidéo de RÉVISION

hatier-clic.fr/23ses1402

7 Écouter le podcast du cours

Podcast du cours
hatier-clic.fr/23ses1413

8 Vérifier ses connaissances

Mémocartes
hatier-clic.fr/23ses1414

Exercices interactifs
hatier-clic.fr/23ses1415

9 Aller plus loin

Lire

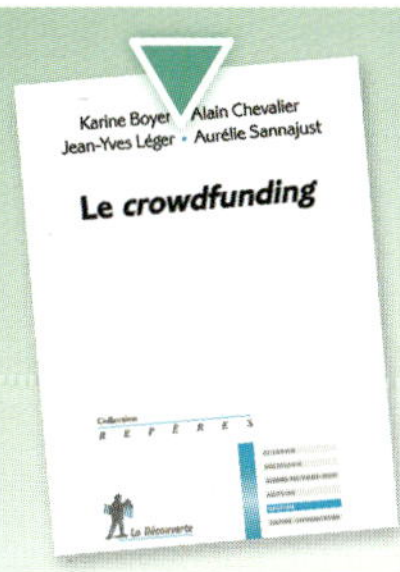

- Karine Boyer, Alan Chevalier, Jean-Yves Léger, Aurélie Sannajust, *Le Crowdfunding*, La Découverte, 2016.
- « Le financement des entreprises », *L'éco en bref*, Banque de France, mars 2020.

Écouter

Sommes-nous accros à la dépense publique ?
Un podcast France Culture.
hatier-clic.fr/23ses1417

Voir

- *La Dette, une spirale infernale*, Documentaire de Laure Delesalle, Arte, 2015.
- *Les sources de financement des entreprises*, vidéo Dessine-moi l'éco.

hatier-clic.fr/23ses1416

Suivre l'actualité avec ACTU SES

actu-ses.editions-hatier.fr

hatier-clic.fr/23ses1418

« Aux États-Unis, le fardeau de la dette étudiante ».

Vers le BAC

Mobiliser ses connaissances

QUESTION 1 Quelles sont les différentes sources de financement des entreprises ?

Coup de pouce

1. Quelle attente correspond à la consigne « Quelles sont » ?
– Décrire et expliquer
– Présenter un mécanisme
– Lister un ensemble de phénomènes ou de situations

2. Complétez cette réponse possible à la question en utilisant les termes suivants :
– actions
– l'autofinancement
– bancaire
– crédit
– externes
– interne
– marchés financiers

Les entreprises peuvent mobiliser une diversité de sources de financement. Tout d'abord, elles peuvent utiliser ...., c'est-à-dire qu'elles financeront leurs dépenses en utilisant leurs ressources personnelles. C'est un mode de financement ....
Toutefois, ce financement peut être insuffisant et amener les entreprises à utiliser des modes de financement .... Elles pourront notamment avoir recours au financement .... c'est-à-dire qu'elles feront appel aux banques et au .... pour financer leurs dépenses. Elles peuvent enfin avoir recours aux .... et émettre des .... ou des obligations.

QUESTION 2 Comment les ménages peuvent-ils dégager une capacité ou un besoin de financement ?

Coup de pouce

1. Commencez par définir « capacité de financement » et « besoin de financement ».
2. La consigne invite à décrire un mécanisme.
3. La réponse doit être structurée avec :
   – un paragraphe pour la capacité de financement
   – un paragraphe pour le besoin de financement.

QUESTION 3 Comment l'État finance-t-il son déficit budgétaire ?

QUESTION 4 Comment se répartit le revenu des ménages ?

QUESTION 5 Montrez que le taux d'intérêt est à la fois un coût et une rémunération.

Étudier un document statistique

Vers le BAC

ÉTUDE DE DOCUMENT 1

Taux d'intérêt des crédits accordés aux microentreprises[1]

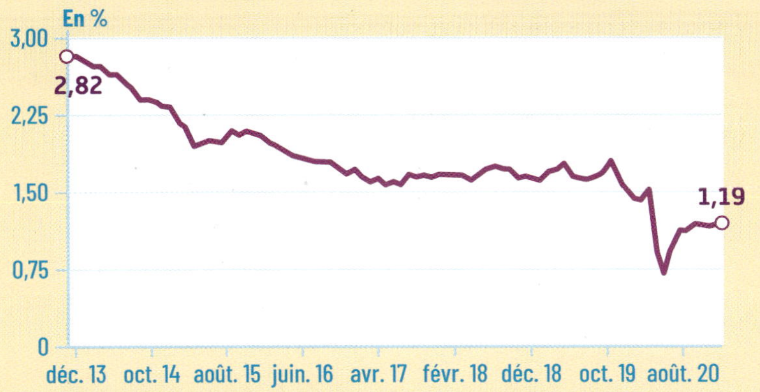

Champ : France. Source : Banque de France.

1. Entreprises de moins de 10 salariés dont le CA annuel ne dépasse pas 2 millions d'euros.

1. À l'aide du document, montrez comment évolue le taux d'intérêt des crédits accordés aux microentreprises entre 2013 et 2020 ? (➔ Fiche outil p. 288)
2. À l'aide du document et de vos connaissances, montrez quels effets peut avoir l'évolution du taux d'intérêt sur les investissements des microentreprises.

Coup de pouce

1. Présentez le document en précisant (type de graphique, source, champ, unités, période étudiée).
2. Distinguez les différentes périodes d'évolution du taux d'intérêt accordé aux microentreprises.
3. Sélectionnez la ou les affirmations justes :
   a. Entre décembre 2013 et décembre 2020, le taux d'intérêt des crédits accordés aux microentreprises a diminué de 1,63 %.
   b. Entre décembre 2013 et décembre 2020, le taux d'intérêt des crédits accordés aux micro-entreprises a diminué de 1,63 point de pourcentage.
   c. Entre décembre 2013 et mars 2015, le taux d'intérêt a diminué plus vite qu'entre mars 2015 et septembre 2019.
   d. Entre décembre 2013 et mars 2015, le taux d'intérêt a diminué moins vite qu'entre mars 2015 et septembre 2019.

ÉTUDE DE DOCUMENT 2

Taux d'épargne[1] des ménages avant et après la pandémie de COVID-19

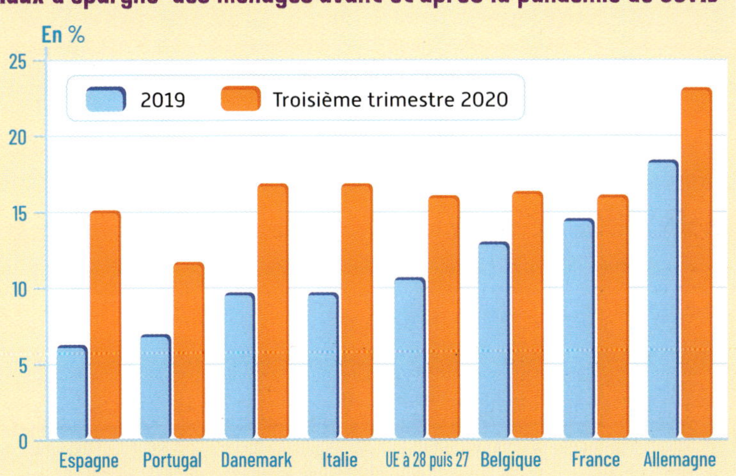

1. Le taux d'épargne est le rapport entre l'épargne et le revenu.

Source : lafinancepourtous.com d'après Eurostat.

1. À l'aide du document, comparez la situation de la France aux autres pays en termes d'épargne des ménages.
2. À l'aide du document et de vos connaissances, expliquez pourquoi les taux d'épargne ont augmenté en 2020.

Vers le BAC

Raisonnement s'appuyant sur un dossier documentaire

POINT MÉTHODE
Organiser un raisonnement

▶ La partie 3 de l'épreuve composée invite à traiter le sujet en « développant un raisonnement », c'est-à-dire une suite logique d'idées, développées de manière efficace dans des paragraphes argumentés.
Pour y arriver, plusieurs étapes sont à réaliser.

ÉTAPE 1 Analyser le sujet

▶ Repérer et définir les notions que comporte le sujet permet parfois de trouver rapidement une organisation à son raisonnement.

EXEMPLE :

Dans le sujet proposé, définir la notion de financement peut permettre de distinguer financement interne et financement externe.

ÉTAPE 2 Mobiliser ses connaissances

▶ Recensez les éléments du chapitre que vous avez étudiés et qui sont, selon vous, utiles à l'élaboration d'une réponse : vocabulaire, auteurs, illustrations, chiffres-clés… en lien avec le sujet.

ÉTAPE 3 Analyser et exploiter les documents

▶ Dans chacun des documents, relever les informations pertinentes pour répondre au sujet. Il convient de :

- Dégager l'idée principale du document ;
- Mettre en évidence le lien entre ce document et le sujet ;
- Sélectionner les éléments (données chiffrées, idées, exemples…) les plus pertinents pour répondre au sujet.

ÉTAPE 4 Organiser les idées

▶ Les idées retenues à l'étape précédente doivent être rangées en autant de colonnes qu'il y a de parties, permettant ainsi de construire une organisation logique au raisonnement. Ce sera le « squelette » de la réponse, à faire au brouillon.

EXEMPLE :

1re partie Les entreprises se financent à l'aide du financement bancaire	2e partie Les entreprises se financent à l'aide des marchés financiers
– 1re idée : le financement des entreprises se fait par l'autofinancement qu'elles peuvent réaliser grâce à l'épargne dont elles disposent en banque (doc. 2). **– 2e idée :**	**– 1re idée** **– 2e idée**

APPLICATION

1. Définissez les notions de financement et d'entreprises.
2. Quelles sont les différentes sources de financement que peuvent utiliser les entreprises ?
3. Identifiez pour chaque document le mode de financement auquel il fait référence.
4. Complétez le tableau de l'étape 4 du Point Méthode.

SUJET

À l'aide de vos connaissances et du dossier documentaire, vous montrerez quelles sont les différentes sources de financement des entreprises.

Doc 1

« Le coût du financement n'a jamais été aussi bas. C'est, en particulier, le cas du financement bancaire, principale source de financement pour les PME/TPE[1]. Du fait de l'action de la politique monétaire, de sa bonne transmission par les banques et de la forte concurrence entre les réseaux sur ce segment de clientèle, les taux sont à des plus bas historiques, avec un mouvement de baisse assez net entre 2012 et 2017. [...] Les crédits bancaires, tels que retracés par les bases de la Centrale des risques de la Banque de France, sont particulièrement dynamiques depuis quelques années. Le Haut Conseil de stabilité financière décrit précisément ces tendances et les risques qu'elles font peser sur le plan de l'endettement excessif. En moyenne, la progression sur douze mois des nouveaux crédits aux PME est de + 4 % sur les dernières années, mais ce rythme était de + 2 % en 2014-2015 et il est supérieur à + 6 % depuis mi-2018. Pour les TPE, la progression est même plus forte, dépassant + 8 % depuis mi-2018. Elle est tirée par la hausse des crédits immobiliers et, sur la période très récente, par celle des crédits de trésorerie[2]. »

« Les PME et TPE en France : une situation financière améliorée et un accès au crédit plus facile », Créditpro.com, 2020.

1. Petites et moyennes entreprises/Très petites entreprises.

2. Financement à court terme dont l'entreprise peut disposer pour assurer le bon fonctionnement de son activité.

Doc 2

Taux d'autofinancement[1] des entreprises

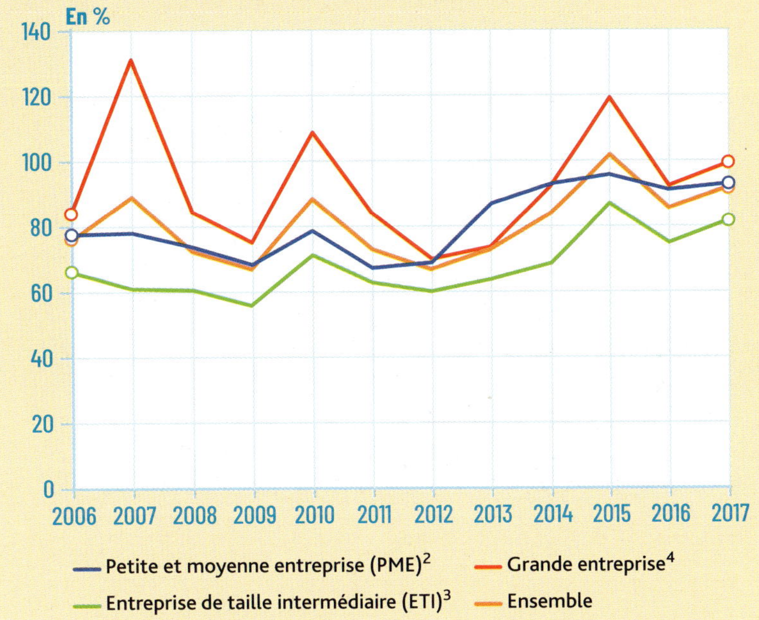

1. Autofinancement/investissement x 100.

2. Les petites et moyennes entreprises (PME) sont celles qui, d'une part, occupent moins de 250 personnes, d'autre part, ont un chiffre d'affaires annuel n'excédant pas 50 millions d'euros.

3. Les entreprises de taille intermédiaire (ETI) constituent une catégorie d'entreprises intermédiaires entre les petites et moyennes entreprises (PME) et les grandes entreprises.

4. Une grande entreprise est une entreprise qui vérifie au moins une des deux conditions suivantes : avoir au moins 5 000 salariés ou avoir plus de 1,5 milliard d'euros de chiffre d'affaires (et plus de 2 milliards d'euros de total de bilan).

Source : Banque de France.

Doc 3

Répartition de l'endettement des entreprises françaises en août 2022

	En milliards d'euros	En %
Financement des sociétés non financières	2 003	100
Dont crédits bancaires	1 295	64,6
Dont financement de marché	708	35,4

Banque de France.

Dissertation

POINT MÉTHODE
Analyser un sujet

Au début de l'épreuve, il faut prendre le temps d'analyser le sujet, ce qui permettra :

- d'éviter une réponse hors sujet ;
- de mieux exploiter le dossier documentaire proposé.

Ce moment d'analyse doit précéder la lecture des documents car ces derniers peuvent ne couvrir qu'une partie du sujet. C'est donc avec ses connaissances personnelles qu'il faut analyser le sujet.

ÉTAPE 1 Identifier les notions

▶ Le sujet posé aborde une ou plusieurs notions du programme qu'il faut repérer et définir.

▶ Il faut ensuite lister l'ensemble des notions que l'on peut relier à celle(s) du sujet ainsi que les mécanismes du chapitre qui pourront être pertinents pour la réponse. Commencer à travailler sur le sujet, c'est commencer à mobiliser ses connaissances.

ÉTAPE 2 Préciser le cadre du sujet

▶ Il convient donc de se demander quelles sont les bornes temporelles et spatiales du sujet, à savoir :

- « où » (quels pays ou zones géographiques le sujet invite-t-il à couvrir ?) ;
- « quand » (en quelle année ou pendant quelle période ?).

▶ La réponse à ces questions (où ? quand ?) peut être indiquée dans le sujet ou être précisée dans les documents ; vos connaissances peuvent aussi vous aider à y répondre (faits historiques ou d'actualité qui justifient le sujet par exemple).

ÉTAPE 3 Identifier la tâche à accomplir

▶ Quelle est l'action demandée par le sujet ? Identifier la tâche à accomplir permettra de problématiser le sujet.

Type de sujet	Attentes
Quels/Quelles sont…	Lister un ensemble de phénomènes ou situations
Comment…	Décrire les mécanismes ou les procédés
Analyser…	Décrire et expliquer un phénomène

Voir types de sujets et de plans (➔ Point Méthode p. 76).

▶ Travailler la problématique revient à mettre en question (en tension) le sujet : quels sont les problèmes soulevés par le sujet ? Même si le sujet est déjà sous la forme interrogative, vous pouvez formuler des questions qui lui sont liées. La problématique permet de regrouper ces questions.

APPLICATION

1. Quelles sont les notions du chapitre exploitables pour traiter le sujet posé ?
2. Quel est le cadre temporel du sujet ?
3. Quelle est la tâche à accomplir ? Rédigez la problématique du sujet en commençant votre phrase par : « Dès lors, nous pouvons nous demander… »
4. Quelles pourraient être les grandes parties de cette dissertation ?

SUJET — Comment les agents économiques se financent-ils ?

Doc 1

Les levées de fonds* les plus importantes lors de l'entrée en Bourse à Paris depuis 2000 (en milliards d'euros)

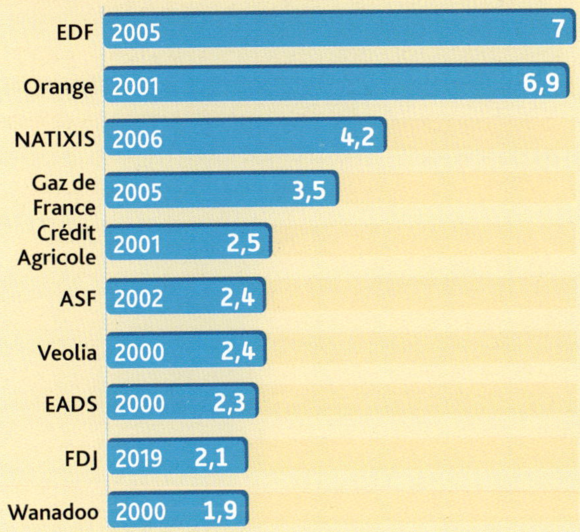

Source : Statista, 2020.

* Une levée de fonds est une opération de financement qui consiste à faire entrer des investisseurs dans le capital d'une société.

Doc 2

« Chaque année, la France emprunte de l'argent sur les marchés pour financer son déficit budgétaire et rembourser ses dettes passées lorsque celles-ci arrivent à échéance. La gestion de cette dette, dont le montant atteignait 2 901,8 milliards d'euros au premier trimestre 2022, selon l'Insee, est confiée à l'Agence France Trésor (AFT), sous la houlette de Bercy.

Sur la seule année 2022, les besoins de financement de l'État français sont estimés à 302,5 milliards d'euros. Pour collecter ces fonds, l'AFT émet de nouveaux titres de dette chaque semaine, en suivant un calendrier fixé à l'avance. L'institution propose deux grandes catégories de titres de dettes. Il y a d'abord les Bons du Trésor Français (BTF) […] et qui s'adressent uniquement aux investisseurs institutionnels. Et puis les Obligations Assimilables du Trésor (OAT), qui […] sont accessibles aux investisseurs particuliers sur le marché secondaire. […] Il n'est plus possible pour un particulier d'acheter de la dette directement auprès de l'État. Au lieu de cela, "nous travaillons avec 15 grossistes [parmi lesquels] on retrouve des banques françaises, comme le Crédit Agricole, mais aussi des banques internationales, spécialistes du marché des obligations souveraines", explique l'AFT. »

Paul Anthonioz, « Placement : acheter de la dette française, une fausse bonne idée pour votre épargne ? », moneyvox.fr, 11 août 2022.

Doc 3

Encours de crédits aux particuliers en France

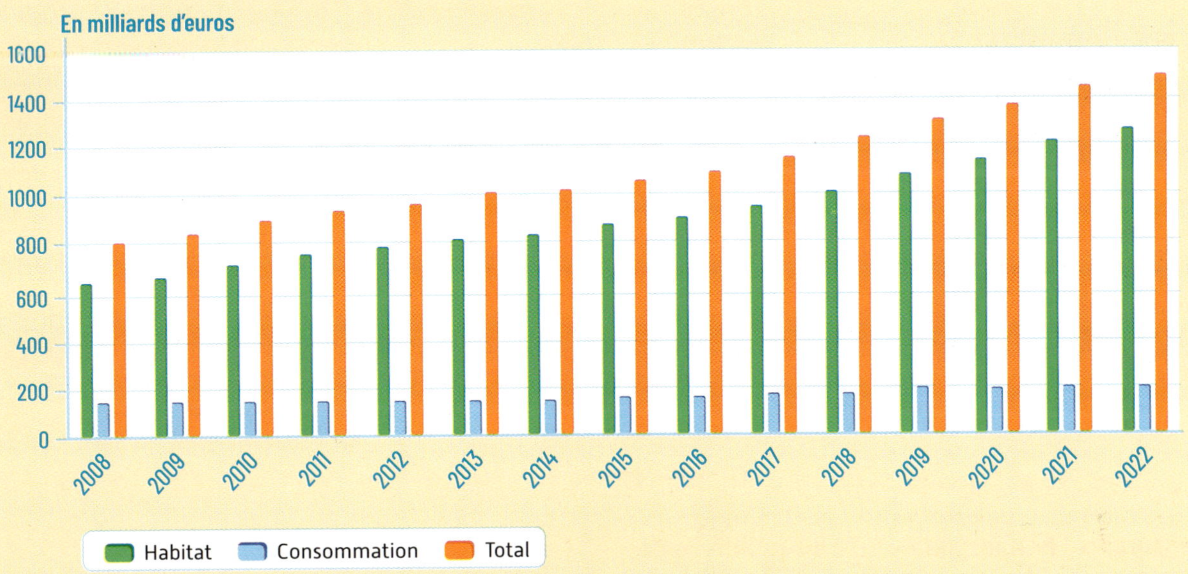

Source : « Le financement des particuliers », Fédération bancaire française, octobre 2022.

Chapitre 5

Qu'est-ce que la monnaie et comment est-elle créée ?

Dossiers

Ateliers

LA VIDÉOTHÈQUE DU CHAPITRE

hatier-clic.fr/23ses1501

Qu'est-ce que la monnaie ? .... p. 103

Crédit et création monétaire .... p. 104

La création monétaire .... p. 105

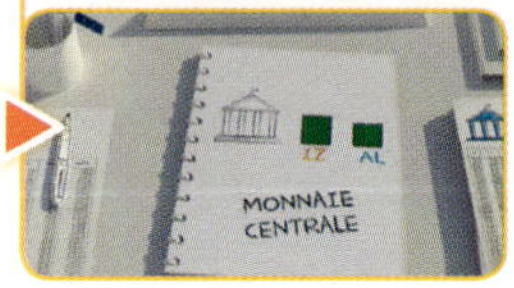

Banque centrale et monnaie centrale .... p. 106

Le juste équilibre de la création monétaire .... p. 108

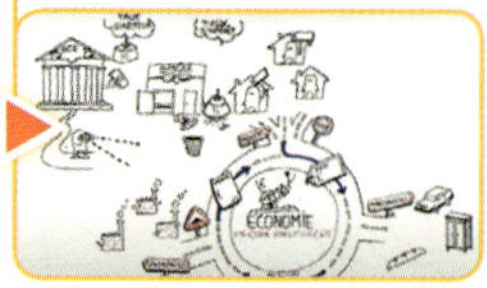

Les politiques monétaires non conventionnelles .... p. 111

Vidéo de **RÉVISION** du chapitre

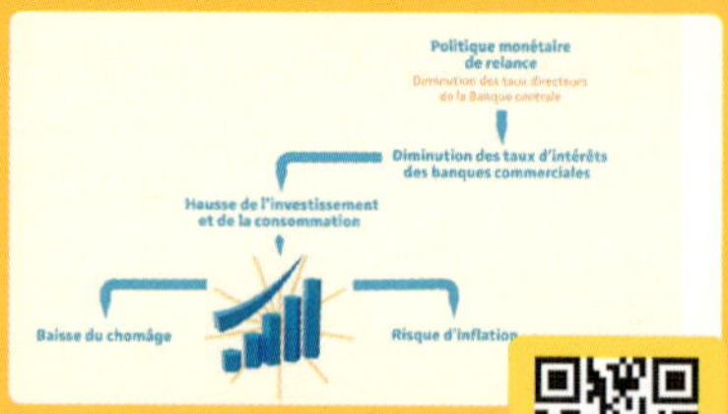

hatier-clic.fr/23ses1502

1 S'interroger sur le paiement d'un achat

- Indiquez deux moyens de financer l'achat d'une nouvelle voiture.
- Quels sont les avantages et les inconvénients de chacun de ces moyens ?

2 Évaluer les qualités d'une monnaie

Le cauri est un coquillage employé comme monnaie en Asie dès 1600 avant JC puis en Afrique.
Facile à transporter et à peser, « imputrescible » (il se conserve dans le temps), ce coquillage a les caractéristiques d'une « bonne monnaie », d'autant qu'il est « standardisé » et « infalsifiable ».

- Quelles sont les qualités du cauri lui permettant de servir de monnaie ?
- Comparez l'utilisation du cauri comme monnaie avec l'utilisation de l'euro.

3 Réagir à un sondage sur les formes de la monnaie

Êtes-vous d'accord avec les avantages du paiement en espèces (pièces ou billets) proposés ci-dessous ?

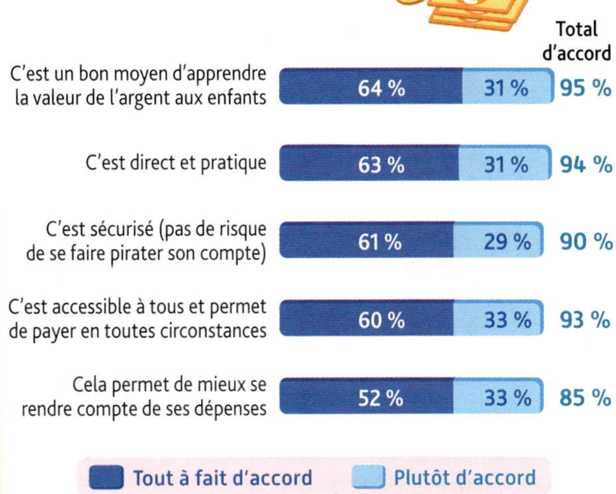

Source : Étude Ifop pour La Monnaie de Paris, avril 2021.

- Pour quelles raisons les Français apprécient-ils les espèces (pièces et billets) ?
- Et vous ? Que pensez-vous de ces avantages de payer en espèces ?
- Donnez des exemples de modes de paiement dématérialisés.

Dossier 1

Quelles sont les formes et les fonctions de la monnaie ?

Doc 1 La diversité des moyens de paiement

a. Louis d'or

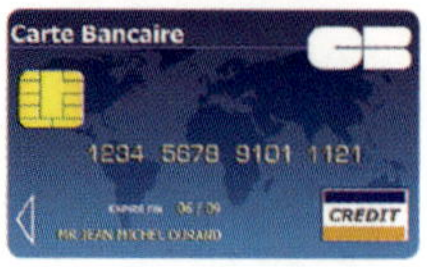

b. Carte bancaire

c. Cauris

d. Billets en euros

e. Paiement électronique

f. Pièces en euros

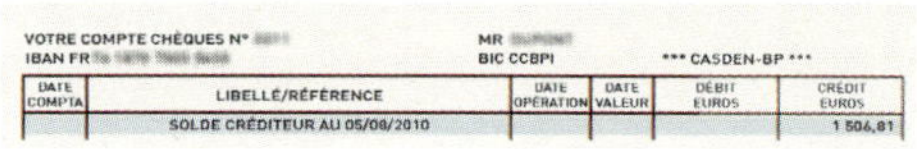

g. Compte courant

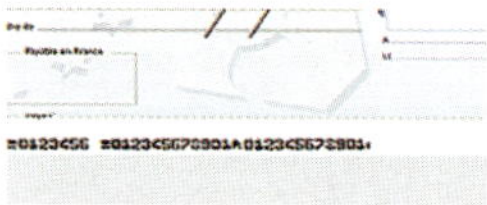
h. Chèque

1. Recherchez l'ordre chronologique d'apparition de ces différents moyens de paiement.
2. Quels sont ceux qui n'ont plus cours dans un pays comme la France ?
3. Classez ces moyens de paiement selon qu'ils relèvent de la monnaie fiduciaire ou de la monnaie scripturale.

Vocabulaire

> La monnaie est un **moyen de paiement**, mais tous les moyens de paiement ne sont pas de la monnaie (ils permettent d'utiliser la monnaie détenue sur un compte de dépôt). Il existe plusieurs catégories de moyens de paiement :

- les moyens de paiement **fiduciaires** (pièces et billets) ;
- les moyens de paiement **scripturaux** qui supposent des écritures sur des comptes (cartes bancaires, chèques, virements, prélèvements, monnaie électronique). Ils représentent environ 90 % des paiements en France.

Exercice

→ Fiche Outil p. 284

Évaluer la répartition des moyens de paiement et son évolution

Moyens de paiement scripturaux	Nombre de transactions (en millions)			Montant des transactions (en milliards d'euros)		
	2020	Variation 2020/2019 (en %)	Part en %	2020	Variation 2020/2019 (en %)	Part en %
Paiement par carte	13 852	- 4		577	- 4	
dont paiement sans contact	*5 161*	*+ 36*		*79*	*+ 80*	
Prélèvement	4 622	+ 6		1 684	- 2	
Virement	4 483	+ 5		32 713	+ 30	
Chèque	1 176	- 26		614	- 25	
Autres moyens de paiement	108	- 23		198	- 15	
Total	**24 240**	**- 2**	**100**	**35 786**	**+ 25**	**100**
Retraits carte	1 064	- 24		116	- 15	

Banque de France, Cartographie des moyens de paiement scripturaux / Bilan de la collecte 2021 (données 2020).

1. Faites une phrase exprimant la signification des données entourées.
2. Complétez le tableau.
3. Quel est le moyen de paiement scriptural le plus utilisé en 2020 ? celui qui progresse le plus vite entre 2019 et 2020 ?

Doc 2 La nécessité de la monnaie

« Prenez l'exemple d'un chirurgien cardiaque qui veut acheter un nouveau réfrigérateur. Le chirurgien a des services de valeur à offrir – des opérations du cœur. Le propriétaire du magasin a des biens de valeur à offrir : des réfrigérateurs et d'autres appareils ménagers. [...] Dans un système de troc, un chirurgien cardiaque et un propriétaire de magasin d'appareils ménagers ne pourraient échanger que si le propriétaire du magasin se trouvait avoir besoin d'une opération du cœur et si le chirurgien se trouvait avoir besoin d'un nouveau réfrigérateur. On appelle cela le problème de la "double coïncidence des besoins" : dans un système de troc, les deux parties ne peuvent échanger que si chacune désire ce que l'autre a à offrir. La monnaie résout ce problème : les individus peuvent échanger ce qu'ils ont à offrir contre de la monnaie et échanger de la monnaie contre ce qu'ils veulent. »

Paul Krugman, Robin Wells, *Macroéconomie*, De Boeck, 2016.

1. Qu'est-ce que la « double coïncidence des besoins » dans un système de troc ?
2. Selon vous, peut-on multiplier les échanges de façon importante dans un système de troc ? Quels sont les autres inconvénients du troc ?
3. Pourquoi l'usage d'une monnaie comme intermédiaire des échanges permet-il de contourner ces inconvénients ?

Doc 3 Les fonctions économiques de la monnaie

Moyen d'échange

Elle sert d'intermédiaire universel des échanges, permettant d'acheter tous les biens et services.

Unité de compte

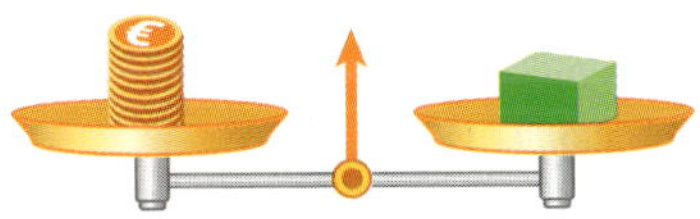

Elle mesure la valeur de tous les biens et services dans une unité commune, facilitant les comparaisons et les calculs économiques.

Réserve de valeur

Elle permet de différer dans le temps des actes de vente et d'achat.

1. Illustrez par un exemple de votre choix chacune des fonctions de la monnaie.
2. Pourquoi les fonctions économiques de la monnaie ne valent-elles que dans un espace donné (par exemple, l'euro ou zone euro) ?

Vidéo +
Qu'est-ce que la monnaie?
hatier-clic.fr/23ses1517

Je fais le point

Version interactive
hatier-clic.fr/23ses1503

Associez les situations suivantes aux éléments a. à e du schéma :
1. Virement bancaire ; 2. Achat d'un bien en euros ; 3. Comparatif du prix d'un bien à acheter ; 4. Contenu d'un porte-monnaie ; 5. Conservation d'une épargne sur un livret pour un achat futur.

Monnaie et moyens de paiement

Formes
- **a.** Fiduciaire
- **b.** Scripturale

Fonctions
- **c.** Unité de compte
- **d.** Réserve de valeur
- **e.** Moyen d'échange

Je m'entraîne pour le BAC

Épreuve composée partie 2

1. À partir du tableau de l'exercice, comparez l'évolution des paiements par carte à l'évolution des virements.

2. À l'aide de vos connaissances et du document, décrivez l'évolution des formes de la monnaie.

Dossier 2 Comment crée-t-on de la monnaie ?

Doc 1 Crédits et création monétaire

a. « À la base du processus de création monétaire se trouve un agent économique (particulier, entreprise) qui souhaite acquérir un bien (voiture, maison, machine) ou financer un surcroît de dépenses sans avoir les ressources financières correspondantes. [...] Il y a deux façons pour les **banques commerciales** d'octroyer des crédits à leurs clients.
La première consiste à utiliser les dépôts de leur clientèle qui sont non employés. [...] Ce processus est résumé par l'adage "les dépôts font les crédits". Mais c'est un simple transfert d'un agent vers un autre : il n'y a donc pas de création monétaire. [...]
La seconde façon pour les banques commerciales d'octroyer des crédits à leurs clients consiste justement à créer de la monnaie, c'est-à-dire à effectuer un prêt sans avoir les montants correspondant en ressources. Pour ce faire, les banques commerciales créditent le compte courant de leur client du montant du prêt accordé. Par un simple jeu d'écriture, elles créent de la monnaie. Dans ce cas, "les crédits font les dépôts" puisque le montant du crédit octroyé vient alimenter le compte courant du client de la banque commerciale.
Grâce à ce processus, le stock de monnaie en circulation croît avec les besoins de monnaie du système économique. Seules les banques commerciales ont ce pouvoir de création monétaire. »

« La création monétaire : comment ça marche ? », lafinancepourtous.com.

b.

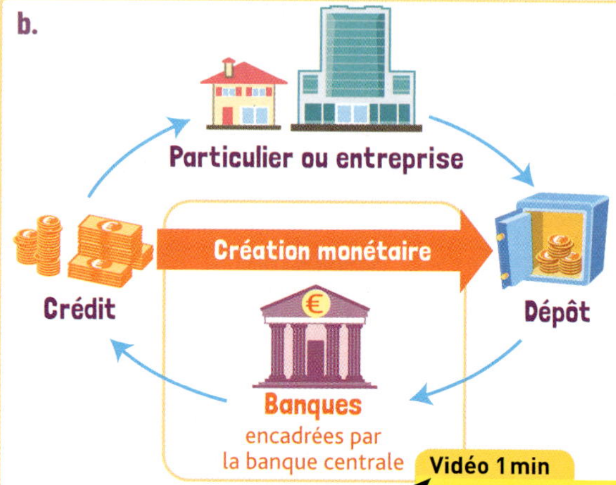

Vidéo 1 min
hatier-clic.fr/23ses1504

1. Pourquoi certains agents économiques ont-ils besoin de recourir au crédit bancaire ?
2. À l'aide de la vidéo, expliquez d'où vient la monnaie correspondant aux crédits accordés par les banques commerciales.
3. Expliquez les expressions « les dépôts font les crédits » et « les crédits font les dépôts ».
4. Tout crédit est-il créateur de monnaie ? Justifiez.
5. Quelle forme de monnaie crée le crédit bancaire ?

Exercice

Reconstituer le mécanisme de création et de destruction monétaires

Une entreprise A a besoin d'acheter de nouveaux équipements pour accroître sa production. Pour financer cet achat, elle demande un crédit à son banquier pour un montant d'un million d'euros. Au regard du bien-fondé de cet investissement, le banquier accorde le crédit nécessaire à cette entreprise A (Temps 1 du tableau).

Au terme du crédit, l'entreprise rembourse sa banque du montant de son emprunt initial grâce au produit de ses ventes supplémentaires lui ayant permis d'augmenter ses bénéfices de deux millions d'euros déposés sur son compte bancaire (les bénéfices d'une entreprise figurent à son passif). La banque utilise le supplément de dépôt du compte courant de l'entreprise pour accorder un prêt à une autre banque sur le marché monétaire interbancaire.

1 Retracez ces opérations dans le **bilan** de la Banque et celui de l'entreprise A au Temps 2.

2 Quand y a-t-il eu création monétaire ? Quand y a-t-il eu destruction monétaire ?

	Bilan de la banque		Bilan de l'entreprise A	
	Actif	Passif	Actif	Passif
Temps 1	+ 1 million € (créance sur l'entreprise A)	+ 1 million € (compte courant entreprise A)	+ 1 million € (compte courant auprès de la banque)	+ 1 million € (dette à l'égard de la banque)
Temps 2				

Doc 2 Les trois limites du pouvoir de création monétaire des banques commerciales

Les réserves obligatoires

Les banques commerciales ont toutes un compte à la banque centrale, et la banque centrale leur impose d'avoir, sur ce compte, des réserves calculées en fonction des dépôts de leurs clients. Il s'agit donc d'un taux de réserves obligatoires.

Les besoins de liquidités des clients

Une partie des dépôts des clients d'une banque peut être retirée sous forme de monnaie fiduciaire (pièces et billets). Les banques doivent donc s'assurer qu'elles ont assez de monnaie centrale lorsque leurs clients font des retraits en monnaie fiduciaire.

La compensation interbancaire

Les crédits accordés par une banque peuvent être utilisés par les clients pour faire un paiement auprès d'un client d'une autre banque (et donc aboutir à un dépôt sur un compte dans une autre banque). Il faut alors que la banque transfère l'argent à la seconde banque. Les banques soldent entre elles ces échanges en monnaie centrale, via leurs comptes auprès de la banque centrale.

D'après Nolween Neveu, « Comment la monnaie est-elle créée ? », france.attac.org, juillet 2020.

Vidéo +
La création monétaire
hatier-clic.fr/23ses1505

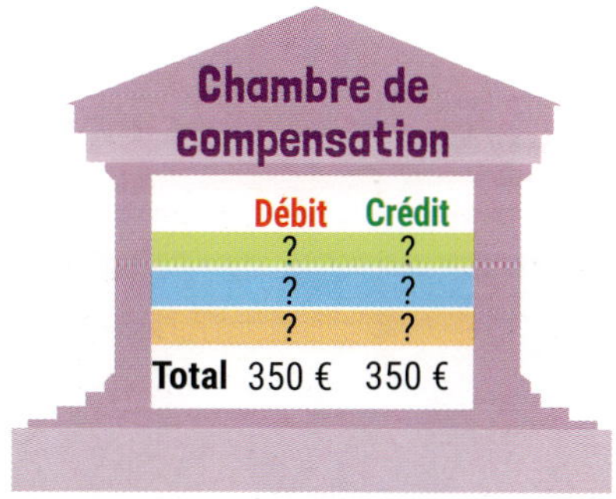

Compte de la banque verte

Débit	Crédit
300 €	100 €
150 €	300 €
50 €	400 €
Total - 500 €	+ 800 €
Solde + 300 €	

Compte de la banque bleue

Débit	Crédit
....	300 €
....	150 €
....	1 000 €
Total ...... €	+ ...... €
Solde .... €	

Compte de la banque orange

Débit	Crédit
....	50
....	300
....	700
Total ...... €	+ ...... €
Solde .... €	

Les clients de la **Banque verte** viennent déposer sur leur compte des chèques provenant d'agents économiques ayant leurs comptes dans la **Banque orange** (pour 300 et 100 €) et la **Banque bleue** (pour 400 €).

1. Si le taux de réserves obligatoires est fixé à 1 %, quel est le dépôt en euros que devra faire une banque commerciale auprès de la banque centrale si elle accorde un crédit d'un million d'euros ?
2. Lorsque le client d'une banque retire des billets sur son compte, comment la banque commerciale se les procure-t-elle ?
3. Quelles sommes les trois banques du schéma ci-dessus devront-elles transférer entre elles sur leur compte auprès de la banque centrale après compensation de l'ensemble de ces transactions ?

Vocabulaire

- La **Banque centrale** est l'institution financière qui met en place la politique monétaire et crée la monnaie centrale. Elle joue également le rôle de prêteur en dernier ressort pour les banques de second rang.
- Une **banque commerciale**, ou banque de second rang, est une institution financière qui collecte de l'épargne (dépôts), accorde des crédits aux agents économiques et met à leur disposition des moyens de paiement.
- Un **bilan** est un document comptable qui décrit, à un moment donné, le patrimoine d'une entreprise ou d'une banque. Il est constitué de deux parties dont les valeurs sont impérativement égales : la partie gauche (l'actif) comptabilise la valeur de ce que possède l'entreprise ou la banque ; la partie droite (le passif) la façon dont l'actif a été acquis.
- La **monnaie centrale** est la monnaie créée par la banque centrale. Elle est constituée des pièces et billets dont la banque centrale a le monopole d'émission ainsi que des comptes créditeurs détenus par les banques de second rang auprès de la banque centrale.

Je fais le point

Version interactive
hatier-clic.fr/23ses1506

Vrai ou faux ?

1. Pour accorder un crédit, une banque commerciale doit au préalable collecter des dépôts.
2. Les banques commerciales créent uniquement de la monnaie scripturale.
3. Dès qu'une banque commerciale accorde un crédit, elle crée de la monnaie.
4. Les banques commerciales peuvent accorder autant de crédits qu'elles le souhaitent.
5. Les banques commerciales créent de la monnaie centrale.
6. La compensation interbancaire s'effectue en monnaie centrale.

Je m'entraîne pour le BAC

Épreuve composée partie 1

Expliquez ce qu'est la destruction monétaire.

Dossier 3

Quel est le rôle de la banque centrale dans la création monétaire ?

Doc 1 Banque centrale et monnaie centrale

Vidéo
hatier-clic.fr/23ses1507

1. Pourquoi la banque centrale est-elle qualifiée de banque des banques ?
2. Qu'est-ce qui différencie la monnaie banque centrale de la monnaie commerciale ?
3. Pour quelle raison les banques commerciales réalisent-elles des opérations entre elles via leurs comptes auprès de la banque centrale ? (Aidez-vous du document 2 p. 105).
4. Comment la banque centrale maintient-elle la confiance dans la monnaie ?

La Banque centrale européenne (BCE) à Francfort-sur-le-Main, en Allemagne.

Doc 2 Les taux directeurs, outil de politique monétaire

« La politique monétaire est la principale mission des banques centrales ; elle consiste à agir sur le prix de la monnaie, c'est-à-dire le "loyer" de l'argent. Le principal outil de politique monétaire est le pilotage des taux d'intérêt de court terme qui influencent, à leur tour, les taux des crédits que font les banques aux acteurs économiques (entreprises, ménages...).

Dans le cadre de la gestion de leur trésorerie, les banques commerciales ont deux possibilités :

• **emprunter ou déposer à la banque centrale.** Les banques peuvent emprunter des liquidités pour une durée d'une semaine. Le taux d'intérêt [directeur] est [alors] le taux des opérations principales de refinancement. Les banques peuvent aussi emprunter pour 24 heures à la banque centrale, mais à un taux plus élevé, le taux de la facilité de prêt marginal. Si, au contraire, elles ont un excédent de liquidités, elles peuvent le déposer pour 24 heures auprès de la banque centrale, qui les rémunérera au taux, plus faible, de la facilité de dépôt [...]

• **emprunter ou prêter sur le marché interbancaire[1].** Les banques se prêtent entre elles des liquidités à un horizon très court. Un taux à 24 heures s'établit selon le jeu de l'offre et de la demande [...]. Ce taux s'établit entre le taux de la facilité de dépôt de la banque centrale, qui sert de taux "plancher", et le taux de la facilité de prêt marginal de la banque centrale, qui constitue le taux "plafond". En effet, les banques n'ont aucun intérêt à prêter à un taux inférieur à celui de la facilité de dépôt ni à emprunter à un taux supérieur à celui de la facilité de prêt marginal. »

« La politique monétaire conventionnelle », Banque de France, *L'Éco en bref*, juillet 2022.

1. Le marché interbancaire est un marché réservé aux banques. Elles s'échangent entre elles des actifs financiers de court terme, entre un jour et un an.

1. Comment justifier l'expression « taux directeur » ?
2. Quels sont les trois taux directeurs de la banque centrale ?
3. Quelles sont les caractéristiques de chacun de ces taux ?
4. Pourquoi les taux directeurs de la banque centrale déterminent-ils également les taux d'intérêt des prêts de liquidités à court terme entre les banques commerciales ?

Doc 3 Le marché monétaire interbancaire

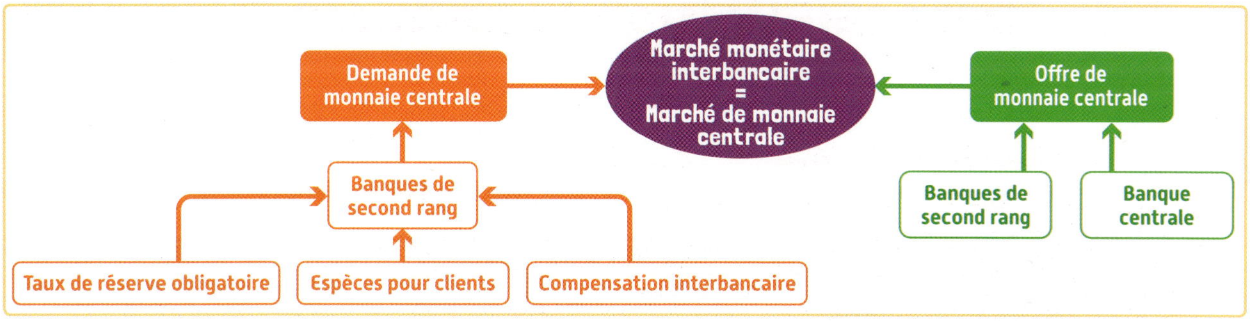

1. Qui demande la monnaie centrale ? Pour quelles raisons ?
2. Qui offre de la monnaie centrale ?
3. Pourquoi la banque centrale, en offrant plus ou moins de monnaie centrale, joue-t-elle un rôle déterminant sur le marché monétaire interbancaire ?

Vocabulaire

> Le **taux d'intérêt directeur** désigne le principal taux (taux de refinancement) auquel les banques commerciales se refinancent auprès de la banque centrale.

Doc 4 Les taux directeurs de la BCE

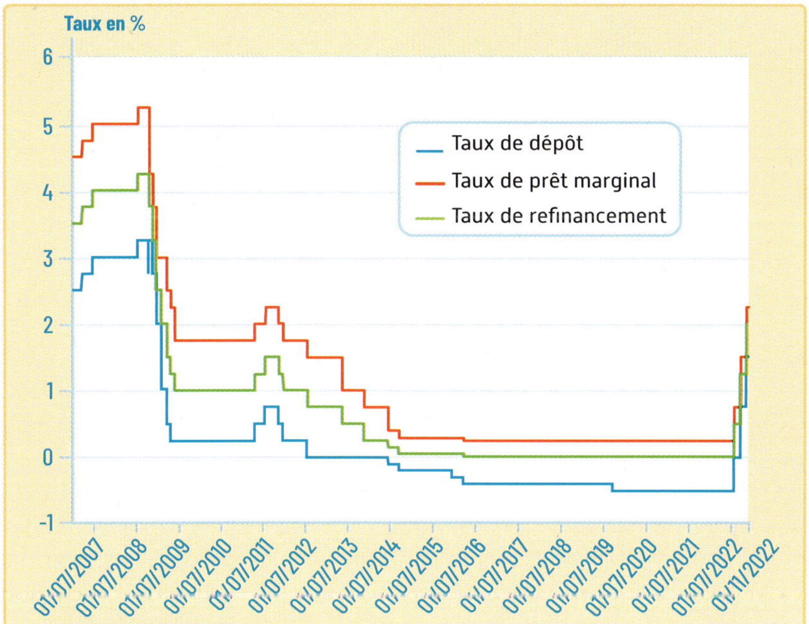

Source : d'après Banque centrale européenne, novembre 2022.

1. Quelle est la valeur du principal taux directeur (taux de refinancement) pour le dernier jour disponible dans le graphique ?
2. Identifiez les périodes de hausse et de baisse des taux directeurs de la BCE.
3. Quel devrait être l'effet des taux directeurs très faibles proposés par la BCE sur la demande de monnaie centrale par les banques de second rang ?
4. Quel devrait être l'effet de ces taux directeurs très faibles sur la quantité de monnaie en circulation ?

Je fais le point

Version interactive
hatier-clic.fr/23ses1508

Complétez le texte ci-dessous.

La banque centrale est l'institution publique chargée de veiller sur ………. Elle fabrique les ……. et joue le rôle de banques des ………... Les banques ………… ont besoin de monnaie ………., les pièces et les billets pour leurs clients par exemple, mais aussi pour réaliser des transactions entre elles et répondre à leurs obligations en matière de réserves …………. Si la banque centrale augmente ses ………………, au nombre de 3, la monnaie centrale coûtera plus cher aux banques qui en ont besoin. Celles-ci répercuteront cette hausse sur les taux d'intérêt proposés à leurs clients ce qui devrait diminuer …….. et la création monétaire.

Je m'entraîne pour le BAC

Épreuve composée partie 2

1. À l'aide des données du document 4, vous montrerez que les taux directeurs de la BCE évoluent parallèlement.
2. À l'aide des données du document 4 et de vos connaissances, vous expliquerez les effets des évolutions des taux directeurs de la BCE sur l'offre et la demande de monnaie centrale par les banques commerciales.

Dossier 4

Comment la BCE agit-elle sur l'inflation et la croissance ?

Doc 1 Les objectifs de la Banque centrale européenne

1. Quels sont les objectifs de la banque centrale européenne selon ce dessin ?
2. Quel semble être l'objectif prioritaire de la BCE ?

Doc 2 Contrôler la quantité de monnaie pour contrôler l'inflation

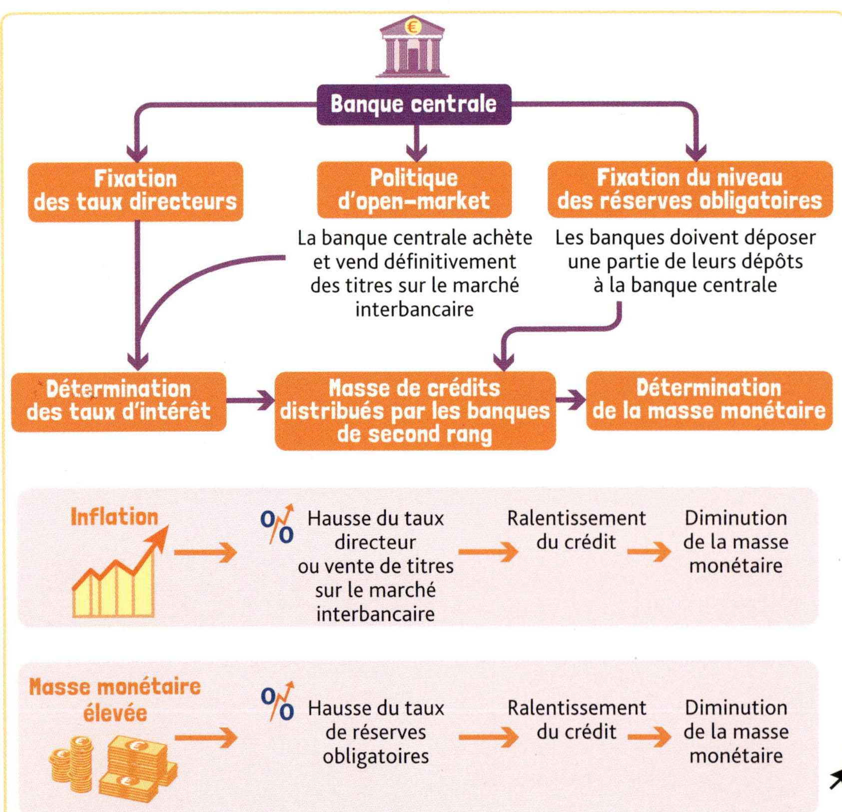

Source : Anastasia Melachrinos (ecoenschemas.com) en partenariat avec BSI Economics.

Les économistes libéraux considèrent que l'inflation est due à un excès de création monétaire. Pour lutter contre l'inflation, il faut donc encadrer cette création pour contrôler la masse monétaire.

1. Quels instruments utilise la banque centrale pour contrôler la quantité de monnaie ?
2. Expliquez comment la banque centrale peut réduire la quantité de monnaie par :
   a. l'augmentation de ses taux directeurs ;
   b. la vente de titres sur le marché monétaire ;
   c. l'augmentation du taux de réserves obligatoires.

Vidéo +
Le juste équilibre de la création monétaire
hatier-clic.fr/23ses1518

Exercice

Identifier les effets des interventions de la banque centrale

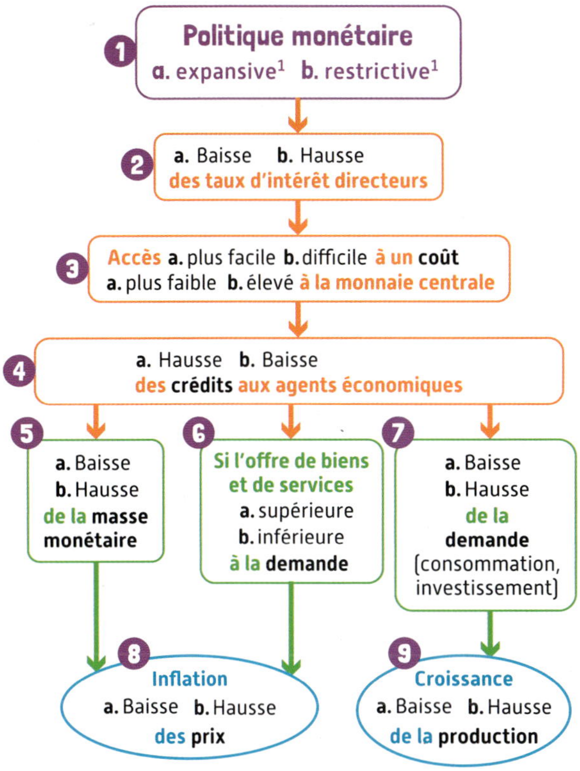

1. Une politique monétaire expansive vise à stimuler la croissance économique, une politique monétaire restrictive vise à ralentir l'inflation.

1 **Quelle politique monétaire faut-il mener en cas d'inflation excessive pour atteindre l'objectif prioritaire de la banque centrale ? (Cf. doc. 1)**

2 **Quels sont les effets sur l'activité économique et sur le niveau des prix de cette politique ? Choisissez la bonne réponse (a ou b) dans chaque case du schéma. Comment celui-ci justifie-t-il le document 1 ?**

Doc 3 Les difficultés du réglage de la politique monétaire

« L'inflation flambe en zone euro, dépassant chaque mois toutes les attentes. En mai, elle était de 8,1 %, du jamais-vu depuis la création de l'union monétaire. Dans six pays, elle dépasse 10 %, atteignant même 20 % en Estonie.

La BCE, dont le mandat est d'assurer la stabilité des prix autour d'une inflation de 2 %, se devait d'agir. [...] L'annonce ferme de deux hausses de taux en juillet et septembre n'est qu'un début. [...] la hausse des taux est un exercice délicat. Comme le faisait remarquer Mme Lagarde le 23 mai [...], "la zone euro ne fait pas face [...] à une surchauffe économique". L'inflation actuelle, aussi impressionnante soit-elle, n'est pas le résultat d'un excès de consommation, mais essentiellement de la flambée des matières premières. Si les groupes automobiles n'arrivent pas à fournir suffisamment de voitures, ce n'est pas parce qu'ils ont trop d'acheteurs, mais parce que les usines tournent au ralenti, notamment en raison d'une pénurie de puces électroniques. "Augmenter les taux ne va pas réduire les prix de l'énergie", estime Stanislas Jourdan, directeur de l'association Positive Money Europe. [...]

Mme Lagarde réplique que l'inflation vient certes essentiellement des tarifs de l'énergie, mais qu'elle se propage désormais à toute l'économie. [...] Elle surveille en particulier les salaires, [craignant] une *"spirale"* à la hausse, celle des salaires alimentant celle des prix. »

D'après Éric Albert, « Face à l'inflation galopante, la BCE s'engage à augmenter ses taux », © *Le Monde*, 9 juin 2022.

1. **Vers quel type de politique monétaire s'oriente la BCE ?**
2. **Quelle est la raison principale de cette réorientation de la politique monétaire de la BCE ?**
3. **Quels sont les arguments contre cette réorientation ?**

Je fais le point

Version interactive
hatier-clic.fr/23ses1509

Associez les propositions 1 à 6 aux termes et expressions a à d.

1. Hausse continue et généralisée des prix.
2. Politique monétaire se traduisant par une réduction de la quantité de monnaie.
3. Politique monétaire se traduisant par une augmentation de la quantité de monnaie.
4. Politique monétaire privilégiant la lutte contre l'inflation.
5. Politique monétaire privilégiant la croissance économique.
6. Augmentation de l'activité productive.

a. Politique monétaire restrictive

b. Politique monétaire expansive

c. Inflation

d. Croissance économique

Je m'entraîne pour le BAC

Dissertation

Réalisez un plan détaillé pour répondre au sujet suivant :

La politique monétaire peut-elle stimuler la croissance économique ?

➜ Point MÉTHODE p. 76

Atelier 1

Mesurer une évolution
Le pouvoir d'achat du Smic

Étape 1 Réaliser un calcul et un graphique avec un tableur

1. [Doc. 1] Pour laquelle des 3 modalités pensez-vous que le pouvoir d'achat du Smic augmente ?
2. [Doc. 2] Recopiez puis complétez le document 2. Vous pouvez le faire directement sur tableur à partir de la méthode et du fichier fourni hatier-clic.fr/23ses1510.
3. Réalisez un graphique en courbes permettant de représenter l'évolution de l'indice des prix à la consommation et l'indice du Smic. Comment interpréter les écarts entre les deux courbes ?

Étape 2 Analyser les résultats

4. En utilisant le graphique réalisé et les données calculées en euros constants, diriez-vous que les règles de revalorisation du Smic assurent la croissance de son pouvoir d'achat depuis le mois de janvier 2021 ? Justifiez

Coup de pouce

Le Smic en euros constants correspond au Smic réel, c'est-à-dire qu'on a enlevé l'effet de l'inflation, ce qui permet de mesurer le pouvoir d'achat du Smic.

Doc 1 Les règles de revalorisation du Smic

« Le salaire minimum interprofessionnel de croissance (Smic) est revalorisé selon trois modalités :
- une revalorisation automatique chaque année au 1er janvier. L'évolution du Smic tient compte de l'inflation pour les 20 % des ménages ayant les revenus les plus faibles et de la moitié du gain de pouvoir d'achat du salaire horaire moyen des ouvriers et des employés ;
- une revalorisation en cours d'année si l'indice des prix à la consommation augmente d'au moins 2 % par rapport à l'indice constaté lors de la dernière évolution du montant du Smic ;
- un "coup de pouce" décidé par le gouvernement, en dehors de l'indice des prix (aucune hausse supplémentaire à la revalorisation mécanique n'a eu lieu depuis juillet 2012). »

« Le Smic en quatre questions », vie-publique.fr, 1er janvier 2023.

Doc 2 L'évolution des prix et du Smic depuis le 1er janvier 2021

	Indice des prix à la consommation	Smic brut en euros courants*	Indice du Smic brut	Smic brut en euros constants* de janvier 2021
Janvier 2021	100	10,25	100	
Mars 2021	100,7	10,25	100	
Mai 2021	101,1	10,25	100	
Juillet 2021	101,3	10,25	100	
Sept. 2021	101,7	10,25	100	
Nov. 2021	102,7	10,48	102,24	
Janvier 2022	103	10,57	103,12	
Mars 2022	105,5	10,57	103,12	
Mai 2022	106,7	10,85	105,85	
Juillet 2022	107,8	10,85	105,85	
Sept. 2022	107,7	11,07	108	

* Voir fiche outil p. 290.

Atelier 2 Réaliser un exposé
Les politiques monétaires non conventionnelles

Vers le GRAND ORAL

Étape 1 Collecter des informations

1. [Doc. 1] Pourquoi les banques centrales adoptent-elles une politique monétaire non conventionnelle après 2008 ?
2. [Doc. 1] Quelles sont les trois mesures non conventionnelles qu'elles adoptent ?
3. [Doc. 2] Identifiez des périodes caractérisant les résultats économiques de la zone euro depuis 1999.

Étape 2 Préparer l'exposé

4. Préparer un exposé présentant les politiques monétaires non conventionnelles et leur efficacité avec :

- Introduction : rappelez ce qu'est une politique monétaire conventionnelle.
- 1er temps : objectifs et modalités des politiques monétaires non conventionnelles et ce qui les distingue des politiques conventionnelles (doc. 1).
- 2e temps : résultats de ces politiques (doc. 2).

Coup de pouce
✓ Votre exposé doit durer moins de 5 minutes.
✓ Voir aussi la vidéo de la Cité de l'Économie : hatier-clic.fr/23ses1511

Doc 1 Les instruments de la politique monétaire non conventionnelle

« Les banques centrales ont adopté à partir de 2008 des mesures inhabituelles, qui vont au-delà de la politique monétaire "conventionnelle". Ayant déjà porté les taux directeurs à des niveaux très bas [pour lutter contre le risque de déflation et de récession], elles ont imaginé de nouveaux moyens pour améliorer les conditions de financement de l'économie. On parle de mesures "non conventionnelles". [...] Exemples : certaines banques centrales ont mis en place des taux d'intérêt négatifs, faisant payer aux banques leurs dépôts à vue à la banque centrale afin de les inciter à prêter cet argent à l'économie. [...] Des banques centrales ont par ailleurs décidé de prêter plus facilement aux banques commerciales en satisfaisant intégralement leur demande de liquidités et en leur prêtant à plus long terme, ou encore en acceptant des nouvelles catégories de garanties. Enfin, elles ont pu intervenir directement sur les marchés secondaires en achetant massivement des titres financiers aux banques, ce qui fournit à celles-ci des liquidités : c'est l'"assouplissement quantitatif" ou *quantitative easing*. »

« Les politiques monétaires non conventionnelles », *L'Éco en bref*, Banque de France, 21 février 2019.

Doc 2 Les résultats économiques de la zone euro (en %)

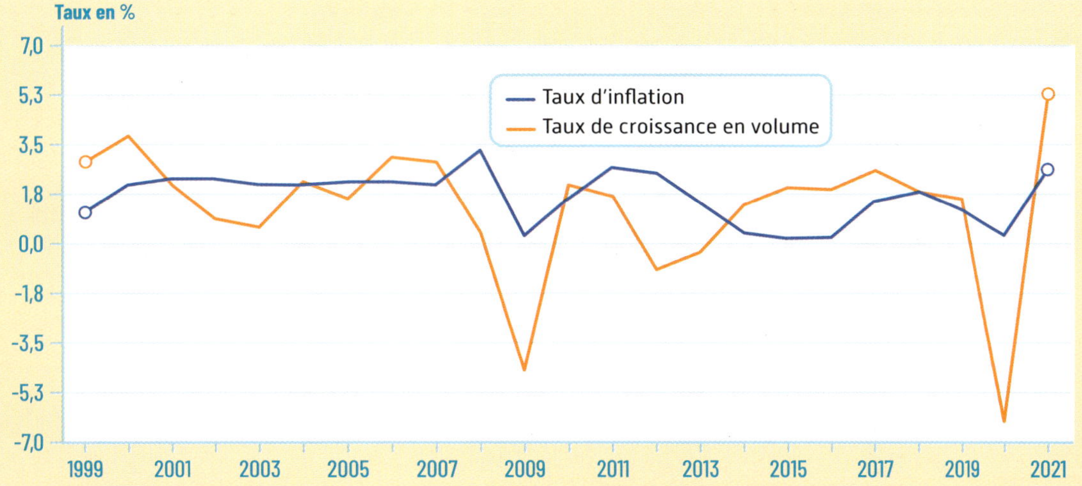

Source : Banque centrale européenne.

L'Essentiel Qu'est-ce que la monnaie

A Les formes et les fonctions de la monnaie

- **Les formes de la monnaie sont marquées par un processus de dématérialisation**. Si, initialement, la monnaie a pris la forme de marchandises (cauris, métaux précieux, etc.), la masse monétaire est aujourd'hui constituée de pièces et de billets (monnaie fiduciaire), mais surtout, à 90 %, de monnaie scripturale (dépôts à vue sur des comptes bancaires).
- **La monnaie remplit trois fonctions** :
1. elle est un **instrument d'échange**, plus pratique que le troc ;
2. elle sert **d'unité de mesure** permettant d'apprécier la valeur de toute chose dans une unité commune (l'euro par exemple) ;
3. elle est enfin **réserve de valeur,** c'est-à-dire instrument d'épargne permettant de différer les achats.

B La création monétaire et ses limites

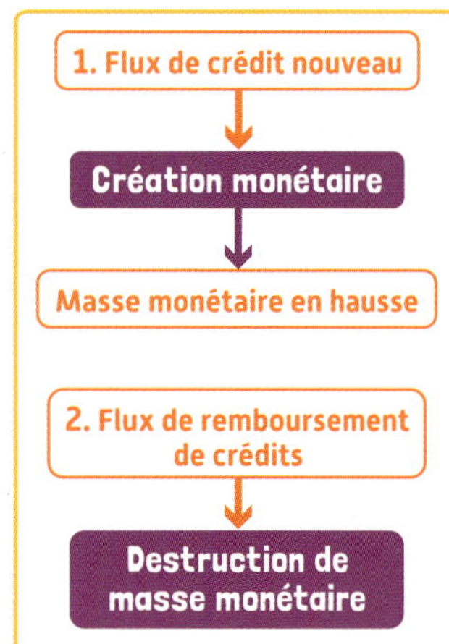

- **La monnaie est essentiellement scripturale** : les banques commerciales la créent en accordant des crédits à leurs clients. Le remboursement de ces crédits génère un processus inverse de **destruction monétaire**.
- Toutefois, **les banques commerciales ne peuvent pas créer de la monnaie de façon illimitée**. Elles doivent se procurer de la monnaie centrale pour **fournir des pièces et des billets à leurs clients et assurer leurs opérations de compensation bancaire**. Il leur faut également satisfaire aux exigences de réserves obligatoires.
- **Les banques commerciales peuvent emprunter de la monnaie centrale sur le marché monétaire interbancaire** moyennant le paiement d'un taux d'intérêt.
- La banque centrale **joue un rôle particulier sur le marché monétaire interbancaire, puisqu'elle est la seule à pouvoir créer de la monnaie centrale**. Elle peut donc réguler le marché en modulant ses interventions : augmenter son offre de monnaie centrale ou bien la limiter. Ces interventions entraînent des variations du prix de la monnaie centrale c'est-à-dire du taux d'intérêt. Ce dernier est qualifié de taux d'intérêt directeur car il sert de référence aux banques commerciales pour déterminer les taux d'intérêt qu'elles appliqueront elles-mêmes aux crédits accordés à leurs clients (ménages, entreprises). **La politique monétaire conventionnelle est donc constituée de la manipulation par la banque centrale des taux d'intérêt directeurs**.

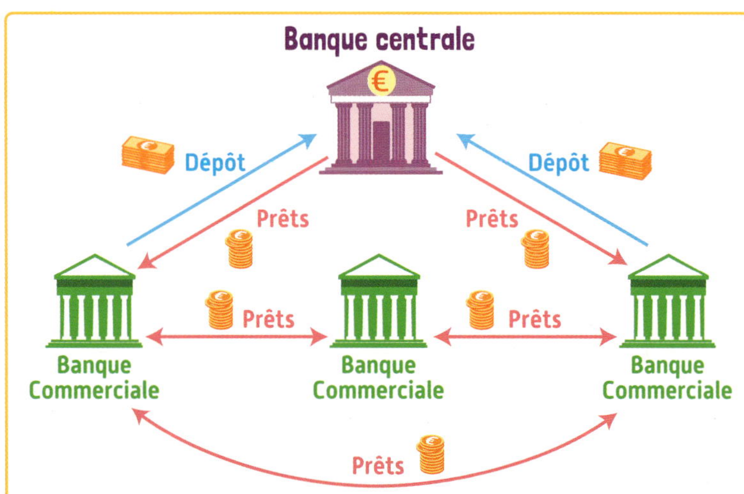

Podcast du cours
hatier-clic.fr/23ses1512

C La politique monétaire et ses effets

- **Les objectifs de la politique monétaire sont prioritairement de limiter** l'inflation qui réduit le pouvoir d'achat de la monnaie et, dans la mesure du possible, de **stimuler la croissance** économique. Pour ce faire, la banque centrale cherche à contrôler la masse monétaire en faisant varier ses taux directeurs, en achetant ou en vendant des titres sur le marché monétaire interbancaire ou en modifiant le taux de réserves obligatoires.
- **On parle de** politique monétaire restrictive **lorsque la banque centrale réduit la masse monétaire pour limiter l'inflation**. En augmentant ses taux directeurs et le taux de réserves obligatoires, en vendant des titres sur le marché monétaire interbancaire, elle rend plus difficile et coûteux l'accès à la monnaie centrale pour les banques commerciales. Cela doit restreindre la distribution de crédits aux agents économiques et donc réduire la masse monétaire, la demande de biens et de services et donc l'inflation. Toutefois, cette stratégie risque de pénaliser la croissance économique.

- **S'il n'y a pas de menace inflationniste, la** politique monétaire **peut être** expansive. En réduisant les taux directeurs et le taux de réserves obligatoires, en achetant des titres sur le marché monétaire interbancaire, on stimule la demande de crédits pour la consommation finale et l'investissement et par là même la croissance économique.

Notions

- **Banque centrale** L'institution financière qui met en place la politique monétaire et crée la monnaie centrale. Elle joue également le rôle de prêteur en dernier ressort pour les banques de second rang.
- **Banque commerciale (ou de second rang)** Une institution financière qui collecte de l'épargne (dépôts), accorde des crédits aux agents économiques et met à leur disposition des moyens de paiement.
- **Compensation interbancaire** L'opération au cours de laquelle les banques commerciales soldent entre elles, en monnaie centrale, les transactions de leurs clients.
- **Création monétaire** La création de nouveaux moyens de paiement mis en circulation dans une économie.
- **Inflation** L'augmentation continue et généralisée des prix.
- **Marché monétaire interbancaire** Le marché monétaire (lieu où l'on échange des capitaux à court terme) réservé aux banques (commerciales et centrale). Elles y échangent de la monnaie centrale.
- **Masse monétaire** L'ensemble de la monnaie en circulation.
- **Monnaie centrale** Elle est constituée des pièces et billets dont la banque centrale a le monopole d'émission ainsi que des comptes créditeurs détenus par les banques commerciales auprès de la banque centrale.
- **Politique monétaire expansive** Stratégie de la banque centrale visant à stimuler la croissance économique et/ou à lutter contre la déflation, en baissant les taux d'intérêt directeurs.
- **Politique monétaire restrictive** Stratégie de la banque centrale visant à réduire l'inflation, quitte à limiter la croissance économique, en augmentant les taux d'intérêt directeurs.
- **Réserves obligatoires** Les sommes que les banques commerciales doivent détenir sur leur compte auprès de la banque centrale. Elles sont proportionnelles aux dépôts détenus par les banques commerciales.
- **Taux d'intérêt directeur** Le principal taux (taux de refinancement) auquel les banques commerciales se refinancent auprès de la banque centrale.

Révisions

1 Réviser avec le schéma de synthèse

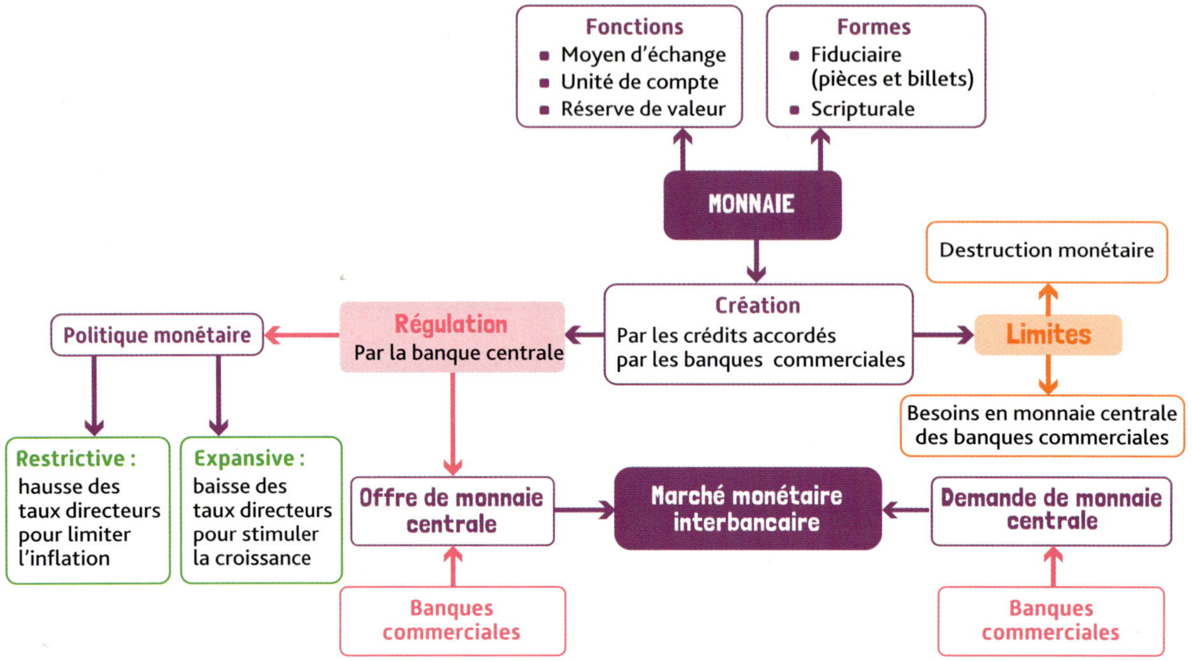

2 Savoir illustrer par des exemples

LA DÉMATÉRIALISATION DE LA MONNAIE
Le paiement par carte domine aujourd'hui dans les transactions

LA PRÉDOMINANCE DE LA MONNAIE SCRIPTURALE
Le virement de compte à compte représente le plus grand montant de transactions en euros

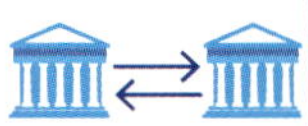

UNE POLITIQUE MONÉTAIRE EXPANSIVE
Après la crise financière de 2008, une forte récession et une faible inflation conduisent à une politique monétaire expansive dans les pays développés

UNE POLITIQUE MONÉTAIRE RESTRICTIVE
À partir de 2022, la forte inflation incite les banques centrales à augmenter leurs taux directeurs pour renchérir le coût du crédit

3 Savoir citer des chiffres clés

La masse monétaire est constituée environ à **10 %** de pièces et de billets et à **90 %** de monnaie scripturale.

Les banques centrales ont le plus souvent un objectif de limitation du taux d'inflation autour de **2 %** par an.

20 pays ont adopté l'euro : ils constituent la zone euro.

4 Savoir définir les notions clés

BANQUE CENTRALE
BANQUE COMMERCIALE
CRÉATION MONÉTAIRE
INFLATION
MARCHÉ MONÉTAIRE INTERBANCAIRE
MASSE MONÉTAIRE
MONNAIE CENTRALE
POLITIQUE MONÉTAIRE EXPANSIVE
POLITIQUE MONÉTAIRE RESTRICTIVE
TAUX D'INTÉRÊT DIRECTEUR

5 Ne pas confondre

Monnaie commerciale

≠

Monnaie centrale

6 Voir la vidéo de RÉVISION

hatier-clic.fr/23ses1502

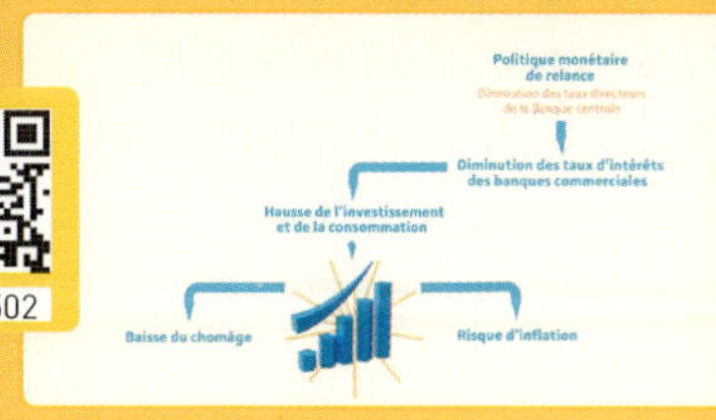

7 Écouter le podcast du cours

Podcast du cours

hatier-clic.fr/23ses1512

8 Vérifier ses connaissances

Mémocartes
hatier-clic.fr/23ses1513

Exercices interactifs
hatier-clic.fr/23ses1514

9 Aller plus loin

Lire

Dominique Plihon, *La Monnaie et ses mécanismes*, La Découverte, 2022.

Écouter

La monnaie, de main en main, podcast Le Monde.

hatier-clic.fr/23ses1516

Voir

La double face de la monnaie, documentaire de Vincent Gaillard et Jérôme Polidor, 2007.

Suivre l'actualité avec ACTU SES

actu-ses.editions-hatier.fr

hatier-clic.fr/23ses1515

Vers le BAC

Mobiliser ses connaissances

QUESTION 1 Comment fonctionne le marché monétaire interbancaire ?

Coup de pouce

1. Associez les propositions a à h aux expressions A à E.

a. Offreur de monnaie centrale
b. Demandeur de monnaie centrale
c. Lieu où l'on trouve de la monnaie centrale
d. Détermine le taux de réserves obligatoires
e. Répond aux besoins de monnaie des ménages et entreprises
f. Lieu où l'on trouve des capitaux à court terme
g. Monnaie scripturale ne circulant pas dans l'économie
h. Création de monnaie fiduciaire (pièces et billets)

A. Marché monétaire interbancaire
B. Banque commerciale
C. Marché monétaire
D. Banque centrale
E. Monnaie centrale

2. Complétez cette réponse possible à la question en utilisant les termes suivants : *banque centrale • créditeurs • demande • interbancaire • marché monétaire • monnaie centrale • prêter • réserves obligatoires • disposer*

Le marché monétaire interbancaire est un compartiment du ...... (marché des capitaux à court terme) réservé aux banques commerciales et à la banque centrale. Il s'agit du lieu où se rencontrent l'offre et la demande de ....
L'offre de monnaie centrale émane tout d'abord de la ...... qui en détient le monopole d'émission. Cette monnaie centrale est composée des pièces et des billets en circulation ainsi que des comptes ...... des banques commerciales auprès de la banque centrale.
Toutefois, certaines banques commerciales peuvent ...... d'excès de monnaie centrale sur leur compte auprès de la banque centrale. Elles peuvent alors, si elles le souhaitent, ... tout ou partie de cette monnaie centrale excédentaire.
La ...... de monnaie centrale est le fait des banques commerciales qui en ont besoin pour satisfaire à leurs obligations légales en matière de ......, mais aussi pour régler leurs opérations de compensation .... Il leur faut enfin se procurer les pièces et les billets que leurs clients peuvent réclamer à partir de leurs comptes à vue.

QUESTION 2 À l'aide d'un exemple, expliquez comment est créée la monnaie scripturale.

QUESTION 3 Expliquez ce qu'est le processus de dématérialisation de la monnaie.

QUESTION 4 Qu'est-ce qu'un taux directeur ?

QUESTION 5 Caractérisez une politique monétaire expansive.

QUESTION 6 Caractérisez une politique monétaire restrictive.

Étudier un document statistique

ÉTUDE DE DOCUMENT 1

Taux d'intérêt pour les crédits aux ménages en France et taux de refinancement de la BCE (en %)

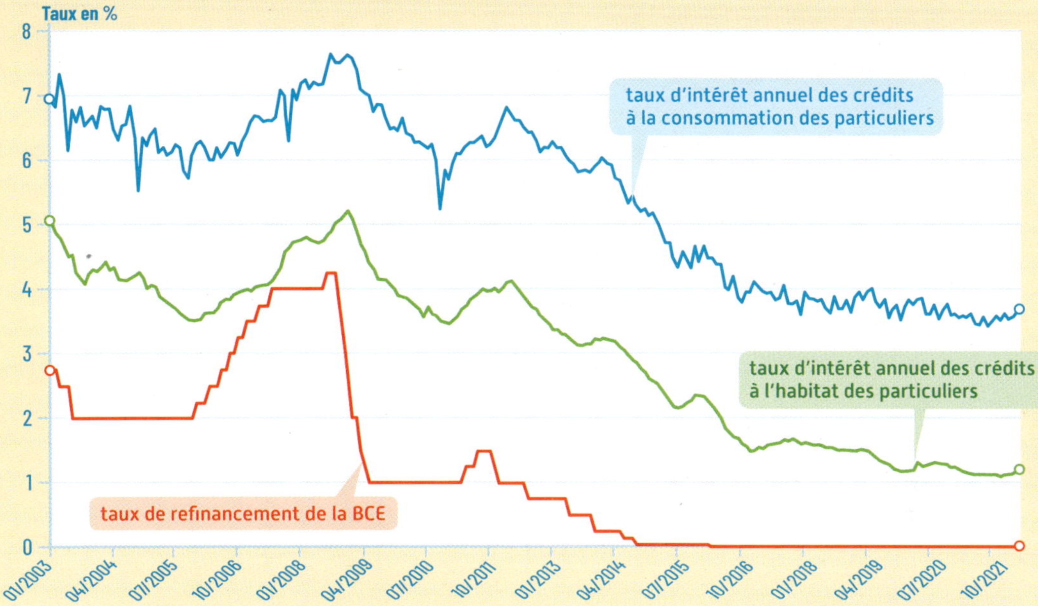

Source : Banque de France, juin 2022.

1. À l'aide des données du document, caractérisez l'évolution du taux de refinancement (taux directeur) de la BCE depuis 2003.
2. À l'aide des données du document et de vos connaissances, vous expliquerez l'évolution des taux d'intérêt pour les crédits aux ménages en France depuis 2003.

Coup de pouce

1. Repérez ce qui est mesuré, la date des données, la nature et la source du document.
2. Choisissez la bonne réponse :
   a. Entre avril 2004 et janvier 2008, le taux de refinancement de la BCE a augmenté de 2 %.
   b. Entre avril 2004 et janvier 2008, le taux de refinancement de la BCE a augmenté de 100 %.
3. Parmi ces éléments, quels sont ceux qui peuvent influencer les taux d'intérêt pour les crédits aux ménages :
   Le taux d'inflation • Le taux directeur de la Banque centrale • La météo • La durée du crédit • Le niveau de revenu de l'emprunteur • La stabilité de l'emploi de l'emprunteur • Le genre de l'emprunteur.
4. Complétez cette réponse possible à la question 2 avec vos mots :
   Les taux d'intérêt sur les crédits accordés par les banques ...... aux ménages dépendent de nombreux paramètres liés aux caractéristiques des ménages qui empruntent et à la nature de cet emprunt : crédit à la consommation (...... terme) ou crédit immobilier (...... terme).
   Mais le premier déterminant de ces taux d'intérêt reste le taux ...... de la BCE : le taux de refinancement. Il représente finalement pour la banque commerciale le ...... du crédit qu'elle accorde à ses clients, c'est-à-dire le coût de l'acquisition de la monnaie ...... dont elle a besoin pour développer ses activités. C'est donc à partir de ce taux directeur qu'elle va fixer ses propres taux d'intérêt.
   Le graphique laisse bien apparaître une périodisation et des évolutions très proches entre le taux de refinancement de la BCE et les taux d'intérêt pour les crédits aux ménages. Par exemple, la baisse du taux de refinancement qui débute en octobre 2011 (le taux passe de ..... à ..... en 2021) entraîne la baisse des taux d'intérêt sur les crédits accordés aux ménages.

Vers le BAC

Raisonnement s'appuyant sur un dossier documentaire

POINT MÉTHODE
Exploiter un dossier documentaire

Lors de l'épreuve du baccalauréat, il est demandé d'exploiter un dossier documentaire

- soit pour la dissertation (4 documents maximum dont un texte au maximum),
- soit pour la partie 3 de l'épreuve composée (3 documents maximum).

ÉTAPES PRÉALABLES

Avant de se lancer dans l'étude des documents, il est préférable d'avoir déjà travaillé sur :

- l'analyse de l'énoncé du sujet, de manière à pouvoir relier chaque document à la question posée.

→ POINT MÉTHODE p. 30.

- l'élaboration d'une démarche permettant de répondre au sujet.
- la mobilisation des connaissances, de manière à mieux exploiter les documents et mobiliser les connaissances suggérées par le dossier (il ne faut surtout pas se limiter aux informations fournies par ce dernier).

→ POINT MÉTHODE p. 120

Vous pourrez alors exploiter les documents en suivant trois étapes.

ÉTAPE 1 Comprendre les informations

Pour chaque document, il faut vérifier sa compréhension en se posant les questions suivantes :

- Que signifient les données chiffrées de la statistique ?
- Quelle est l'idée principale du texte ?
- Comment le document est-il construit ?

ÉTAPE 2 Collecter les informations

Que va-t-on utiliser du document ? Un exemple, une idée, une illustration, des arguments...

ÉTAPE 3 Exploiter les informations

- Il s'agit de relier les informations dégagées au sujet et de déterminer :

– Comment les informations répondent à la question ?

– Quand utiliser ces informations dans sa réponse ?

- Parfois il est possible de relier deux documents, l'un illustrant ou contredisant l'autre.

→ POINTS MÉTHODE p. 32 et 52.

APPLICATION

1. Recherchez l'idée ou les idées principales des documents 1 et 3.
2. Identifiez les passages pour chaque texte qui illustrent ces idées.
3. Effectuez une lecture des données du document 2.
4. Quelle corrélation le doc. 2 met-il en évidence ?
5. À quelles connaissances exploitables dans le cadre du sujet pouvez-vous relier ces documents ?

SUJET **À l'aide de vos connaissances et du dossier documentaire, vous montrerez les conséquences des interventions de la Banque centrale européenne sur l'économie française depuis la crise de 2008.**

Doc 1

« Depuis 2011, la BCE poursuit un objectif de stimulation de la distribution du crédit bancaire en zone euro pour aider au redémarrage de l'activité économique et à une remontée du taux d'inflation à des niveaux plus en rapport avec son objectif (proche de, mais inférieur à, 2 % par an). [...]
Lors de sa réunion du 22 janvier 2015, la BCE a décidé de lancer un vaste programme d'assouplissement quantitatif. Celui-ci consiste à injecter des montants importants de liquidités dans le système financier de l'ordre, dans un premier temps, de 1 100 milliards d'euros via des rachats [d'obligations[1]] à raison de 60 milliards d'euros chaque mois. [...]
Le programme d'assouplissement quantitatif annoncé a pour objectif de relancer l'inflation et les anticipations d'inflation en zone euro. Le fait même qu'une quantité très importante de liquidités soit créée par la Banque centrale européenne et injectée sur les marchés financiers est de nature à faire baisser les taux d'intérêt et la valeur de l'euro. [...]
Un autre objectif recherché par la BCE est de fournir des liquidités aux banques européennes dans l'espoir qu'elles les utiliseront pour accorder des crédits aux entreprises et aux ménages. »

« L'évolution du rôle de la Banque centrale européenne », lafinancepourtous.com, 18 septembre 2018.

1. Obligations : titre émis par une société anonyme ou un État sur les marchés financiers. Il s'agit d'un emprunt remboursable à échéance moyennant le paiement d'un intérêt.

Doc 2

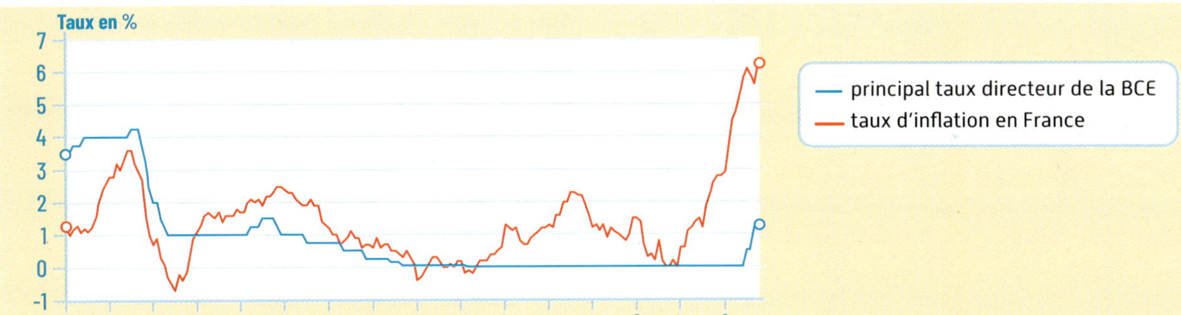

Source : Banque de France et Insee. Base 2015 - Glissement annuel.

Doc 3

« La déflation est l'opposé de l'inflation. [...] La déflation procure aux ménages un gain de pouvoir d'achat, puisque les prix des biens et services s'orientent à la baisse. *A priori*, on pourrait penser que cela est bon pour la consommation et donc pour l'activité économique et la croissance. Or, il n'en est rien, bien au contraire.
La déflation provoque en effet des réactions attentistes de la part des agents économiques qui se révèlent particulièrement néfastes pour l'économie. D'une part, la baisse régulière des prix incite les ménages à reporter leurs décisions d'achats dans l'attente de nouvelles chutes de prix. Ce comportement conduit à baisser la consommation globale et à gonfler les stocks des entreprises qui n'arrivent plus à écouler leurs productions. En réaction, celles-ci réduisent leur production et leurs investissements. Les salaires baissent, les embauches se raréfient et le chômage progresse, ce qui finit par affecter le revenu des ménages. Il s'ensuit une nouvelle baisse de la consommation qui génère la formation d'un cercle vicieux car auto-entretenu. [...]
La déflation est donc un piège en ce sens où elle génère une spirale néfaste à l'économie tout entière, [piège que les autorités monétaires cherchent à combattre]. »

« Les effets néfastes de la déflation », Faciléco, www.economie.gouv.fr, 23 mai 2018.

Vers le BAC

Dissertation

POINT MÉTHODE
Mobiliser ses connaissances

Dans les intitulés officiels des sujets de raisonnement sur dossier documentaire ou de dissertation, il est toujours précisé que pour répondre au sujet le candidat doit mobiliser des connaissances. Ces connaissances personnelles sont constituées tout d'abord de votre cours, qui peut bien évidemment être complété par le travail personnel autour des thèmes développés dans les programmes de SES.

ÉTAPE 1 Analyser le sujet

▶ Vos connaissances doivent vous permettre d'**identifier les notions clés** de l'intitulé du sujet et de les définir.

▶ Elles vous permettront également d'**identifier les notions et mécanismes** utiles pour traiter le sujet.

▶ Ces éléments devraient vous aider à **élaborer votre problématique** (pour la dissertation) et votre **plan détaillé** (dissertation ou raisonnement sur dossier documentaire).

ÉTAPE 2 Exploiter ses connaissances

▶ Vos connaissances personnelles vous permettront d'exploiter les documents fournis. En effet, ces documents ne doivent pas simplement être cités : ils doivent être **analysés à l'aide de connaissances précises**.

▶ Pour les documents statistiques, il faudra évidemment montrer que vous maîtrisez les **savoir-faire spécifiques** qui peuvent être mobilisés (lecture de données, calculs).

▶ Il faudra également montrer que vous maîtrisez les notions et mécanismes auxquels font référence explicitement ou implicitement les documents.

▶ Enfin, vos connaissances vous permettront d'**enrichir votre propos avec des exemples**.

ÉTAPE 3 Organiser les connaissances mobilisées dans un plan

Une dissertation n'est pas la récitation du cours.

▶ Il faut sélectionner les connaissances pertinentes pour traiter le sujet et les inclure dans les différentes sous-parties constituant le plan de votre devoir.

▶ Il faut relier les connaissances aux informations tirées des documents de façon cohérente pour répondre à la question posée.

APPLICATION

1. Quels sont les objectifs de la BCE ?
2. Quels sont les instruments de la politique monétaire ?
3. **Doc. 1** Quels sont les instruments et les objectifs de la BCE ? Quels sont les freins possibles à cette politique ?
4. **Doc. 4 p. 107** Qu'est-ce qu'un taux directeur ? Quels effets ont ses variations sur l'offre de crédit ?
5. **Doc. 3** Quels liens peut-on établir entre les taux directeurs et la croissance économique ?
6. **Doc. 4** Comment la politique monétaire de la BCE peut-elle agir sur l'inflation des pays de la zone euro ?

SUJET

La BCE a-t-elle les moyens de réduire l'inflation dans la zone euro ?

Doc 1

« Nous avons de nouveau relevé les taux d'intérêt, de 0,75 point de pourcentage. Nous avons pris ces mesures pour faire baisser l'inflation, qui reste beaucoup trop forte. D'autres hausses des taux auront lieu. Elles dépendront de notre évaluation de l'évolution de l'économie et de l'inflation. […]

L'inflation est beaucoup trop forte, et demeurera élevée pendant un certain temps. Les prix augmentent dans toute l'économie, toujours en raison des prix très élevés de l'énergie essentiellement. Les difficultés d'approvisionnement s'atténuent, mais continuent de pousser les prix à la hausse. Le taux de change, qui renchérit les importations, a également contribué à cette accélération de l'inflation.

L'économie va ralentir au cours des prochains mois... Cette atonie durera sans doute jusqu'à la fin de l'année 2022 et pendant la première partie de l'année 2023. La forte inflation, les difficultés d'approvisionnement en gaz et les inquiétudes quant à l'avenir poussent les consommateurs à réduire leurs achats et les entreprises à diminuer leur production.

... même si un grand nombre de personnes ont un emploi. Le chômage reste faible et de nouveaux emplois sont créés. Mais le ralentissement de l'économie pourrait remettre cela en cause.

La croissance économique mondiale est également moins dynamique. Les perspectives sont plus incertaines, en particulier à cause de la guerre menée par la Russie en Ukraine. De nombreuses banques centrales dans le monde relèvent elles aussi leurs taux d'intérêt pour lutter contre l'inflation. »

« Notre déclaration de politique monétaire en bref », © Banque centrale européenne, octobre 2022.

Doc 2

→ DOC 4 p.107.

Doc 3

La croissance économique dans la zone euro

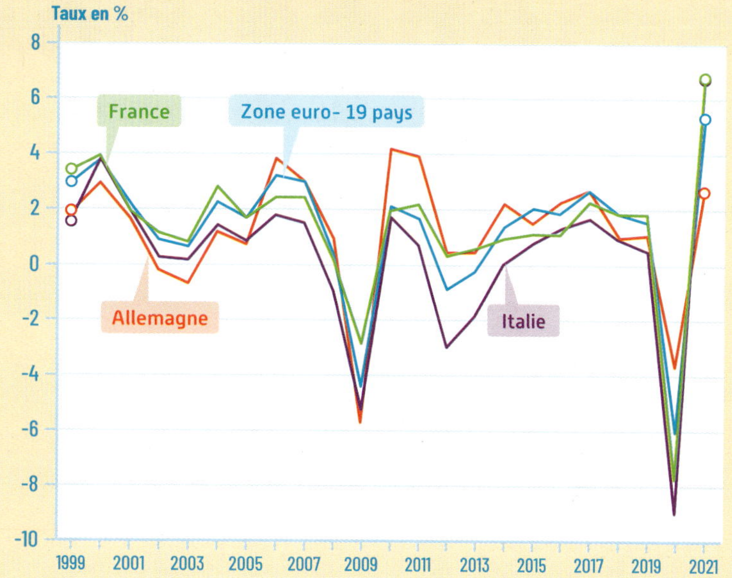

Source : Eurostat.

Doc 4

L'inflation dans la zone euro

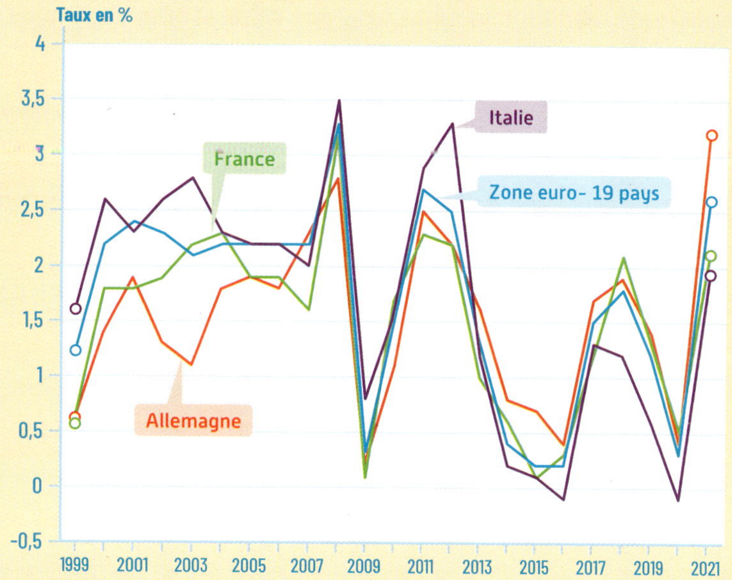

Source : Eurostat.

Partie 2

Sociologie et science politique

Chapitre 6

Comment la socialisation contribue-t-elle à expliquer les différences de comportement des individus ?

LA VIDÉOTHÈQUE DU CHAPITRE

hatier-clic.fr/23ses1601

Vidéo de **RÉVISION** du chapitre

hatier-clic.fr/23ses1602

1 Réagir à une vidéo sur la construction et l'intériorisation des normes de genre

- Quels sont les stéréotypes dénoncés dans cette vidéo ?
- Comment expliquer que les stéréotypes soient partagés aussi bien par les filles que les garçons ?

Vidéo 3 min
hatier-clic.fr/23ses1603

2 S'interroger sur l'influence du milieu social sur la réussite scolaire

- Comparez la proportion d'élèves en retard à l'entrée en sixième en 2018 selon l'origine sociale.
- Quelles hypothèses pouvez-vous formuler pour expliquer ces écarts ?

Infographie parue dans la revue *Oblik*, n°6, octobre 2021.

Source : ministère de l'Éducation nationale.

3 Débattre sur la socialisation et ses effets

- Pour chaque affirmation, dites si vous êtes : d'accord, pas d'accord, partagé.
- Débattez en présentant les arguments justifiant vos choix.

1. Se sentir plus ou moins à l'aise à l'oral en classe dépend du caractère de chacun.
2. Les choix de vêtements correspondent seulement à des goûts personnels.
3. Les enfants choisissent librement leurs activités extra-scolaires.
4. Dans la cour de récréation, à l'école élémentaire, les garçons ne prennent pas tout l'espace.
5. Les parents ont une influence sur les opinions politiques.

Dossier 1

Comment agit la socialisation ?
L'exemple du sport

Doc 1 La danse, une activité genrée ?

Le film *Billy Elliot*, sorti en 2000, est l'histoire d'un jeune danseur qui s'élève contre les stéréotypes de **genre** pour danser, et s'oppose à son père et son frère qui jugent cette activité peu virile.

Vidéo 3 min
Extrait de *Billy Elliot*
hatier-clic.fr/23ses1604

Vidéo +
Graines d'étoiles
hatier-clic.fr/23ses1605

1. Pour quels motifs le père de Billy s'oppose-t-il à sa pratique de la danse ?
2. Peut-on dire que la pratique de Billy Elliot est transgressive ? Justifiez votre réponse.
3. Selon vous, qu'est-ce qui pourrait favoriser la pratique de la danse chez les garçons ?

Doc 2 La construction de l'individu social

« La socialisation, c'est donc l'ensemble des processus par lesquels l'individu est construit – on dira aussi "formé", "modelé", "façonné", "fabriqué", "conditionné" – par la société globale et locale dans laquelle il vit, processus au cours desquels l'individu acquiert – "apprend", "intériorise", "incorpore", "intègre" – des façons de faire, de penser et d'être qui sont situées socialement. La définition la plus simple de la socialisation que nous pouvons proposer [...] est donc la suivante : "façon dont la société forme et transforme les individus". »

Muriel Darmon, *La Socialisation*, © Armand Colin, 2016.

1. Illustrez par des exemples le passage souligné.
2. La socialisation « forme », « façonne », « fabrique », « conditionne » l'individu. Choisissez la formulation que vous préférez et justifiez votre choix.
3. Illustrez par des exemples de normes sociales l'idée que l'individu acquiert des dispositions sociales.

Doc 3 Pratiques sportives et socialisation genrée

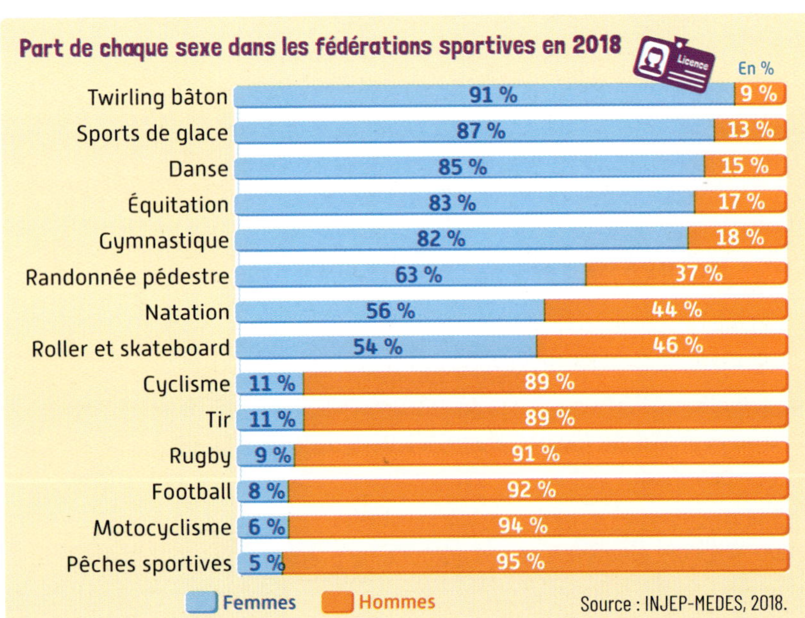

1. Comparez la présence des femmes et des hommes dans les différentes fédérations.
2. À l'aide de vos connaissances et du document, montrez que la pratique sportive est le produit d'une socialisation différenciée.
3. Trouvez d'autres exemples de comportements sociaux qui sont influencés par la socialisation genrée.

Doc 4 Pratiques sportives et milieu social

« L'étude de cas [réalisée par le sociologue J. Bertrand dans *Enfances de classe*, dirigé par B. Lahire] se penchant sur l'activité sportive d'un enfant d'une classe supérieure illustre surtout la volonté de transmission des valeurs propres à la catégorie sociale d'origine. Les parents des classes supérieures vont justifier le choix d'un sport pour leur enfant par la dimension compétitive de la pratique et par la capacité de celle-ci à inculquer l'idée de l'effort, du dépassement de soi et de la réussite. [...] Si les cadres sup orientent leurs enfants vers des sports à fortes valeurs compétitives, les milieux bourgeois intellectuels vont d'abord inciter les leurs à des pratiques plus culturelles que sportives (de la musique plutôt que du sport), et vont choisir, le cas échéant, des activités corporelles pourvues d'une dimension artistique (de la danse plutôt que du tennis), fragmentant d'autant plus leurs rapports avec les classes inférieures. »

Seghir Lazri, « Dès l'enfance, le sport participe à la reproduction sociale », *Libération*, 9 novembre 2019.

1. Quelles valeurs cherchent à inculquer les parents des classes supérieures à leurs enfants à travers la pratique sportive ?
2. Comment les milieux bourgeois intellectuels cherchent-t-ils à se distinguer des classes inférieures dans le choix d'activités pour leurs enfants ?
3. En quoi ces pratiques peuvent-elles influencer durablement les comportements et préférences des enfants des classes supérieures ?

Exercice

Illustrer les processus et les effets de la socialisation dans le sport

La socialisation

Instances	Processus	Résultats
■ La famille ■ L'école ■ Les médias ■ Les pairs	■ Inculcation/apprentissage ■ Imition/Identification ■ Interaction sociale/intériorisation	■ Intégration de normes et de valeurs ■ Construction de l'identité (rôles sociaux et genrés)

1. Illustrez par des exemples comment les différentes instances de socialisation peuvent influencer les choix de pratiques sportives de l'enfant.
2. Montrez que les processus de socialisation sont présents dans le sport.
3. En quoi le sport favorise-t-il l'intégration sociale des enfants ?
4. Expliquez pourquoi les effets de la socialisation primaire sont durables à partir de l'exemple du sport.

Vocabulaire

> Les **dispositions sociales** sont des façons de faire, d'agir et de penser intériorisées voire incorporées lors de la socialisation de façon inconsciente.

> Le **genre** désigne l'identité, les attributs et le rôle de la femme et de l'homme, tels qu'ils sont définis par la société, et la signification sociale et culturelle que la société donne aux différences biologiques.

Je fais le point

Version interactive
hatier-clic.fr/23ses1606

Associez chaque notion (1 à 5) à sa définition (a à e).

1. Identité sociale
2. Valeurs
3. Normes
4. Socialisation
5. Instances socialisatrices

a. Règles sociales qu'il convient de suivre au sein d'un groupe social, d'une société.
b. Elles participent aux processus de socialisation par la transmission de normes et de valeurs.
c. Manière dont les individus se définissent eux-mêmes, et manière dont ils sont perçus par les autres.
d. Principes et idéaux valorisés au sein d'un groupe social, d'une société.
e. Processus d'apprentissage de normes, de valeurs et de manières de faire.

Je m'entraîne pour le BAC

Épreuve composée partie 1 **Montrez par deux exemples que la socialisation a des effets durables sur les préférences et manières d'agir des individus.**

Dossier 2

Comment la socialisation varie-t-elle selon les configurations familiales ?

Doc 1 Configuration familiale et stéréotypes de genre

« Noa (10 ans), qui a trois frères (dont deux plus âgés), joue au football, aux jeux vidéo (elle dit privilégier "les jeux de garçons", ne pas aimer "les jeux pour filles" et battre "même ses frères sur Pokemon diamant"), lit beaucoup de bandes dessinées, écoute du rap, avec eux mais aussi indépendamment d'eux [...]. Noa affirme que ce sont là ses goûts personnels. Son récit est corroboré par celui des parents : "Noa a un sacré tempérament. C'est une fille qui sait ce qu'elle veut. Elle est entourée de garçons, c'est peut-être la raison. Elle a appris, depuis toute petite, à jouer avec ses frères à leurs jeux. Évidemment, eux ne voulaient pas jouer à la poupée avec elle, et d'ailleurs ça ne l'a jamais vraiment intéressée, enfin, sauf quand elle invitait des copines, bien sûr". »

Sylvie Octobre, « La socialisation culturelle sexuée des enfants au sein de la famille », *Cahiers du Genre*, n°49, 2010/2.

1. En quoi la configuration familiale dans laquelle se trouve Noa est-elle particulière ?
2. Sa socialisation sera-t-elle complétement éloignée de son genre ? Justifiez.

Vocabulaire

> La **configuration familiale** est la forme de la famille en termes de membres (famille monoparentale, recomposée, etc.), de ressources (économiques, sociales, culturelles), de dispositions et relations réelles au sein de la famille, qui ont des effets socialisateurs.

Exercice

Croiser des informations sur la pauvreté et la socialisation

a. Taux de pauvreté[1] des enfants selon le type de famille, en 2018, en %

Famille monoparentale avec un enfant	22,7
Famille monoparentale avec deux enfants ou plus	41,8
Couple avec un enfant	9,1
Couple avec deux enfants	9,6
Couple avec trois enfants ou plus	23,3

Insee, DGFiP, Cnaf, Cnav, CCMSA, enquête Revenus fiscaux et sociaux, 2018.

Champ : France métropolitaine, enfants de moins de 18 ans vivant dans un ménage dont le revenu déclaré au fisc est positif ou nul et dont la personne de référence n'est pas étudiante.

1. La pauvreté est définie au seuil de 60 % de la médiane des niveaux de vie.

b. Pratiques culturelles selon le niveau de vie, en % par an

	Les 20 % les plus pauvres	Les 20 % les plus riches	Ensemble de la population
A été au cinéma plus de 3 fois	17	42	28
A vu un spectacle (théâtre, concert...) plus de 3 fois	10	31	18
N'a pas pu se permettre d'aller au cinéma (ou voir un spectacle)	17	1	6

Données Insee 2015.

« Les pratiques culturelles selon les catégories sociales et les revenus », www.inegalites.fr, 21 septembre 2021.

1. Donnez la signification précise des données entourées.
2. Quelles sont les différentes configurations familiales dans lesquelles peuvent vivre les enfants ? (Doc. a)
3. Comment les différents types de familles jouent-ils sur la pauvreté des familles ? (Doc. a) Réalisez une représentation graphique qui permette de visualiser ces différences.
4. Montrez que grandir dans une famille monoparentale d'au moins deux enfants peut limiter l'accès aux loisirs et à la culture et influencer la socialisation. (Doc. a et b)

Doc 2 Une socialisation différenciée selon la configuration familiale

« Nous avons fait comme si la famille agissait comme "un tout". Or la famille ne se réduit pas au couple parental (la fratrie ou le reste de la parenté peuvent parfaitement être considérés comme des instances de socialisation), et ce dernier n'est pas lui-même un tout unifié du point de vue de la socialisation : les parents peuvent par exemple provenir de milieux sociaux différents et de ce fait n'être porteurs ni des mêmes normes, ni des mêmes dispositions.
De fait, la première des différences entre parents de sexe différents, c'est bien évidemment celle du genre : quand bien même les expériences qui les ont construites et leurs positions sociales seraient proches, les parents vont forcément transmettre [...] une "version" féminine ou bien masculine de la réalité et il est impossible d'en calculer une sorte de résultante qui constituerait une transmission "parentale". Cette différence de genre, aussi importante qu'elle puisse être, est loin d'être la seule variation intrafamiliale. [...] Par exemple, à situation équivalente des parents, la présence dans la famille d'une sœur étudiante et chargée de surveiller des devoirs de son frère modifie certainement les conditions de socialisation en ce qui concerne le rapport à l'école ou à la culture. »

Muriel Darmon, *La Socialisation*, © Armand Colin, 2016.

1. Expliquez la première phrase du texte.
2. Comment, dans une famille de milieu populaire, une grande sœur étudiante peut-elle contribuer à la réussite scolaire d'un plus jeune enfant ?
3. Montrez que l'hétérogénéité intrafamiliale modifie les conditions de socialisation des enfants en vous appuyant sur des exemples tirés du texte ou de vos connaissances.
4. En quoi appartenir à une famille recomposée peut-il changer les conditions de socialisation pour un enfant ou un adolescent ?

Vidéo +
Familles recomposées : trouver sa place
hatier-clic.fr/23ses1607

Le saviez-vous ?

› En France, en 2020, **les familles « traditionnelles »** restent la configuration familiale la plus fréquente (66 %). Une famille sur quatre est monoparentale. Les familles recomposées (9 % des familles) sont les plus grandes : quatre sur dix vivent avec trois enfants ou plus à la maison.

Je fais le point

Version interactive
hatier-clic.fr/23ses1608

Répondez par Vrai ou Faux aux affirmations suivantes.

	Vrai	Faux
a. Les configurations familiales ont une incidence sur les loisirs des enfants.	☐	☐
b. Les configurations familiales jouent sur l'accès aux pratiques culturelles des enfants.	☐	☐
c. Au sein de la famille, seuls les parents ont un rôle socialisateur.	☐	☐
d. L'analyse des configurations familiales se résume à analyser qui sont les personnes qui vivent sous le même toit.	☐	☐
e. Analyser les configurations familiales, c'est s'intéresser aux relations ayant des effets socialisateurs pour l'enfant ou l'adolescent.	☐	☐
f. La fratrie peut contribuer à modifier les stéréotypes de genre, en termes de pratiques culturelles des enfants.	☐	☐
g. Les configurations familiales jouent un rôle dans le rapport à l'école des enfants.	☐	☐

Je m'entraîne pour le BAC

Épreuve composée partie 1 **Illustrez par deux exemples l'influence des différentes configurations familiales sur les conditions de la socialisation primaire.**

Dossier 3

Comment la socialisation secondaire transforme-t-elle les individus ?

Doc 1 Qui cuisine en famille ?

Part des personnes qui consacrent au moins 1 heure par jour à la cuisine et aux tâches domestiques

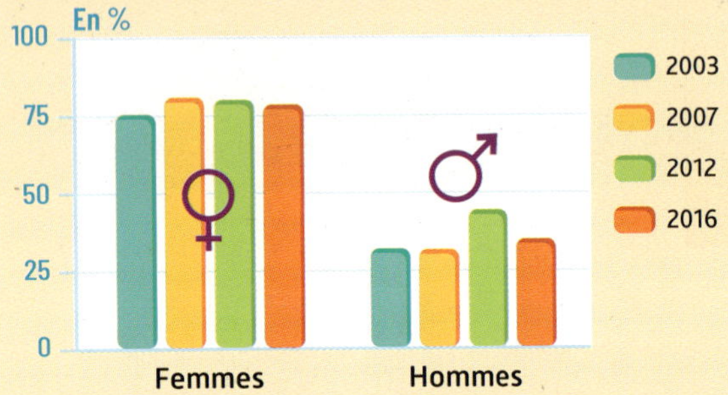

Source : Institut européen pour l'égalité entre hommes et femmes.

1. Peut-on affirmer que cuisiner au quotidien est aujourd'hui une tâche domestique partagée au sein des couples ?
2. Montrez que le fait de cuisiner est le résultat de dispositions de genre développées lors de la socialisation primaire, renforcées ou transformées à l'âge adulte.

Doc 2 Socialisation et choix politique

« Une socialisation conjugale peut se faire au fil du temps. Notamment quand il y a divergence d'opinions [politiques] à la base, parfois mal vécue. Cet effet de socialisation conjugale, c'est-à-dire la construction d'un récit commun et les arbitrages faits face à des problèmes de la vie quotidienne ou à des événements, peut entraîner un rapprochement des idées de l'un et de l'autre. Un couple est soumis à l'actualité ambiante, à la médiatisation de la politique, mais aussi à ce qui se passe pour chacun dans le milieu professionnel, aux relations amicales, aux interventions des enfants et de la famille de chacun. C'est une interaction très complexe au travers de laquelle la fabrique des opinions politiques se fait aussi.

[...] les mères, et les femmes donc, transmettent davantage leurs choix et leurs opinions politiques aux enfants que les pères. Elles jouent un rôle de premier plan dans la socialisation familiale parce qu'elles transmettent choix et opinions politiques au travers des multiples contacts qu'elles ont avec leurs enfants, où elles restent encore aujourd'hui majoritairement en première ligne. »

Marie Toumit, Entretien avec Anne Muxel, « Présidentielle : "C'est dans les couples qu'on échange le plus ses idées" », ouest-France.fr, 23 janvier 2022.

Vidéo +
Famille, dispute et politique
hatier-clic.fr/23ses1609

1. Les opinions politiques se forment-elles lors de la socialisation primaire ou lors de la socialisation secondaire ? Justifiez.
2. Qu'est-ce que la socialisation conjugale ? Quel effet peut-elle avoir sur les opinions politiques ?
3. Quelles sont les instances de socialisation qui peuvent infléchir les opinions politiques, lors de l'âge adulte, par rapport aux effets de la socialisation primaire ?

Doc 3 L'influence de la famille sur le vote

En %	Vote similaire	Vote différent	Non-vote
Vote selon le père (ensemble)	56	38	6
Vote selon la mère (ensemble)	60	34	6
Vote selon le conjoint			
Hétérogamie[1]	41	51	8
Homogamie[2] gauche	91	6	3
Homogamie droite	91	7	2
Homogamie ni droite ni gauche	70	19	11
Ensemble	73	22	5

Anne Muxel, « Le pluralisme politique à l'épreuve de la vie privée : entre normes et pratiques », *Revue française de sociologie*, 2015/4.

1. L'hétérogamie politique désigne des préférences idéologiques différentes.
2. L'homogamie politique désigne des préférences idéologiques identiques.

1. Quelle est la part des enfants qui votent comme leur père ? La part de ceux qui votent comme leur mère ?
2. Quelle est la part des couples qui votent de manière similaire ?
→ Fiche Outil p. 284
Qu'est-ce que cela indique de la socialisation conjugale en termes politiques ?
3. Illustrez les idées du doc. 2 à partir des données chiffrées du tableau.

Doc 4 Codes vestimentaires professionnels

« Lorsque le *dress code* en entreprise relève de règles explicites, on pense naturellement au port de l'uniforme dans certaines institutions (armée, justice...) et/ou dans certaines professions (médecins, pilotes...). Celui-ci permet de crédibiliser celle/celui qui le porte et intervient comme un marqueur de la fonction, de l'autorité, de la compétence, de la maîtrise et de l'excellence.

En outre, les *dress code* peuvent être édictés par la loi. Le code du travail français indique ainsi que l'employeur peut imposer une tenue à condition qu'elle soit justifiée par la nature de la tâche à accomplir : raisons de sécurité (BTP, industrie), raisons d'hygiène (hôpitaux, restauration, agroalimentaire), raisons d'image de marque (banque, assurance, luxe). Par ailleurs, un *dress code* explicite peut être formalisé dans les chartes, les règlements intérieurs des entreprises de façon plus ou moins détaillée, plus ou moins coercitive. [...]

Pour autant, si certaines règles ne sont pas énoncées et recensées comme *dress code* par les organisations, elles n'en restent pas moins présentes mais implicites sous la forme de normes, de pratiques et d'usages. »

Agnès Ceccarelli, « *Dress code* en entreprise : tenue correcte (toujours) exigée », theconversation.com, 23 juillet 2020.

Vidéo +
L'impact de votre habillement sur les autres... et vos performances
hatier-clic.fr/23ses1610

1. Montrez que l'exercice d'une profession a une incidence sur les choix vestimentaires des individus.
2. Par quels processus peut se faire la socialisation aux codes vestimentaires professionnels ?
3. À quoi s'expose un individu qui ne suit pas le *dress code* de son groupe professionnel ?

Exercice

Illustrer les effets de socialisation secondaire

FORMES
conjugale - politique - professionnelle

↕

SOCIALISATION SECONDAIRE

↓

EFFETS

Socialisation de confirmation	Socialisation de transformation	Socialisation de conversion
Prolongement des acquis de la socialisation primaire (normes, valeurs, dispositions)	Modification des acquis de la socialisation primaire	Rupture importante avec les acquis de la socialisation primaire

1 À quelle forme de socialisation fait référence chacun des documents du dossier ?

2 Dans chaque exemple tiré des documents, quels peuvent être les effets de ces socialisations ?

Je fais le point

Version interactive
hatier-clic.fr/23ses1611

Associez ces exemples de socialisation secondaire à des effets de la socialisation conjugale (A), de la socialisation professionnelle (B) ou de la socialisation politique (C). Ils peuvent être associés à plusieurs types de socialisations.

1. Participer à des manifestations.
2. Modifier ses habitudes vestimentaires.
3. Apprendre la pratique d'un nouveau sport.
4. Apprendre la langue maternelle de sa compagne.
5. Se syndiquer.
6. Modifier ses préférences politiques.
7. Découvrir de nouvelles recettes de cuisine.
8. Se préoccuper davantage des questions environnementales.

Je m'entraîne pour le BAC

Dissertation

Rédigez un paragraphe argumenté pour expliquer comment les effets de la socialisation secondaire peuvent modifier les effets de la socialisation primaire.

Dossier 4

Comment expliquer les trajectoires improbables ?

Doc 1 Tony, témoignage d'un transfuge de classe

« La première fois que j'ai compris qu'il existait des lycées plus réputés que d'autres, c'était en discutant avec ma professeure de français de 3e, au collège Lamartine de Crémieu (Isère). Elle m'incitait à postuler dans un lycée plus prestigieux que celui de mon secteur, expliquant que ma moyenne – entre 18 et 19 – me le permettait.
Ni mes parents ni mon entourage n'avaient eu cette idée. La nuit, il m'arrivait d'aider ma mère dans le cinéma ou dans les écoles où elle travaillait comme femme de ménage. Aîné d'une fratrie de six enfants, je n'avais alors aucune envie de quitter l'Isère.
Par curiosité et aussi pour faire plaisir à ma prof, je décide d'envoyer ma lettre à Henri-IV et Louis-le-Grand, à Paris. […] Le 1er juillet 2009, j'apprends que je suis pris à "H4" : je suis tiraillé entre la joie et la panique.
Ma mère est complètement sonnée. Elle se demande comment je pourrais me débrouiller, seul, à Paris, à 15 ans. Surtout : comment payer ? […] Ma mère, qui n'avait pas encore pris sa décision, comprend qu'elle doit me laisser cette chance […].
Sans cette sélection sur dossier à Henri-IV et ce régime d'exception accordé à deux lycées parisiens, je n'aurais jamais pu accomplir cette trajectoire[1]. Mais je ne suis qu'une des exceptions qui confirment la règle. »

Adrien Naselli, « J'ai compris que j'étais pauvre en arrivant au lycée Henri-IV », © *Le Monde*, 15 mars 2022.

1. Après un « parcours cabossé » après le bac, comme le dit Tony, il a repris des études à Sciences Po et a réussi le concours de directeur d'hôpital.

1. Pourquoi la trajectoire de Tony peut-elle être qualifiée d'improbable ?
2. Quels facteurs auraient pu être un frein à la réussite de Tony ?
3. Quels facteurs lui ont permis cette trajectoire ?

Podcast
Tony retrace son parcours
hatier-clic.fr/23ses1612

Vidéo +
Les transclasses
hatier-clic.fr/23ses1613

Vocabulaire

> **Dissonances culturelles** : voir p. 137.

> **Réussite paradoxale** : voir p. 137.

> On appelle **trajectoires improbables** celles d'individus qui déjouent les régularités statistiques, en termes de reproduction sociale d'une génération à l'autre. C'est le cas des transfuges de classe qui connaissent une forte promotion sociale.

Doc 2 Plurisocialisation et diversité des trajectoires

« Deux individus de la même classe sociale, du même sous-groupe social, ou même appartenant à la même famille, ont toutes les chances d'avoir une partie de leurs pratiques et de leurs goûts culturels qui diffère, pour n'avoir pas été strictement soumis aux mêmes cadres socialisateurs (participation à des groupes de pairs différents, activités extrafamiliales et extrascolaires différentes, parcours scolaires différents, traitements différents – pour des raisons liées au genre, à la place dans la fratrie, etc. – au sein d'une famille qui n'est jamais une entité invariable, etc.). […]
Cette plurisocialisation des individus est aussi au principe de leur possible sentiment d'être uniques, originaux et de ne pas fondamentalement dépendre du monde social dans leurs manières (personnelles, intimes, singulières, propres, etc.) de voir, de sentir, de penser et d'agir. La multiplicité des déterminismes et la pluridépendance contribuent ainsi à l'effacement relatif du sentiment d'être le produit d'un milieu, d'un groupe ou d'une classe. »

Bernard Lahire, *La Culture des individus. Dissonances culturelles et distinction de soi*, La Découverte, 2006.

1. Qu'est-ce que la plurisocialisation selon l'auteur ?
2. Pourquoi peut-on dire qu'un individu est le produit d'un milieu, d'un groupe ou d'une classe sociale ?
3. Montrez que la pluralité des influences socialisatrices peut expliquer la diversité des trajectoires individuelles malgré les déterminismes sociaux liés à la socialisation (Voir les exemples doc. 1 et 3).
4. Peut-on affirmer que chaque individu est unique et qu'il ne dépend pas du monde social dans lequel il vit ? Justifiez.

Doc 3 Mourad, jeune prodige du piano

« Le destin du jeune Mourad bascule un jour de décembre 2018 alors qu'il interprète la célèbre "Fantaisie-Impromptu" de Chopin sur le piano [en libre-service] de l'hôpital La Timone à Marseille. Subjugué par son talent, un vidéaste amateur immortalise l'instant et poste la vidéo sur les réseaux sociaux. [...] Mourad Tsimpou, 15 ans, a grandi dans la cité de la Castellane comme Zinédine Zidane... Comme tous les gamins de son âge, il joue au foot à ses heures perdues et traine avec les copains du quartier. [...] La vidéo fait le buzz. L'affaire n'échappe pas au pianiste André Manoukian qui a le flair pour détecter les jeunes talents. [...] Dans la foulée, Mourad signe chez Universal et sort un premier album. »

« Mourad, jeune prodige des quartiers nord de Marseille » noviscore.fr, 4 février 2020.

Vidéo 2 min
hatier-clic.fr/23ses1614

1. Pourquoi peut-on parler de « dissonances culturelles » dans la situation de Mourad ?
2. Comment expliquez cette « réussite paradoxale » ?

Exercice

Illustrer des trajectoires improbables

Origine sociale des élèves des classes préparatoires et des grandes écoles (en %)

	Classes préparatoires aux grandes écoles (2019)	Écoles d'ingénieurs (2019)	Écoles normales supérieures (2019)	ENA (2015)	École polytechnique (2018)	Ensemble des étudiants
Cadres supérieurs	51,9	54,4	64,2	68,8	69,8	34,4
Ouvriers	7,1	5,4	2,3	4,4	0,4	11,5
Autres PCS*	41	40,2	33,5	26,8	29,8	54,1
Ensemble	100	100	100	100	100	100

Ministère de l'Éducation nationale, ENA, École polytechnique, Observatoire des inégalités, avril 2021.

* Agriculteurs ; Artisans, commerçants et chefs d'entreprise ; Professions intermédiaires ; Employés ; Inactifs et retraités.
Lecture : en 2019 7,1 % des élèves des classes préparatoires aux grandes écoles sont enfants d'ouvriers.

1. Comparez la situation des enfants de cadres à celle des enfants d'ouvriers.
2. Montrez qu'intégrer une classe préparatoire ou une grande école est une « trajectoire sociale improbable » pour les enfants d'ouvriers.

Je fais le point

Version interactive
hatier-clic.fr/23ses1615

Complétez le texte suivant avec les termes proposés : *pluralité • trajectoire sociale • dispositions sociales • probables • improbables • influences socialisatrices.*

Le processus de socialisation est marqué par la .... des instances de socialisations, la diversité des .... et des appropriations par les individus. C'est pourquoi, bien que socialement construit, chaque individu n'en reste pas moins unique, ainsi que la .... qu'il va suivre. Certes, les .... rendent certains parcours sociaux plus .... (Un fils de musicien qui devient concertiste par exemple), mais ces dernières sont diverses et peuvent changer, ce qui explique les trajectoires dites .... car statistiquement moins fréquentes comme celles de Mourad ou Tony.

Je m'entraîne pour le BAC

Épreuve composée partie 3 À l'aide de vos connaissances et des documents, vous expliquerez pourquoi il peut exister des trajectoires improbables.

Atelier 1

Écrire un récit biographique
Socialisation et loisirs

Vous interrogez une personne à la retraite (dans votre entourage ou voisinage) sur la socialisation en termes de loisirs, de dispositions, de goûts…

Étape 1 Réalisation du questionnaire, trame de l'entretien

1. [Doc. 1] Sur quels domaines l'étude des loisirs conduit-elle à se questionner ?
2. [Doc. 2] Quels liens peut-on établir entre socialisation et loisirs ?
3. [Doc. 2] Préparez un questionnaire de dix questions maximum pour disposer du matériau nécessaire à la rédaction du récit biographique.

Étape 2 Écrire le récit autobiographique

4. En vous appuyant sur votre prise de notes ou votre enregistrement, rédigez un récit biographique d'environ deux pages en suivant le plan proposé :
I. Les loisirs pendant l'enfance : Qui socialise ? Quelles dispositions sont incorporées ?
II. Les loisirs à l'âge adulte : Quelles dispositions ? Quels agents de socialisation ?
III. Les changements et continuités dans les loisirs au cours des expériences de vie.

Coup de pouce

✓ L'introduction présente l'objet de l'enquête, la personne interrogée (âge, sexe, milieu social, initiale du prénom) et le plan du récit biographique.

✓ Rédigez une conclusion qui réponde à cette question : quelle articulation, entre socialisation primaire et secondaire, sur la question des loisirs ?

Doc 1 Étudier les loisirs

« La lecture, le football en club, la déambulation sur Internet, la visite de châteaux ou d'expositions sont autant d'activités de loisirs solitaires ou collectives qui se superposent, s'articulent ou se concurrencent. S'y intéresser suppose de prendre en compte les temps dans lesquels elles s'insèrent, le plus souvent en opposition aux autres temps sociaux qui organisent la vie des individus : temps professionnel, familial, associatif, etc. Ces activités prennent place dans des cadres tour à tour libérateurs et contraignants, qui éprouvent la capacité réflexive des individus à négocier l'usage de leur temps libre […].

Il s'agit donc de questionner les dimensions spatiales et temporelles qui encadrent leurs activités de loisirs, dans le quotidien comme l'extra-quotidien (au sein du foyer, dans les transports, sur les lieux et temps de vacances). Les pairs, qu'ils et elles s'intègrent dans des réseaux familiaux et conjugaux, professionnels ou amicaux, accompagnent et encadrent les pratiques de loisir et participent pleinement à la socialisation primaire et secondaire des individus en matière de goûts et de pratiques de loisir. Cette distribution des activités de loisirs entre différents cadres spatiaux, temporels et sociaux/relationnels traduit le rapport des individus à ces pratiques et reflète notamment la stratification sociale de l'espace des loisirs. »

« Loisirs et styles de vie », Appel à contribution, calenda.org, 18 février 2021.

Doc 2 Une grille, support pour préparer l'entretien

Étapes	Exemple
Définir une problématique	Les pratiques de loisir évoluent-elles en fonction de la socialisation ?
Présenter les finalités et modalités de l'enquête	Lors de la prise de rendez-vous, expliquer la démarche et les conditions matérielles de l'entretien pour rassurer l'enquêté et obtenir son accord.
Préparer un questionnaire	- Questions fermées. Ex. : « Avez-vous pratiqué un sport ? » - Questions ouvertes (« exploratoires »). Ex. : « Que pensez-vous de l'éducation artistique à l'école ? » - Questions « cafétéria » : elles proposent un choix de réponses et guident l'interlocuteur. Ex. : « Quels loisirs préférez-vous : cinéma, musée, spectacles… ? »
Définir les conditions du déroulement de l'entretien	Définir les rôles : qui mène l'entretien ? qui prend des notes ? Ou l'entretien est enregistré puis il est retranscrit par écrit.
Exploiter les informations	Sélectionner et classer les informations qui permettent de répondre à la problématique.

Atelier 2 Réaliser une vidéo
Le corps, produit de la socialisation ?

Vers le GRAND ORAL

Étape 1 Analyser des documents

1. [Doc. 1] Montrez que les attentes corporelles de Chloé vis-à-vis de son propre corps sont liées à sa socialisation familiale.
2. [Doc. 2] Montrez que le risque de surpoids et d'obésité des enfants dépend de l'origine sociale.
3. [Doc. 3] Peut-on affirmer que l'apparence corporelle des enfants est liée à la catégorie sociale des parents ? Justifiez.

Étape 2 Préparer une présentation orale filmée

pix

En binôme :

4. Déterminez votre problématique.
5. Préparez au brouillon le plan de votre présentation.
6. Répartissez-vous la parole et filmez.

Coup de pouce

✓ Pour rédiger le synopsis de votre vidéo, vous pouvez vous servir d'un logiciel de "présentation assistée par ordinateur" et créer des diapos pour structurer votre discours.

Doc 1 Des apparences corporelles socialement façonnées

Chloé G. a 11 ans, elle vit au sein d'une famille très favorisée (père chirurgien libéral, mère ayant travaillé comme ingénieure).

« Mme G. prohibe le grignotage entre les repas et limite l'apport calorique des plats qu'elle prépare. Si elle ne sait pas précisément combien Chloé pèse, elle sait en revanche qu'elle a "forci" au début de l'année de 6e et elle se prépare à y remédier ("Il va falloir faire très attention"). Mme G. donne également à voir à ses enfants l'importance qu'elle accorde à la minceur à travers ses propres pratiques. Alors que l'enquêtrice la décrit comme ayant une corpulence "normale", elle-même se trouve "grosse". Pour cette raison, elle surveille son alimentation et fait du sport plusieurs fois par semaine dans le but de perdre du poids. Au-delà de la norme de la minceur, ce que Mme G. transmet à Chloé c'est bien une aversion pour le corps "naturel" – celui des "gros" – et une préférence, à l'inverse, pour le corps "cultivé" – celui des gens minces et musclés. [...] On le voit par exemple dans l'extrait suivant, où Chloé explique longuement que son poids est lié à sa taille et sa musculature et non à la possession de graisse : "C'est pas que j'ai un souci, mais j'aime pas être... C'est comme ma maman ou ma sœur, on n'aime pas être trop grosses en fait. Enfin 'grosses'... voilà. C'est pour ça que je fais très attention." »

Martine Court, Christine Mennesson, Émilie Salaméro *et al.*, « Habiller, nourrir, soigner son enfant : la fabrication de corps de classes », *Recherches familiales*, 2014.

Doc 2 Surpoids et CSP des familles

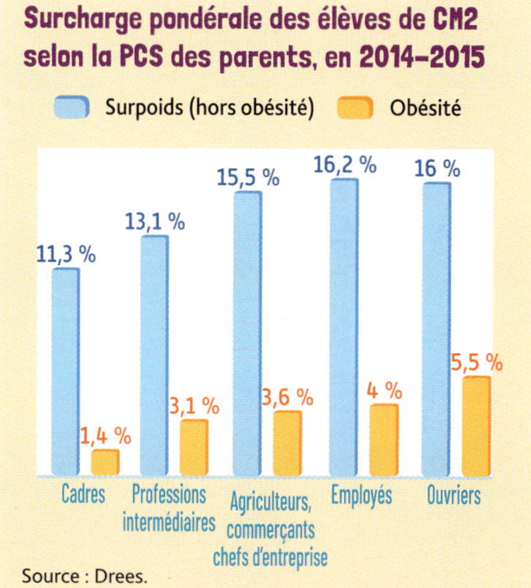

Source : Drees.

Doc 3 Socialisation et fabrique du corps

Dessin de Hub, juillet 2015.

L'Essentiel

Comment la socialisation les différences

A Socialisation différenciée, comportements différents

- **Dès sa naissance, l'enfant s'inscrit dans un processus d'apprentissage, d'intériorisation et d'incorporation de normes, de valeurs, de dispositions sociales.** Les effets de cette socialisation primaire sont forts et durables ; ils expliquent les différences de comportements (manière de faire), de préférences (goûts et dégoûts) et d'aspiration (choix, souhaits).
- **La socialisation primaire diffère selon la configuration familiale, le milieu social et le sexe.** Ainsi, par exemple, selon les éléments culturels transmis par les familles (liés au niveau de diplôme des parents notamment ou à la composition de la fratrie), la réussite scolaire est facilitée ou non.
- **De même, le plus souvent, les parents ne valorisent pas les mêmes traits de caractère chez leurs enfants filles et garçons**, ne leur proposent pas les mêmes activités ni les mêmes jeux… contribuant à rendre "naturelles" et évidentes les différences de comportements, de goûts construites entre les filles et les garçons.

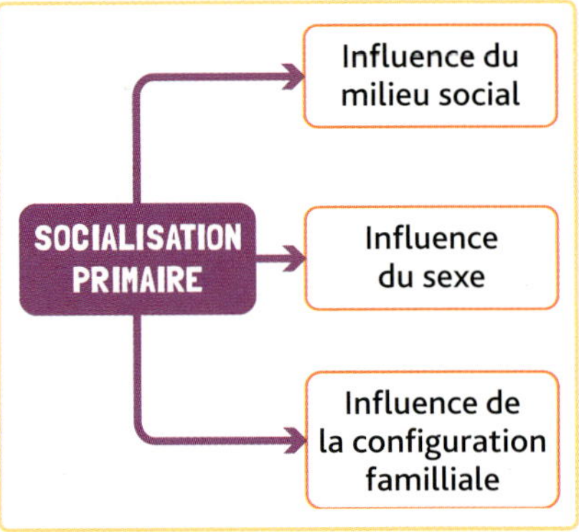

- **Outre** la famille, le **groupe de pairs** (les amis), **l'industrie culturelle**, **les médias**, et bien sûr **l'école jouent un rôle socialisateur** important pour les enfants et les adolescents.

B Les effets de la socialisation secondaire

- **La socialisation est un processus continu tout au long de la vie.** Si les dispositions, les goûts et préférences intériorisés lors de l'enfance façonnent durablement les individus, la socialisation secondaire, celle qui arrive dans un deuxième temps (socialisation professionnelle, conjugale…), contribue à faire évoluer les comportements, les préférences et les dispositions des individus, voire à les reconstruire au travers de nouvelles expériences sociales, de nouvelles interactions et au contact de nouvelles instances de socialisation.
- **La socialisation secondaire peut avoir plusieurs effets** :
  – elle peut **confirmer** les effets de la socialisation primaire ;
  – elle peut contribuer à les faire **évoluer**, à les **transformer** (les préférences politiques par exemple, ou encore les normes vestimentaires, les préférences musicales ou culinaires…) ;
  – elle peut enfin, de manière moins fréquente, entraîner des **conversions complètes**, des ruptures avec les normes, les valeurs, les dispositions acquises lors de la socialisation primaire.

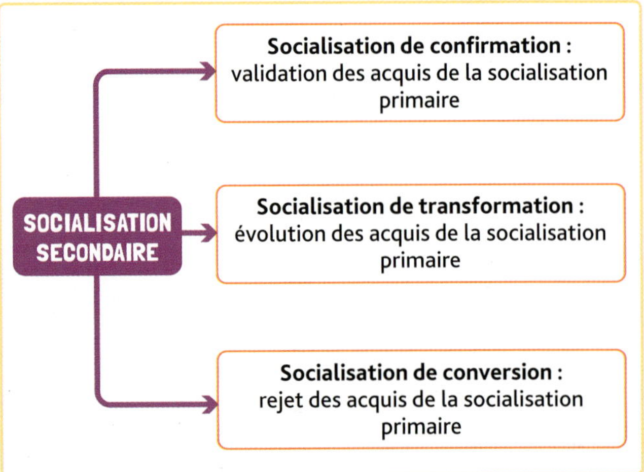

contribue-t-elle à expliquer de comportement des individus ?

Podcast du cours
hatier-clic.fr/23ses1616

C Pluralité des influences socialisatrices et trajectoires individuelles improbables

- **La sociologie permet de mettre à jour des trajectoires sociales probables** c'est-à-dire celles des individus dont les normes, valeurs, dispositions sociales sont liées à leur milieu social et/ou au sexe (déterminismes sociaux).
- Cependant, la **diversité des processus de socialisation entraîne une diversité de trajectoires sociales des individus** : les **dispositions intériorisées** par les individus sont multiples, elles ne sont pas uniquement liées à leur milieu social d'origine (des enfants de classe populaire accèdent parfois à des formations scolaires très sélectives), et leurs pratiques et préférences culturelles peuvent être très hétérogènes (on parle de « **dissonances culturelles** »). Cela explique aussi les **trajectoires sociales « improbables »**, celles des **transclasses** ou **transfuges de classe** qui connaissent un changement important de milieu social au cours de leur vie.

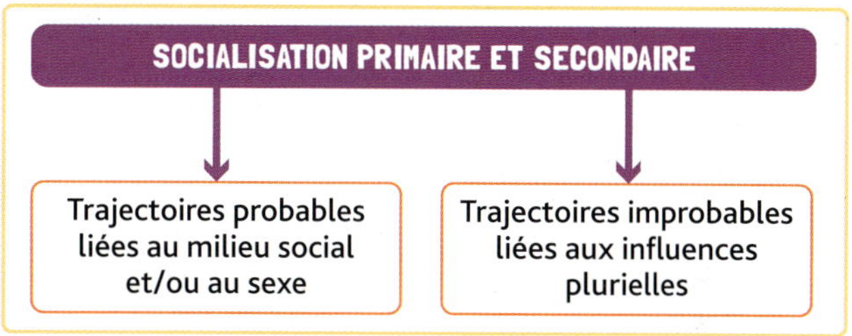

- Les effets de la socialisation varient aussi en fonction des configurations familiales. Par exemple, la place dans la fratrie peut avoir une influence sur la réussite scolaire. Ces constats permettent d'expliquer pourquoi des enfants de milieux populaires peuvent très bien réussir leurs études (« **réussites paradoxales** ») ou encore pourquoi des enfants ont du goût pour des loisirs statistiquement peu choisis par les enfants de leur genre (filles jouant au rugby par exemple).

Notions

- **Configurations familiales** Les différentes formes familiales en termes de membres (famille monoparentale, recomposée, etc.), de ressources (économiques, sociales, culturelles), de dispositions et relations réelles au sein de la famille, qui ont des effets socialisateurs.
- **Dispositions sociales** Les façons de faire, d'agir et de penser intériorisées voire incorporées lors de la socialisation de façon inconsciente.
- **Dissonances culturelles** Situation où les pratiques et préférences culturelles d'un individu sont très hétérogènes. C'est un des éléments explicatifs des trajectoires improbables ou des réussites paradoxales.
- **Instances de socialisation (ou agent de socialisation)** Une personne ou un groupe de personnes de l'environnement social d'un individu qui contribue au processus de socialisation (famille, école, groupes de pairs, entreprise…).
- **Normes sociales** Les règles de conduites (écrites ou non) prescrites par un groupe social, une société. Elles sont associées à des sanctions (positives ou négatives, formelles ou non).
- **Réussite paradoxale** L'expression désigne l'accès d'enfants de milieux populaires à des formations scolaires ou culturelles qui leur sont statistiquement peu ouvertes.
- **Socialisation** Le processus d'apprentissage de normes, de valeurs, de manières de faire, de sentir et de ressentir propres à un groupe social ou à une société.
- **Socialisation primaire/secondaire** La socialisation primaire est celle qui a lieu au cours de l'enfance (auprès de la famille et de l'école). La socialisation secondaire s'effectue dans un deuxième temps, au contact d'un plus grand nombre d'agents de socialisation.
- **Trajectoires improbables** Les trajectoires d'individus qui déjouent les régularités statistiques, en termes de reproduction sociale d'une génération à l'autre. C'est le cas des transfuges de classe qui connaissent un changement important de milieu social (forte promotion sociale).
- **Trajectoires sociales** Le déplacement des individus dans l'espace social au cours de leur vie.
- **Valeurs** Les principes et idéaux valorisés au sein d'un groupe social ou d'une société.

Révisions

1 Réviser avec le schéma de synthèse

Socialisation primaire

Des instances de socialisation
- Famille
- École
- Groupe de pairs

→ **Une socialisation différenciée**
- Selon le milieu social
- Selon le genre

← **Des configurations familiales**
- Famille traditionnelle, monoparentale, recomposée
- Place dans la fratrie

↓

Construction des identités
Incorporation de normes et valeurs

↓

Diversité des trajectoires individuelles
- Probables
- Improbables

Socialisation secondaire

Des instances de socialisation
- Travail
- Couple
- Études supérieures...

↓

Construction et reconstruction de dispositions

↓

Pluralité des comportements
- Des dispositions sociales
- Des dissonances culturelles

2 Savoir illustrer par des exemples

LES DISPOSITIONS SOCIALES :
Faire la bise (ou non) à ses amis, être (ou non) timide, aimer (ou non) lire des romans…

LES CONFIGURATIONS FAMILIALES :
Une famille de 3 enfants, deux parents, le père est agriculteur, la mère sans emploi et diplômée du supérieur

LA SOCIALISATION DIFFÉRENCIÉE :
Des jouets en fonction du sexe de l'enfant

LA SOCIALISATION SECONDAIRE :
Se vêtir comme ses collègues de travail
Prendre les habitudes alimentaires de son conjoint

3 Savoir citer des chiffres clés

En 2018, les familles monoparentales représentent **23,8 %** des familles avec des enfants de moins de 18 ans.

En 2016-2017, **9 %** des étudiants des grandes écoles sont issus de PCS défavorisées, **64 %** de milieux très favorisés.

En 2020-2021, **71 %** des inscrits dans les formations d'ingénieurs sont des hommes.

En 2018, le taux de féminisation des licenciés en gymnastique s'élève à **82 %** contre **6 %** pour le rugby.

4 Savoir définir les notions clés

CONFIGURATIONS FAMILIALES
DISPOSITIONS SOCIALES
INSTANCES DE SOCIALISATION
NORMES ET VALEURS SOCIALES
SOCIALISATION DIFFÉRENCIÉE
SOCIALISATION PRIMAIRE
SOCIALISATION SECONDAIRE
TRAJECTOIRE SOCIALE

5 Ne pas confondre

Socialisation
≠
Sociabilité

6 Revoir l'essentiel en vidéo

hatier-clic.fr/23ses1602

7 Écouter le podcast du cours

Podcast du cours
hatier-clic.fr/23ses1616

8 Vérifier ses connaissances

Mémocartes
hatier-clic.fr/23ses1617

Exercices interactifs
hatier-clic.fr/23ses1618

9 Aller plus loin

Lire

Annie Ernaux,
Les Armoires vides,
éditions Gallimard, 1974.

Écouter

Enfances de classe,
Entretien avec Bernard Lahire,
France culture.

Voir

Un Bon début,
documentaire
de Xabi Molia,
Agnès Molia, 2022.

Suivre l'actualité avec ACTU SES

actu-ses.editions-hatier.fr
hatier-clic.fr/23ses1619

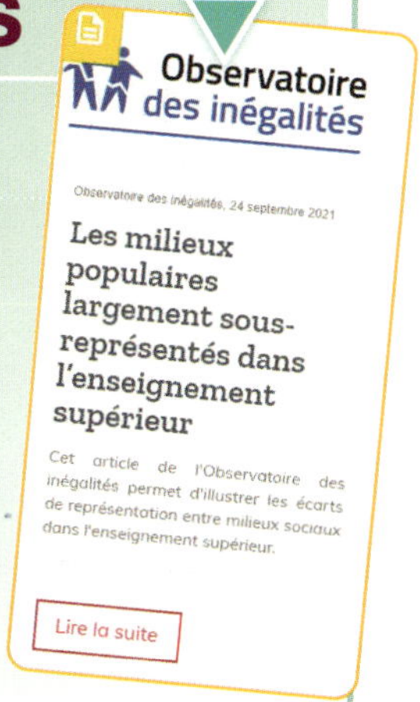
Observatoire des inégalités

Observatoire des inégalités, 24 septembre 2021

Les milieux populaires largement sous-représentés dans l'enseignement supérieur

Cet article de l'Observatoire des inégalités permet d'illustrer les écarts de représentation entre milieux sociaux dans l'enseignement supérieur.

Lire la suite

Vers le BAC

Mobiliser ses connaissances

QUESTION 1 Comparez socialisation primaire et secondaire.

Coup de pouce

1. Que signifie la consigne « comparez » ?
   - Donnez des caractéristiques qui montrent des différences.
   - Listez des conséquences de l'un sur l'autre.
   - Proposez des exemples de l'un et de l'autre.
   - Donnez des caractéristiques qui montrent des ressemblances.
2. Ces instances sont-elles des instances de socialisation secondaire ?
   a. Milieu social d'origine V ☐ F ☐
   b. Profession V ☐ F ☐
   c. Parti politique V ☐ F ☐
   d. École V ☐ F ☐
   e. Média V ☐ F ☐
   f. Couple V ☐ F ☐
   g. Enfants V ☐ F ☐

c. Les éléments suivants relèvent-ils de la socialisation primaire ou secondaire ?
   a. Effets durables
   b. Recomposition des dispositions
   c. À l'âge adulte
   d. Construction des dispositions
   e. Liens impersonnels
   f. Liens affectifs
   g. Rôle important de la famille
   h. Rôle important de la profession
   i. Dans un second temps
   j. Dans un premier temps
   k. Dès l'enfance

QUESTION 2 Montrez que la socialisation est un processus différencié.

Coup de pouce

1. À quoi correspond à la consigne « Montrez » :
   - Cherchez des contre-exemples.
   - Donnez votre avis, votre point de vue personnel.
   - Donnez des preuves, des arguments pour soutenir l'affirmation.
2. Complétez cette réponse possible, en utilisant les termes suivants :
   une construction sociale • l'origine sociale • aspirations • des manières • des comportements • des normes • le sexe • de dispositions • des loisirs.

> *La socialisation est différenciée car elle diffère, en particulier selon .... des individus. Ainsi, les enfants incorporent .... de parler, de se vêtir, de manger, etc. différentes selon leur milieu social d'origine. Ils vont ainsi se construire en s'appropriant ...., des comportements différenciés selon les groupes sociaux, ce qui va durablement influencer leur manière de faire et de ressentir.*
>
> *Les parents proposent aussi .... et valorisent .... différents selon .... de leurs enfants, souvent de manière inconsciente. Les enfants classés comme fille ou garçon se voient attribuer un traitement différent, acquièrent une expérience différente, vont bénéficier ou souffrir d'attentes différentes.*
>
> *Ainsi, les différences ...., de préférences ou d' .... ne relèvent pas uniquement de choix individuels, mais aussi d' ....*

QUESTION 3 Montrez que les trajectoires sociales ne sont pas toujours probables.

Étudier un document statistique

Vers le BAC

ÉTUDE de document 1

Évolution de l'origine sociale des élèves de classes préparatoires aux grandes écoles, en %

	Agriculteurs, artisans, commerçants et chefs d'entreprise	Cadres supérieurs	Professions intermédiaires	Employés	Ouvriers	Retraités, inactifs, autres	Ensemble
1980	12,5	42,1	18,5	8,6	8,9	9,1	100
1996	9,8	50,8	16	8,9	6,9	7,6	100
2000	9,2	51,4	15	8,8	5,4	10,2	100
2005	10,1	51,7	14,3	8,6	5	10,3	100
2010	11,2	52,9	13	9,7	6,5	6,8	100
2015	11,3	52	12,3	10,6	7	6,8	100
2019	10,8	51,9	12,6	11	7,1	6,6	100

Observatoire des inégalités, d'après le ministère de l'Éducation nationale.

1. À l'aide du document, comparez la situation des enfants de cadres à celles des enfants d'ouvriers.
2. À l'aide du document et de vos connaissances, expliquez comment ces inégalités d'accès aux classes préparatoires peuvent s'expliquer par la socialisation.

Coup de pouce

1. Calculez des écarts en points sur la période pour mesurer l'évolution de la proportion d'enfants de cadres supérieurs et d'enfants d'ouvriers parmi les élèves des classes préparatoires.
   – Par exemple, la proportion des enfants de cadres supérieurs parmi les élèves de classes préparatoires aux grandes écoles a augmenté de près de 10 points entre 1980 et 2019.
2. Calculez des écarts en mobilisant des coefficients multiplicateurs (→ Fiche Outil p. 288), pour chaque année, pour mesurer la surreprésentation des enfants de cadres supérieurs, par rapport aux enfants d'ouvriers, parmi les élèves de classes préparatoires.
   – Par exemple, en 2019, la part des élèves de classes préparatoires enfants de cadres supérieurs est 7 fois plus élevée, que celle des enfants d'ouvriers.

ÉTUDE de document 2

Pratique sportive selon le diplôme et la catégorie socioprofessionnelle
(Taux de pratique en % d'une activité sportive au cours des douze derniers mois)

Selon le niveau de diplôme	
Aucun diplôme, CEP	39
Brevet, BEPC	65
CAP, BEP	53
Baccalauréat, brevet professionnel	73
Bac + 2	77
Bac + 3/4	80
Bac + 5 et plus	88

Selon la catégorie socioprofessionnelle	
Agriculteurs	64
Cadres et professions intellectuelles supérieures	87
Professions intermédiaires	76
Employés	68
Ouvriers	53
Retraités	52
Étudiants	88
Autres inactifs	68

Injep, ministère des Sports, Crédoc - Données 2020, Observatoire des inégalités.

Ensemble de la population de 15 ans et plus résidant en France.

1. À l'aide du document, caractérisez la pratique sportive selon les caractéristiques socio-économiques
2. À l'aide de vos connaissances et du document, montrez que la pratique sportive est le produit d'une socialisation différenciée.

Vers le BAC

Raisonnement s'appuyant sur un dossier documentaire

POINT MÉTHODE
Travailler sur les énoncés

▸ Dans la partie 3 de l'épreuve composée, il est demandé de traiter le sujet en développant un raisonnement, qui se compose d'une introduction, d'un développement et d'une conclusion. Il ne s'agit pas de restituer l'ensemble de ses connaissances sur un chapitre, mais de sélectionner celles qui sont utiles au sujet puis de les organiser. Pour cela, il faut d'abord comprendre le sujet.

ÉTAPE 1 Identifier et définir les notions

▸ Dans l'intitulé du sujet, repérer les termes importants, les notions clés. Il faut être capable de définir les notions pour éviter de mal interpréter le problème posé.

▸ En passant la notion au pluriel, on peut parfois mettre en évidence les sous-notions.

PAR EXEMPLE : *socialisation → les socialisations : primaire, secondaire, différenciée, de transformation, de confirmation, de rupture, de genre...*

▸ On peut également lister les notions du cours liées aux mots clés du sujet.

EXEMPLE :

Influences socialisatrices
- → **Socialisation** primaire/secondaire
- → **Instances de socialisation** (famille, école, pairs, média...)
- → **Socialisation différenciée** (genre, milieu social)

ÉTAPE 2 Préciser le cadrage du sujet

Préciser les bornes temporelles (depuis les années 1980 ? les années 2000 ? aujourd'hui ?) et spatiales (la société française ? les pays développés ?) du sujet. Ce cadrage peut être indiqué dans le sujet ou être déterminé par les documents ou vos connaissances.

EXEMPLE : *en fonction des documents, on peut se limiter à la France de nos jours.*

ÉTAPE 3 Identifier la tâche à accomplir

Il s'agit de repérer la consigne du sujet. On peut reformuler le sujet sous la forme d'une question ou introduire la problématique de la manière suivante : « il s'agit de démontrer que... ».

EXEMPLE : *Il s'agit de démontrer que la socialisation différenciée a des effets sur la réussite scolaire.*

APPLICATION

1. Quelles sont les notions du sujet à définir ?
2. À partir de ces définitions, lister des notions liées à mobiliser pour répondre au sujet.
3. Quel est le cadrage spatio-temporel de ce sujet ?
4. Reformulez la tâche à accomplir par une phrase commençant par : « Il s'agit de démontrer que... ».

SUJET

À l'aide de vos connaissances et du dossier documentaire, vous montrerez que la pluralité des influences socialisatrices peut être source de trajectoires individuelles improbables.

Doc 1

« Face à des jeunes issus de milieux bien plus favorisés que le sien, Abdelilah Laloui, étudiant à Sciences Politiques, s'est senti complexé par son "manque de bagage culturel". Il a créé une association pour donner des clés aux jeunes qui ressentent ce "malaise". "Quand j'étais en classe de 2de au lycée Gutenberg de Créteil (Val-de-Marne), je n'avais qu'un projet : devenir frigoriste [technicien du froid], comme mon père. Ma mère, elle, était à la maison, dans notre petit pavillon. J'avais des résultats scolaires plutôt bons, et mes profs m'ont poussé dès la 2de à intégrer une grande école. Mais j'étais persuadé que les grandes écoles, c'était pour les gens cultivés, pas pour moi. Quand j'ai intégré le programme d'aide aux concours de Sciences Po avec une dizaine de lycéens, ça a été un nouveau choc. Je me suis dit que je n'étais pas cultivé, comme mec. Je me sentais totalement illégitime, incapable, bête. Nos profs nous ont dit : 'vous n'avez pas de bagage culturel, on va remédier à cela.' C'était étrange comme programme. Mais je m'y suis attelé. Pour acquérir cette 'culture', j'ai lu énormément de bouquins, à l'école mais aussi pour moi, dans ma chambre." »

Adrien Naselli, « J'ai longtemps eu honte de mon manque de culture », © *Le Monde*, 15 avril 2019.

Doc 2

Répartition des collégiens dans les trois niveaux de difficultés scolaires selon les diplômes parentaux, en %

	Élèves en réussite	Élèves moyens	Élèves en difficulté	Ensemble
Aucun des parents n'a le baccalauréat	18	43,2	38,8	100
Mère non-bachelière, père bachelier ou plus	28,9	39,5	31,6	100
Mère bachelière ou plus, père non-bachelier	50	36,2	13,8	100
Deux parents bacheliers ou plus	42	47,9	10,1	100
Ensemble	**35**	**43,2**	**21,8**	**100**

Lecture : 13,8 % des collégiens dont la mère est au moins bachelière et le père n'est pas bachelier font partie des élèves en difficulté.

Enquête par questionnaire dans 4 collèges de l'agglomération lyonnaise, mars 1999.

Gaëlle Henri-Panabière, « Socialisations familiales et réussite scolaire. Des inégalités entre catégories sociales aux inégalités au sein de la fratrie », *Idées économiques et sociales*, 2018/1, n° 191.

Doc 3

« Même si les conditions économiques et les institutions jouent un rôle décisif, il n'y a pas de facteur qui soit absolument déterminant à lui seul [dans la production des transclasses[1]]. Il faut également prendre en compte les parents et leurs désirs, la place dans la fratrie, l'orientation sexuelle, les rencontres, les affects... Saisir tous les fils d'une existence et les nouer ensemble sans en exclure aucun et sans avoir une explication monolithique d'un parcours. La preuve en est que dans une même famille, deux enfants ayant eu la même éducation ne connaissent pas forcément la même trajectoire sociale. [...]

Le travail de Bourdieu et Passeron a été extrêmement utile pour rompre avec l'illusion selon laquelle l'école serait toujours libératrice. Mais il ne faut pas [...] lui faire porter toute la responsabilité des injustices. L'école est un moyen de reproduction : on voit bien comment nombre d'élèves de milieux populaires sont très vite éliminés du cursus. Mais y existent aussi des agents qui ne sont pas seulement des courroies de transmission, des enseignants qui peuvent jouer un rôle décisif dans des orientations. L'école engendre aussi des possibilités d'émancipation et des parcours atypiques, ne serait-ce que celui de Bourdieu, fils de facteur-receveur devenu sociologue au Collège de France. Lui-même reconnaissait qu'il n'y a pas de trajectoire étudiante qui ne soit traversée par le modèle d'un grand professeur. »

« Les enseignants peuvent jouer un rôle décisif », *Sciences Humaines*, 2020/4, n° 324.

1. Enfants de milieux défavorisés qui connaissent une ascension sociale.

Vers le BAC

Dissertation

POINT MÉTHODE
Présenter et exploiter un document statistique

Pour réussir une dissertation, il faut savoir lire, comprendre et exploiter les documents statistiques du dossier documentaire.

ÉTAPE 1 Lire et comprendre le document

▶ Pour bien lire le document, il faut répondre à cinq questions.

Quoi ?	• De quel type de document s'agit-il ? (tableau, diagramme, courbes de variation, histogramme...) • Qu'est ce qui est mesuré, représenté ?
Où ?	• Sur quelle population ? Sur quel territoire ? • Quel est le champ ?
Quand ?	• À quelle date ? • Sur quelle période portent les données ?
Qui ?	• Quelle est la source ? • Qui a produit les données statistiques présentées ?
Comment ?	• Quelles sont les unités ? (pourcentage ; milliers ; euros courants ; euros constants...)

▶ Vérifier la compréhension en rédigeant une phrase avec une des données du document et comprenant la nature du document, sa source, les unités de mesure, la période, le lieu.

▶ Dégager ensuite les informations principales du document en repérant :

a. *Des tendances ou des régularités*

b. *Des écarts significatifs dans les données*

> *On peut parfois faire une manipulation chiffrée : calculer l'écart entre 2 parts ou 2 taux, illustrer une évolution par le coefficient multiplicateur...*

c. *Des périodes différentes*

d. *Des points particuliers, des exceptions*

ÉTAPE 2 Exploiter un document statistique

▶ Résumer en une phrase la ou les informations principales contenues dans chaque document. Le titre du document peut vous aider.

▶ Le cas échéant, croiser les informations des différents documents proposés pour apporter des confirmations ou de la nuance.

▶ Faire le lien entre les notions et les mécanismes du programme qui permettent de répondre au sujet et les documents statistiques qui illustrent, confirment et/ou nuancent ces éléments de réponse.

APPLICATION

1. Présentez les documents 2 et 3.
2. Faites une phrase qui donne du sens au chiffre entouré dans le graphique 2 (43,2).
3. Comment la présence d'enfants joue-t-elle sur le partage des tâches domestiques femmes-hommes ? (Doc. 2) Quelles comparaisons pouvez-vous réaliser à partir de ce document ?
4. Quelles sont les filières les plus féminisées, les moins féminisées ? (Doc. 3)
5. Résumez en une phrase l'idée principale de chacun des documents 2 et 3.
6. Pour répondre au sujet de dissertation, quelles sont les informations à utiliser dans les documents 2 et 3 ?

SUJET Comment la socialisation favorise-t-elle la reproduction de rôles sexués ?

Doc 1

« De nombreux travaux de sciences de l'éducation montrent qu'on ne peut observer aucune différence dans les performances comme dans les attitudes des filles en début de scolarité ; mais le contact prolongé avec l'école produit progressivement une division sexuée des disciplines. Cette division apparaît en France structurée par le rapport genré au savoir mathématique, d'autant plus discriminant qu'il partitionne l'orientation scolaire et même l'emploi. Les supports et contenus pédagogiques véhiculent également des représentations stéréotypées des rôles sexués [...]. Par ailleurs, la promotion de la mixité scolaire, diffusée en France à partir de 1959, a eu lieu sans véritable débat pour définir un projet éducatif autour de l'évolution des rapports sociaux de sexe. Cette situation a induit l'idée que l'égalité filles-garçons allait de soi lorsque les conditions institutionnelles de son installation se trouvaient réunies. Or la mixité non réfléchie accentue au contraire les stéréotypes de sexe en négligeant la psychologie juvénile, en particulier le fait que les enfants et adolescents des deux sexes s'opposent aux savoirs qu'ils estiment mettre en danger la constitution de leur identité sexuée. En éducation physique et sportive par exemple, chacun des groupes de sexe peut renoncer à certains apprentissages [...] en se retranchant derrière son appartenance genrée. »

Hélène Buisson-Fenet (dir.), *École des filles, écoles des femmes*, © De Boeck, 2017.

Doc 2

Temps quotidien consacré aux tâches domestiques selon le sexe et le type de ménage dans les Pays de la Loire, en 2020

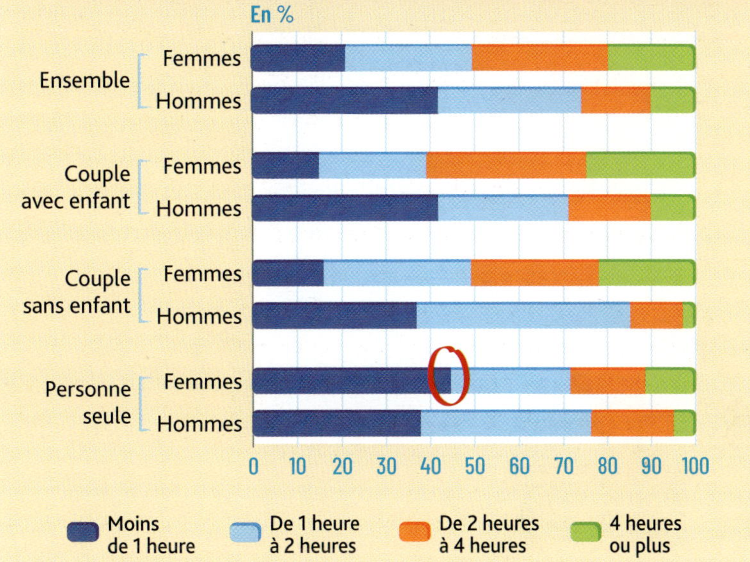

Note : Les familles monoparentales n'apparaissent pas pour des raisons de robustesse des données.

Lecture : en mai 2020, parmi les femmes en couple avec enfant, 25 % déclarent avoir consacré en moyenne quatre heures ou plus par jour aux tâches domestiques.
Champ : personnes âgées de 20 à 60 ans.

Source : *Insee Analyses*, Pays de la Loire, 8 mars 2022.

Doc 3

Part des femmes dans les principales formations d'enseignement supérieur, en 2020-2021, en %

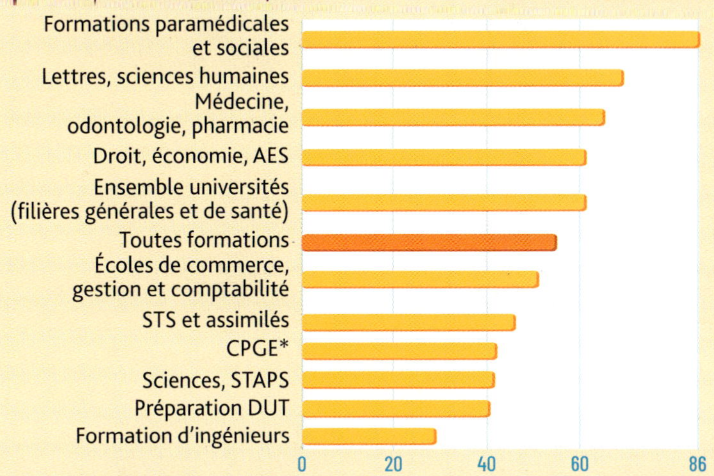

* CPGE : classes préparatoires aux grandes écoles.

Sources : MESRI-SIES-MENJS-DEPP.

Chapitre 7

Comment se construisent et évoluent les liens sociaux ?

LA VIDÉOTHÈQUE DU CHAPITRE

hatier-clic.fr/23ses1701

Vidéo de RÉVISION du chapitre

Lien social au sein d'un groupe de collègues

hatier-clic.fr/23ses1702

1 S'interroger sur le « lien social »

Les bénévoles de l'association Maraude 72 offrent des repas aux plus démunis chaque vendredi au Mans (Sarthe).

Un repas de famille

- Les relations interpersonnelles entre les participants à ces repas sont-elles de même nature ? Justifiez votre réponse.
- Dans votre vie quotidienne, quels sont les lieux qui favorisent des relations sociales ?

2 Réagir à une enquête sur l'individualisme

Vidéo 9 min
hatier-clic.fr/23ses1703

L'enquête Generation What est un programme interactif produit par France Télévisions, Upian et Yami 2, en partenariat avec l'Union européenne de radio-télévision et 14 diffuseurs européens qui permet de dresser le portrait des 18-34 ans dans les pays européens.

- Quelle position semble se dégager de ces témoignages concernant l'individualisme dans la société française ?
- Quelle place ces jeunes accordent-ils à la solidarité ?
- Identifiez les arguments pour et contre les aides sociales.

3 Débattre sur la fragilité du lien social

- Pour chaque proposition, selon votre avis (d'accord, pas d'accord ou partagé), placez-vous dans un des trois espaces distincts de la salle de classe. Ensuite : place au débat et à l'argumentation ! Vous pouvez vous déplacer pendant le débat si vous êtes convaincus par les arguments présentés.

	Je suis d'accord	Je ne suis pas d'accord	Je suis partagé
Les liens entre amis sont les liens les plus intenses.			
Le développement des nouvelles technologies (téléphonie mobile, internet, réseaux sociaux numériques) limite le lien social.			
Le développement du télétravail fragilise le lien social.			
La précarité de l'emploi fragilise le lien social.			
Le phénomène des hikikomoris* est appelé à se développer en France.			

*Jeunes Japonais qui vivent reclus dans leur chambre, parfois pendant des années car ils ne supportent pas la pression sociale qui s'exerce sur eux. Au Japon, leur nombre est estimé à plus de 500 000.

Dossier 1 Les réseaux sociaux numériques favorisent-ils les liens sociaux ?

Doc 1 Réseaux sociaux numériques : les jeunes tous accros ?

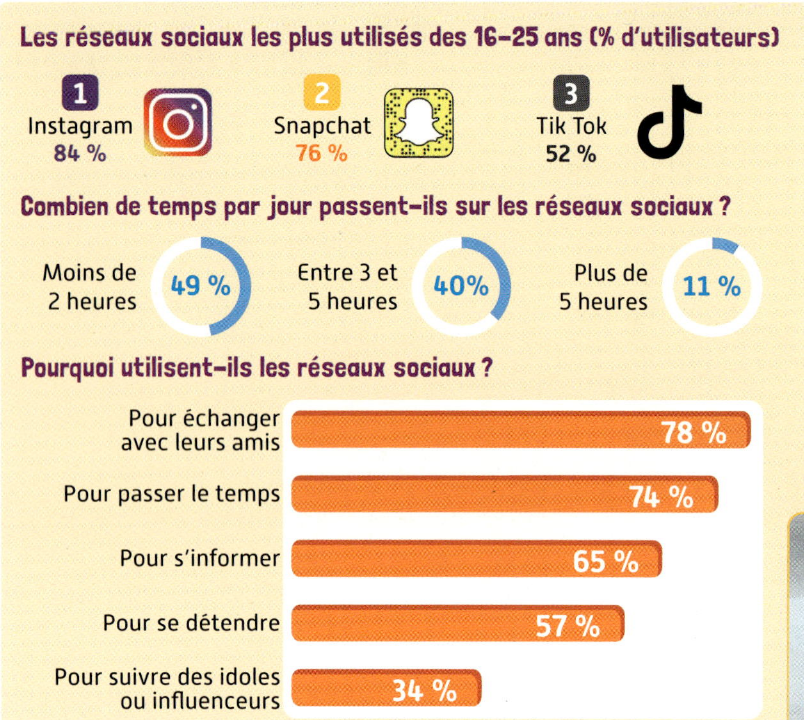

Source : Diplomeo 2021.

1. Quels usages des réseaux sociaux numériques les jeunes font-ils ? Combien de temps y consacrent-ils par jour en moyenne ?
2. Quelles données statistiques laissent penser que les réseaux sociaux numériques contribuent au lien social ?
3. Quels sont les risques liés à l'usage des réseaux sociaux présentés dans la vidéo ci-dessous ? Quels autres risques pouvez-vous suggérer ?

Vidéo 9 min
hatier-clic.fr/23ses1704

Vocabulaire

- Les **liens sociaux** sont les relations qui unissent les individus dans les groupes ou dans la société.
- Au sens courant, la notion de **réseau social** se limite souvent à un réseau social numérique (Instagram, Snapchat...). En sciences sociales, un réseau social est un ensemble d'individus (ou d'organisations sociales telles que des associations, des entreprises voire des pays) reliés entre eux par des liens créés lors des interactions sociales.

Doc 2 Facebook développe les liens faibles

« [Facebook incite ses membres] à diffuser sous forme numérique des témoignages de leur vie pour consolider leur popularité et accroître éventuellement leur réseau social ou tout au moins développer leurs interactions en ligne [...]. Pour le sociologue D. Cardon, les réseaux sociaux en ligne conduisent désormais les individus à interagir à partir de la mise en scène de soi, exposée par les informations de toute nature que l'on dépose sur le site. Cardon considère que Facebook est une plateforme qui privilégie les interactions "entre individus qui se connaissent ou appartiennent à des cercles sociaux de proximité". Il indique cependant que ce ne sont ni "les contacts aventureux avec les inconnus, ni l'échange intime avec les proches" qui sont privilégiés, mais plutôt "des liens faibles... intermédiaires de la vie sociale : copains de toujours ou d'occasion, collègues, partenaires d'activité, amis d'amis, connaissances lointaines". Selon cet auteur c'est une forme particulière de liens ("faibles") qui serait en cause, mais globalement la sociabilité[1] des individus s'enrichirait avec l'usage de Facebook. »

Godefroy Dang Nguyen, Virginie Lethiais, « Impact des réseaux sociaux sur la sociabilité, Le cas de Facebook », *Réseaux*, 2016/1, n° 195 © Éditions La Découverte.

1. Ensemble de relations qu'un individu entretient avec d'autres.

1. Les réseaux sociaux en ligne favorisent-ils la sociabilité ? Justifiez.
2. Pour D. Cardon, quels types de liens favorise Facebook ?
3. Expliquez le passage souligné.

Doc 3 Numérique et liens sociaux « horizontaux »

« Le numérique favorise-t-il les liens sociaux horizontaux[1] ? Une simple évocation historique le rappelle : internet a – en partie – été créé pour cela ! Depuis, le lien numérique permet, pour un mariage sur dix, de rencontrer son futur conjoint, des mariages pas moins solides que les autres. Il permet de garder le contact quand nous sommes physiquement séparés de nos amis.

Il permet l'échange d'informations et la collaboration à distance aux collectifs pour qui le bénéfice de la réunion à distance (gain de temps et d'argent) l'emporte sur le coût du travail à distance (perte de la dimension non verbale de la communication, de la qualité des relations interpersonnelles tel que le plaisir d'échanger en direct). [...] Enfin, le lien social numérique, à distance, donne la possibilité de s'échapper virtuellement d'un environnement familial ou professionnel jugé pesant.

[...] Incontestablement, dans nos sociétés occidentales, l'usage croissant du smartphone accompagne un mouvement d'individualisation des liens sociaux, des liens interpersonnels plus souvent choisis, plus nombreux mais aussi plus fragiles. »

Sébastien Rouquette, « Le numérique favorise le maintien de liens qui nous unissent, en particulier des liens électifs », ledrenche.ouest-France.fr, 13 mai 2020.

1. Les liens sociaux sont de deux types : horizontaux quand cela concerne les relations entre individus ; verticaux quand ils relient l'individu à la société et aux autres *via* les normes, idéologies ou valeurs sociales partagées.

1. Illustrez par des exemples les liens sociaux numériques. Quels sont les éléments qui ont favorisé leur développement ?

2. Qu'est-ce qui caractérise les liens sociaux numériques ?

Doc 4 Recherche d'emploi et réseaux sociaux numériques

1. Pourquoi les jeunes ont-ils intérêt à avoir recours aux réseaux sociaux pour trouver un emploi ? Quels réseaux sociaux semblent les plus adaptés ?

2. Pour quelles professions est-ce particulièrement indiqué ?

Je fais le point

Version interactive
hatier-clic.fr/23ses1706

Complétez le texte à l'aide des mots suivants : *fragiles • numériques • liens sociaux • de harcèlement • l'individualisation • interactions • sociabilités • son conjoint • des fake news • un emploi*

Les réseaux sociaux .... contribuent au développement de .... entre individus c'est-à-dire qu'ils favorisent le développement de .... Ils permettent aux individus de se mettre en scène et favorisent notamment les .... entre les individus qui se connaissent. Ils permettent aussi de rencontrer .... et de garder contact avec des amis éloignés physiquement ou encore de trouver .... Le développement de l'usage du smartphone a favorisé .... des liens sociaux qui apparaissent aujourd'hui plus nombreux mais aussi plus .... L'usage des réseaux sociaux présente aussi des risques comme le risque d'être exposé à .... , le risque d'addiction ou ....

Je m'entraîne pour le BAC

Dissertation Rédigez une séquence argumentative répondant au sujet :
Pourquoi peut-on dire que les réseaux sociaux numériques favorisent les liens sociaux ?

Dossier 2

Quels liens l'individu entretient-il avec les groupes sociaux ?

Exercice

Illustrer la définition de groupe social

« Le sociologue Robert Merton a proposé une définition du groupe social selon deux critères : les individus doivent être en interaction[1] ou avoir des rapports sociaux[2] qui obéissent à des règles préétablies (critère objectif) ; ils doivent se définir eux-mêmes comme membres du groupe et être définis par les autres comme étant membres du groupe (critères subjectifs). Cette définition permet de distinguer le groupe social d'autres groupements de personnes qui n'en sont pas. Par exemple, le regroupement de personnes en un même lieu ne constitue pas un groupe social. »

J. Étienne, F. Bloess, J.-P. Noreck, J.-P. Roux, *Dictionnaire de sociologie*, © Hatier, 2004.

1. Les interactions sociales se produisent dans un cadre social déterminé (famille, quartier, école). Elles naissent des échanges directs (ex. une discussion) ou de l'influence indirecte de l'environnement (ex. la mode).
2. Les rapports sociaux sont les relations ou liens d'interdépendance entre les individus et les groupes en fonction des positions respectives de chacun dans l'organisation sociale (la hiérarchie dans l'entreprise, par exemple).

1 Précisez pour les situations ci dessous, s'il s'agit d'un groupe social ou non.

2 Les individus sur une plage font-ils partie de la société ? Justifiez vos réponses.

a. Une équipe dans une entreprise

b. Des supporters d'un club de football

c. Une file d'attente devant un magasin

d. Un réseau d'amis sur Facebook

e. Des gens sur une plage

Doc 1 Les différents types de liens sociaux

Vidéo + 11 min
Les liens sociaux
hatier-clic.fr/23ses1707

a Les types de lien en fonction des formes de protection

Types de lien	Formes de protection
Lien de filiation (entre parents et enfants)	- Solidarité intergénérationnelle - Protection rapprochée
Lien de participation élective, c'est-à-dire choisi (entre conjoints, amis, proches choisis...)	- Solidarité de l'entre-soi électif - Protection rapprochée
Lien de participation organique (entre acteurs de la vie professionnelle)	- Emploi stable - Protection contractualisée
Lien de citoyenneté (entre membres d'une même communauté politique)	- Protection juridique (droits civils, politiques et sociaux) au titre du principe d'égalité

b Des liens complémentaires et entrecroisés

« Ces quatre types de liens sont complémentaires et entrecroisés. Ils constituent le tissu social qui enveloppe l'individu. Lorsque ce dernier décline son identité, il peut faire référence aussi bien à sa nationalité (lien de citoyenneté), à sa profession (lien de participation organique), à ses groupes d'appartenance (lien de participation élective), à ses origines sociales (lien de filiation). Dans chaque société, ces quatre types de lien constituent la trame sociale qui préexiste aux individus et à partir de laquelle ils sont appelés à tisser leurs appartenances au corps social par le processus de socialisation. »

Serge Paugam, *Le Lien social*, Paris, PUF, 2018.

1. Associez les groupes suivants à un type de lien : un parti politique, les groupes de pairs, les collègues de travail, une association, la famille.
2. Illustrez par des exemples le fait que les liens sociaux apportent des protections aux individus.
3. Montrez que ces liens sociaux permettent à l'individu de construire son identité sociale.

Doc 2 Lien social et intégration

Qu'est-ce qui vous semble le plus important pour être intégré dans la société française ?	Nombre de répondants	Part sur l'ensemble (en %)
Être bien entouré par votre famille ou vos amis	909	30 %
Partager une culture et des valeurs communes	612	20 %
Avoir un niveau de vie convenable	576	19 %
Avoir un travail qui vous convient	487	16 %
Avoir un rôle de citoyen actif	257	8 %
Être de nationalité française	167	6 %
Ne se prononce pas	22	1 %

Enquête réalisée par la DRESS en 2019 auprès de 3030 personnes.

Source : « Quel impact de la crise sanitaire sur la cohésion sociale? » Crédoc, juin 2022.

1. Comment a été obtenu le pourcentage entouré ?
→ Fiche Outil p. 284
2. Classez les réponses selon les quatre types de liens sociaux définis par Serge Paugam (doc. 1b).
3. Reproduisez ce tableau à partir des réponses des élèves de la classe et comparez les résultats avec ceux de l'enquête.

Doc 3 Une association pour créer du lien

▶ À partir du site Internet de l'association « Petits frères des pauvres » hatier-clic.fr/23ses1708, répondez aux questions suivantes :

1. Pour quelles raisons cette association a-t-elle été créée ? Qui est à l'origine de ce projet ?
2. Comment peut-on participer à cette démarche ?
3. En quoi ce projet favorise-t-il la **cohésion sociale** ?

Vocabulaire

> La **cohésion sociale** caractérise une société unie par des valeurs et des normes acceptées par tous et dans laquelle les individus sont intégrés et solidaires ; ceux-ci partagent un attachement à ce groupe et des buts communs.

> Le **groupe social** est constitué par une association d'au moins deux personnes et peut prendre des formes diverses (un couple, un club de sport, un parti politique...). La société est le groupe global, un ensemble de groupes partageant une même culture. Le sociologue distingue les **groupes primaires** (groupes de petite taille avec un fort degré d'intimité et des relations directes et durables, ex. famille, amis) et les **groupes secondaires** (groupes de plus grande taille avec un faible degré d'intimité et des relations fonctionnelles, ex. entreprises, associations).

Je fais le point

Version interactive hatier-clic.fr/23ses1709

Précisez pour chaque situation sociale **a** à **e** ci-contre :
1. S'il s'agit d'un groupe social
2. Si oui, est-ce un groupe social primaire ou secondaire ?
3. Quels types de liens selon Paugam relient les individus de ces situations (voir doc. 1) ?

a. Des employés dans une entreprise
b. Des supporters d'un club de football
c. Une réunion de famille
d. La page Facebook d'un parti politique
e. Des gens sur une plage

Je m'entraîne pour le BAC

Épreuve composée partie 1

Illustrez par trois exemples la diversité des liens qui relient les individus au sein de différents groupes sociaux.

Dossier 3

La progression de l'individualisme remet-elle en cause le lien social ?

Doc 1 La progression de l'individualisme en chiffres

Réponses à la question : À votre avis, vers quel type de citoyenneté notre société se dirige-t-elle dans les années à venir ? Va-t-on vers...

	Ensemble des Français en mai 1998	Ensemble des Français en janvier 2018
Plus d'indifférence à l'égard d'autrui en général	78	85
Plus de respect des autres	18	15
Plus de volonté de s'enrichir et de réussir individuellement	75	83
Plus d'attention portée aux intérêts collectifs	19	17
Un regain de la vie associative	37	24
Un repli individualiste	56	76

Sources : Sondage CSA Opinion pour Libération et la LDH, mai 1998, et sondage IFOP auprès d'un échantillon de 1 003 personnes, représentatif de la population française âgée de 18 ans et plus, janvier 2018.

Champ : Enquête menée auprès d'un échantillon de 1 003 personnes, représentatif de la population française âgée de 18 ans et plus.

1. Donnez la signification de la donnée entourée.
2. À l'aide d'un taux de variation → Fiche Outil p. 288, calculez l'évolution du sentiment de repli individualiste entre les deux sondages.
3. À l'aide de plusieurs données du document, montrez que le sentiment de progression de l'individualisme augmente.

Doc 2 Les deux formes de solidarité chez Émile Durkheim

« La question à l'origine du premier grand livre de Durkheim, *De la division du travail social* (1893), peut être formulée de la façon suivante : comment se fait-il que, tout en devenant plus autonome, l'individu dépende plus étroitement de la société ? Pour y répondre, il distingue deux types de solidarité : la solidarité mécanique et la solidarité organique. La solidarité mécanique correspond à la solidarité par similitude. Elle renvoie aux sociétés traditionnelles dans lesquelles les individus sont peu différenciés les uns des autres, partagent les mêmes sentiments, obéissent aux mêmes croyances et adhèrent aux mêmes valeurs. La conscience collective y est forte, elle couvre la plus grande partie des consciences individuelles. Le contrôle social y est très strict, le droit est de nature répressive. La solidarité organique est la forme opposée, celle qui caractérise les sociétés modernes. Ce qui fait le lien social dans ces sociétés, c'est avant tout l'interdépendance des fonctions, laquelle confère à tous les individus, aussi différents soient-ils les uns des autres, une position sociale précise. Pour Durkheim, la division du travail que l'on observe dans les sociétés modernes n'est pas un obstacle à la solidarité. Au contraire, elle renforce la complémentarité entre les hommes en les obligeant à coopérer. Chacun acquiert ainsi de son travail le sentiment d'être utile à l'ensemble. »

Serge Paugam, *Repenser la solidarité*, PUF, 2015.

Le saviez-vous ?

Émile Durkheim (1858-1917)

> Considéré comme le père fondateur de la sociologie, il est notamment connu pour ses travaux sur le lien social, la division du travail, l'éducation ou encore le suicide. Il a introduit la notion de cohésion sociale en sociologie.

1. Quelles sont les deux formes de solidarité qu'Émile Durkheim oppose dans ce texte ? Quelle forme de solidarité était dominante dans les sociétés traditionnelles et quelle forme de solidarité domine les sociétés modernes ?
2. Comment se caractérise chacune des formes de solidarité ?
3. Comment expliquer le passage de la solidarité mécanique à la solidarité organique ?

Exercice

Identifier la forme de solidarité d'une communauté

Vidéo 12 min
hatier-clic.fr/23ses1710

1 Quelles sont les caractéristiques de la communauté des Amish ?

2 Quelle est la forme de solidarité dominante chez les Amish : mécanique ou organique ? Justifiez votre réponse.

La communauté protestante des Amish, installée aux États-Unis depuis le XVIIIe siècle, se caractérise par un mode de vie simple, volontairement à l'écart du monde et du « progrès ».

Doc 3 Protections et lien social

« Si les individus ne s'étaient pas dotés d'un système d'assurances à visée universelle[1], ils seraient restés plus dépendants des protections données par leurs appartenances à des cercles sociaux plus restreints et le processus d'individualisation[2] n'aurait pas pu être aussi rapide et aussi généralisé. Dans les sociétés rurales, par définition plus traditionnelles, les solidarités se développent essentiellement à l'échelon de la famille élargie. Liés à la famille pour leur protection, les individus le sont aussi pour leur reconnaissance, l'identité familiale étant alors le fondement de l'intégration sociale.

Dans les sociétés modernes, les modèles institutionnels de la reconnaissance se sont individualisés, ils se fondent davantage sur des traits individuels que sur des traits collectifs. C'est moins le groupe en tant que tel qui fonde l'identité que la juxtaposition de groupes différents [...] qui s'entrecroisent de façon unique en chaque individu. Il s'agit d'un processus historique qui place chaque individu dans une plus grande autonomie apparente par rapport aux groupes auxquels il est lié, mais qui l'oblige à se définir lui-même en fonction du regard d'autrui porté sur lui. »

Serge Paugam, *Le Lien social*, Paris, PUF, 2022.

1. La protection sociale (retraite, maladie, chômage...) et ses prestations.
2. Le processus d'individualisation désigne l'émergence et l'affirmation de l'autonomie de l'individu par rapport aux normes et aux valeurs des groupes et de la société.

1. Quelle était la place de la famille dans les sociétés rurales ?

2. En quoi ce texte illustre-t-il un changement de forme de solidarité ?

3. Quel élément va favoriser le changement de forme de solidarité selon Serge Paugam ?

Je fais le point

Version interactive
hatier-clic.fr/23ses1711

Complétez le schéma avec les termes suivants : *division du travail • faible (x2) • familiale • forte (x2) • mécanique • organique • sociale • urbaines • villageoises.*

Sociétés traditionnelles

« Communautés .... »

Forme de solidarité « .... »
- Conscience collective ....
- Autonomie individuelle ....
- Protection ....

Causes du changement

Industrialisation + urbanisation

→ nouvelle ....

Sociétés modernes

« Communautés .... »

Forme de solidarité « .... »
- Conscience collective ....
- Autonomie individuelle ....
- Protection ....

Je m'entraîne pour le BAC

Épreuve composée partie 2

1. En vous servant du document 1, comparez le repli individualiste au regain de la vie associative.

2. À l'aide du document et de vos connaissances, montrez que la nature du lien social a été modifiée par la montée de l'individualisme.

Quels facteurs peuvent affaiblir les liens sociaux ?

Doc 1 Témoignage d'un « invisible »

Michel, 50 ans, a été contraint de dormir dans la rue pendant un an et raconte sa descente aux enfers. Aujourd'hui, il est résident et bénévole dans un centre d'hébergement de l'Armée du Salut à Marseille.

« J'habitais avant en Corse. J'avais une vie ordinaire. Je n'ai pas fait d'études donc assez tôt j'ai enchaîné les boulots précaires : ouvrier en bâtiment, saisonnier pendant les vendanges, dans les champs de clémentines, de melons. J'arrivais tant bien que mal à avoir des contrats de travail de 6 à 12 mois, j'avais des revenus réguliers. Loin de ma famille, j'étais hébergé par une dame, j'entretenais son jardin et faisais des travaux dans sa maison et elle me laissait dormir dans une des chambres du pavillon.

Avec des amis, après une journée de travail, je buvais un verre de vin. Et d'un verre par semaine dans un bistrot, je me suis mis à boire à une bouteille entière dans la journée seul dans ma chambre... D'abord ma voiture, puis mon logement, ensuite mes amis et enfin mon travail, l'alcool m'a tout fait perdre. L'alcool a causé ma perte !

J'ai quitté la Corse en 2015. En arrivant sur le continent, j'ai pris le train pour aller à Marseille. Dès le premier soir, j'ai dû dormir à la rue. J'ai commencé à chercher de l'aide auprès des associations pour avoir un toit. Un foyer d'urgence m'a accueilli pendant 9 jours mais après je devais libérer la place. Et les autres centres d'accueil n'avaient plus de places de libre. Je commence à dormir à même le sol dans les quartiers dont j'ai longtemps arpenté les trottoirs.

« Témoignage : "J'étais cet homme invisible parmi les ombres de la rue", Michel, ancien SDF », www.armeedusalut.fr, 20 février 2022.

1. **Expliquez le titre du document.**
2. **Quels éléments montrent la fragilité de la situation sociale de Michel ?**
3. **Décrivez le processus de « disqualification » qui a amené Michel à dormir dans la rue.**

Exercice

Comprendre les processus d'exclusion

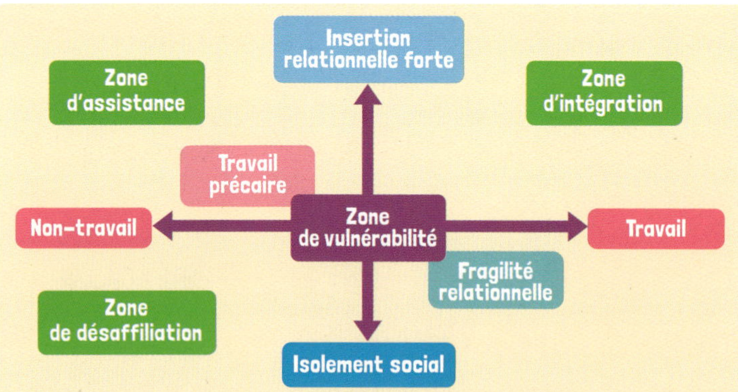

Source : D'après Robert Castel, « La dynamique des processus de marginalisation : de la vulnérabilité à la désaffiliation », *Cahiers de recherche sociologique*, 1994, n°22.

1. **Qu'est-ce que la désaffiliation d'après R. Castel ?**
2. **Donnez un exemple de fragilité relationnelle et un exemple de travail précaire.**
3. **La perte d'emploi peut-elle entraîner la désaffiliation ? Justifiez votre réponse.**
4. **Synthétisez le schéma sous la forme d'un tableau à double entrée dans lequel vous placerez les situations suivantes : Désaffiliation (exclusion), Assistance (dépendance), Intégration (autonomie et stabilité), Vulnérabilité (fragilité et instabilité).**

Vocabulaire

- **La désaffiliation** est, selon le sociologue Robert Castel, la fragilisation progressive des liens sociaux liés au travail rémunéré et ceux issus de l'insertion relationnelle (famille, amis, réseaux...).
- **La disqualification** est, selon le sociologue Serge Paugam, le processus d'affaiblissement des liens de l'individu avec la société, au sens de la perte de la protection et de la reconnaissance sociales (perte d'allocations, stigmatisation comme « assisté », etc.) au cours de trois étapes : fragilisation, dépendance puis marginalisation.

Doc 2 La ségrégation socio-spatiale : l'exemple des oubliés de Grigny

Vidéo 12 min
hatier-clic.fr/23ses1712

Dans cette ville pauvre de 30 000 habitants, tous les commerces ferment les uns après les autres.

1. Quel est le profil socio-économique des habitants de Grigny ?
2. Peut-on dire que les habitants de Grigny subissent des inégalités en ce qui concerne les services publics et privés ?
3. Compte tenu des témoignages des habitants, sans intervention des pouvoirs publics, comment devrait évoluer la ségrégation socio-spatiale dans cette commune de Seine-Saint-Denis ?

Doc 3 La pauvreté, un cumul de facteurs

Vidéo 3 min
hatier-clic.fr/23ses1713

1. Comment mesure-t-on la pauvreté ?
2. Quelles sont les caractéristiques sociales qui exposent le plus au risque de pauvreté ?
3. Pourquoi la famille monoparentale peut être une illustration du lien entre rupture familiale et exclusion ?

Doc 4 La ségrégation sociale à l'école

Répartition du nombre d'écoles privées sous contrat et publiques en fonction de leur IPS[1] sur l'année scolaire 2021-2022.

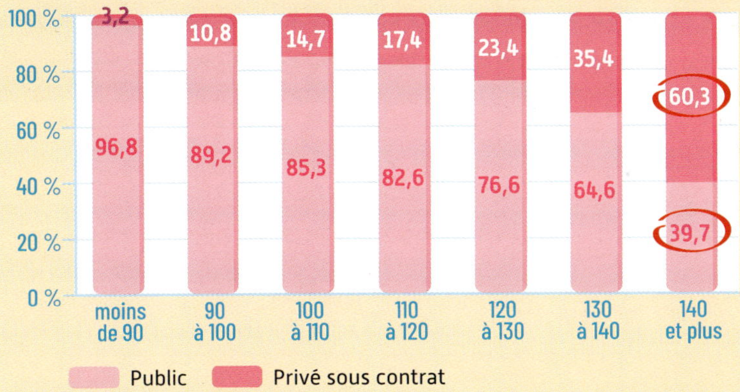

Lecture : En 2021-2022, 96,8 % des écoles avec un Indice de position sociale inférieur à 90 sont publiques.
Source : *Gazette des communes*, 2022, à partir des données du ministère de l'Éducation nationale.
1. IPS : Indice de position sociale. C'est un indicateur élaboré par le ministère de l'Éducation nationale : plus cet indicateur est élevé et plus l'enfant est issu d'un milieu favorable aux apprentissages.

Vocabulaire

> **La ségrégation** est la séparation d'un groupe social du reste de la société. On parle de **ségrégation socio-spatiale** lorsqu'il y a séparation sur un territoire en fonction de différences de niveau de vie.

1. Donnez la signification précise des données entourées.
2. À partir des données de ce document, pourquoi peut-on dire qu'il y a une forme de ségrégation scolaire ?
3. Comment expliquer, selon vous, cette inégale répartition des élèves entre le public et le privé sous contrat ?
4. Quel effet peut avoir ce constat sur le lien social ?

Je fais le point

Version interactive
hatier-clic.fr/23ses1714

Répondez par Vrai ou Faux aux affirmations suivantes.

	Vrai	Faux
a. L'exclusion sociale résulte d'un processus de rupture cumulative des liens sociaux.	☐	☐
b. Désaffiliation et disqualification sont synonymes.	☐	☐
c. La ségrégation scolaire peut être liée à la ségrégation spatiale.	☐	☐
d. La perte d'emploi produit de l'exclusion sociale.	☐	☐
e. Les ruptures familiales peuvent produire de l'isolement social.	☐	☐

Je m'entraîne pour le BAC

Épreuve composée partie 1
Montrez, à l'aide de deux exemples, que certains facteurs peuvent affaiblir les liens sociaux.
➜ Point Méthode p. 74

Atelier 1

Rédiger une synthèse
La nomenclature des PCS

Étape 1 Étudier les documents

1. [Doc. 1] Qu'est-ce que la nomenclature des PCS ?
2. [Doc. 2 et 3] Identifiez dans la nomenclature deux groupes socioprofessionnels que l'on peut opposer selon : le statut professionnel, la qualification, le secteur d'activité.
3. [Doc. 2 et 3] En vous aidant des critères, classez les professions suivantes dans la nomenclature : *ouvrier de l'industrie • viticulteur • ouvrier agricole • médecin généraliste à son compte • épicier à son compte • guichetier à la SNCF • Directeur général salarié d'une grande entreprise • infirmier • professeur de lycée • ouvrier bijoutier place Vendôme.*
4. [Doc. 3] Quels sont les groupes socioprofessionnels en expansion depuis 1962 ? Ceux en déclin ?
5. Peut-on dire que les PCS définissent des groupes sociaux ?

Étape 2 Rédiger une synthèse

6. Sélectionnez les informations qui permettent de définir ce qu'est la nomenclature des PCS et les évolutions observées.
7. Rédigez un texte structuré pour vos futures révisions.

Doc 1 Des CSP au PCS

« Dans le contexte de la reconstruction d'après-guerre, l'Insee a élaboré en 1951 une grille pour classer les professions : la nomenclature des CSP (Catégories Socioprofessionnelles). L'objectif de cette nomenclature est alors de classer la population en un nombre restreint de catégories sociales présentant chacune une certaine homogénéité, c'est-à-dire ayant des caractéristiques économiques et sociales proches. La nomenclature a été remaniée en 1982 pour tenir compte des profondes mutations des Trente Glorieuses (1946-1975), donnant naissance à la nomenclature des PCS (Professions et Catégories Socioprofessionnelles). Pour l'Insee "la nomenclature socioprofessionnelle est un ensemble de catégories statistiques qui, chacune, regroupe des professions correspondant à un même milieu social". »

D'après Insee.

Doc 2 Les critères de classement des actifs dans la nomenclature

Critères de classement	Exemples
La profession	C'est le principal critère : plombier, professeur, etc.
Le statut professionnel	Indépendant ou salarié (ex. un médecin peut être à son compte ou salarié d'un hôpital)
La qualification	Très qualifié (ex. : cadre supérieur), de qualification intermédiaire (ex. : infirmier), peu qualifié (ex. : ouvrier sans diplôme ni expérience)
Le statut hiérarchique	Chef d'entreprise, d'équipe, employé ou ouvrier...
Le secteur d'activité	Primaire, secondaire ou tertiaire
La taille de l'entreprise	Petite, moyenne ou grande exploitation agricole par ex.
La nature de l'employeur	Secteur privé ou public par ex.

D'après Insee.

Doc 3 L'évolution de la structure de la population active par PCS

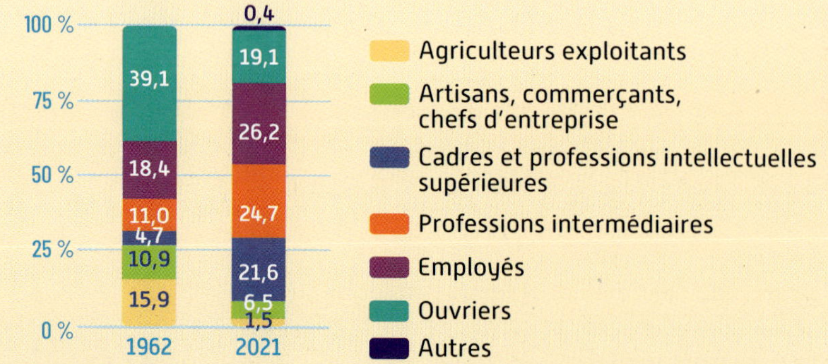

Source : Insee.

Atelier 2

Présenter une expérience sociologique L'expérience du « petit monde »

Vers le GRAND ORAL

Étape 1 Découvrir l'expérience du « petit monde »

1. Quel est l'objectif de cette expérience de Stanley Milgram ?
2. Qu'est-ce qu'une chaîne de connaissances ?
3. Quelles sont les conclusions de l'expérience ?
4. Justifiez le titre de l'expérience.

Étape 2 Actualiser l'expérience du « petit monde »

5. Par groupes, proposez un protocole expérimental rigoureux afin de déterminer si le développement des réseaux sociaux numériques modifie les résultats de l'expérience de Milgram. Pour cela, vous devez :
   - déterminer un individu-cible ;
   - proposer un échantillon de personnes qui vont participer à l'expérience pour que les résultats de celle-ci soient significatifs ;
   - justifier le choix du recours à un ou plusieurs réseaux sociaux numériques ;
   - rédiger le message qui sera transmis le long de la chaîne de connaissances.
6. Présentez votre projet à la classe qui votera pour le projet le plus abouti (qui pourra éventuellement être mis en œuvre).

Coup de pouce

Voir la notion d'échantillon représentatif p. 197.

Doc 1 Si proche de Donald Trump...

Podcast hatier-clic.fr/23ses1715

Biographie

> **Stanley Milgram** (1933-1984) était Docteur en psychologie sociale de l'université de Harvard et professeur à l'université de New York. Il est surtout connu pour ses travaux sur le contrôle social et la question de la soumission à l'autorité : la célèbre expérience de Stanley Milgram.

Doc 2 L'expérience du petit monde de Stanley Milgram

« Connaissez-vous la théorie des six degrés de séparation, celle qui veut que, de connaissance commune en connaissance commune, il n'y ait que cinq personnes entre vous et, au hasard, Barack Obama ? Cette théorie [...] a été prouvée dans les années 1960 par le psychologue Stanley Milgram [par l'expérience dite du "petit monde"]. Il a demandé à 290 personnes de faire parvenir un pli à destination d'un habitant de la banlieue de Boston, sans le lui envoyer directement mais en choisissant des destinataires susceptibles de connaître le destinataire final. Le nombre d'individus nécessaires pour faire parvenir le pli avait été de 5,2 personnes (six degrés de séparation). »

Martin Untersinger, « Oubliez les "6 degrés de séparation", il y en a 4,74 ! », rue89.nouvelobs.com, 22 novembre 2011.

Comment se construisent

A De l'individu à la société : le lien social

- La **société** est bien plus qu'une simple somme d'individus : elle **est constituée d'individus reliés entre eux par des** liens sociaux.

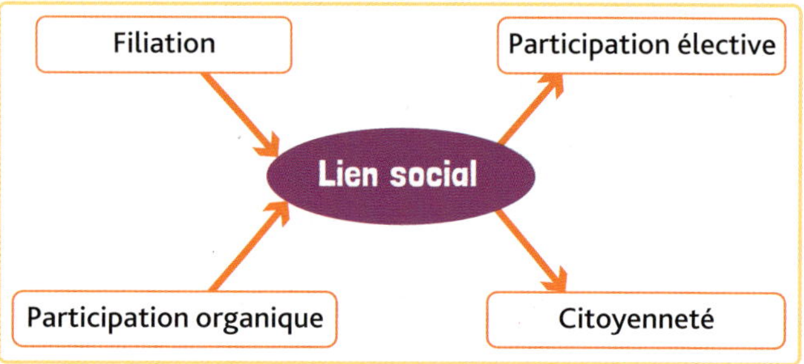

- **Le lien social au sein d'un** groupe social **peut être économique** (ex. intérêt réciproque), **civique** (ex. participation électorale), **interpersonnel** (relations de face à face) ou de **solidarité** (ex. protection sociale). Comme le montre Serge Paugam, le lien peut aussi être de **filiation** (parents-enfants), de **participation élective** (c'est-à-dire choisi, comme les conjoints, les amis...), de **participation organique** (collègues) et de **citoyenneté** (membres d'un même pays). De nature différente, ces liens s'entrecroisent : être membre d'une association peut relever à la fois du lien de participation élective et du lien de participation organique ou du lien de citoyenneté.
- **Pour rendre compte de la société, on peut définir des critères qui permettent de classer les individus dans des groupes**. C'est ce que fait l'Insee avec sa nomenclature des Professions et catégories socioprofessionnelles (PCS). En fonction de critères variés (métier, statut professionnel, secteur d'activité, niveau de qualification, taille de l'entreprise), les individus sont classés dans des groupes et des catégories. Mais ces caractéristiques communes ne suffisent pas pour former un groupe social : il faut aussi un sentiment d'appartenance, la prise de conscience d'intérêt commun.
- **En sciences sociales, un réseau social est un ensemble d'entités sociales** (familles, groupes de pairs, univers professionnel, associations) **dans lequel des individus** (ou des organisations sociales) **se trouvent reliés par des liens** créés lors des interactions sociales. Cette définition englobe les réseaux sociaux numériques mais ne s'y réduit pas. Les hommes ont toujours développé des réseaux sociaux et les liens tissés en ligne se distinguent peu de ceux tissés hors ligne ; ils participent également à l'intégration sociale.

B Liens sociaux, entre évolutions et ruptures

- **Le lien social permet aux individus de vivre ensemble et assure la** cohésion sociale. Mais comment cette dernière est-elle maintenue dans les sociétés contemporaines, où l'individu peut davantage affirmer son autonomie ? Autrement dit, pourquoi le processus d'individualisation ne conduit-il pas à l'isolement de l'individu ? Pour É. Durkheim, c'est la division du travail qui renforce la complémentarité des individus au sein des sociétés industrielles. Dans les sociétés traditionnelles où la division du travail est faible, la cohésion sociale est assurée par la **solidarité mécanique** ; dans les sociétés modernes, c'est la **solidarité organique** qui caractérise le lien social. La première s'appuie sur les similitudes unissant les individus ; la seconde repose sur la différenciation des tâches.

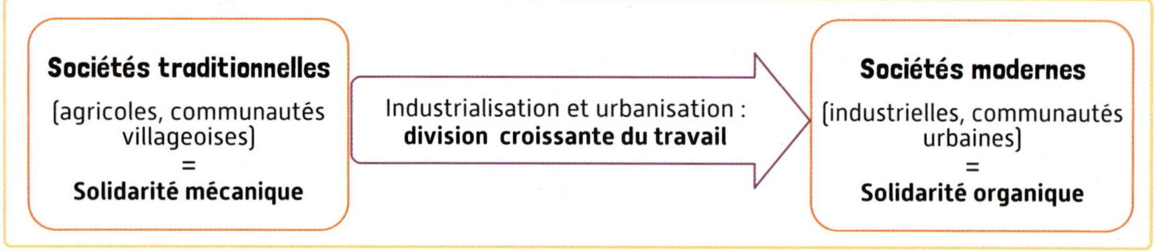

et évoluent les liens sociaux ?

Podcast du cours
hatier-clic.fr/23ses1716

- **Avec le développement d'Internet, les usages du numérique se sont intégrés aux modes de vie contemporains**, notamment celui des jeunes. Cela a permis de développer de nouvelles formes de sociabilité, dites virtuelles (sites de rencontre en ligne par exemple). Le développement des **réseaux numériques** renforce le lien social (recherche d'emploi, financement collaboratif, engagement solidaire...) mais il développe aussi certains risques (harcèlement, infox...).

- Outre l'intégration par le revenu qu'il procure, **l'accès à l'emploi permet d'avoir des relations professionnelles et sociales, de tisser des liens et d'avoir une place reconnue dans la société**. Le travail participe donc à la construction de l'identité sociale de l'individu dans les sociétés modernes. La perte de l'emploi peut amener à un processus de marginalisation, d'exclusion de l'individu dans la société par un processus de disqualification sociale (stigmatisation de la situation d'assisté). Mais la montée du chômage et de la précarité du travail n'explique pas à elle seule la désaffiliation. Il faut qu'il y ait corrélativement une fragilisation des autres liens sociaux (familiaux entre autres) pour que l'individu se sente isolé, sans place assignée dans la société.

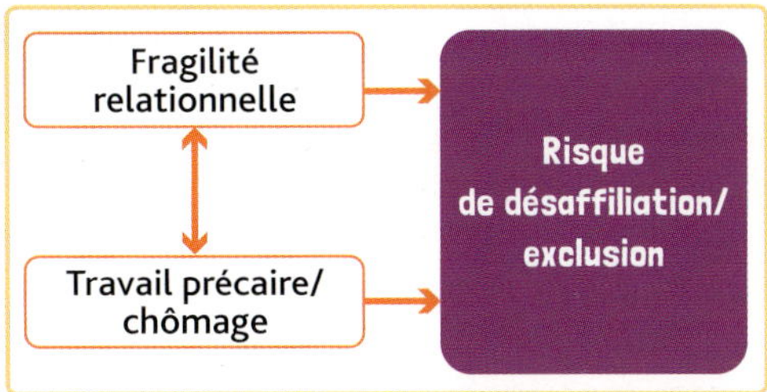

- La ségrégation socio-spatiale, qui écarte une partie de la population de l'accès à certains services publics (formations, soins...) et concentre des groupes sociaux rencontrant des difficultés socioéconomiques, produit des inégalités qui rendent plus difficile l'intégration sociale de ces individus et fragilisent le lien social.

Notions

- **Cohésion sociale** Elle caractérise une société unie par des valeurs et des normes acceptées par tous et dans laquelle les individus sont intégrés et solidaires ; ceux-ci partagent un attachement à ce groupe et des buts communs.
- **Désaffiliation** La fragilisation progressive des liens sociaux liés au travail rémunéré et ceux issus de l'insertion relationnelle (famille, amis, réseaux...).
- **Disqualification** Le processus d'affaiblissement des liens de l'individu avec la société au sens de la perte de la protection et de la reconnaissance sociales (pertes d'allocations, stigmatisation comme « assisté », etc.)
- **Division du travail** La répartition entre les individus des tâches de la vie sociale (productives mais aussi celles liées à l'éducation, la famille, etc.)
- **Groupe social** Association d'au moins deux personnes, le groupe peut prendre des formes diverses (un couple, un parti politique...). Pour qu'un groupe constitue un groupe social, il faut qu'il y ait des interactions directes ou indirectes entre ses membres (critère objectif) et un sentiment d'appartenance (critère subjectif). La société est le groupe global, un ensemble de groupes partageant une même culture.
- **Interactions sociales** Les actions et influences réciproques entre individus, résultant d'échanges directs (discussion avec des collègues, repas pris en famille...) ou de l'influence indirecte de l'environnement (comme la mode).
- **Isolement** Une situation dans laquelle un individu a rompu les liens qui le rattachaient à la société.
- **Liens sociaux** Les relations qui unissent les individus.
- **Précarité** L'instabilité de l'emploi et du revenu qui place l'individu en situation de vulnérabilité.
- **Processus d'individualisation** L'émergence et l'affirmation de l'autonomie de l'individu par rapport aux normes et aux valeurs des groupes et de la société.
- **Professions et catégories socioprofessionnelles (PCS)** L'outil construit par l'Insee pour tenter de regrouper les actifs français dans des catégories selon certains critères socio-professionnels (statut des actifs, métier, qualification...).
- **Réseau social** Un ensemble d'individus (ou d'organisations sociales telles que des associations, des entreprises) reliés entre eux par des liens créés lors des interactions sociales.
- **Ségrégation** La séparation de fait ou de droit d'un groupe social du reste de la société.
- **Sociabilité** L'ensemble des relations qu'un individu (ou un groupe) entretient avec d'autres.

Révisions

1 Réviser avec le schéma de synthèse

Liens sociaux

Des relations diverses
- Interactions
- Sociabilités numériques
- Protection
- Solidarités

Cohésion sociale

Des groupes sociaux
- Famille
- Groupes de pairs
- Associations
- Réseaux
- Groupes socioprofessionnels (PCS)

Une évolution

Solidarité mécanique → Processus d'individualisation → Solidarité organique

Des risques de rupture
- Précarités
- Ségrégations
- Ruptures familiales
- Isolement

Processus de désaffiliation et de disqualification

2 Savoir illustrer par des exemples

UN GROUPE SOCIAL : la famille, des collègues de travail

LE PROCESSUS D'INDIVIDUALISATION : un individu qui s'émancipe de sa famille, de la religion, de sa communauté

LES SOCIABILITÉS NUMÉRIQUES : les interactions entre individus sur Instagram, Facebook, Snapchat, LinkedIn, etc.

LES SÉGRÉGATIONS : ségrégation socio-spatiale banlieue/centre-ville, ségrégation scolaire public/privé

LES RUPTURES FAMILIALES : le divorce, les familles monoparentales

LA PRÉCARITÉ : l'alternance entre chômage et « petits boulots »

3 Savoir citer des chiffres clés

84 % des 16-25 ans utilisaient Instagram en 2021.

Pour **30%** des Français, être bien entouré par la famille et les amis est le plus important pour être intégré dans la société.

Pour **85%** des Français, l'indifférence à l'égard d'autrui croît dans notre société.

En 2017, le taux de pauvreté est de **20,3 %** pour les familles monoparentales (1,2 million d'individus).

4 Passer d'une mesure de variation à une autre

Comment passer d'un outil à un autre ?

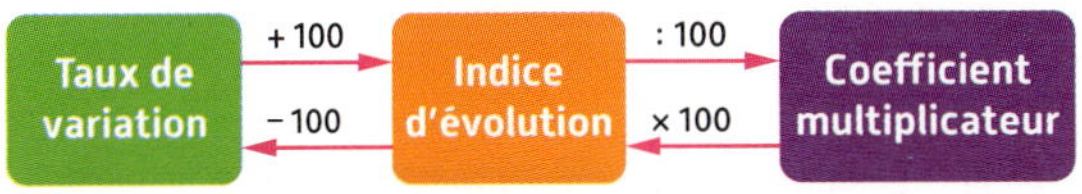

EXEMPLE On a calculé l'indice de la population de lycéens du lycée Bleu en 2022 : 160. On peut dire que, de 2012 à 2022, cette population a été multipliée par 1,6 ou qu'elle a augmenté de 60 %.

EXERCICE 1 Mesurer des variations absolue et relative

	2019	2020
Revenu médian (en euros)	889	921
Nombre de personnes pauvres (en milliers)	9 244	8 884

Source : Insee.
Est considérée comme pauvre toute personne gagnant moins de 60 % du revenu médian, c'est-à-dire moins de 889 € par mois en 2019 et moins de 921 € en 2020.

1. Comment a évolué la population des pauvres en France de 2019 à 2020 en valeur absolue ?
2. Calculez l'évolution du nombre de personnes pauvres en valeurs relatives et justifiez le choix de votre calcul.

EXERCICE 2 Mesurer des variations et calculer un indice d'évolution

A

Nombre d'élèves	2012	2017	2022	Taux de variation 2012-2022	Coefficient multiplicateur 2012-2022
Lycée Jaune	900	800	1 200		
Lycée Blanc	1 500	2 000	2 350		

1. Complétez le tableau A avec les calculs appropriés.
2. Faites une phrase donnant la signification des résultats obtenus.

B

Indice d'évolution	2012	2017	2022
Lycée Jaune	100		
Lycée Blanc	100		

3. En prenant l'année 2012 pour année de base, complétez le tableau B avec l'indice d'évolution du nombre d'élèves dans chaque lycée.
4. Faites une phrase avec la valeur se trouvant dans la case sur fond jaune.

EXERCICE 3 Transformer des indices

Consommation mensuelle totale de biens (en milliards d'euros)

	Janvier 2018	Janvier 2019	Janvier 2020	Janvier 2021	Janvier 2022
Consommation mensuelle totale de biens	47,1	47,9	47,6	48,5	47,7
Indice d'évolution, base = 100, janvier 2018	100				
Taux de variation	/				
Indice base = 100, l'année précédente	/				

Source : Insee.

1. En prenant la consommation de janvier 2018 pour base 100, calculez l'indice d'évolution de la consommation mensuelle totale de biens entre janvier 2018 et janvier 2022 puis complétez le tableau.
2. Calculez les taux de variation d'une année par rapport à la précédente.
3. À partir des calculs de la question 2, complétez la dernière ligne du tableau.

FICHE OUTIL 6

Mesurer en valeur et en volume

En économie, la plupart des grandeurs étudiées (PIB, revenus, prix des produits…) sont mesurées en unités monétaires (en euro ou en dollar par exemple).
Or, cet étalon de mesure n'est pas constant. Pour pouvoir comparer des données exprimées dans des unités monétaires dont la valeur change, les économistes calculent les données en **volume** et non plus en **valeur**.

D'où vient la variation de la valeur de la monnaie ?

La même quantité de monnaie permet d'acquérir une quantité plus ou moins importante de biens et de services selon que leurs prix augmentent ou baissent. Si le niveau général des prix est orienté à la hausse, autrement dit s'il y a de l'inflation, la monnaie perd de sa valeur.

EXEMPLE Si le prix d'une baguette passe de 1 € à 2 € entre deux dates, cela signifie qu'avec 1 € on pouvait initialement acheter une baguette entière et qu'avec ce même euro, on ne peut plus obtenir qu'une demi-baguette : il a donc perdu de la valeur !

ÉTAPE 1 Distinguer euros courants et euros constants

Dans les magasins, les achats se font en **euros courants**, c'est-à-dire en euros qui ont cours à ce moment-là. Pour comparer la valeur de produits à travers le temps, on reconstitue des prix en **euros constants**, c'est-à-dire la valeur des produits comme si la monnaie n'avait pas changé de valeur.

$$\text{Prix en euros constants} = \frac{\text{(Prix en euros courants)}}{\text{Indice des prix}} \times 100$$

EXEMPLE En 2002, le prix moyen de la baguette s'élevait à 0,70 euro ; en 2022, il est de 1 euro. Le prix nominal de la baguette a donc augmenté d'environ 43 % entre ces deux dates.
Pendant le même temps, le niveau général des prix a augmenté de 34 % (taux d'inflation entre 2002 et 2022).
Le prix de la baguette en 2022 si la valeur de l'euro n'avait pas changé serait de :

$$\left(\frac{1}{134}\right) \times 100 = 0{,}75$$

On peut alors dire qu'en 2022, la baguette en euros constants de 2002 coûte 0,75 euro : son prix réel n'a donc augmenté que de 7,1 %.

ÉTAPE 2 Mesurer en valeur et en volume

EXEMPLE Voici l'évolution du budget cinéma d'un individu.

	Année 1	Année 2
Nombre de places achetées	10	?
Prix d'une place (en euros)	5	8
Budget cinéma	50	120

Le budget cinéma a augmenté de 140 % : [(120 – 50)/ 50] x 100 = 140.
Le prix d'une place, quant à lui, a augmenté de 60 % : [(8–5)/5] x 100 = 60.
On constate que l'augmentation du prix n'explique pas à elle seule l'augmentation du budget. En plus d'un effet prix (hausse du prix), il y a eu un effet quantité (ou « effet volume »). En effet, si on divise 120 par 8 (prix d'une place pour l'année 2), on trouve 15 places de cinéma : donc 5 de plus !

De même, pour étudier l'évolution d'une grandeur telle que le PIB à travers le temps, les économistes reconstituent les données en euros constants afin de neutraliser l'effet prix. En effet, pour qu'il y ait réellement croissance économique, il faut que ce soient les quantités produites qui augmentent et non leur prix.

$$\textit{Production en volume} = \frac{\textit{production en valeur}}{\textit{indice des prix}} \times 100$$

Récapitulatif

Mesure en valeur	Mesure en volume
Avec effet prix	Sans effet prix (il reste seulement l'effet quantité)
Données en euros courants	Données en euros constants
Données nominales	Données réelles

EXERCICE 1 Mesurer le pouvoir d'achat du Smic

	2016	2017	2018	2019	2020	2021	2022	Taux de variation 2016-2022
Smic mensuel brut en euros courants	1 466,62	1 480,27	1 497,47	1 521,22	1 539,42	1 589,41	1 678,95	14,48 %
Indice des prix à la consommation, base 100 en 2018*	97,58	98,64	100	101,19	100,90	103,75	109,69	12,41 %
Smic mensuel brut en euros constants de 2018	....	....	....	....	....	....	....	....

*indice relevé au mois de décembre de chaque année sauf pour 2022, au mois d'octobre.

Source : données Insee.

1. Complétez le tableau.
2. Pourquoi le Smic en euros constants est-il plus élevé que le Smic en euros courants avant 2018 ?
3. Le pouvoir d'achat du Smic a-t-il augmenté ou diminué sur l'ensemble de la période ?

EXERCICE 2 Comparer une évolution en euros courants et en euros constants

Ces dernières années, le prix des carburants a souvent fait l'actualité. Mais le prix du gazole, par exemple, suit-il l'évolution « normale » des prix ou augmente-t-il plus vite que l'inflation ?

	1992	2002	2012	2022	Variation en % entre 1992 et 2022
Prix du litre de gazole en euros courants	0,54	0,75	1,36	*a*	*b*
Indice des prix à la consommation, base 100 en juillet 1992	100	114,8	c	153,6	*d*
Prix du litre de gazole en euros constants	0,54	*e*	1,01	1,30	140,7

Nb : les prix et l'indice des prix sont ceux relevés au mois de juillet de chaque année.

Source : données Insee.

1. Donnez la signification de chacune des données en rouge.
2. Complétez le tableau en calculant a, b, c, d et e.
3. Comment évolue le prix du gazole par rapport au niveau général des prix ? Justifiez.

EXERCICE 3 Comparer l'évolution du PIB en valeur et en volume

Taux de variation du PIB en %

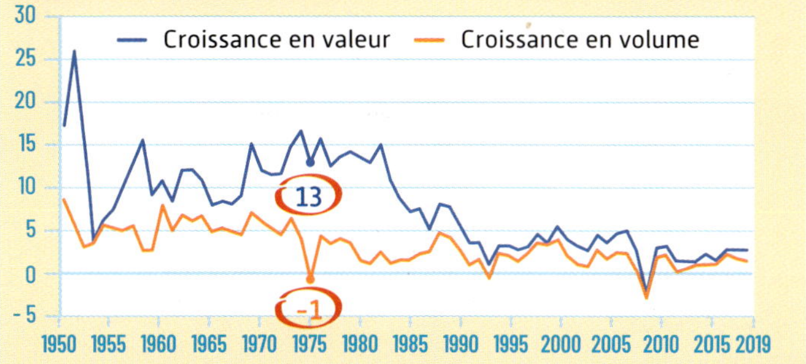

Source : lafinancepourtous.com d'après Insee.

1. Donnez la signification des deux données entourées.
2. À quoi correspond l'écart entre la croissance en valeur et la croissance en volume sur ce document ?
3. Que signifie le rapprochement des deux courbes à partir du milieu des années 1980 ?
4. Laquelle de ces deux courbes vous paraît la plus pertinente pour analyser l'évolution de la production réelle de richesses ? Pourquoi ?

FICHE OUTIL 7

Représenter et interpréter des courbes d'offre, de demande et de coûts

1 Comprendre les principes des représentations graphiques des marchés

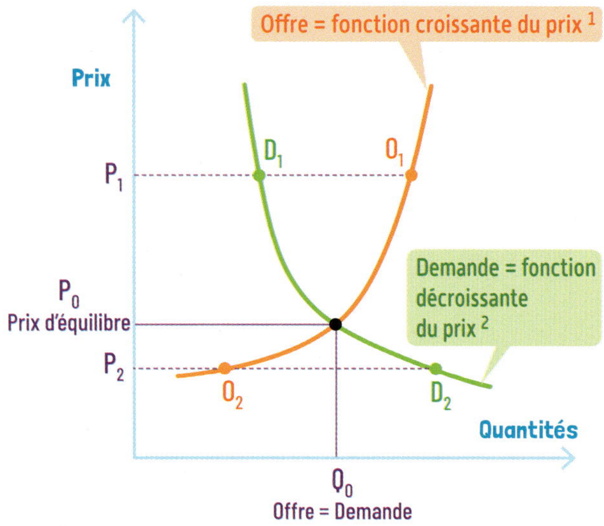

1. Plus le prix augmente, plus la quantité offerte s'accroît.
2. Plus le prix baisse, plus la quantité demandée s'accroît.

Les représentations graphiques des marchés (biens, services, travail, capitaux…) sont toutes organisées de la même façon.

On commence par construire un repère orthonormé sur lequel figurent sur l'axe des ordonnées les prix et sur l'axe des abscisses les quantités.

1. L'offre est une fonction croissante du prix : plus le prix est élevé, plus la quantité offerte s'accroît.
2. La demande est une fonction décroissante du prix : plus le prix baisse, plus la quantité demandée s'accroît.

Dans ces conditions, les deux courbes se croisent en un point. Il s'agit du prix d'équilibre (P_0) pour lequel la quantité offerte est égale à la quantité demandée (Q_0).

Si le prix du marché (P_1) est supérieur au prix d'équilibre, alors la quantité offerte est supérieure à la demande.

Si le prix du marché (P_2) est inférieur au prix d'équilibre, alors la quantité demandée est supérieure à la quantité offerte.

EXERCICE 1

a ou b ? Pour un prix supérieur au prix d'équilibre, on a sur le marché :

a. une situation de pénurie.

b. une situation d'excédent.

2 Comprendre le déplacement d'une courbe

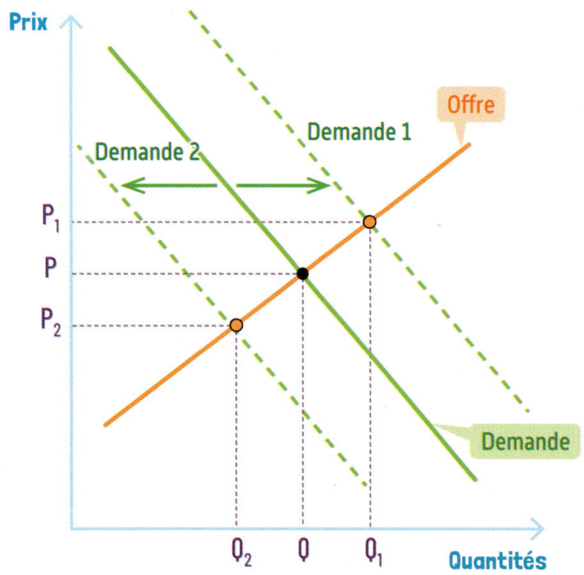

La courbe de demande peut se déplacer vers la droite (Demande 1) ou vers la gauche (Demande 2), par exemple lorsque les revenus augmentent ou diminuent. Quel que soit le prix, la quantité demandée est plus forte ou plus faible.

La courbe d'offre peut se déplacer vers la droite ou vers la gauche, par exemple lorsque les coûts de production diminuent ou augmentent. Quel que soit le prix la quantité offerte est plus forte ou plus faible.

Ces déplacements des courbes modifient le point d'équilibre du marché.

EXERCICE 2

Vrai ou faux ? Si la demande augmente du fait d'une hausse des revenus,

1. la courbe de demande se déplace vers la droite.
2. le prix d'équilibre sera plus élevé (courbe d'offre inchangée).

3 Comprendre le déplacement sur une courbe

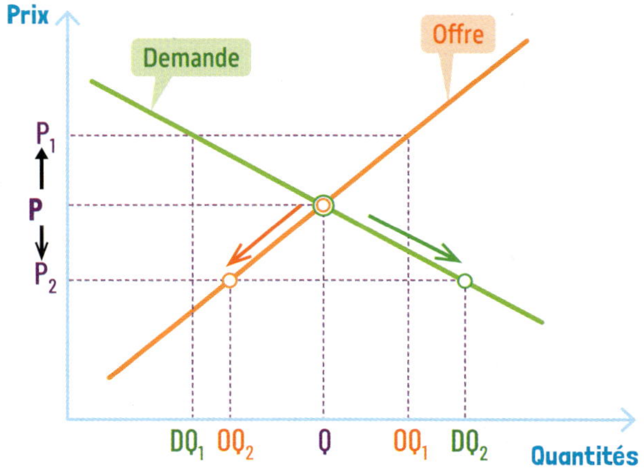

C'est la variation du prix qui provoque un déplacement sur les courbes.

Une augmentation du prix (de P vers P_1) réduit la quantité demandée (DQ_1) et augmente la quantité offerte (OQ_1).

Une diminution du prix (de P vers P_2) augmente la quantité demandée (DQ_2) et réduit la quantité offerte (OQ_2).

La variation du prix permet dans le cadre d'analyse néoclassique de la concurrence pure et parfaite de retrouver l'équilibre du marché (OQ = DQ).

EXERCICE 3

a ou b ? Si sur un marché l'offre est supérieure à la demande, pour retrouver l'équilibre il faut :

a. une hausse du prix.

b. une baisse du prix.

4 Interpréter les formes et positions des courbes de coûts

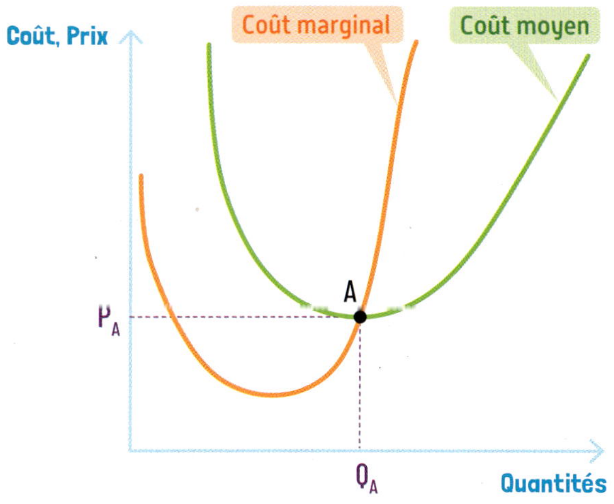

À partir de la quantité A (QA), la courbe de coût marginal correspond à la courbe d'offre de l'entreprise. Le prix A (PA) est le prix à partir duquel l'entreprise devient bénéficiaire. En dessous de ce prix, son coût moyen est supérieur au prix : l'activité n'est pas rentable.

Le coût moyen (CM) de production d'une entreprise est obtenu en divisant le coût total (CT) par les quantités produites (Q). On parle également de coût unitaire de production.

Le coût marginal (Cm) correspond au coût total de production d'une unité supplémentaire.

On peut représenter le coût moyen et le coût marginal comme des courbes sur un repère orthonormé.

La courbe de coût moyen est d'abord décroissante (plus les quantités produites augmentent, plus le coût moyen diminue) puis devient croissante.

La courbe de coût marginal a la même forme que la courbe de coût moyen mais remonte plus tôt et plus fortement que celle-ci. Elle coupe la courbe de coût moyen en son minimum (point A).

EXERCICE 4

Vrai ou faux ?

1. Le prix P_A correspond au prix d'équilibre.

2. Le prix du marché doit être supérieur à P_A pour que l'activité soit rentable.

3. L'entreprise va offrir sur le marché une quantité inférieure à Q_A.

FICHE OUTIL 8

Lire et interpréter des indices synthétiques

On utilise un **indice synthétique** pour mesurer un phénomène complexe. C'est un indice composé d'indices simples pondérés selon leur importance. Il permet donc de résumer en une seule information la variation d'un ensemble de données.

ÉTAPE 1 Comprendre l'élaboration d'un indice synthétique : l'exemple de l'IPC

L'Indice des prix à la consommation (IPC) calculé par l'Insee permet de connaître l'évolution, entre deux dates, du prix à payer pour obtenir le même panier de biens et services. La comparaison de deux indices permet de mesurer l'évolution du coût de la vie dans un pays donné.

Pour comprendre la démarche de l'Insee, imaginons un pays fictif qui présenterait les caractéristiques suivantes :

	Poids dans la consommation (en %)	Dépense moyenne mensuelle par ménage		Indice des prix 2022 Base 100 en 2021
		2021	2022	
Biens alimentaires	30	437	502	115
Vêtements	10	133	142	107
Logement (loyer)	60	831	926	111

Pour calculer l'évolution du prix du panier de biens consommés en tenant compte de la diversité des produits et de leur poids dans la consommation totale, il faut calculer une **moyenne pondérée** des évolutions (mesurées par les indices de prix simples) :

$$IPC = 0{,}3 \times 115 + 0{,}1 \times 107 + 0{,}6 \times 111 = 111{,}8$$

ÉTAPE 2 Lire et interpréter l'indice synthétique

Ainsi, en une année, l'IPC est passé de 100, base en 2021, à 111,8 en 2022 ; dit autrement, le prix du panier de biens a augmenté de 11,8 %.

On en conclut que sur cette période, les prix ont globalement augmenté dans le pays.

Mais, il s'agit d'une moyenne. Les ménages dont la part des dépenses alimentaires dans la consommation serait plus importante seraient plus touchés par l'inflation.

EXERCICE

Indice des prix à la consommation en France, base 2015

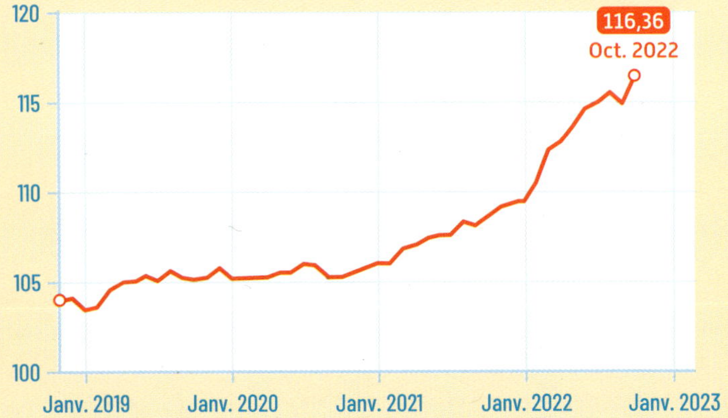

Source : Insee.

1. Que signifie la valeur de l'indice en janvier 2019 ?
2. Comment a évolué l'IPC entre janvier 2019 et octobre 2022 ? Qu'est-ce que cela signifie ?

FICHE OUTIL 9

Comprendre et distinguer corrélation et causalité

ÉTAPE 1 Comprendre ce qu'est une corrélation

La corrélation entre deux variables X et Y est l'existence d'un simple lien statistique entre elles. En d'autres termes, connaître la valeur de la variable X (ou Y) permet de prévoir la valeur prise par la variable Y (ou X).

EXEMPLE

Le nombre d'années d'études et le niveau de salaire
La consommation de tabac et l'espérance de vie

ÉTAPE 2 Distinguer deux types de corrélation

On parle de corrélation positive quand les deux variables X et Y évoluent dans le même sens.

Lorsque la variable X (ou Y) augmente, la variable Y (ou X) augmente également.

EXEMPLE Plus le nombre d'années d'études est élevé, plus le niveau de salaire augmente.

On parle de corrélation négative quand les deux variables X et Y évoluent dans un sens contraire. Lorsque la variable X (ou Y) augmente, la variable Y (ou X) diminue.

EXEMPLE Plus la consommation de tabac diminue et plus l'espérance de vie augmente.

REMARQUE

• L'existence d'un lien statistique correspond à une relation causale mais il n'est pas possible de savoir quels sont exactement son sens et sa nature.
Par exemple, la corrélation entre le montant des dépenses de consommation et le niveau du PIB peut traduire tout aussi bien l'effet d'une hausse des dépenses de consommations sur le PIB ou celui du PIB sur les dépenses de consommation voire des deux à la fois.

• Deux variables peuvent être corrélées sans qu'il y ait *a priori* une relation de cause à effet entre elles. Parfois, c'est une troisième variable, « cachée », qui contribue à expliquer la relation de causalité

Par exemple, il existe une corrélation entre la taille des pieds et le nombre de fautes d'orthographe, mais l'explication de celle-ci passe par l'âge : plus on est âgé, plus on a de grands pieds et moins on fait de fautes.

ÉTAPE 3 Distinguer corrélation et causalité

Il y a causalité lorsque la corrélation observée peut s'expliquer par un mécanisme théorique justifiant que la variation de Y résulte de celle de X. Dit autrement, la variation de X explique celle de Y.

EXEMPLE Il est possible d'affirmer qu'étant donné la théorie des choix de consommation, le prix d'un bien est l'une des causes de la quantité de biens que l'individu choisit de consommer.

EXERCICE 1 Distinguer corrélations positive et négative

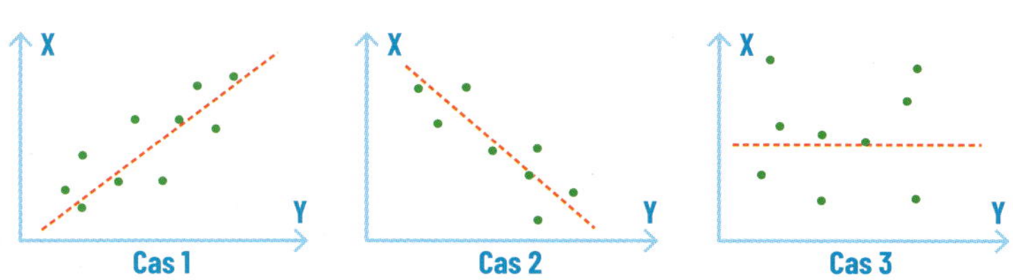

Pour les trois cas ci-contre, dites s'il y a ou non corrélation et, si oui, si elle est positive ou négative.

EXERCICE 2 Distinguer des corrélations et expliquer des causalités

Pour les couples de variables suivants, précisez de quel type de corrélation il s'agit et expliquez la causalité à partir de vos connaissances.

- Prix et offre de biens sur un marché (Chapitre 1)
- Nombre d'offreurs et risque d'ententes sur un marché (Chapitre 2)
- Pollution et croissance économique (Chapitre 3)
- Taux d'intérêt et demande de financement (Chapitre 4)
- Taux d'intérêt directeur et niveau des prix (Chapitre 5)
- Ressources culturelles familiales et réussite scolaire (Chapitre 6)
- Pauvreté et intégration sociale (Chapitre 7)
- Niveau de diplôme et participation politique (Chapitre 10)

FICHE OUTIL 10 Rechercher des informations sur internet : les sites utiles en SES

Les sources présentées ci-dessous vous permettront de trouver des données chiffrées et techniques précises, fiables et actualisées. Elles vous fourniront également des exemples et des pistes de réflexion pour aller plus loin. Enfin, certains sites permettent de s'entraîner aux épreuves du bac.

Le lien direct vers les sites
hatier-clic.fr/23ses1981

Des ressources utiles en SES

Insee → insee.fr
L'Institut national de la statistique et des études économiques : une source importante de données statistiques.

OCDE Données → data.oecd.org/fr
Trouver, comparer et partager les données OCDE : graphiques, tableaux et publications...

Eurostat → ec.europa.eu/eurostat/fr
Votre clé d'accès sur la statistique européenne.

Dessine-moi l'éco → dessinemoileco.com
Des animations en « 3 min pour comprendre... » ; quelques exemples liés au programme de première : le rôle de la BCE, la création monétaire, qui fait la loi en France ? Par qui sommes-nous jugé(e)s ?...

Des ressources utiles en économie

Ministères économiques et financiers → economie.gouv.fr
Le portail du ministère de l'Économie, des Finances et de la Souveraineté industrielle et numérique.

Banque de France-Eurosystème → banque-france.fr
Tout sur la monnaie et l'Eurosystème.

Faciléco → economie.gouv.fr/facileco
Faciléco, le portail de l'Economie et des finances pour « mieux comprendre l'économie » avec des dossiers sur la valeur ajoutée, la BCE, les comptes publics, la finance participative...

La finance pour tous → www.lafinancepourtous.com
Un site qui explique les questions liées à la monnaie et la finance.

Citéco → citeco.fr
Le site de la Cité de l'Économie et de la monnaie de Paris vise à rendre l'économie accessible à tous. Il propose de nombreuses ressources pédagogiques : vidéos, webséries, articles... Quelques exemples en lien avec le programme de 1re : l'aléa moral, la création monétaire ou encore les politiques monétaires non conventionnelles.

Des ressources utiles en sociologie

Observatoire des inégalités ➜ inegalites.fr
L'observatoire des inégalités : de nombreuses statistiques sur des thèmes variés (Education, Emploi, Hommes et femmes, Revenus, Catégories sociales...).

Observatoire des Discriminations ➜ observatoiredesdiscriminations.fr
L'Observatoire des discriminations mène des études et des recherches concernant l'égalité d'accès à l'emploi et poursuit un objectif de lutte contre les discriminations.

Dares ➜ dares.travail-emploi.gouv.fr
Le site de la Direction de l'animation de la recherche et des études statistiques du ministère du Travail propose des études et statistiques concernant l'emploi et le chômage.

Drees ➜ drees.solidarites-sante.gouv.fr
De nombreuses études et statistiques autour de la santé et de la protection sociale en France.

Ministère de l'Éducation nationale ➜ education.gouv.fr/etudes-et-statistiques-1145
Des statistiques officielles de l'Éducation nationale : effectifs, réussite aux examens, coût de l'éducation, égalité filles-garçons...

Crédoc ➜ credoc.fr
Le Centre de recherche pour l'étude et l'observation des conditions de vie : des études sur les jeunes, la sociabilité...

Des ressources pour comprendre la politique

Vie publique ➜ vie-publique.fr
Pour découvrir les institutions politiques françaises et les lois votées en France afin de mieux comprendre le débat public français.

Ifop Opinion ➜ ifop.com/opinion/
Ce site propose des sondages sur des questions politiques.

Commission européenne ➜ commission.europa.eu/index_fr
Le site de la Commission européenne permet de découvrir le rôle et le fonctionnement de l'UE, les grands thèmes discutés et les décisions prises par la commission européenne.

D'autres ressources pour préparer le Bac

Econofides L'économie pour le lycée ➜ econofides.ac-versailles.fr
Ce site conçu par l'Académie de Versailles permet de couvrir les programmes de spécialité SES de Première et Terminale, avec notamment des exercices d'autoévaluation.

SES Académie de Versailles ➜ ses.ac-versailles.fr
Accès aux sujets des épreuves du bac depuis 2020.

Actu SES ➜ actu-ses.editions-hatier.fr
Le site de ressources pour se préparer au Bac en suivant l'actualité.
– Tous les mois, de nouveaux articles en lien avec l'actualité.
– Tout le programme du lycée en vidéos.
– Des méthodes et sujets de Bac.

Vers le BAC

Méthode de l'épreuve composée

L'épreuve composée dure 4 heures. Elle comporte 3 parties portant sur des chapitres différents et au moins deux champs du programme de Terminale (économie, sociologie, science politique, regards croisés).

PARTIE 1 Mobilisation de connaissances (4 points)

Il est demandé au candidat de répondre à la question en faisant appel à ses **connaissances**, acquises dans le cadre du programme.

Cette partie vise à vérifier **la maîtrise des notions et mécanismes** sur un des chapitres du programme de terminale. Aucun document n'est fourni.

MÉTHODE

1. Identifiez à quel chapitre fait référence le sujet.
2. Repérez la tâche demandée : « expliquez », « montrez », « illustrez », « distinguez »... → *Point Méthode « Travailler sur les énoncés » p. 30 et p. 142.*
3. Définissez les notions, mécanismes de la question. → *Point Méthode « Présenter un mécanisme » p. 74 et p. 254.*
4. Listez les connaissances relatives à ce sujet (faits, exemples...).

Conseil

- ✓ Consacrez moins de 45 minutes à cette partie.
- ✓ Votre réponse au sujet ne doit pas dépasser une page.
- ✓ Si le sujet est formulé de la manière suivante « à l'aide d'un exemple, ... », il est préférable de commencer votre réponse par une illustration et non de la placer à la fin.

PARTIE 2 Étude d'un document statistique (6 points)

Cette partie comporte **deux questions** pour étudier un **document statistique** (graphique, tableau, carte, radar, etc.). L'objectif est d'évaluer votre capacité à collecter et traiter l'information d'un document statistique pour expliquer un phénomène économique, social ou politique en mobilisant vos connaissances.

La première question vise à vérifier la maîtrise de la collecte des données, leur lecture et la réalisation de calculs simples. **La deuxième question** a pour objectif de relier les informations contenues dans le document avec vos connaissances.

MÉTHODE

1. Avant tout, il faut analyser le document au brouillon : nature, source, date de parution, périodes et pays concernés, unités utilisées. → *Fiche outil 1 p. 280*
2. Pour la première question :
   a. Identifiez la tâche demandée : « comparez », « caractérisez »...
   b. À partir des données chiffrées que vous aurez sélectionnées (au moins 2), rédigez des phrases de lecture et réalisez des calculs simples (au moins 1).
   c. Rédigez votre réponse en deux temps en énonçant une affirmation puis en l'illustrant avec les données sélectionnées.
3. Pour la deuxième question :
   a. Identifiez la tâche demandée : « expliquez », « montrez », « illustrez »...
   b. Définissez les notions, mécanismes de la question. Puis listez les connaissances, savoirs à mobiliser pour répondre à ce sujet.
   c. Sélectionnez des données chiffrées pour illustrer votre réponse au travers de lectures et calculs simples. → *Point Méthode « Présenter et exploiter un document statistique » p. 32 et p. 144.*
4. La réponse peut être rédigée en utilisant la méthode AEI.
   → *Point Méthode « Rédiger une séquence argumentative » p. 210 et 230.*

Conseils

- ✓ Consacrez environ 1 h 15 à cette partie.
- ✓ Votre réponse au sujet ne doit pas dépasser une page et demie.
- ✓ Pour l'évolution d'un phénomène dans le temps, pensez à identifier plusieurs périodes en partant du général au particulier.
- ✓ Insérez des calculs simples par des manipulations chiffrées qui donnent du sens aux données (écarts en points de pourcentage ou en euros, coefficient multiplicateur, somme de parts...).

PARTIE 3 Raisonnement s'appuyant sur un dossier documentaire (10 points)

Il s'agit de **répondre à un sujet en utilisant les 2 ou 3 documents** de natures différentes (texte, tableau, schéma...) du dossier.

Pour répondre vous devez :
- mobiliser vos connaissances,
- organiser votre raisonnement : une introduction, un développement en séquences argumentatives et une conclusion,
- utiliser les documents pour illustrer votre propos par des lectures de données, calculs simples et citations.

MÉTHODE

Les étapes 1 à 4 sont à réaliser au brouillon.

1. Analysez le sujet : Repérez les notions clés du sujet puis identifiez la consigne (Qu'est-ce qu'on vous demande ?). *→ Point Méthode « Travailler sur les énoncés » p. 30 et 142.*
2. Mobilisez vos connaissances sur ce sujet : Listez les notions, mécanismes, auteurs, théories et exemples utiles pour répondre au sujet. *→ Point Méthode « Mobiliser ses connaissances » p. 120 et 276.*
3. Analysez et exploitez le dossier documentaire : Pour chaque document, repérez les idées principales, sélectionnez des données (lectures et calculs simples) et reliez les idées à vos connaissances et au sujet. *→ Point Méthode « Présenter et exploiter un texte » p. 52 et 164.*

Ce travail peut se faire sous la forme d'un tableau à compléter :

	Idée principale	Lien avec le sujet	Données utiles
Doc. 1			
Doc. 2			
Doc. 3			

→ Point Méthode « Exploiter un dossier documentaire » p. 118 et 186.

4. Réalisez un plan détaillé : identifiez les différents arguments pour répondre au sujet (entre 2 et 4 paragraphes AEI) ; hiérarchisez les arguments afin que votre raisonnement soit cohérent et logique. *→ Point Méthode « Organiser un raisonnement » p. 96 et 208.*
5. Rédigez votre raisonnement : l'introduction ne comporte pas de problématique mais annonce la démarche pour répondre au sujet et les définitions ; la conclusion rappelle les principaux axes développés sans ouverture.

Sautez au moins une ligne entre l'introduction et le développement, entre le développement et la conclusion. Revenez à la ligne pour chaque séquence argumentative et débutez-la avec un connecteur logique (« tout d'abord », « ensuite »...) *→ Point Méthode « Rédiger une séquence argumentative » p. 210 et 230.*

Conseils

- ✓ Consacrez environ 2 heures à cette partie. Si vous avez des difficultés à gérer votre temps, vous pouvez commencer par cette partie 3 qui compte pour 10 points.
- ✓ La longueur attendue de votre réponse au sujet est variable, généralement comprise entre 3 à 4 pages.

À VOUS DE JOUER

Vous pouvez appliquer la méthode de l'épreuve composée à partir des sujets proposés à la fin de chaque chapitre.

Vers le BAC

Méthode de la dissertation

L'épreuve de la dissertation dure 4 heures mais l'organisation de ce temps est à déterminer par l'élève, contrairement à l'épreuve composée, organisée en 3 temps.
→ *Point Méthode « Organiser son travail » p. 54 et 166.*

Il s'agit de **répondre à un sujet en s'appuyant sur un dossier de 3 à 4 documents différents de nature factuelle**, surtout statistiques, avec un texte au maximum.
La dissertation porte sur un seul chapitre du programme de classe de terminale.

Pour répondre au sujet, vous devez suivre 5 étapes :

ÉTAPE 1 Analyser le sujet (environ 15 minutes)

1. Repérez le chapitre concerné, les notions-clés du sujet et définissez-les.
2. Définissez le cadre spatial (France, Union européenne, échelle mondiale...) et temporel (aujourd'hui, depuis les Trente Glorieuses...) du sujet.
3. Identifiez la consigne (ce que l'on vous demande). Selon la consigne, un plan type est attendu.

Formulation du sujet	Plans possibles
« Dans quelle mesure... » « Peut-on dire que...»	« Oui, mais » ou « non, mais » **Un plan dialectique** : il s'agit de discuter, débattre d'une thèse en présentant les arguments favorables puis les nuances, les limites de ces arguments.
- « Comment peut-on expliquer... », « Pourquoi... », - « Quels sont les effets de... » - « Montrez que... »	– Causes économiques/sociales ; structurelles/conjoncturelles ; externes/internes... – Conséquences : directes/indirectes ; positives/négatives ; à court terme/long terme... – Mécanisme 1/Mécanisme 2... **Un plan analytique** : il faut rechercher soit les causes, soit les conséquences, soit les composants, déterminants du phénomène étudié.
« Comment A agit-il sur B ? », « Quels sont les liens entre A et B ? »	– A avec B/A sans B ; – Les différents impacts de A sur B ; – Les effets de A sur B/de B sur A **Un plan de mise en relation** : il faut montrer que A a une incidence sur B et inversement dans certains cas.

4. Élaborez une problématique montrant les enjeux implicites du sujet, les questions, contradictions qu'il soulève. Elle sert de fil conducteur à la dissertation en donnant de la cohérence et de l'unité à l'argumentation. Elle n'est pas forcément formulée sous forme de question. Elle peut être présentée ainsi : « Alors que..., comment expliquer... ».
→ *Méthode « Analyser un sujet » p. 98 et 188.*

ÉTAPE 2 Mobiliser ses connaissances (environ 20 minutes)

Il s'agit de recenser l'ensemble des savoirs utiles pour répondre au sujet et pour cela :

1. Lister toutes les notions, mécanismes sous-jacents au sujet.
2. Recenser les auteurs et théories mobilisables pour éclairer de manière scientifique le sujet.
3. Identifier des exemples, faits d'actualité pour illustrer votre propos.

Conseil

Vos connaissances doivent apporter les informations qui manquent dans les documents pour traiter le sujet.

→ *Point Méthode « Mobiliser ses connaissances » p. 120 et 276.*

ÉTAPE 3 Exploiter un dossier documentaire (environ 40 minutes)

Les documents du dossier doivent être mobilisés dans votre argumentation afin de montrer votre capacité de lecture, de compréhension, de manipulations simples en utilisant les données statistiques.

→ *Point Méthode « Présenter et exploiter un document statistique » p. 32 et 144.*

Pour chaque document, repérez :
- les idées principales,
- en quoi il éclaire le sujet, apporte des éléments de réponse ou d'illustration,
- les informations à conserver (lectures de données, calculs simples, citations).

Ce travail peut se faire sous la forme d'un tableau à compléter :

	Idée principale	Lien avec le sujet	Données utiles
Doc. 1			
Doc. 2			
Doc. 3			

Conseil

Faites des calculs simples et variés (écarts en points de pourcentage, coefficient multiplicateur...) ; vous ne disposez pas de calculatrice...

ÉTAPE 4 Réaliser un plan détaillé (environ 45 minutes)

Le plan détaillé s'appuie sur les étapes 1 à 3. Il s'agit de répondre à la problématique à l'aide d'un plan structuré en deux ou trois grandes parties, elles-mêmes organisées en 2 ou 3 sous parties.

1. Chaque sous-partie doit correspondre à une **séquence argumentative** (sous la forme d'un paragraphe AEI).
2. Vos idées sont classées, hiérarchisées afin d'être logiques et cohérentes.

→ *Point Méthode « Réaliser un plan détaillé » p. 76 et 232.*

Conseils

✓ Soignez vos titres de parties et sous-parties.

✓ Ne rédigez pas tout : listez les mots-clés pour vos **arguments**, les mécanismes pour vos **explications** et les exemples pour vos **illustrations**.

ÉTAPE 5 Rédiger la dissertation (2 heures au plus)

1. Commencez par rédiger l'introduction (20 minutes) et la conclusion (10 minutes) au brouillon.

a. **L'introduction** comprend 3 ou 4 éléments :
- Une accroche (citation, donnée chiffrée, fait d'actualité) ; la définition des notions ; l'annonce de la problématique ; l'annonce du plan.

→ *Point Méthode « Rédiger une introduction » p. 256*

b. **La conclusion** comprend 2 ou 3 éléments :
- Un bilan du raisonnement ; la réponse à la problématique ; une ouverture (facultative).

→ *Point Méthode « Rédiger une conclusion » p. 278*

2. Rédiger le **développement** (1 heure 30) :
- Sautez au moins une ligne entre l'introduction et le développement, le développement et la conclusion.
- Revenez à la ligne pour chaque séquence argumentative et débutez-la avec un alinéa et un connecteur logique (« tout d'abord », « ensuite »...).
- Chaque paragraphe comporte une affirmation, une explication et une illustration (**AEI**)

→ *Point Méthode « Rédiger une séquence argumentative » p. 210 et 230.*

- Rédigez une transition entre vos grandes parties pour rendre votre argumentation cohérente.

Conseils

✓ Préciser le cadre spatio-temporel de votre sujet dans l'introduction.

✓ La longueur attendue pour votre réponse est variable, généralement plus de 4 pages.

✓ Rédigez votre conclusion avant le développement afin de vérifier que vous n'êtes pas hors sujet et que les dernières lignes lues par le correcteur seront bien rédigées.

✓ Prévoyez toujours 10 minutes pour relire votre copie.

À VOUS DE JOUER

Vous pouvez appliquer la méthode de la dissertation à partir des sujets proposés à la fin de chaque chapitre.

Vers le BAC

Un exemple de dissertation corrigée

SUJET Les barrières à l'entrée sont-elles la seule source de pouvoir de marché ?
→ Sujet complet p. 55

Introduction

Elle présente le sujet et les étapes de votre réflexion

Accroche par un fait d'actualité, une citation, une donnée statistique

Présentation du sujet à partir de l'accroche

Définition des notions

Évocation de la complexité du sujet pour amener à la problématique

Annonce du plan

En 2021, de nombreux États ont demandé la levée des brevets sur les vaccins contre le Covid-19. L'objectif était de permettre à davantage d'entreprises de produire les vaccins dont manquaient les pays les plus pauvres et de faire baisser les prix.

Les brevets sont un bon exemple de barrière à l'entrée, c'est-à-dire d'obstacle empêchant la libre entrée de concurrents sur un marché. Lors de la crise du Covid, ils ont permis aux laboratoires innovants d'être les seuls à pouvoir commercialiser leur produit, leur donnant un pouvoir de marché, c'est-à-dire le pouvoir de fixer leurs prix et leurs quantités. Cependant, si le pouvoir de marché est souvent la conséquence de barrières à l'entrée, d'autres facteurs peuvent également en être à l'origine. Nous nous demanderons donc dans quelle mesure le pouvoir de marché s'explique par l'existence de barrières à l'entrée.

Nous verrons dans un premier temps que les barrières à l'entrée permettent aux entreprises d'obtenir un pouvoir de marché puis nous verrons qu'il existe d'autres sources de pouvoir de marché.

Saut de ligne

Développement

Il apporte une réponse structurée au sujet.

Partie I

Brève introduction annonçant les sous-parties

Connecteurs logiques au début de chaque paragraphe.

Sous-partie 1 = un paragraphe = un argument

Rédaction de chaque paragraphe avec la **méthode AEI** :

Affirmation

Explication

Illustration

Pour commencer, nous allons montrer qu'un pouvoir de marché peut être lié à l'existence de barrières à l'entrée de formes multiples : naturelles, légales ou stratégiques.

Tout d'abord, le pouvoir de marché peut s'expliquer par l'existence de barrières naturelles. En effet, certaines activités entraînent des coûts fixes très importants. Il est alors difficile de proposer ces activités à des prix abordables s'il y a de nombreuses entreprises sur le marché. Si une entreprise est seule sur ce marché, en position de monopole naturel, elle peut répartir les coûts fixes sur l'intégralité des quantités échangées et réduire les prix. En revanche, si des concurrents souhaitent entrer sur le marché, chaque entreprise aura une quantité à produire moindre et les coûts fixes pèseront donc davantage sur chaque unité : les prix seront alors plus élevés et la demande plus faible. Les entreprises vont ainsi renoncer à entrer sur le marché si leurs perspectives de profit sont faibles. L'entreprise en monopole naturel a donc un fort pouvoir de marché grâce aux barrières naturelles : faiseuse de prix, elle peut fixer ses prix au-dessus du prix d'équilibre et limiter les quantités. Par exemple, le document 3 montre que le secteur de l'électricité a des coûts fixes très importants car la mise en place d'un réseau est extrêmement onéreuse. Il s'agit donc d'une barrière naturelle. Le regain de concurrence n'a pas permis de baisse des prix en raison des coûts fixes importants à amortir : les prix ont même connu une hausse de 60 % entre 2006 et 2020. Voilà pourquoi on considère comme « consensuel » que la production nucléaire reste un monopole : même si cela entraîne un pouvoir de marché, la situation concurrentielle serait moins efficace en présence d'une barrière naturelle.

Sous-partie 2

Connecteurs logiques, annonce d'un argument distinct du précédent.

Mobilisation de notions du cours

Par ailleurs, des barrières légales peuvent également être à l'origine d'un pouvoir de marché. En effet, les pouvoirs publics peuvent décider de mettre en place des lois ou des règlements pour empêcher l'entrée sur le marché de nouveaux concurrents. Ils agissent ainsi lorsqu'il y a une nécessité publique ou un intérêt économique à n'avoir qu'une seule entreprise sur un marché. Les entreprises en place ont donc un pouvoir de marché important car elles sont protégées de la concurrence. Cela est d'autant plus vrai dans le cas des monopoles institutionnels où les pouvoirs publics accordent l'exclusivité d'un marché à une seule entreprise qui devient donc faiseuse de prix. Ainsi, le document 2 nous montre que les entreprises demandent aux pouvoirs publics de protéger leur invention par des brevets, qui dressent ainsi une barrière légale à l'entrée de nouveaux concurrents. En 2022, Huawei a déposé 3 544 demandes de brevet auprès de l'Office Européen des Brevets afin d'obtenir un monopole institutionnel lui permettant de rentabiliser son innovation en ayant un fort pouvoir de marché.

Sous-partie 3

Connecteurs logiques marquant les temps de la présentation.

Enfin, les entreprises peuvent dresser des barrières stratégiques pour obtenir un pouvoir de marché. En effet, les entreprises elles-mêmes peuvent chercher des moyens pour dissuader des concurrents potentiels d'entrer sur le marché. Elles peuvent par exemple effectuer d'importantes dépenses publicitaires, en sachant que de jeunes entreprises entrant sur le marché ne pourront en faire de même pour se faire connaître des consommateurs. Elles peuvent élaborer des stratégies de « guerre des prix » en baissant temporairement les prix à des niveaux si faibles qu'ils anéantissent les perspectives de profit des potentiels entrants. Elles peuvent aussi élaborer des dépenses importantes en recherche et développement pour rechercher une position de monopole d'innovation. Ainsi, les entreprises comme Huawei, Samsung et LG, évoquées dans le document 2, sont en capacité de déposer autant de brevets auprès de l'Office Européen des Brevets : elles ont préalablement mis en place des stratégies de recherche et développement souvent très coûteuses qui dissuadent l'entrée sur le marché de concurrents, incapables de dépenser autant pour innover. Cela leur permet donc d'avoir un pouvoir de marché.

Transition récapitulant la 1re partie et introduisant la 2e.

Nous avons donc pu voir dans un premier temps que les barrières à l'entrée, qu'elles soient naturelles, légales ou stratégiques, permettent de réduire la concurrence et sont sources de pouvoir de marché pour les entreprises en place. Cependant, d'autres sources de pouvoir de marché existent.

Saut de ligne

Partie II

Introduction de la 2e partie annonçant les sous-parties

Nous allons montrer dans cette deuxième partie qu'un nombre limité d'offreurs et l'existence d'ententes sont également sources de pouvoir de marché.

Sous-partie 1

L'existence d'un nombre limité d'offreurs favorise le pouvoir de marché

Sous-partie 2

Les ententes à l'origine d'un pouvoir de marché

Saut de ligne

Conclusion

Réponse claire à la problématique

Rappel des arguments de la première partie

Rappel des arguments de la deuxième partie

Ouverture facultative (perspective complémentaire)

Pour conclure, il existe une diversité de sources de pouvoir de marché. Des barrières légales, naturelles ou stratégiques peuvent empêcher l'arrivée de concurrents sur un marché que ce soit du fait de l'intervention de l'État, de l'existence de coûts fixes importants sur le marché ou en raison de la volonté même des entreprises en place. Cependant, les entreprises peuvent également avoir la capacité de fixer les prix et les quantités sur un marché en raison d'un nombre trop limité d'offreurs et donc d'une concurrence trop faible mais aussi car elles peuvent mettre en place des ententes. Les barrières à l'entrée ne sont donc pas les seules sources de pouvoir de marché.

Ces situations conduisant les entreprises à pouvoir réduire les quantités et augmenter les prix ne sont pas efficaces économiquement et réduisent le bien-être collectif. L'État peut alors intervenir pour limiter le pouvoir de marché des entreprises grâce à la politique de la concurrence.

Vers le BAC

Le Grand Oral

L'épreuve du Grand oral est l'une des cinq épreuves terminales du baccalauréat. Elle se prépare dès la classe de première et se passe en juin de la classe de terminale.

Il s'agit de présenter une question adossée aux deux enseignements de spécialité. Lors de cette présentation, vous devez montrer :
– votre capacité à prendre la parole de manière claire et convaincante sur un sujet choisi,
– votre capacité à mobiliser des savoirs pour étayer une argumentation,
– comment vous avez réfléchi votre projet de poursuite d'études voire professionnel.

1 Choisir ses questions

Vous devez préparer deux questions parmi lesquelles le jury en choisira une le jour du Grand Oral. Ces questions portent sur les deux enseignements de spécialité de terminale soit prises isolément, soit de manière transversale. Elles sont élaborées et préparées par le candidat avec ses professeurs et, s'il le souhaite, avec d'autres élèves.

Quelles sont les combinaisons possibles ?

Si les deux spécialités conservées en classe de terminale sont SES et SVT, vous pouvez opter pour les combinaisons de 1 à 4 mais vous ne pouvez pas choisir les combinaisons 5 ou 6, à savoir deux questions sur la même spécialité.

Combinaison	1	2	3	4	5	6
Question 1	SES	SES - SVT	SES - SVT	SES - SVT	~~SES~~	~~SVT~~
Question 2	SVT	SES - SVT	SES	SVT	~~SES~~	~~SVT~~

Les questions transversales doivent prendre en compte les connaissances des deux spécialités de manière équivalente. Une spécialité ne peut pas être évoquée juste ponctuellement dans le développement.

Comment choisir ses questions ?

Vous pouvez choisir vos questions en fonction :
– des **thèmes en lien avec le programme de SES** sur le cycle terminal (**classes de première et de terminale**),
– de vos **centres d'intérêt**, **engagements** pour des enjeux sociétaux,
– de vos projets en termes d'**orientation**.

Conseils

✓ Vous pouvez trouver des idées de questions dans vos manuels et dans l'actualité.

✓ Tenez un carnet de notes dès la classe de 1re avec deux parties : une relative aux questions en notant les chapitres, idées qui vous intéressent particulièrement ; une autre sur vos projets d'orientation (stages, salons/forums, rencontres...).

2 Connaître le déroulement de l'épreuve et s'y préparer

Lors de l'examen, le jury choisit une des deux questions préparées, et vous avez :

a. **20 minutes pour préparer l'oral**

Vous ne pouvez pas apporter de documents.

Réalisez éventuellement un support écrit : il ne sera pas évalué, mais il pourra être conservé lors de la présentation et/ou fourni au jury.

– Structurez votre argumentation, ordonnez et hiérarchisez votre propos en mobilisant la méthode AEI.

– Mobilisez des concepts, mécanismes et auteurs propres aux SES.

– Référencez vos connaissances en précisant les sources qui ont nourri votre réflexion.

Conseil

Entraînez-vous en amont sur votre prise de parole en continu.

Prenez avec vous un chronomètre pour savoir où vous en êtes dans votre présentation.

b. 5 minutes de présentation

Vous devez exposer vos motivations quant au choix de cette question, présentez le sujet et l'argumentation choisie pour répondre à la question.

c. 10 minutes d'échange avec le jury

Il s'agit d'une discussion avec le jury, en écho à votre présentation, pour :
– approfondir votre réflexion,
– évaluer la solidité de vos connaissances sur le thème de votre présentation,
– évaluer votre capacité à argumenter.

Pour bien vous préparer :
– Révisez **l'ensemble des connaissances** en lien avec les chapitres sur lesquels portent vos deux questions,
– Pensez à simplifier, vulgariser les savoirs techniques pour le membre du jury non spécialiste.

d. 5 minutes d'échange sur votre projet d'orientation
– L'objectif de ce moment est de présenter votre projet d'orientation et de faire le lien entre la question présentée et vos choix d'orientation le cas échéant.
– Présentez les engagements, motivations et intérêts qui ont nourri votre projet (et vos incertitudes s'il y a lieu).

Conseil
Utilisez vos expériences de stages, forums et salons auxquels vous avez participé ; expliquez vos vœux sur/hors Parcoursup, le choix de la spécialité abandonnée.

3 Connaître les critères d'évaluation

L'épreuve du Grand Oral est notée sur 20 avec un coefficient de 10.

Son évaluation est basée sur les 5 critères du tableau ci-dessous, mesurés par 4 niveaux de maîtrise : *insuffisant, fragile, satisfaisant et très satisfaisant.*

Critère	Attentes
La qualité orale de la présentation	Une parole audible, compréhensible, adressée au jury, un champ lexical dense et précis, la clarté et la précision de l'expression.
La qualité de la prise de parole en continu	Un propos ordonné, hiérarchisé, construit.
La qualité des connaissances	Savoirs et concepts maîtrisés, capacité à sélectionner les connaissances pertinentes pour répondre aux questions du jury.
La qualité et la construction de l'argumentation	Un sujet maîtrisé où les enjeux sont cernés et compris.
La qualité de l'interaction	Le candidat prend part à l'échange avec des réponses claires, denses qui alimentent la réflexion, et développe un esprit critique.

À VOUS DE JOUER

- Réalisez une présentation orale d'au moins 2 minutes expliquant votre projet d'orientation à ce jour.
- Pensez à expliquer quelles sont les spécialités que vous avez choisies, pour quelles raisons et laquelle vous pensez abandonner en fin de première.
- Entraînez-vous avec les Ateliers du manuel : p. 23, p. 44, p. 66, p. 89, p. 111, p. 135, p. 157, p. 178, p. 179, p. 201, p. 222, p. 246, p. 268.

Vers le BAC

Continuer la spécialité SES en Terminale

Continuer la spécialité pour approfondir les questionnements de première

ÉCONOMIE

Ce que j'ai vu en première

- Les marchés et leur fonctionnement
- La gouvernance dans l'entreprise
- La monnaie et la finance
- L'assurance et la protection des risques

Ce que je j'approfondirai en terminale

- La croissance économique
  Quelles sont ses sources ? Quel lien avec les inégalités ? Comment relever le défi de la soutenabilité ?
- L'internationalisation des échanges
  Comment expliquer le commerce international ? Comment expliquer l'internationalisation de la chaîne de valeur ? Quelles en sont les conséquences ?
- Les solutions au chômage
  Qu'est-ce que le chômage ? Comment l'expliquer ? Comment lutter contre ses différentes formes ?
- Le système financier et les crises financières
  Comment expliquer les crises financières ? Comment se transmettent-elles à l'économie réelle ? Comment réguler la finance ?
- Les politiques européennes
  Quelles sont les caractéristiques de l'intégration européenne ? Comment fonctionne la politique de la concurrence ? Comment s'articulent les politiques monétaire et budgétaire ?
- Les politiques pour l'environnement
  Quels acteurs y participent ? À quelles échelles sont-elles mises en œuvre ? Quels sont les instruments des politiques climatiques ?

SOCIOLOGIE

Ce que j'ai vu en première

- La socialisation
- Les liens sociaux
- La déviance

Ce que je j'approfondirai en terminale

- La structure sociale
  Comment est structurée la société française ? Quelles ont été les principales évolutions ? Peut-on l'analyser en termes de classes sociales ?
- L'action de l'école
  Quelles sont les missions de l'école ? Quelles différences entre massification et démocratisation ? Comment expliquer les inégalités de réussite scolaire ?
- La mobilité sociale
  Quelles sont ses formes ? Comment la mesure-t-on ? La société française est-elle mobile ? Comment l'expliquer ?
- Emploi et intégration
  Quelles sont les différentes formes d'organisation du travail ? Le numérique transforme-t-il l'emploi ? En quoi l'emploi est-il facteur d'intégration ?
- Les inégalités et la justice sociale
  Comment ont évolué les inégalités ? Comment les mesure-t-on ? Quelles sont les formes de la justice sociale ? Comment agir pour promouvoir la justice sociale ?

SCIENCE POLITIQUE

Ce que j'ai vu en première

- L'opinion publique
- Le vote

Ce que je j'approfondirai en terminale

- L'engagement politique
  Quelles formes peut-il prendre ? Comment l'expliquer ? Dépend-il de variables sociodémographiques ? Comment a-t-il évolué ?

Continuer la spécialité pour la présenter au baccalauréat

Mon baccalauréat en Sciences économiques et sociales

1 — L'épreuve terminale de spécialité

Nature de l'épreuve

Au choix de l'élève : une épreuve composée
➡ voir p. 298

ou une dissertation
➡ voir p. 300

Quel programme ?

7 ou 8 des 12 questionnements de terminale

Quelle durée ?

4 heures sur table en salle d'examen

Quand ?

En mars

Quel coefficient ?

Coefficient 16 (sur 100)

2 — Le Grand Oral

Nature de l'épreuve

Une épreuve orale devant un jury de 2 professeurs sur une des 2 questions préparées
➡ voir p. 304

Quelles questions ?

Le choix est laissé à l'élève mais elles doivent :
- être en lien avec le programme des spécialités ;
- être validées par le professeur de SES.

Quelle durée ?

20 minutes de préparation + 20 minutes d'oral :
- 5 minutes de réponse à la question ;
- 10 minutes d'échange avec le jury ;
- 5 minutes sur l'orientation.

Quand ?

En juin

Quel coefficient ?

Coefficient 10 (sur 100)

Coefficient des SES

26 sur 100

Un quart de mon baccalauréat

Vers le BAC S'orienter après la spécialité SES

En conservant la spécialité SES en classe de terminale, de nombreuses formations et débouchés sont accessibles dans le parcours postbac, ouvrant sur un vaste éventail de métiers. En voici quelques exemples.

Parcours 1

Inès, étudiante en CPGE ECG

Souhaitant travailler dans l'économie sociale et solidaire et le commerce international, elle conserve en terminale les spécialités Sciences économiques et Sociales et Mathématiques pour intégrer une classe préparatoire aux grandes écoles.

Maths → Parcours 1

- Économie-gestion
- MIASHS (Mathématiques et informatiques appliquées aux sciences humaines et sociales)
- Psychologie
- LSS (Lettres et sciences sociales)
- ECG (École d'ingénieurs)
- GEA (Gestion des entreprises et des administrations)
- GACO (Gestion Administrative et Commerciale des Organisations)

Parcours 6

Théo, étudiant en DN MADE

Pour acquérir des connaissances et des compétences professionnelles dans les différents champs des métiers d'art, il a décidé de passer après le bac un diplôme national des métiers d'art et du design (DN MADE).
En première, il a choisi de suivre, en plus de SES et HLP, la spécialité « Arts plastiques ».

Arts → Parcours 6

- Information
- Communication
- Droits et arts
- Art et design
- Information et communication
- DN-MADE (Diplôme national des métiers d'art et du design)

Parcours 5

Axel, étudiant en IFSI

Après une classe de première où il a choisi les enseignements de spécialité Sciences économiques et sociales, Mathématiques et Sciences et vie de la Terre, il abandonne les mathématiques pour entrer en Institut de formation en soins infirmiers (IFSI)

SVT → Parcours 5

(Sciences et vie de la terre)

- STAPS (Sciences et techniques des activités physiques et sportives)
- Psychologie
- Sciences sanitaires et sociales
- Infirmiers
- Hygiène sécurité environnement

Licence
CPGE
École
DUT/BTS

SES

HGGSP → Parcours 2

(Histoire-Géographie, géopolitique et sciences politiques)

- Sociologie
- Géographie
- Histoire
- SHS (Sciences humaines et sociales)
- Sciences-Po
- D1 pour entrer à l'ENS Rennes (droit, économie, management)
- Métiers du social
- Journalisme
- Instituts d'études politiques
- Carrières sociales
- Information et communication

Parcours 2

Ian, étudiant en sciences politiques

Intéressé par des études de journalisme, il choisit en terminale de conserver les enseignements de spécialité Sciences économiques et Sociales et Histoire-géographie, géopolitique et sciences politiques afin d'intégrer un IEP et faire des études supérieures en sciences politiques.

HLP → Parcours 3

(Humanités, littératures et philosophie)

- Sociologie
- Philosophie
- Droit
- SHS (Sciences humaines et sociales)
- Sciences-Po
- D1 pour entrer à l'ENS Rennes (droit, économie, management)
- Métiers du social
- Carrières sociales

Parcours 3

Cory, étudiante en licence de droit

Depuis toujours intéressée par des études de droit, Cory rentre en licence de droit après avoir choisi les spécialités Sciences économiques et Sociales et Humanités, littérature et philosophie.

LLCE → Parcours 4

(Langues, littératures et cultures étrangères)

- Langues étrangères appliquées
- Sciences sociales
- Géographie
- Aménagement du territoire
- Communication
- Métiers du social
- Carrières sociales
- Information et communication

Parcours 4

Lisa, étudiante en master MEEF

« Langues, littératures et cultures étrangères » « Mathématiques » et « Sciences économiques et sociales » sont une combinaison de spécialités qui permettent de nombreuses options possibles pour les études supérieures. Lisa hésite entre devenir professeure des écoles ou professeure d'anglais. Elle préparera pour cela un Master MEEF (formation aux métiers de l'enseignement, de l'éducation et de la formation).

LEXIQUE

A

Abstention
Le fait pour un citoyen inscrit sur les listes électorales de ne pas aller voter.

Abstention « dans le jeu »
L'abstention qui découle d'un choix réfléchi et rationnel « dans le jeu » (l'offre politique ne convient pas).

Abstention « hors-jeu »
Quand l'individu inscrit ne vote pas car il ne sent pas d'intérêt et/ou de compétence pour la chose politique.

Abus de position dominante
Les pratiques par lesquelles une entreprise qui domine son marché utilise sa situation pour faire obstacle à la concurrence.

Action
Le titre de propriété d'une société.

Actionnaire
Le détenteur d'actions, titres de propriété d'une partie du capital d'une entreprise. L'actionnaire perçoit des dividendes et participe aux prises de décisions dans l'entreprise.

Aléa moral
Une situation dans laquelle, après la signature d'un contrat, une des parties modifie son comportement au détriment d'une autre.

Assistance
La fourniture à un individu qui a subi un risque social d'une prestation financée collectivement sans qu'il ait forcément et préalablement cotisé

Assurance
Le service qui fournit une prestation lorsqu'un individu, une entreprise ou une association sont soumis à un risque en échange de la perception d'une prime ou d'une cotisation.

Asymétrie d'information
Il y a asymétrie d'information sur un marché lorsqu'un ou plusieurs agents détiennent une information que les autres agents ne possèdent pas.

Autofinancement (ou financement interne)
Le financement de ses investissements avec ses ressources propres.

Autorité
La capacité à donner des directives et à les faire appliquer.

B

Banque centrale
L'institution financière qui met en place la politique monétaire et crée la monnaie centrale. Elle joue également le rôle de prêteur en dernier ressort pour les banques de second rang (exemple, la BCE).

Banque commerciale (ou de second rang)
Une institution financière qui collecte de l'épargne (dépôts), accorde des crédits aux agents économiques et met à leur disposition des moyens de paiement.

Barrières à l'entrée
Les obstacles empêchant de nouvelles entreprises d'entrer sur un marché ; elles peuvent être légales (monopole d'État), naturelles (existence d'un réseau) ou stratégiques (détention d'un brevet).

Besoin de financement
La situation d'un agent économique dont les revenus sont inférieurs aux dépenses.

Bien collectif
Bien qui peut être consommé simultanément par plusieurs personnes sans qu'il soit possible de les empêcher de le consommer.

Bien commun
Un bien commun est rival et non excluable, c'est-à-dire qu'il n'est pas possible d'empêcher un agent de le consommer et que cette consommation diminue les quantités disponibles pour d'autres agents.

Bilan
Document comptable qui décrit, à un moment donné, le patrimoine d'une entreprise ou d'une banque. Il est constitué de deux parties dont les valeurs sont impérativement égales : la partie gauche (l'actif) comptabilise la valeur de ce que possède l'entreprise ou la banque ; la partie droite (le passif) la façon dont l'actif a été acquis.

C

Capacité de financement
La situation d'un agent économique dont les revenus sont supérieurs aux dépenses.

Carrière déviante
Le processus, la succession de séquences ordonnées qui conduisent à l'étiquetage.

Cartel
Un cartel se forme lorsque des entreprises concurrentes en situation d'oligopole concluent une entente illicite et limitent ainsi la concurrence qu'elles se font.

Centralisation/décentralisation du pouvoir
La centralisation du pouvoir correspond à des décisions prises par une autorité unique, la décentralisation du pouvoir à des décisions prises par les multiples parties prenantes internes à l'entreprise.

Chef d'entreprise
Le dirigeant d'une entreprise (entreprise individuelle ou société) qui est parfois son propriétaire ou créateur.

Chiffre noir de la délinquance
L'écart entre les faits de délinquance effectivement commis et ceux comptabilisés.

Cohésion sociale
Elle caractérise une société unie par des valeurs et des normes acceptées par tous et dans laquelle les individus sont intégrés et solidaires ; ceux-ci partagent un attachement à ce groupe et des buts communs.

Communication politique
L'ensemble des techniques de communication permettant de favoriser le soutien de l'opinion publique lors de l'exercice ou de la conquête du pouvoir.

Compensation interbancaire
L'opération au cours de laquelle les banques commerciales soldent entre elles, en monnaie centrale, les transactions de leurs clients.

Concurrence (pure et) parfaite
Modèle théorique de marché qui repose sur cinq hypothèses :
- atomicité : les agents sont trop petits et trop nombreux pour pouvoir influer sur les prix.
- homogénéité : les biens ne se distinguent que par leur prix.
- transparence : tous les participants au marché disposent de toutes les informations nécessaires.
- libre entrée et sortie : il est possible d'entrer et de sortir d'un marché sans coût.
- libre circulation : le travail et le capital circulent librement d'un secteur d'activité à l'autre.

Configurations familiales
Les différentes formes familiales en termes de membres (famille monoparentale, recomposée, etc.), de ressources (économiques, sociales, culturelles), de dispositions et relations réelles au sein de la famille, qui ont des effets socialisateurs.

Conflit
Divergence d'intérêt entre les acteurs de l'entreprise qui peut déboucher sur une action collective (grève par exemple).

Contrôle des gouvernants (par les sondages)
Les sondages exerceraient une pression sur les élus dans leurs prises de décision, ce qui impacterait leurs choix politiques (préférence des effets à courts termes).

Contrôle social
L'ensemble des moyens dont dispose une société pour imposer le respect de ses normes à ses membres. Il est interne lorsque l'individu s'impose à lui-même des normes et valeurs, externe lorsqu'il se noue dans les interactions avec autrui. Ce contrôle est formel quand il est exercé par des institutions (police, école, etc.), informel quand il est exercé par les membres d'un groupe (parents, amis, collègues, etc.).

Coopération
La contribution à une activité commune à d'autres personnes dans le cadre d'un objectif commun.

Corrélation
Situation dans laquelle deux variables (A et B) varient simultanément soit dans le même sens (A et B augmentent ou baissent en même temps), soit en sens opposé (A est en hausse, B en baisse).

Coût marginal
Le coût de production de la dernière unité produite.

Coût social
Coût d'une activité qui est supporté par l'ensemble d'une collectivité (la pollution, par exemple).

Création monétaire
La création de nouveaux moyens de paiement mis en circulation dans une économie.

Cycle de vie
L'ensemble des étapes traversées par une entreprise. On peut la résumer à quatre phases principales : création, croissance, maturité et déclin voire disparition.

D

Défaillance de marché
Situation dans laquelle certains phénomènes perturbent le fonctionnement attendu du marché concurrentiel.

Déficit budgétaire
Solde négatif du budget de l'État au sens strict (l'administration centrale, les ministères).

LEXIQUE

Déficit public
Le solde négatif du budget de l'État au sens large (avec les collectivités locales et la Sécurité sociale).

Déficit/excédent public
Ils sont définis dans le Traité de Maastricht comme le besoin de financement net/capacité de financement nette des administrations publiques du Système Européen des Comptes. Le secteur des Administrations publiques comprend les sous-secteurs suivants : administration centrale, administrations d'États fédérés, administrations locales et administrations de sécurité sociale.

Délinquance
La transgression des normes juridiques.

Démocratie d'opinion
Le mode de fonctionnement du pouvoir politique dans lequel les décisions sont prises pour répondre aux désirs de l'opinion publique, censée correspondre à celle de la majorité des citoyens. La démocratie d'opinion a tendance à recourir aux sondages pour orienter les choix politiques.

Désaffiliation
La fragilisation progressive des liens sociaux liés au travail rémunéré et ceux issus de l'insertion relationnelle (famille, amis, réseaux…).

Dette publique
L'ensemble des emprunts que l'État au sens large a émis ou garantis et dont l'encours (c'est-à-dire le montant total des emprunts) résulte de l'accumulation des déficits.

Déviance
Le terme désigne un comportement non conforme aux normes d'une société, perçu comme inadapté et réprouvé par ses membres.

Dilemme du prisonnier
Application de la théorie des jeux qui s'intéresse aux questions de stratégie dans des situations où la difficulté à coopérer conduit deux acteurs à prendre rationnellement des décisions individuelles contraires à leur intérêt commun. Il montre que l'intérêt de tous est de coopérer pour atteindre l'intérêt collectif.

Dispositions sociales
Façons de faire, d'agir et de penser intériorisées voire incorporées lors de la socialisation de façon inconsciente.

Disqualification
Le processus d'affaiblissement des liens de l'individu avec la société au sens de la perte de la protection et de la reconnaissance sociales (pertes d'allocations, stigmatisation comme « assisté », etc.). Ce processus suit trois étapes : fragilisation, dépendance puis marginalisation.

Dissonances culturelles
Situation où les pratiques et préférences culturelles d'un individu sont très hétérogènes. C'est un des éléments explicatifs des trajectoires improbables ou des réussites paradoxales.

Diversification
La stratégie qui consiste pour un investisseur à effectuer différents placements financiers afin de réduire le risque global.

Division du travail
La répartition entre les individus des tâches de la vie sociale (productives mais aussi celles liées à l'éducation, la famille, etc.).

E

Effet « bandwagon » (ou effet de mode)
La situation dans laquelle l'électeur est incité à voter pour un candidat pressenti vainqueur dans les sondages.

Effet « underdog » (ou effet outsider)
La situation dans laquelle l'électeur se remobilise pour soutenir un candidat en perte de vitesse dans les sondages.

Effet d'éviction
Le phénomène économique par lequel une hausse des dépenses publiques entraîne une baisse des consommations et des investissements privés.

Électeur rationnel
L'électeur qui choisit le candidat maximisant sa satisfaction au moment de l'élection.

Enquête de victimation
Une enquête menée sur un échantillon représentatif de la population pour connaître et mesurer les infractions dont elle a été victime.

Entente
Un accord entre entreprises pour réduire la concurrence sur un marché et aboutissant à des prix plus élevés et des quantités plus faibles.

Entrepreneur individuel
Un travailleur non salarié, indépendant. Depuis la loi du 14 février 2022, le patrimoine personnel de l'entrepreneur devient par défaut insaisissable par les créanciers professionnels.

Entrepreneur innovateur
Un chef d'entreprise qui introduit une innovation dans le système productif.

Épargne
La part du revenu qui n'est pas consommée immédiatement.

Étiquetage
La désignation d'un individu comme déviant par la société.

Euros courants/euros constants
Les euros courants sont ceux qui ont cours à ce moment-là. Pour comparer la valeur d'un produit à travers le temps, on reconstitue les prix en **euros constants**, c'est-à-dire la valeur des produits si la monnaie n'avait pas changé de valeur.

Excédent brut d'exploitation
La part de la valeur ajoutée qui revient à l'entreprise (EBE = VAB – rémunération des salariés et autres impôts sur la production).

Exclusion sociale
La notion dépasse celle de pauvreté : elle correspond à la non-couverture des droits sociaux de base garantis par la loi (droits à l'emploi, au logement...) et à une rupture progressive des liens sociaux.

Externalité
Il y a externalité lorsque l'activité économique d'un agent a des effets favorables (externalités positives) ou défavorables (externalités négatives) sur le bien-être d'un ou de plusieurs autres agents, sans qu'il y ait de contrepartie monétaire.

F

Faiseur de prix
Un agent en capacité d'influencer le prix du marché.

Financement externe
Le financement des activités d'un agent économique avec des ressources provenant d'autres agents économiques.

Financement
L'opération par laquelle un agent économique se procure les ressources nécessaires à son activité.

Fusion et acquisition
Une opération de regroupement de leur patrimoine par plusieurs entreprises pour ne plus former qu'une seule entreprise.

G

Gains à l'échange
Les avantages que l'échange procure aux demandeurs et aux offreurs. Ils correspondent à la somme des surplus des producteurs et des consommateurs.

Genre
Le terme désigne l'identité, les attributs et le rôle de la femme et de l'homme, tels qu'ils sont définis par la société, et la signification sociale et culturelle que la société donne aux différences biologiques.

Gouvernance
Ensemble des décisions, règles et pratiques visant à assurer le fonctionnement optimal d'une organisation, ainsi que les organes chargés de les formuler, de les mettre en œuvre et d'en assurer le contrôle.

Groupe social
Association d'au moins deux personnes, le groupe peut prendre des formes diverses (un couple, un parti politique...). Pour qu'un groupe constitue un groupe social, il faut qu'il y ait des interactions directes ou indirectes entre ses membres (critère objectif) et un sentiment d'appartenance (critère subjectif). La société est le groupe global, un ensemble de groupes partageant une même culture. Le sociologue distingue les **groupes primaires** (groupe de petite taille avec un fort degré d'intimité et des relations directes et durables, ex. famille, amis) et les **groupes secondaires** (groupe de plus grande taille avec un faible degré d'intimité et des relations fonctionnelles, ex. entreprises, associations).

H

Hiérarchie
Un principe d'organisation fondé sur le commandement et l'obéissance. Elle représente la structure formelle de l'autorité dans une entreprise.

I

Identification partisane
L'attachement durable à un parti politique qui se manifeste par une fidélité au candidat de ce parti politique à chaque élection.

Indice synthétique
Indice composé d'indices simples pondérés selon leur importance. Il permet donc de résumer en une seule information la variation d'un ensemble de données et de mesurer un phénomène complexe.

Inflation
L'augmentation continue et généralisée des prix.

LEXIQUE

Infractions
Il existe trois types d'infractions punies par une sanction pénale (amende ou prison) : la **contravention** [excès de vitesse, menace de dégradation] est la moins grave des trois infractions ; **le délit** [vol, harcèlement moral] est l'infraction intermédiaire ; **le crime** [meurtre, viol] est l'infraction la plus grave.

Instances de socialisation (ou agent de socialisation)
Une personne ou un groupe de personnes de l'environnement social d'un individu qui contribue au processus de socialisation (famille, école, groupes de pairs, entreprise…).

Institutions
L'ensemble de règles formelles ou informelles qui encadrent les échanges marchands, comme les droits de propriété, la monnaie, le Code du travail.

Interactions sociales
Les actions et influences réciproques entre individus, résultant d'échanges directs (discussion avec des collègues, repas pris en famille…) ou de l'influence indirecte de l'environnement (comme la mode).

Isolement
Une situation dans laquelle un individu a rompu les liens qui le rattachaient à la société.

L

Liens sociaux
Les relations qui unissent les individus dans les groupes ou dans la société.

M

Manager
La personne assurant la direction et l'administration d'une grande entreprise, sous l'autorité des propriétaires de l'entreprise.

Marché monétaire interbancaire
Le marché monétaire (lieu où l'on échange des capitaux à court terme) réservé aux banques (commerciales et centrale). Elles y échangent de la monnaie centrale.

Marché
Un lieu, réel ou virtuel, de confrontation de l'offre et de la demande, pour aboutir à la fixation d'un prix.

Marchés financiers
Lieux (réels ou virtuels) sur lesquels les agents économiques échangent des produits financiers (actions ou obligations).

Masse monétaire L'ensemble de la monnaie en circulation.

Médiane Valeur statistique permettant de partager en deux les valeurs d'une série statistique. Ainsi, 50 % des valeurs sont inférieures à la médiane et 50 % lui sont supérieures.

Monnaie centrale
Elle est constituée des pièces et billets dont la banque centrale a le monopole d'émission ainsi que des comptes créditeurs détenus par les banques commerciales auprès de la banque centrale.

Monnaie
La monnaie est un moyen de paiement mais tous les moyens de paiement ne sont pas de la monnaie (ils permettent d'utiliser la monnaie détenue sur un compte de dépôt). Il existe plusieurs catégories de moyens de paiement : les moyens de paiement fiduciaires (pièces et billets) ; les moyens de paiement scripturaux qui supposent des écritures sur des comptes (cartes bancaires, chèques, virements, prélèvements, monnaie électronique). Ils représentent environ 90 % des paiements en France.

Monopole
Au sens strict, un marché avec un seul offreur face à une multitude de demandeurs.

Monopole d'innovation
La situation dans laquelle une innovation, généralement protégée par un brevet, confère l'exclusivité de la vente de ce produit à l'entreprise qui en est à l'origine.

Monopole institutionnel
La situation dans laquelle la loi ou une décision des pouvoirs publics accorde à une entreprise le droit exclusif de commercialiser un produit.

Monopole naturel
Le monopole d'une entreprise sur un marché sur lequel les coûts fixes sont élevés et où existent des économies d'échelle lui permettant de vendre à un prix inférieur à celui que pratiqueraient plusieurs firmes.

Mutualisation
Mécanisme de prise en charge des risques qui se caractérise par le partage de ceux-ci entre les membres d'un groupe afin de les couvrir et d'en réduire le poids sur chacun. Plus la taille du groupe est importante, plus la prise en charge du risque sera étendue.

Mutuelles
Sociétés à but non lucratif qui se financent principalement par les cotisations de leurs adhérents. Elles sont basées sur des valeurs de solidarité.

N

Normes juridiques Ce sont des normes sociales codifiées par le droit (lois, règlements, codes) dont la transgression expose à des sanctions formelles (amendes, peines de prison, etc.).

Normes L'ensemble des règles prescrites dans une société auxquelles les individus sont censés se conformer.

Normes sociales
Les règles dictées par les habitudes, conventions, coutumes et dont la transgression expose à des sanctions informelles (moqueries, regard désapprobateur, etc.) ou formelles (amendes, peines de prison, etc.) comme pour les règles juridiques.

O

Obligation
Le titre de créance détenu sur une société ou un État.

Offre politique
L'ensemble des programmes des partis/candidats parmi lesquels l'électeur peut choisir lors d'une élection.

Oligopole
Un marché avec un nombre limité d'offreurs et un nombre important de demandeurs.

Opinion publique
L'opinion publique désigne l'ensemble des jugements, avis et positions sur des questions de société auquel une partie importante des membres d'une société adhère.

P

Participation électorale
Elle mesure la part des citoyens qui votent par rapport au nombre d'électeurs inscrits sur les listes électorales ; elle s'oppose à l'abstention.

Parties prenantes
Les parties prenantes d'une entreprise sont les différents acteurs ou groupes concernés par ses activités.
Les parties prenantes internes agissent à l'intérieur de l'entreprise, les parties prenantes externes à l'extérieur. Elles peuvent avoir des relations de coopération, c'est-à-dire avoir des actions complémentaires pour atteindre un objectif commun, ou entrer en conflit quand leurs intérêts divergent.

Politique de la concurrence
L'ensemble des mesures prises par les pouvoirs publics afin de préserver ou améliorer la confrontation entre offreurs sur un marché.

Politique monétaire expansive
Stratégie de la banque centrale visant à stimuler la croissance économique et/ou à lutter contre la déflation, en baissant les taux d'intérêt directeurs.

Politique monétaire restrictive
Stratégie de la banque centrale visant à réduire l'inflation, quitte à limiter la croissance économique, en augmentant les taux d'intérêt directeurs.

Pouvoir de marché
La capacité d'une entreprise à pouvoir fixer elle-même ses prix au-dessus du prix d'équilibre.

Précarité
L'instabilité de l'emploi et du revenu qui place l'individu en situation de vulnérabilité.

Preneur de prix
La situation d'un agent qui n'est pas en capacité d'influencer le prix de marché.

Prévention
Les stratégies de prévention visent à réduire la probabilité du risque en agissant donc avant que le risque ne survienne. Des informations sont mises en place par tous les organismes de gestion des risques pour favoriser celle-ci.

Prix d'équilibre
Sur un marché concurrentiel, le prix auquel l'offre est égale à la demande.

Prix plafond
Le prix maximum de vente imposé par les pouvoirs publics.

Prix plancher
Le prix minimum de vente imposé par les pouvoirs publics.

Processus d'individualisation
L'émergence et l'affirmation de l'autonomie de l'individu par rapport aux normes et aux valeurs des groupes et de la société.

Professions et catégories socioprofessionnelles (PCS)
L'outil construit par l'Insee pour tenter de regrouper les Français dans des catégories selon certains critères socio-professionnels (statut des actifs, métier, qualification…).

Protection sociale
L'ensemble des institutions et des mécanismes

fondés sur l'idée de solidarité nationale, qui garantissent des ressources aux individus placés dans des circonstances particulières (maladie, accident, chômage, maternité, famille, vieillesse).

R

Recette marginale
La recette provenant de la dernière unité vendue.

Réglementation
Ensemble de règles et de lois mises en œuvre par les pouvoirs publics pour encadrer les comportements des agents.

Réseau social
Un ensemble d'individus (ou d'organisations sociales telles que des associations, des entreprises) reliés entre eux par des liens créés lors des interactions sociales.

Réserves obligatoires
Ce sont les sommes que les banques commerciales doivent détenir sur leur compte auprès de la banque centrale. Elles sont proportionnelles aux dépôts détenus par les banques commerciales.

Réussite paradoxale
L'expression désigne la réussite scolaire des enfants de milieux populaires qui accèdent à des formations scolaires ou culturelles prestigieuses qui leur sont statistiquement peu ouvertes

Revenu disponible
Le revenu disponible brut des ménages (RDB) comprend les revenus d'activité (rémunérations des salariés et revenus mixtes des non salariés) et les revenus du patrimoine, augmentés des prestations sociales (hors transferts en nature) et diminués des impôts directs et cotisations sociales.

Risque
L'éventualité d'un événement qui peut causer des dommages.

Risque social
Un risque entraînant pour un individu des dépenses importantes ou une diminution sensible de ses revenus, nécessitant une prise en charge collective (chômage, vieillesse, charges de famille, maladie...).

S

Ségrégation
La séparation de fait ou de droit d'un groupe social du reste de la société.

Ségrégation socio-spatiale
Séparation sur un territoire en fonction de différences de niveau de vie.

Sélection adverse
On parle de sélection adverse (ou d'anti-sélection) quand une asymétrie d'information conduit certains agents, offreurs ou demandeurs, à se retirer du marché.

Sociabilité
L'ensemble des relations qu'un individu (ou un groupe) entretient avec d'autres.

Socialisation
Le processus d'apprentissage de normes, de valeurs, de manières de faire, de sentir et de ressentir propres à un groupe social ou à une société.

Socialisation primaire/secondaire
La socialisation primaire est celle qui a lieu au cours de l'enfance (auprès de la famille et de l'école). La socialisation secondaire s'effectue dans un deuxième temps, au contact d'un plus grand nombre d'agents de socialisation.

Sociétés d'assurance
Ce sont soit des entreprises privées régies par le code des assurances et qui proposent des tarifs différenciés selon les risques (liés à l'âge, au sexe, à la maladie...) soit des sociétés d'assurance mutuelle (régies aussi par le code des assurances).

Solde budgétaire
La différence entre les recettes et les dépenses de l'État. Le solde peut être excédentaire ou déficitaire.

Sondage
Une enquête statistique visant à donner une indication quantitative, à une date déterminée, des opinions, souhaits, attitudes ou comportements d'une population par l'interrogation d'un échantillon.

statistiquement.

Statut juridique
L'ensemble de dispositions qui fixe les droits et obligations applicables à un entrepreneur individuel ou à une société. Toute entreprise doit en choisir un à sa création et peut en changer au cours de son développement.

Stigmate
Un attribut susceptible de dévaloriser un individu.

Stigmatisation
Le processus au terme duquel une personne porteuse d'un stigmate, d'une différence mal perçue, se voit déconsidérée, mise à l'écart ou encore privée de ses droits.

Subvention
Aide financière accordée par les pouvoirs publics à un agent économique pour orienter son comportement.

Surplus du consommateur
Les gains à l'échange lorsque le prix payé est inférieur au prix que le demandeur était prêt à payer.

Surplus du producteur
Les gains à l'échange lorsque le prix de vente est supérieur au prix auquel l'offreur était prêt à vendre.

Surplus total
est la somme du surplus du consommateur et du producteur, qui est une mesure des gains à l'échange.

T-U

Taux d'abstention
La part des personnes inscrites sur les listes électorales qui n'ont pas voté. Le taux d'abstention est calculé en rapportant le nombre d'électeurs s'étant abstenu au nombre total de personnes inscrites sur les listes.

Taux d'autofinancement
La part d'épargne brute qu'une entreprise peut consacrer à l'investissement (épargne brute/investissement) x 100.

Taux d'épargne financière
La part du revenu disponible consacrée à l'épargne financière, c'est-à-dire autre que l'investissement immobilier : livrets d'épargne, assurance-vie, titres…

Taux d'inscription
La part des personnes en âge de voter qui sont inscrites sur les listes électorales.

Taux d'intérêt directeur
Il désigne le principal taux (taux de refinancement) auquel les banques commerciales se refinancent auprès de la banque centrale.

Taux d'intérêt
Le prix auquel un agent est disposé à prêter sa capacité de financement ou le prix auquel un agent à besoin de financement est disposé à emprunter les ressources dont il a besoin pour le satisfaire.

Taux d'investissement immobilier
La part du revenu disponible brut des ménages investie en logements.

Taux de marge
La part de la valeur ajoutée qui revient à l'entreprise [(EBE)/VAB) x 100].

Taux de participation La part des personnes inscrites sur les listes électorales qui ont voté.

Taux de variation
Ce taux permet d'exprimer à l'aide d'un pourcentage la variation d'une grandeur entre deux dates.

Taxation
Procédé par lequel les pouvoirs publics fixent un prélèvement obligatoire sur une opération économique (production, achat par exemple).

Taxe forfaitaire
Un impôt d'un montant fixe.

Tragédie des biens communs
La situation de surexploitation d'une ressource commune mais limitée qui risque d'entraîner sa disparition.

Trajectoires improbables
Les trajectoires d'individus qui déjouent les régularités statistiques, en termes de reproduction sociale d'une génération à l'autre. C'est le cas des transfuges de classe qui connaissent un changement important de milieu social (forte promotion sociale).

Trajectoires sociales
Le déplacement des individus (ascension ou déclassement) dans l'espace social au cours de sa vie.

Unité de consommation (UC)
Pour comparer les niveaux de vie de ménages de taille ou de composition différente, on divise le revenu par le nombre d'unités de consommation (UC). Celles-ci sont généralement calculées de la façon suivante : 1 UC pour le premier adulte du ménage, 0,5 UC pour les autres personnes de 14 ans ou plus, 0,3 UC pour les enfants de moins de 14 ans.

V

Valeurs
Les principes et idéaux valorisés au sein d'un groupe social ou d'une société qui orientent les comportements.

Variables lourdes
Les caractéristiques sociales d'un individu (religion, niveau de vie, âge…) qui déterminent son vote.

Volatilité électorale
Le changement de comportement (participation ou non) et de choix électoraux d'une élection à une autre.

Vote sur enjeu
Il désigne le choix des électeurs en fonction de « l'offre électorale » c'est-à-dire de la proximité entre les programmes, les profils des candidats, les enjeux propres à l'élection et leurs préférences personnelles.

TABLE DES ILLUSTRATIONS

P10-11 ph © Antonio Luis Martinez/Getty-Images
P13-h © Martin Vidberg
P13-d © Ministère de l'Économie et des Finances / Bercy Infos / mars 2021
P13-mdph © CHINE NOUVELLE / SIPA
P13-bd ph © KONRAD K. / SIPA
P14-h © Le Temps SA / avril 2021
P14-b ph © CHRISTIAN HANSEN / NYT-REDUX-REA
P15 © Cité de l'économie / novembre 2013
P16 © France Télévisions / France 2 / 20 Heures / 2 octobre 2018
P17 © Grady Klein et Yoram Bauman /Editions Eyrolles
P18 © / https://sydo.fr/
P19 © France Télévisions / France 2 / 20 Heures / 10 janvier 2012
P20 © Ixène
P21-h ph © Romain GAILLARD / REA
P21-b © TF1 Infos / LCI / 24H PUJADAS / 13 février 2020
P27-hg © Grady Klein et Yoram Bauman /Editions Eyrolles
P27-hd © France Culture
P27-bg ph © Magnolia Pictures / Courtesy Everett Collection / Aurimages
P27-bd © Éditions Hatier
P35-h © Xavier Gorce
P35-b © Autorité de la concurrence / décembre 2019
P36 © France Télévisions / France 2 / 20 Heures / 24 août 2005
P37 ph © PRM / SIPA
P38 ph © Francois HENRY / REA
P39 © France Télévisions / France 2 / 20 Heures / 10 mai 2021
P40 © Stellantis
P41 ph © Owen Franken / The New York Times / REA
P42-g © France Télévisions / France 2 / 13 Heures / 25 mars 2021
P42-d ph © 2018 mama_mia/Shutterstock
P43 ph © EPA-EFE / Olivier Hoslet
P44 ph © Xavier Testelin / Divergence
P45 © Euronews / 05 juillet 2022
P49-h © Editions Odile Jacob
P49-bg ph © Kundschafter Filmproduktion/Netflix
P49-bd © Union européenne, 2012
P57 © France Télévisions / France 3 / 19/20 / 24 octobre 2018
P58 © France Télévisions / France 3 Hauts-de-France / 19/20 / 3 mai 2022
P60-h © TED-Ed / novembre 2017
P60-b1 ph ©REDPIXEL - stock.adobe.com
P60-b2 ph © Godoy - stock.adobe.com
P60-b3 ph © Prostock-studio - stock.adobe.com
P60-b4 ph © badahos - stock.adobe.com
P60-b5 ph © tangofox - stock.adobe.com
P60-b6 ph © BillionPhotos.com - stock.adobe.com
P61 ph © Drazen_/ E+ / Getty Images
P62-h © France Télévisions / Tristan Werkmeister - franceinfo / 5 décembre 2020
P62-b ph © Big Cheese Photo / Alamy Stock Photo
P63-h © Dorothée de Monfreid et Jorge Bernstein
P63-b © Cité de l'économie / mars 2021
P64 ph © Matarezo / Andia.fr
P66 © https://eau-biencommun-aura.fr
P71-hg © Editions Kero
P71-hd © France Culture
P71-bg ph © Industries / Bluegrass films / Netflix Hyperobject
P71-bd © Éditions Hatier
P75 ©Ministère de la Transition écologique et de la Cohésion des territoires
P79 © France Télévisions / France 2 / 13 Heures / 11 janvier 2020
P80 © Lafinancepourtous.com
P81ph © coldsnowstorm - iStock
P82 © France Télévisions / A. Peyrout - France 2 / 13 Heures / 17 août 2022
P83-hph © Michel GAILLARD / REA
P83-b ph © Stephane AUDRAS / REA
P84 © Banque de France / août 2020
P85 ph © Miljan Zivkovic / Shutterstock
P86-h © République Française / Vie publique / octobre 2022
P86-b © France Télévisions / France 3 / 19/20 / 14 octobre 2019
P87 ph © Martin Bertrand / Hans Lucas via AFP
P89 © © France Télévisions / France 2 / 20 Heures / 30 juin 2020
P93-hg © Editions La découverte
P93-hd © France Culture
P93-bg © Yuzu Productions, Arte France
P93-bd © Éditions Hatier
P100-hg ph © 2018 ChWeiss / Shutterstock
P100-mg © Musée de la Banque Nationale de Belgique / décembre 2018
P100-md © Aurel / Gribrouillages Factory
P100-bg © Cité de l'économie / septembre 2015
P100-bd © Cité de l'économie / avril 2016
P101-h © Autosphere
P101-b ph © 2018 ChWeiss / Shutterstock
P102-a ph © Mrtolc / stock.adobe.com
P102-b ph © Pixelmania / stock.adobe.com
P102-c ph © 2018 ChWeiss/Shutterstock
P102-d ph © tempus_fugit1980 / stock.adobe.com
P102-e ph © Maksim Kostenko / stock.adobe.com
P102-f ph © Frog 974 / stock.adobe.com
P103 © Deligne
P106-d © Banque de France / juin 2020
P106-g ph © André PAIN / AFP
P108 © Aurel / Gribrouillages Factory
P115-hg © Editions La découverte
P115-hd © Le Monde
P115-bg © La Mare aux canards/TINA Films
P115-bd © Éditions Hatier
P122-123 ph © Emmanuel Pierrot / Agence VU
P124-hm © Aller Retour Prod, Yukunkun Prod et TV Tours / 2012
P124-hd © France Télévisions / E.Cornet, O.Palomino, F.Fontaine - France 3 / 12/13 / 21 juin 2021
P124-bd © ARTE France & upian / Les idées Larges / 16 février 2022
P125-h © Procter & Gamble 2014 / Creapills / janvier 2020
P125-b © Fanny Monnier/Alternatives Economiques
P126 © Universal / courtesy Everett Collection / Aurimages
P128 © Editions Mango
P129-h ph © Stéphanie LACOMBE / PINK / saif images
P129-b © France Télévisions / France 2 / La Maison des Maternelles / 15 mars 2017

P130 ph © 2015 Rawpixel.com / Shutterstock
P131 ph © 2017 Monkey Business Images/Shutterstock
P132 ph © Max BTL
P135 © Hub
P139-hg © Editions Gallimard
P139-hd © France Culture
P139-bg © Moteur s'il Vous Plait Production (MSVP)/Collection Christophe L
P139-bd © Éditions Hatier
P146-hm © Hoplites et compagnie / Nicolas Balique / avr. 2014
P146-hd © France Télévisions / LUMNI / oct. 2017
P146-bm © France Télévisions / franceinfo / 20 Heures / 14 septembre 2016
P147-hg ph © Frédéric Jouvet / Actu Le Mans pour Actu.Fr
P147-hd © Generation What ? / France Télévisions, Upian et Yami 2 / 2016
P147-b ph © 2014 Monkey Business Images/Shutterstock
P148 © France Télévisions / France 3 / 19/20 / 21 février 2020
P149 © CIDJ / juin 2014
P151 © Petits Frères des pauvres
P152ph © The Stapleton Collection / Bridgeman Images
P153 ph © 2016 George Sheldon / Shutterstock
P154 ph © Teresa SUAREZ / REA
P157-h ph © Dimitri Vervitsiotis / Getty Images
P157-b ph © ullstein bild / Getty Images
P161-hg © Editions Points
P161-hd © Observatoire des inégalités
P161-bg © Growth films / Size / Collection Christophel
P161-bd © Éditions Hatier
P168-hd © France Télévisions / L'Oeil du 20 heures / 18 décembre 2017
P168-mg © Le Figaro / septembre 2020
P168-md © LCP - Assemblée nationale / Sébastien Le Belzic / 2022
P169 © L'Arabe du futur 2, Riad Sattouf, Allary Éditions, p.19, 2017
P170-g ph © Philippe Turpin / Photononstop
P170-mg ph © Guy Bouchet / Photononstop
P170-md ph © Philippe Turpin / Photononstop
P170-d ph © Romain TALON - stock.adobe.com
P171 © France Télévisions / franceinfo / Le 23h / 19 juillet 2021
P172 ph © Rémi Noël / www.aurore.asso.fr
P173 © Eric Thienot / À Compétence Égale
P175-hph © Bryan Olin Dozier/NurPhoto via AFP
P175-b © Le Parisien / octobre 2021
P176 © Chappatte dans Le Temps, Genève
P177 © Rodho
P179 © V Films (DR) / 1979
P183-hg © Editions Delcourt
P183-hd © Défenseur des droits 2023
P183-bg ph © Magnolia Pictures/Bb Film Productions/Fj Productions / EVERETT/Aurimages
P183-bd © France Télévisions / Malika Catala - franceinfo / 13 mai 2022
P191-h ph © 2019 Valmedia / Shutterstock
P191-b © France Télévisions / France 2 / 13 Heures / 5 mars 2019
P192-h © Mcfly et Carlito / mai 2021
P192-bg © Le Monde / avril 2018
P192-bd ph © Edouard BOUBAT / GAMMA RAPHO
P193 © PIERRE-ALBERT JOSSERAND / FRANCEINFO
P194 ph © Josse / Bridgeman Images
P195-h © Grand débat national / Rawpixel
P195-b © La Croix / janvier 2019
P196-h © France Télévisions / franceinfo / octobre 2021
P196-b © Xavier Gorce
P198 © Le Figaro / décembre 2021
P199 © France Télévisions / franceinfo / 13 juin 2018
P201-h ph © MATT CARDY / Getty Images © Banksy
P201-b ph © Corinne Simon / Hans Lucas
P205-hg © Editions PUF
P205-hd © France Culture
P205-bg © Gaumont - Curiosa Films - France 3 Cinema - Pictanovo - Gabriel - Umedia/ COLLECTION CHRISTOPHEL
P212-hd © Le French Débat / janvier 2019
P212-bg © Radio France / Manon Mella - franceinfo / avr. 2022
P213-h © Loïc Schvartz
P213-b © INA Actu / Retour vers l'info / Tarik Khaldi / 25 janvier 2019
P214-h © TV Léman Bleu SA / 27 novembre 2020
P214-b © www.le1hebdo.fr
P215 © Bridoulot © Play Bac Presse 2020
P216 © Ville de Lyon / Pixabay / Melbourne
P217 © MAN / Iconovox
P218 © LVSL 2017
P220 © Ipsos 2022
P221-h © Chaunu
P221-m © France Télévisions / franceinfo / 20 Heures / 4 février 2015
P221-b © Politest
P227-hg © Editions PUF
P227-hg © Public Sénat/Science Po/Cevipof
P227-bg © Quark Productions / Collection CHRISTOPHEL
P227-bd © Éditions Hatier
P234-235 ph © gstockstudio - stock.adobe.com
P236-md © Dessine-moi l'éco / janvier 2014
P236-bg © CNAO / 2021
P236-bd © Cité de l'économie / mars 2021
P237 © INA Fresques / ORTF / 5 octobre 1965
P239 ©Brut / avril 2022
P240 © www.securite-routiere.gouv.fr
P242 © Collectif National des Associations d'Obèses/CNAO
P243 © MACIF / mars 2021
P244ph © Photo12/L'Illustration
P247 © L'Assurance Maladie / Carsat
P251-hg © La Revue dessinée
P251-hd © France Culture
P251-bg © Rouge productions / Collection Christophel
P251-bd © Éditions Hatier
P258-hm © Bpifrance / mars 2021
P258-bg © Dessine-moi l'éco / février 2016
P259-g © Le Monde / août 2020
P259-g © Rust
P260 © France Télévisions / France 3 / Météo à la carte / 28 mai 2019

Édition : Agnès Thiercé, assistée de Fanny Bourges

Conception graphique : Nicolas Piroux / Emmanuelle Garnot

Mise en pages : Aude Cotelli / Emmanuelle Garnot

Infographie/Illustrations : Vincent Landrin

Iconographie : Clémence Zagorski / Hatier Illustrations

PAPIER CERTIFIÉ

IMPRIM'VERT

Dépôt légal : 09711-7/01 - Avril 2022 - Achevé d'imprimer en Italie par Vincenzo Bona

4 Savoir définir les notions clés

- COHÉSION SOCIALE
- DÉSAFFILIATION / DISQUALIFICATION
- GROUPE SOCIAL
- LIENS SOCIAUX
- INTERACTIONS SOCIALES
- ISOLEMENT
- PRÉCARITÉ
- PROCESSUS D'INDIVIDUALISATION
- PROFESSIONS ET CATÉGORIES SOCIOPROFESSIONNELLES (PCS)
- RÉSEAU SOCIAL
- SÉGRÉGATION
- SOCIABILITÉ
- SOLIDARITÉ MÉCANIQUE
- SOLIDARITÉ ORGANIQUE

6 Voir la vidéo de **RÉVISION**

hatier-clic.fr/23ses1702

7 Écouter le podcast du cours

Podcast du cours

hatier-clic.fr/23ses1716

8 Vérifier ses connaissances

Mémocartes

hatier-clic.fr/23ses1717

Exercices interactifs

hatier-clic.fr/23ses1718

5 Ne pas confondre

Solidarité mécanique ≠ Solidarité organique

Liens sociaux ≠ Cohésion sociale

9 Aller plus loin

Lire

Florence Aubenas, *Le Quai de Ouistreham*, Points, 2011.

Surfer

Observatoire des inégalités

Les inégalités entre catégories sociales sur le site de l'observatoire des inégalités

hatier-clic.fr/23ses1719

Voir

De l'autre côté de la porte, Laurence Thrush, 2015

Suivre l'actualité avec ACTU SES

actu-ses.editions-hatier.fr

hatier-clic.fr/23ses1720

Laure Coëtus, CNRS Le Journal, 7 octobre 2015

Du lycée au bureau, que deviennent nos réseaux ?

Vingt ans durant, des sociologues ont suivi un groupe de lycéens de Caen afin de déterminer comment l'entrée dans la vie adulte modifiait le réseau relationnel, et réciproquement.

Vers le BAC

Mobiliser ses connaissances

QUESTION 1 Comment les ségrégations conduisent-elles à l'affaiblissement ou à la rupture des liens sociaux ?

Coup de pouce

1. Quels sont les mots-clés de cette question ?
2. Pourquoi « ségrégations » est-il au pluriel ?
3. Explicitez la notion de « liens sociaux ».
4. À quel processus fait référence « l'affaiblissement ou à la rupture des liens sociaux » ?
5. Quelle structure de réponse peut-on envisager ?

QUESTION 2 Comparez la solidarité mécanique à la solidarité organique.

Coup de pouce

1. Quels sont les mots-clés de cette question ?
2. Reproduisez le tableau ci-dessous et classez-y les propositions suivantes : degré d'individualisme ; propose une analyse du lien social ; type de société ; division du travail ; assure la cohésion sociale ; conscience collective ; Émile Durkheim ; forme du lien social.

Solidarité mécanique/solidarité organique	
Similitudes	Différences

3. Quelle structure de réponse peut-on envisager ?

QUESTION 3 Montrez qu'il existe une diversité de liens reliant les individus.

QUESTION 4 Montrez que les sociabilités numériques contribuent au lien social.

QUESTION 5 Expliquez et illustrez la notion de groupe social.

QUESTION 6 Quels facteurs peuvent conduire à l'affaiblissement ou à la rupture des liens sociaux ?

QUESTION 7 Comment la perte d'emploi peut-elle conduire à l'affaiblissement des liens sociaux ?

QUESTION 8 Comment se maintient la solidarité dans les sociétés modernes selon Durkheim ?

Étudier un document statistique

Vers le BAC

ÉTUDE de document 1

Part des emplois précaires[1] dans le total des emplois selon l'âge (en %)

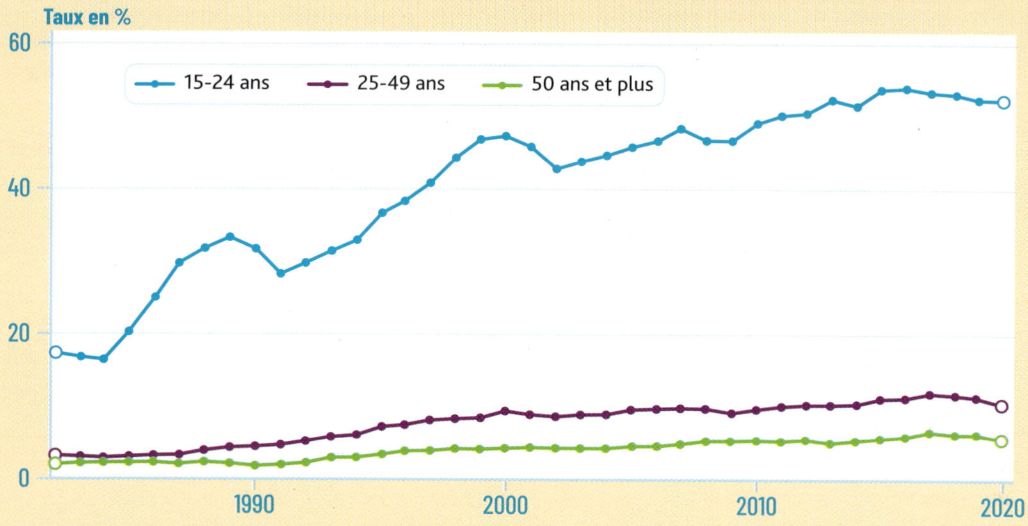

Source : Observatoire des inégalités, 2021.

1. Selon la définition de l'Observatoire des inégalités, les emplois précaires regroupent les statuts d'emploi qui ne sont pas des contrats à durée indéterminée (CDI) : contrats à durée déterminée (CDD), contrats d'intérim et contrats d'apprentissage.

1. À l'aide du document, montrez que la précarité de l'emploi des 15-24 ans progresse. → Voir aussi Fiche Outil p. 288

2. À l'aide du document et de vos connaissances, vous montrerez que la précarité est un facteur d'affaiblissement ou de rupture des liens sociaux.

Coup de pouce

a. Identifiez le titre, les unités, la source, les dates de publication et des données.
b. Quelles sont les données à mobiliser pour répondre à la question 1 ?
c. Répondez à la question 2 en utilisant les termes définis en vocabulaire p. 159.

ÉTUDE de document 2

Évolution de la part des personnes vivant seules (en %)

	1990	1999	2008	2013	2019
Hommes	15,8	18,1	20	20,9	22,3
Femmes	10,2	13,3	15,6	16,9	18,8
Ensemble	13,1	15,8	17,9	19	20,6

Source : Insee.

Champ : France hors Mayotte, population des ménages, personnes de 15 ans ou plus.

1. À l'aide du document, comparez la situation des hommes et des femmes.

2. À l'aide du document et de vos connaissances, vous montrerez que l'isolement est un facteur d'affaiblissement ou de rupture des liens sociaux.

Vers le BAC

Raisonnement s'appuyant sur un dossier documentaire

POINT MÉTHODE
Présenter et exploiter un texte

Dans la partie 3 de l'épreuve composée, le sujet est accompagné d'un dossier documentaire qui comprend un texte (maximum 2 500 signes) factuel ou théorique. C'est seulement après avoir analysé le sujet et mobilisé vos connaissances que vous pouvez passer à l'étude du dossier documentaire, dont la lecture du texte. Cela vous permet de mieux comprendre le lien entre le texte et le sujet et de bien cadrer les éléments du texte qui se rapportent ou non au sujet.

ÉTAPE 1 Lire et comprendre le texte

- Repérez la source du texte.
- Faites une première lecture du texte pour dégager l'idée générale du document.
- Relisez-le ensuite pour en dégager les idées secondaires et surlignez les exemples éventuels apportés par l'auteur.

ÉTAPE 2 Relier le texte aux arguments

- Demandez-vous :
  - « en quoi ce document permet-il de montrer que... (sujet) ? »
  - « à quel argument ce texte est-il relié ? », « l'illustre-t-il ? »
  - « développe-t-il un mécanisme ? »...
- Notez les notions en lien avec le sujet auxquelles le document vous fait penser ou qu'il permet d'illustrer.
- Attention au hors sujet : toutes les informations du texte ne sont pas forcément à utiliser.

ÉTAPE 3 Exploiter le texte dans l'argumentation

- Le texte apportera le plus souvent des éléments d'illustration mais il peut parfois présenter une théorie ou un mécanisme à expliciter dans votre argument.
- Faites référence de manière explicite au document (« le document 1 montre bien que... »).
- Évitez de paraphraser le texte. Les citations sont possibles mais il faudra bien préciser ce qui sert votre argumentation dans cette citation. Préférez une reformulation insistant sur les aspects pertinents.
- Développez bien le lien entre l'idée du document que vous utilisez et votre argument qui répond au sujet.

APPLICATION

- Répondez aux questions suivantes pour les documents 1 et 3 :

  a. Quelles sont la source et l'idée générale du document ?

  b. Quelles sont les idées secondaires, les éventuels exemples et données pertinentes ?

  c. Quelles sont les notions du cours auxquelles le document peut se rattacher ?

  d. En quoi ce document permet-il de traiter le sujet ?

SUJET

À l'aide de vos connaissances et du dossier documentaire, vous montrerez qu'il existe plusieurs facteurs de fragilisation des liens sociaux dans les sociétés contemporaines.

Doc 1

« Dans son ouvrage *L'Épreuve du chômage*, Dominique Schnapper a également insisté sur l'affaiblissement de la vie sociale des chômeurs. En réalité, si le chômage se caractérise par l'ennui, la désocialisation, l'humiliation et, par conséquent le risque élevé de ruptures d'autres liens, c'est plus particulièrement dans le cas de l'expérience vécue du *chômage total* que se vérifie ce processus. Le *chômage total* constitue l'expérience de la grande majorité des travailleurs manuels, de certains employés et, dans une moindre mesure, de cadres d'origine modeste, c'est-à-dire de tous ceux pour lesquels le travail représente le mode privilégié de l'expression de soi au sens où il apporte non seulement une activité, mais encore une raison d'être, un sentiment d'utilité et une reconnaissance sociale. [...]. Le *chômage total* semble vérifier la tendance à la rupture cumulative des liens sociaux [...]. Des expressions comme : "Je ne sors presque plus maintenant", "Je ne vois presque plus personne", "Non, je ne cherche plus à voir les autres", etc., sont très courantes dans la bouche de ces hommes et de ces femmes en proie au désespoir. »

Serge Paugam, *Le Lien social*, PUF, « Que sais-je ? », 5e édition, 2022.

Doc 2

Les mariages et les divorces depuis 1950

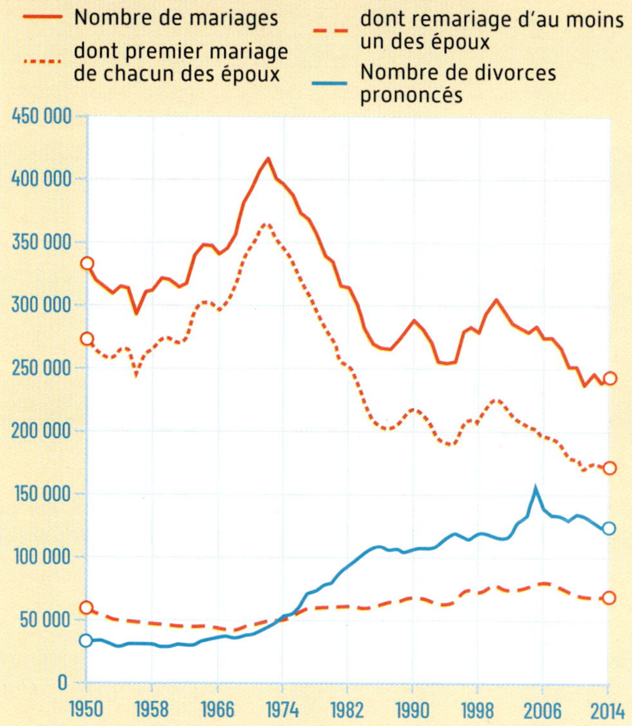

Champ : France métropolitaine jusqu'en 1997. France hors Mayotte de 1998 à 2013. France y compris Mayotte à partir de 2014.
Sources : ministère de la Justice et Insee, statistiques de l'état civil.

Doc 3

« Internet en général et les réseaux sociaux en particulier sont souvent accusés d'absorber les plus jeunes au point qu'ils en oublieraient de se faire de "vrais" amis ou d'avoir de "vraies" activités. Une étude publiée dans l'*American Journal of Preventive Medecine*[1] vient alimenter le débat. Des chercheurs [...] ont observé de forts liens entre utilisation des réseaux sociaux et sentiment d'isolement social. L'étude montre ainsi que ceux qui utilisent les réseaux sociaux 121 minutes ou plus par jour ont deux fois plus de chances de se sentir isolés par rapport à ceux qui les utilisent moins de 30 minutes par jour. De même, ceux qui se rendent sur les réseaux sociaux 58 fois ou plus par semaine ont trois fois plus de chances de se sentir isolés que ceux qui s'y rendent moins de neuf fois par semaine.

Les chercheurs émettent plusieurs hypothèses pour expliquer ces résultats. Tout d'abord, il est probable que ceux qui se sentent déjà seuls aillent chercher du réconfort en ligne. Possible aussi que les jeunes qui utilisent de plus en plus les réseaux sociaux se sentent de plus en plus seuls parce qu'ils ont moins de temps pour des "expériences sociales plus authentiques". L'usage des réseaux sociaux pourrait aussi entraîner un sentiment d'exclusion, comme lorsque l'on découvre des photos d'une soirée à laquelle on n'a pas été invité, ou bien un sentiment de jalousie, à être trop exposé aux morceaux choisis et forcément idéalisés de la vie de ses pairs. À ce stade, ces interprétations restent des hypothèses. »

Marie Deshayes, « Les réseaux sociaux, miroirs de solitudes », *Sciences Humaines*, n°297, juin 2017.

1. Brian A. Primack et al., « Social media use and perceived social isolation among young adults in the US », *American Journal of Preventive Medicine*, 6 mars 2017.

Vers le BAC

Dissertation

POINT MÉTHODE
Organiser son travail

La dissertation nécessite d'accomplir une **succession de tâches implicites** pour répondre au sujet de manière argumentée et structurée en 4 heures. Il est important d'avoir une bonne méthode de travail pour éviter le hors-sujet, le manque de temps ou encore le non-respect de la forme de la dissertation.

Étape 1 Analyser le sujet → **Étape 2** Mobiliser ses connaissances → **Étape 3** Étudier les documents → **Étape 4** Construire un plan détaillé → **Étape 5** Rédiger

ÉTAPE 1

Analyser le sujet permet de bien cadrer ce qui est attendu et d'élaborer une problématique.

→ POINT MÉTHODE p. 98.

ÉTAPE 2

Mobiliser ses connaissances signifie convoquer celles qui sont pertinentes pour traiter le sujet : notions, mécanismes, auteurs, théories, exemples.

→ POINT MÉTHODE p. 120.

ÉTAPE 3

Étudier les documents pour trouver le lien entre chaque document et le sujet et identifier des pistes d'illustration.

→ POINT MÉTHODE p. 144.

ÉTAPE 4

Construire un plan détaillé permet d'organiser votre propos en deux ou trois grandes parties elles-mêmes composées de deux ou trois sous-parties.

→ POINT MÉTHODE p. 76.

ÉTAPE 5

Rédiger le devoir en commençant au brouillon par votre **introduction** (→ Fiche Méthode p. 256) et votre **conclusion** (→ Fiche Méthode p. 278). La conclusion doit répondre à la problématique de votre introduction.
Poursuivre au propre pour la rédaction de l'ensemble.

→ POINT MÉTHODE p. 302.

APPLICATION

1. Parmi les activités ci-dessous, quelles sont celles que vous estimez nécessaire de réaliser ?

a. Étudier le sujet
b. Dégager des faits et/ou des idées du texte
c. Rédiger entièrement le devoir au brouillon
d. Extraire des données chiffrées qui illustrent vos propos
e. Construire un plan détaillé
f. Identifier les séquences argumentatives, les idées, utiles à la réponse
g. Rédiger le devoir
h. Exploiter ses connaissances
i. Utiliser le plus possible de données chiffrées des documents statistiques
j. Réécrire des phrases du texte
k. Classer les idées dans le plan
l. Rédiger l'introduction et la conclusion au brouillon

2. Classez-les dans l'ordre de réalisation que vous jugez logique pour un travail sur une dissertation et associez chacune à une des 5 étapes de travail.

3. Estimez pour chaque étape le temps nécessaire pour sa réalisation (le total ne pouvant dépasser 4 heures), puis comparez avec les réponses de la classe.

4. Après avoir repéré et classé les étapes, appliquez la démarche pour la dissertation proposée en notant les temps passés étape par étape.

Conseil

Pensez à bien gérer votre temps et à organiser votre travail sur les 4 heures dont vous disposez pour l'épreuve :
- ✓ ne bâclez pas la première étape, base essentielle de votre travail.
- ✓ prévoyez environ la moitié du temps pour la rédaction
- ✓ gardez du temps pour vous relire afin de corriger les éventuelles fautes et de vérifier que vous n'avez oublié aucun élément important.

SUJET

Le travail est-il encore facteur d'intégration sociale aujourd'hui en France ?

Doc 1

Taux de chômage au sens du BIT[1] selon l'âge et le sexe de 2015 à 2019

		Taux de chômage en %					Effectif (en milliers)
		2015	2016	2017	2018	2019	2019
	Ensemble	10,3	10	9,4	9	8,4	2 506
Sexe	Femmes	9,9	9,8	9,4	9	8,4	1 206
	Hommes	10,8	10,2	9,4	9	8,5	1 301
Âge	De 15 à 24 ans	24,7	24,5	22,1	20,8	19,6	555
	De 25 à 49 ans	9,7	9,3	8,8	8,5	7,8	1 388
	50 ans et plus	7	6,9	6,6	6,3	6,3	563

Source : Insee, enquêtes Emploi, 2020.

Champ : France hors Mayotte, population des ménages, personnes actives.

1. BIT : Bureau international du Travail.

Doc 2

Distribution du niveau de vie[1] annuel (en euros) **et indicateurs d'inégalités selon l'activité en 2018**

	Les 10 % les plus pauvres ont un niveau de vie inférieur à …	Les 10 % les plus riches ont un niveau de vie supérieur à …	Moyenne du niveau de vie
En emploi	13420	42640	27350
Chômeurs	8370	27930	17520
Ensemble	11210	39130	24650

Source : Insee, enquête Revenus fiscaux et sociaux, 2018.

Champ : France métropolitaine, personnes vivant dans un ménage dont le revenu déclaré est positif ou nul et dont la personne de référence n'est pas étudiante.

1. Niveau de vie : le niveau de vie correspond au revenu disponible en tenant compte de la taille et de la composition du ménage.

Doc 3

« C. vit en région parisienne, avec sa compagne et un enfant en bas âge. Il est en CDI dans une grande entreprise. Ses parents, encore en activité, sont tous les deux fonctionnaires. C. a découvert l'application *Local Eyes*[1] en regardant un reportage à la télévision, consacré aux sites et aux applications de "clients mystères".

Au moment de l'entretien, sa compagne est enceinte, et tous deux songent à inscrire leur enfant à une activité de bébés nageurs à la piscine, qui coûte 19 € de l'heure. Leur enjeu : avoir un budget supplémentaire. L'objectif est de mettre de l'argent de côté pour offrir une activité à leur enfant sans impacter leur budget habituel. C. installe sur son téléphone plusieurs applications proposant des micro-tâches. Il organise ensuite son utilisation en fonction du temps que lui laisse son travail, des avantages que chaque appli peut proposer, et de la nature des "missions". […] Il a installé puis supprimé [des applications], en raison des bugs rencontrés. À un moment de la journée, C. quitte son domicile pour faire son running habituel, accompagné de son smartphone et d'une batterie additionnelle. Avant d'entamer sa course, il consulte ses notifications. Sur un rayon de 5 à 10 kilomètres, il peut en effet recevoir l'alerte d'une de ses applications de micro-travail, et prendre connaissance des nouvelles micro-tâches disponibles. Du choix des tâches dépendra son parcours de course. Régulièrement, C. s'arrête dans un magasin, une supérette, une pharmacie ou un supermarché de proximité, puis il prend des photos des produits indiqués par son application. Certaines micro-tâches prennent plus de temps que d'autres : il faut d'abord se présenter au gérant de l'enseigne sur laquelle on enquête, en présentant un ordre de mission envoyé sur le smartphone. »

A. Casilli, P. Tubaro, C. Le Ludec, M. Coville, M. Besenval, T. Mouhtare, E. Wahal, *Le Micro-travail en France. Derrière l'automatisation de nouvelles précarités au travail ?, Rapport Final Projet DiPLab « Digital Platform Labor »*, http://diplab.eu, 2019.

1. Application proposant des missions rémunérées en magasin (photos, questionnaires).

Chapitre 8

Quels sont les processus sociaux qui contribuent à la déviance ?

LA VIDÉOTHÈQUE DU CHAPITRE

hatier-clic.fr/23ses1801

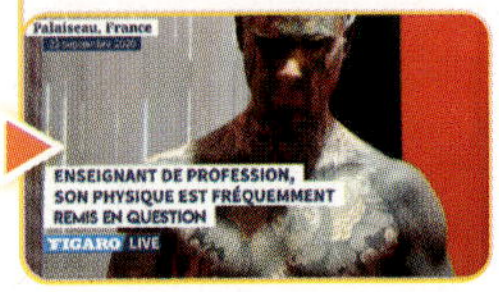

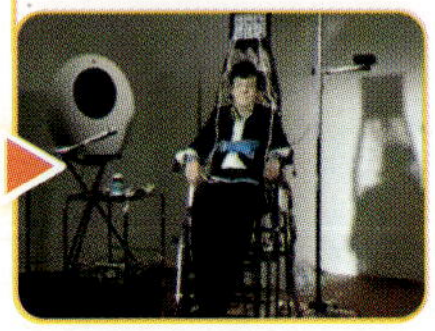

Vidéo de RÉVISION du chapitre

hatier-clic.fr/23ses1802

1 S'interroger sur les règles et sanctions

Riad Sattouf,
L'Arabe du futur 2 : une jeunesse au Moyen-Orient (1984-1985),
Allary Éditions, 2018.

- Quelles normes découvre le jeune Riad lors de son arrivée en classe en Syrie dans les années 1980 ?
- Comment l'enseignante les fait-elle respecter ?
- Pourquoi peut-on dire que les normes de vie de classe sont relatives ?

2 Débattre des règles, normes et sanctions

- Pour chaque proposition, dites si vous êtes : d'accord, pas d'accord, ou partagé.
- Débattez en présentant les arguments justifiant vos choix.

✓ Le fonctionnement des sociétés repose exclusivement sur des règles écrites.
✓ Les normes qui encadrent les comportements évoluent au cours du temps.
✓ Les individus qui transgressent (ne respectent pas) les règles sont toujours sanctionnés.
✓ Les sanctions qui s'appliquent en cas de transgression (non-respect) des normes ne sont pas toujours écrites, codifiées.
✓ Les sanctions peuvent être positives (comme une récompense).
✓ Tout individu qui transgresse les règles est un délinquant.

Dossier 1 Quelles sont les différentes formes du contrôle social ? L'exemple du Covid-19

Doc 1 Normes sociales et normes juridiques

a

b

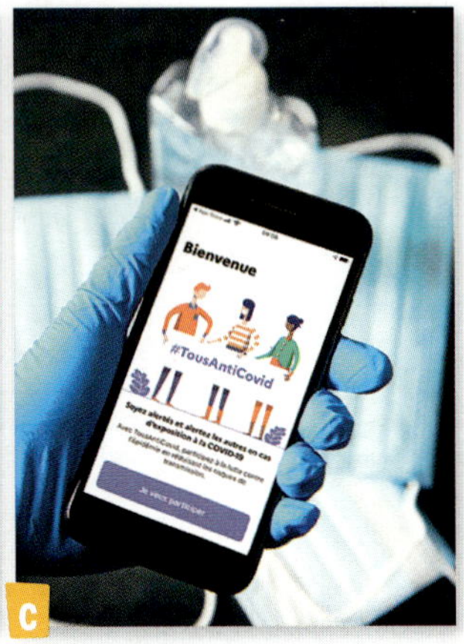

c

d

Durant la crise du Covid, le pass sanitaire était obligatoire dans certains lieux et pour certaines destinations. Le téléchargement de l'application TousAntiCovid n'était pas obligatoire.

1. À quelles règles fait référence chacun des exemples ci-dessus ?
2. Parmi ces différentes normes, lesquelles sont des normes juridiques ?
3. Pour chaque cas, que risquent les individus qui transgressent les normes ?
4. Donnez d'autres exemples de normes sociales et de normes juridiques.

Vocabulaire

- Les **normes** sont l'ensemble des règles prescrites dans une société auxquelles les individus sont censés se conformer.
- Les **normes juridiques** sont des normes sociales codifiées par le droit (lois, règlements, codes) dont la transgression expose à des sanctions formelles (amendes, prison, etc.).
- Les **normes sociales** sont les règles dictées par les habitudes, conventions, coutumes et dont la transgression expose à des sanctions informelles (moqueries, regard désapprobateur, etc.) ou formelles (amendes, prison, etc.) comme pour les règles juridiques.

Doc 2 Des normes variables face au Covid

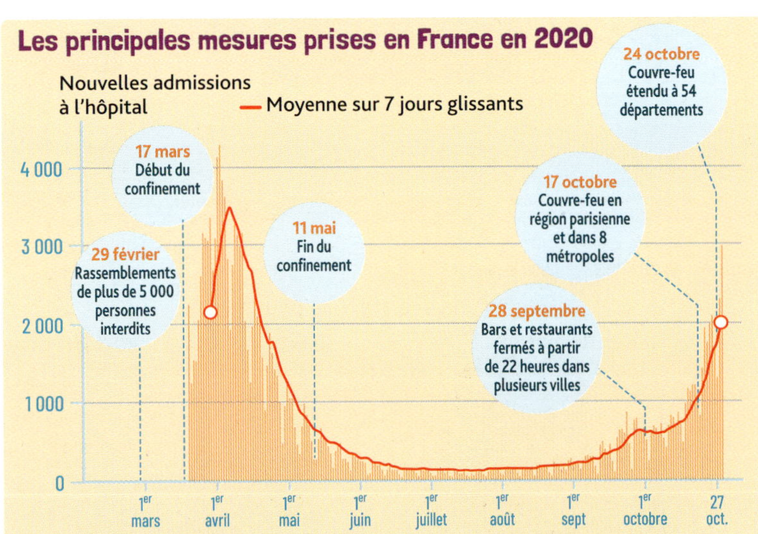

1. Donnez la signification des données observées lors du pic de début avril 2020.
2. Peut-on dire que les normes évoluent dans le temps ? dans l'espace ? Justifiez.

Le saviez-vous ?

- Pendant la pandémie de **COVID-19**, certains pays, comme la France, la Chine ou l'Italie, ont opté pour des **mesures de confinement strictes** pour tenter de mettre fin à la circulation du virus et limiter la surcharge des hôpitaux. D'autres, comme le Danemark ou le Japon, ont préféré mettre en place des mesures pour freiner sa propagation sans paralyser l'économie (tests de dépistage, mises en quarantaine pour les personnes testées positives, mesures de distanciation sociale).

Exercice

Distinguer les formes de contrôle social

1 **Précisez pour les exemples suivants s'ils relèvent de contrôle social interne ou externe, formel ou informel.**

a. Amende pour ne pas avoir respecté le confinement.
b. Regard approbateur du professeur suite à l'application des gestes barrières par un élève.
c. Amende reçue par un commerçant n'ayant pas vérifié le pass sanitaire de ses clients.
d. La légion d'honneur délivrée par le président de la République au ministre de la Santé et des Solidarités.
e. Mise à l'écart d'un camarade qui tousse sans masque en pleine épidémie de Covid.
f. Vidéosurveillance urbaine pour vérifier l'application du couvre-feu.
g. Gestes barrières intériorisés par la socialisation.

2 **Sur quel type de normes s'appuie le contrôle social formel ? le contrôle social informel ?**

3 **Identifiez, parmi les exemples précédents, ceux qui s'apparentent à des sanctions puis distinguez les sanctions positives des sanctions négatives.**

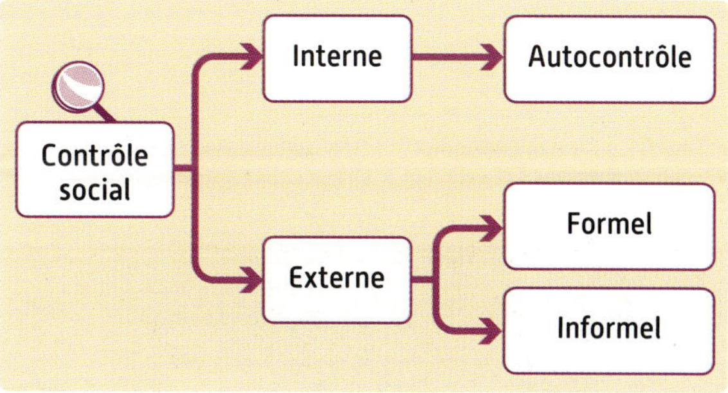

Vocabulaire

> Le **contrôle social** est l'ensemble des moyens dont dispose une société pour obtenir le respect de ses normes. Il est interne lorsque l'individu s'impose à lui-même des normes et valeurs, externe lorsqu'il se noue dans les interactions avec autrui. Ce contrôle est formel quand il est exercé par des institutions (police, école, etc.), informel quand il est exercé par les membres d'un groupe (parents, amis, collègues, etc.).

Doc 3 Le pass sanitaire : un « contrôle social inacceptable » ?

Vidéo 6 min 55
hatier-clic.fr/23ses1803

Le pass sanitaire, entré en vigueur le 9 juin 2021, impose de présenter, en version numérique ou papier, une preuve sanitaire (vaccination ; test négatif ou test positif de plus de 11 jours et de moins de 6 mois ; certificat de contre-indication) pour entrer dans certains lieux, notamment dans les restaurants et cinémas. Le 19 juillet, le sénateur Loïc Hervé réagit au projet de son extension.

1. **Le sénateur interrogé est-il pour la vaccination ? Pour le pass sanitaire ?**
2. **Donnez au moins trois arguments avancés par le sénateur contre le projet du gouvernement.**
3. **Quels arguments peuvent être opposés au sénateur ?**

Je fais le point

Version interactive
hatier-clic.fr/23ses1804

Complétez le texte à l'aide des mots suivants :
sociale • juridique • positives • le contrôle social • négatives • une règle.

La norme est .... qui impose une conduite aux individus d'une société. Elle peut être .... lorsqu'elle relève d'habitudes, de conventions mais on parle de norme .... lorsqu'il s'agit d'une règle codifiée comme un règlement ou une loi. Une société dispose de différents moyens pour assurer la conformité de ses membres aux normes en vigueur : c'est ce que les sociologues nomment .... Ce dernier s'appuie sur des sanctions qui peuvent être .... (par exemple un compliment) ou .... (par exemple une amende).

Je m'entraîne pour le BAC

Épreuve composée partie 1
Montrez, à l'aide d'exemples, que le contrôle social peut prendre différentes formes.

Dossier 2 Quels processus sociaux conduisent à la déviance ?

Doc 1 Le processus de l'étiquetage*

« Les groupes sociaux créent la **déviance**, en instituant des normes dont la transgression constitue la déviance, en appliquant ces normes à certains individus et en les étiquetant comme des déviants. De ce point de vue, la déviance n'est pas une qualité de l'acte commis par une personne, mais plutôt une conséquence de l'application, par les autres, de normes et de sanctions à un "transgresseur". Le déviant est celui auquel cette étiquette a été appliquée avec succès et le comportement déviant est celui auquel la collectivité attache cette étiquette. »

Howard Becker, *Outsiders, Études de sociologie de la déviance* (1963), Paris, Métailié, 1985.

* Étiquetage : désignation d'un individu comme déviant.

Vidéo +
L'enseignant tatoué
hatier-clic.fr/23ses1805

Vocabulaire

> La **déviance** désigne un comportement non conforme aux normes d'une société, perçu comme inadapté et réprouvé par ses membres.

1. **Selon Howard Becker, la simple transgression de la norme suffit-elle à qualifier l'individu de déviant ?**
2. **Pourquoi Howard Becker considère-t-il que « les groupes sociaux créent la déviance » ?**
3. **En quoi la photographie illustre-t-elle la théorie de l'étiquetage ?**

Exercice

Classer des comportements

Comportement	Obéissant à la norme	Transgressant la norme
Perçu comme déviant	Accusé à tort	Pleinement déviant
Non perçu comme déviant	Conforme	Secrètement déviant

D'après Howard Becker, *Outsiders, Études de sociologie de la déviance* (1963), Paris, Métailié, 1985.

1. **Dans quel type de comportement déviant classez-vous l'individu sur la photo du doc. 1 ? Justifiez.**
2. **En prenant l'exemple de l'élève qui triche ou ne triche pas, se fait surprendre ou non, illustrez les 4 cas présentés dans le tableau.**

Doc 2 L'entrée dans la « carrière déviante » : le cas des fumeurs de marijuana

Première consommation de marijuana → Apprentissage de la technique, des effets et du goût → Étiquetage comme « fumeur de marijuana » (toxicomane ?) → Intégration au groupe de toxicomanes

Source : D'après Howard Becker, *Outsiders, Études de sociologie de la déviance* (1963), Paris, Métailié, 1985.

Dans les années 1950-1960, le sociologue Howard Becker a mené des travaux sur la déviance. Il a notamment effectué cinquante entretiens auprès des musiciens de jazz et des fumeurs de marijuana et a mis en évidence l'importance des interactions sociales ainsi que l'existence d'une véritable « carrière déviante » constituée de séquences ordonnées.

1. **Pourquoi Howard Becker utilise-t-il l'expression de « carrière déviante » ?**
2. **Cette analyse de la déviance invite-t-elle à considérer que le déviant est un individu solitaire, marginalisé, en voie d'exclusion ? Justifiez.**

Doc 3 La théorie de la stigmatisation

« Lorsqu'un inconnu se présente à nous, ses premières apparitions ont toute chance de nous mettre en mesure de prévoir la catégorie à laquelle il appartient [...]. Nous appuyant alors sur ces anticipations, nous les transformons en attentes [...], en exigences présentées à bon droit. [...]. Tout le temps que l'inconnu est en notre présence, des signes peuvent se manifester montrant qu'il possède un attribut qui le rend différent de la catégorie de personnes qui lui est ouverte [...]. Ainsi diminué à nos yeux, il cesse d'être pour nous une personne accomplie et ordinaire, et tombe au rang d'individu vicié, amputé. Un tel attribut constitue un stigmate. [...] On serait tenté de croire que les anomalies rares et spectaculaires sont celles qui conviennent le mieux à notre propos. [...] Même le plus fortuné des normaux risque fort d'avoir son défaut à demi caché et, aussi petit soit-il, il vient toujours un moment où il ressort, provoquant un écart honteux entre les identités sociales réelle et virtuelle*. »

Erving Goffman, *Stigmate. Les usages sociaux des handicaps* (1963), trad. Alain Kihm © Minuit, 1975.

*Selon Erving Goffman, l'identité sociale réelle correspond à l'identité effective d'un individu alors que l'identité virtuelle correspond à l'impression qu'il donne à ses interlocuteurs.

1. Qu'est-ce qu'un stigmate ?
2. Donnez quelques exemples de stigmates.
3. Que révèle le stigmate selon Erving Goffman ?
4. En quoi le handicap peut-il produire de la stigmatisation ? (voir définition p. 181)

Doc 4 Les motifs de discrimination

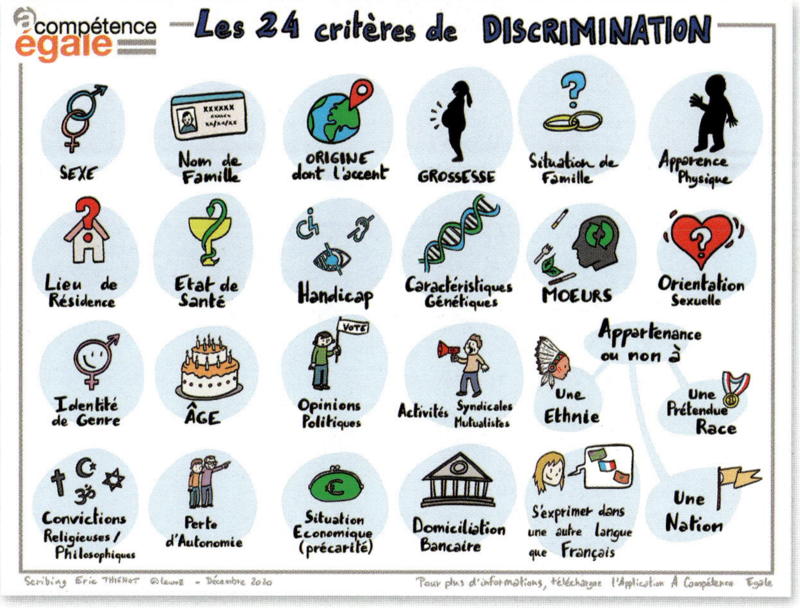

Motifs de discrimination signalés au Défenseur des droits*

Handicap	19,9 %
État de santé	16,3 %
Origine/race/ethnie	15,2 %
Nationalité	5,6 %
Activités syndicales	5,5 %
Âge	4,8 %
Sexe	4,6 %
Vulnérabilité économique	3,8 %
Situation de famille	3,8 %
Grossesse	3,2 %
Autres critères	17,3 %
Total	**100 %**

Source : Défenseur des droits, Rapport annuel d'activité 2021.

*Autorité indépendante chargée de défendre les droits des citoyens.

1. Donnez la signification précise de la donnée entourée.
2. À l'aide d'un coefficient multiplicateur → Fiche Outil p. 288, montrez que l'âge et le handicap n'ont pas le même poids dans les discriminations.
3. Montrez la diversité des stigmates à l'origine de discriminations.

Je fais le point

Version interactive
hatier-clic.fr/23ses1806

Associez chaque notion (1 à 5) à sa définition (a à e).

1. Étiquetage
2. Stigmate
3. Carrière déviante
4. Stigmatisation
5. Conformité

a. Respect des normes prescrites
b. Processus conduisant à l'étiquetage
c. Désignation d'un individu comme déviant par la collectivité
d. Attribut dévalorisant
e. Processus de mise à l'écart d'un individu

Je m'entraîne pour le BAC

Épreuve composée partie 1

Montrez que le processus qui conduit à l'étiquetage peut s'analyser comme une carrière.

→ Méthode BAC p. 74

Dossier 3

Pourquoi la déviance est-elle un phénomène relatif ?

Doc 1 L'homosexualité : un statut différent selon les pays et les époques

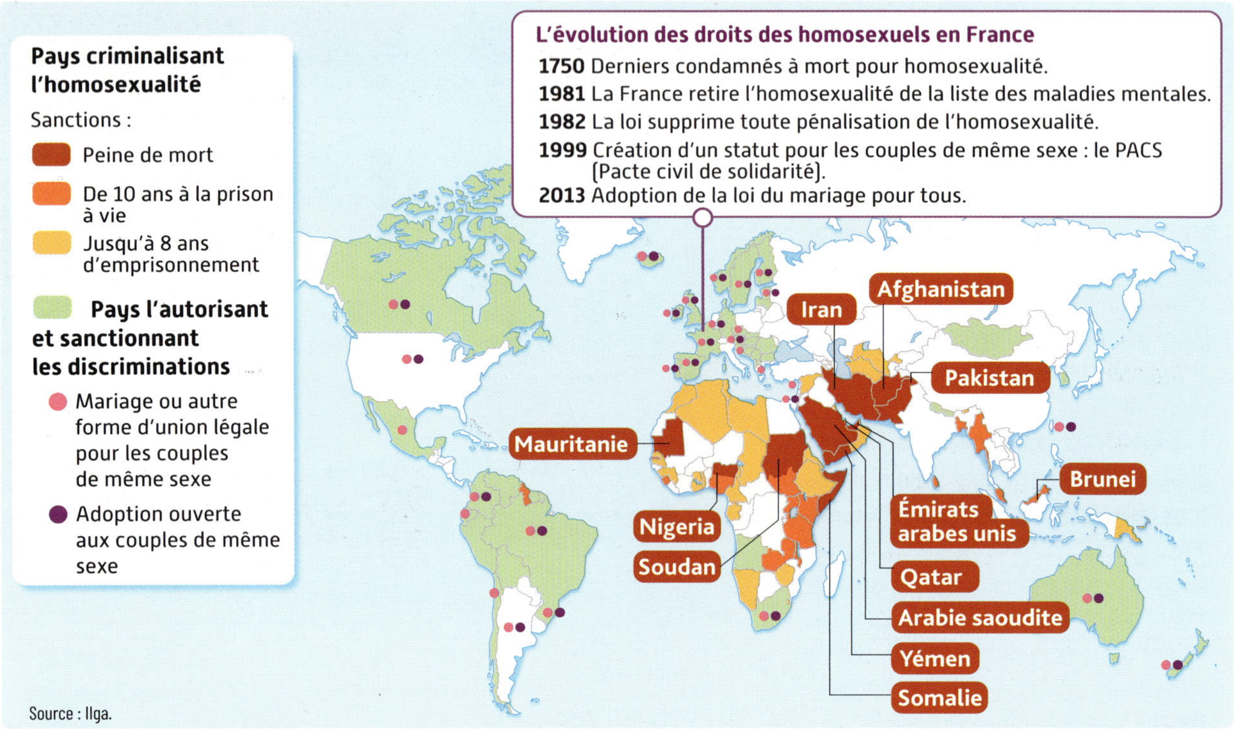

1. Quelle est la situation juridique la plus favorable à la reconnaissance des droits des homosexuels ?
2. Quelle est la situation juridique la plus répressive ?
3. Comment ont évolué les droits des homosexuels en France ?

Doc 2 Où sont passés les enfants des villes ?

« Combien de jeunes enfants seuls croise-t-on en ville ? Peu, et même de moins en moins. Pour comprendre leur disparition progressive de l'espace public au cours du 20e siècle, Clément Rivière a questionné 88 parents d'enfants âgés de 8 à 14 ans, à Paris et Milan. […] Pour beaucoup de parents, circuler seuls en métro ou en bus allait de soi quand eux-mêmes avaient 7 ou 8 ans. Pourtant, laisser leurs enfants faire de même leur semble aujourd'hui inenvisageable[1].
Les parents expliquent d'abord leur réticence à laisser sortir seule leur progéniture par le risque d'accident automobile. "Moi, je jouais dans la rue […], parce qu'il y avait beaucoup moins de voitures", se souvient Maurizio, qui a grandi à Milan dans les années 1970. En plus des changements dans la ville, la représentation qu'on a des enfants a évolué "vers l'idée qu'ils sont fragiles, vulnérables, à protéger", explique C. Rivière. […] Autre élément, et pas des moindres : le regard des autres parents. Les normes sociales de la parentalité ont changé : "Laisser (des enfants) jouer ou se déplacer sans surveillance (est) progressivement devenu un marqueur de négligence, voire d'irresponsabilité parentale", écrit C. Rivière dans le court livre tiré de sa thèse. Il y fait référence au concept d'"enfants d'intérieur" – comme les plantes. »

Adèle Cailleteau, « *Villes : Où sont passés les enfants ?* », *Sciences Humaines*, n°350, août-septembre 2022.

1. En France, dans les agglomérations de plus de 100 000 habitants, 97 % des élèves d'élémentaire sont accompagnés pour se rendre à l'école, 77 % de ceux du collège, selon un sondage Harris Interactive pour l'Unicef réalisé en 2020.

1. Quel comportement concernant les enfants de 7-8 ans était la norme dans les années 1970 ?
2. Peut-on dire que ce comportement est devenu déviant ?
3. Comment expliquer cette évolution de la norme ?

Doc 3 De la légalité à la déviance ?

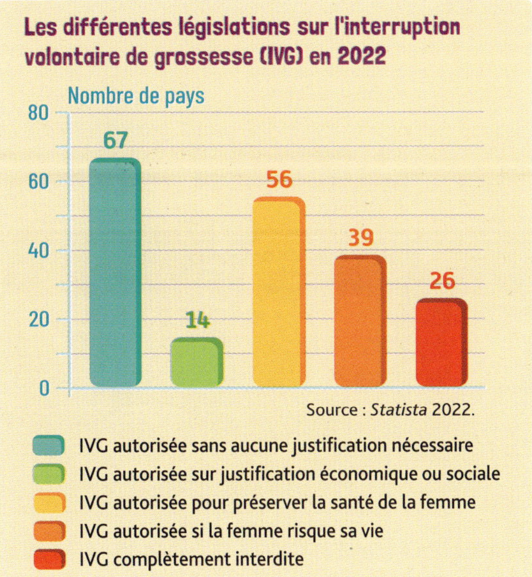

Le 24 juin 2022, la Cour suprême des États-Unis a décidé de retirer l'arrêt « Roe versus Wade », une jurisprudence qui autorisait le recours à l'avortement dans l'ensemble du pays.

1. Quel effet a eu la décision prise par la Cour suprême des États-Unis le 24 juin 2022 ?
2. Pourquoi le statut légal de l'avortement illustre-t-il le caractère relatif de la déviance ? Illustrez votre propos avec des données du graphique.
3. Selon vous, quels autres droits pourraient être remis en question ?

Repère

> C'est le 26 novembre 1974 que **Simone Veil a défendu sa loi sur l'IVG devant l'Assemblée nationale**. Promulguée en janvier 1975, cette loi dépénalise l'avortement en France.

Doc 4 Nouvelle norme, nouvelle déviance ?

Vidéo 2 min 10
hatier-clic.fr/23ses1807

1. Ce document fait référence à une norme ayant évolué : laquelle ?
2. Pourquoi cette norme a-t-elle évolué ?
3. Les cyclistes et les piétons peuvent-ils vraiment être flashés ? verbalisés ?

Je fais le point

Version interactive
hatier-clic.fr/23ses1808

Les actes ci-dessous sont-ils conformes ou déviants en France ?

	Autrefois	Aujourd'hui
a. Fumer dans sa voiture avec des enfants	....	....
b. Avorter	....	....
c. Avoir une relation homosexuelle	....	....
d. Téléphoner au volant	....	....
e. Fumer au restaurant	....	....
f. Consommer de l'alcool et conduire	....	....
g. Ne pas mettre sa ceinture de sécurité	....	....
h. Ne pas faire ses devoirs scolaires	....	....

Je m'entraîne pour le BAC

Dissertation

Rédigez une séquence argumentative répondant à la question :
Pourquoi peut-on dire que la déviance est un phénomène relatif ?

→ Méthode BAC p. 210

Dossier 4

Comment mesure-t-on la délinquance ?

Pour commencer

Distinguer déviance et délinquance

« À la différence de la déviance, qui traduit une infraction aux normes sociales dans leur ensemble, la délinquance désigne un jugement de la société aux seules normes juridiques. [...] Elle correspond à l'ensemble des conduites qui sont sanctionnées car elles sont des infractions aux normes juridiques en vigueur dans une société. »

Jean-Yves Capul, Olivier Garnier, *Dictionnaire d'économie et de sciences sociales*, Hatier, 2020.

Dessin de Chapatte paru dans *Le Temps*, 10 février 2015.

1 Comment définir la délinquance ?

2 Selon vous, l'illustration évoque-t-elle une situation de déviance et/ou de délinquance ?

3 Précisez, pour chaque cas ci-dessous, s'il s'agit de délinquance ou de déviance. Justifiez votre réponse :

a. Chef d'entreprise qui dévoile son illettrisme.
b. Excès de vitesse de plus de 50 km/h.
c. Stationnement d'une personne valide sur une place de parking réservée aux personnes en situation de handicap.
d. Patient en situation d'obésité morbide.
e. Violence ayant entraîné la mort sans intention de la donner.
f. Publier une photo d'un camarade sur les réseaux sociaux sans un accord écrit.
g. Manger sa purée de carottes avec les mains à la cantine.

4 Cherchez un exemple d'acte déviant qui serait délinquant dans une société mais pas dans une autre.

Doc 1 Les statistiques institutionnelles de la délinquance

Délinquance enregistrée sur la période 2016-2021[1]	Nombre de faits constatés (cumul annuel) 2016	2021	Variation entre 2016 et 2021 (%)
Homicides (y compris coups et blessures suivis de mort)	1 012	10262	1,4
Coups et blessures volontaires sur personnes de 15 ans ou plus	225 500	306 700	36
Violences sexuelles	37500	75800	?
Vols avec armes	11000	8 500	- 22,7
Vols violents sans arme	95600	62100	- 35
Vols sans violence contre des personnes	714 500	583 800	- 18,3
Cambriolages de logements	249 800	190 300	- 23,8
Vols de véhicules	166 400	122 700	- 26,3
Vols dans les véhicules	273 300	225 400	- 17,5
Destructions et dégradations volontaires	637 900	544 500	- 14,6
Escroqueries	318 200	423 000	32,9
Total	**2 730 712**	**2 542 800**	**- 6,9**

1. Ce document recense uniquement les crimes et les délits. Champ : France.

Source : SSMSI, bases des crimes et délits enregistrés par la police et la gendarmerie.

Le saviez-vous ?

> Il existe trois types d'**infractions** punies par une sanction pénale. La **contravention** [excès de vitesse, menace de dégradation] est la moins grave des trois ; le **délit** [vol, harcèlement moral] est l'infraction intermédiaire ; le **crime** [meurtre, viol] est l'infraction la plus grave.

1. Quelle est la principale différence entre les trois types d'infractions punies en droit français ?

2. Donnez la signification précise des données concernant les homicides.

3. À l'aide d'un taux de variation → Fiche Outil p. 288**, calculez l'évolution du nombre de violences sexuelles.**

4. D'après vous, peut-on conclure de ce document que la délinquance a reculé entre 2016 et 2021 ? Justifiez.

Doc 2 Pourquoi faut-il prendre des précautions avec les chiffres de la délinquance ?

Vidéo 3 min 40
hatier-clic.fr/23ses1809

1. Qu'est-ce que le « chiffre noir » de la criminalité ?
2. Comment expliquer l'écart entre les statistiques policières et la criminalité effective ?

« Se limiter à l'étude des statistiques supposerait que celles-ci donnent une image fidèle de l'ensemble des infractions juridiques commises à un moment donné du temps dans une société. Or, la criminalité réelle, pour de multiples raisons, peut plus ou moins différer de la criminalité effectivement survenue. Le premier problème est donc celui du "chiffre noir", de la "criminalité inconnue" qui échapperait aux statistiques policières. [...] La criminalité enregistrée apparaît ainsi moins comme le reflet fidèle de la criminalité effectivement survenue que comme la conséquence de l'activité des différentes personnes impliquées dans l'enregistrement statistique. Pour pouvoir être comptabilisée, une infraction doit tout d'abord être l'objet d'une plainte ou, constatée par les services de police. Or, toutes les infractions ne donnent pas nécessairement lieu à des plaintes. De même, le nombre de faits constatés est d'autant plus important que l'activité policière est zélée. »

Véronique Pillon, *Normes et déviances*, Bréal, 2003.

Doc 3 Les enquêtes de victimation

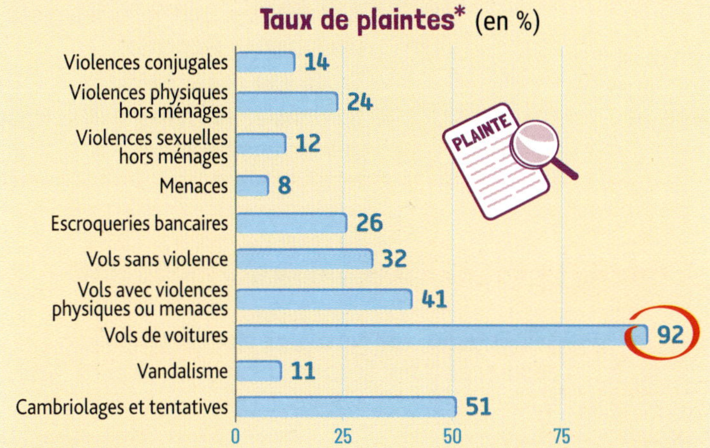

Champ : Enquête réalisée dans le cadre d'un entretien en face-à-face auprès d'un échantillon représentatif d'environ 16 000 ménages.
*Taux de plaintes : pourcentage d'individus ayant porté plainte formellement auprès de la police ou de la gendarmerie.

Source : Insee, Enquêtes « Cadre de vie et sécurité », 2018.

Vocabulaire

> L'**enquête de victimation** est menée sur un échantillon représentatif de la population pour connaître et mesurer les infractions dont elle a été victime.

1. Qu'est-ce qu'une enquête de victimation ? Pensez-vous qu'elle permette de mesurer la criminalité effectivement survenue ?
2. Donnez la signification précise de la donnée entourée.
3. À l'aide d'un calcul de votre choix, montrez que, d'une infraction à une autre, le taux de plaintes peut être très différent. → Fiche Outil p. 288
4. Selon vous, comment expliquer que le taux de plaintes soit si faible pour les violences sexuelles hors ménages ? si élevé pour les vols de voitures ?

Je fais le point

Version interactive
hatier-clic.fr/23ses1810

Complétez le schéma à l'aide des mots suivants : *enquêtes de victimation • statistiques policières • chiffre noir • délinquance.*

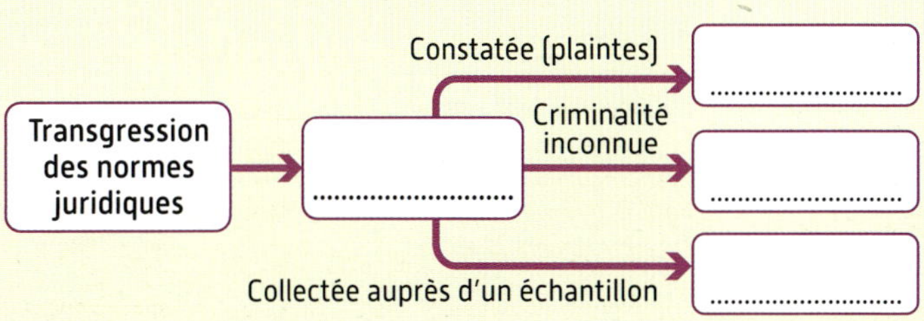

Je m'entraîne pour le BAC

Épreuve composée partie 2

1. À l'aide du document 3, comparez le taux de plaintes pour vols de voitures à celui des violences conjugales.
2. À l'aide du document et de vos connaissances, expliquez que certains crimes ou délits donnent plus souvent lieu à un dépôt de plainte que d'autres.

Atelier 1 Débattre Nouvelles technologies et contrôle social : progrès ou danger ?

Vers le GRAND ORAL

Étape 1 Analyser le sujet

1. Définissez les termes du sujet de débat.

2. Reformulez le sujet pour en vérifier la compréhension.

Étape 2 Rechercher des informations (en groupe)

3. La classe est divisée en deux groupes, chacun défendant une de ces deux idées :

a. Les nouvelles technologies sont un outil au service du respect des règles sociales.

b. Les nouvelles technologies utilisées pour le contrôle social constituent un danger.

Chaque groupe doit trouver des arguments et les illustrer afin de défendre sa position. Il peut s'appuyer sur les documents ci-dessous et la vidéo « Le crédit social en Chine ». hatier-clic.fr/23ses1811

Coup de pouce

✓ Un contrôle social trop invasif peut limiter la liberté des individus comme la liberté d'expression où toutes opinions non conformes selon le pouvoir seraient condamnables.

Étape 3 Mener le débat

4. Un modérateur répartit la parole. Un ou deux élèves classent dans un tableau à deux colonnes les arguments énoncés par chaque groupe.

Coup de pouce

✓ Anticipez les arguments adverses pour mieux y répondre.

✓ Ne coupez pas la parole.

✓ Reformulez vos idées si elles n'ont pas été comprises.

Doc 1 Les potentialités accrues par les nouvelles technologies

« Plus inquiétantes encore sont les potentialités accrues offertes par les nouvelles technologies de l'information et de la communication (NTIC) aux entreprises de profilage des populations. [...] Les fichiers en tout genre n'ont cessé de se multiplier et, l'informatisation aidant, deviennent aisément partout consultables par tous les agents autorisés, et dépassent largement la sphère étatique. À côté des controversés Système de traitement des infractions constatées (STIC) de la police [...], "Base élèves" regroupant depuis 2005 tous les élèves de l'école élémentaire en France ou encore le fameux fichier S des personnes représentant une menace à la "sûreté de l'État" [...], les fichiers privés se sont mis à proliférer [...]. Et le comble c'est qu'ils sont le plus souvent alimentés par les fichés eux-mêmes, dès lors qu'ils remplissent un formulaire pour participer à un programme de fidélité ou à un jeu-concours par exemple, ou simplement lorsqu'ils naviguent sur Internet, la plupart des sites enregistrant à leur passage de petits fichiers dénommés *cookies*. »

Benjamin Chevalier, Igor Martinache, *Déviances et contrôle social*, Bréal, 2017.

Doc 2 La surveillance des internautes

Blocage et contestation d'un blocage lié à des questions liées au respect du droit d'auteur

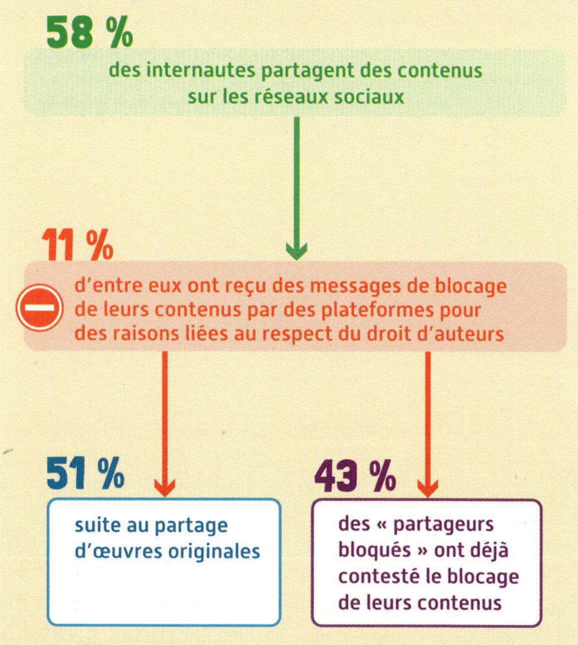

Source : Rapport annuel 2021 de l'*Hadopi*.

Atelier 2 Réaliser un podcast Autorité et contrôle social : l'expérience de Milgram

Vers le GRAND ORAL

Étape 1 Prélever les informations

1. [Doc. 1] Quel est l'objectif de cette expérience de Stanley Milgram ?
2. [Doc. 3] Les individus recrutés par voie de presse pour l'expérience connaissent-ils son objectif ? Pourquoi ?
3. [Doc. 3] Que montrent les résultats obtenus par Stanley Milgram ?
4. [Doc. 3] Selon vous pourquoi le sujet poursuit-il l'expérience malgré les appels à l'aide de l'acteur qui reçoit les « décharges » ?

Étape 2 Écrire et enregistrer le podcast pix

5. Enregistrez une capsule audio pour présenter en 2 minutes l'expérience de Stanley Milgram. Précisez :
   a. l'objectif de l'expérience,
   b. son contexte,
   c. le protocole expérimental,
   d. les résultats obtenus,
   e. l'explication de ces résultats

Coup de pouce

- ✓ Reliez l'expérience aux thèmes du chapitre : pression du groupe, contrôle social, relativité de la norme.
- ✓ Structurez votre propos pour que vos auditeurs puissent suivre facilement votre présentation.
- ✓ Avant l'enregistrement, entraînez-vous, en vous minutant, à dire votre texte à voix haute et intelligible.

Doc 1 Objet et contexte de l'expérience

« L'obéissance, en tant que facteur déterminant du comportement, représente un sujet d'étude qui convient tout particulièrement à notre époque. On a établi avec certitude que, de 1933 à 1945, des millions d'innocents ont été systématiquement massacrés sur ordre. Avec un souci de rendement comparable à celui d'une usine de pièces détachées, on a construit des chambres à gaz, gardé des camps de la mort, fourni des quotas journaliers de cadavres. Il se peut que des politiques aussi inhumaines aient été conçues par un cerveau unique, mais jamais elles n'auraient été appliquées sur une telle échelle s'il ne s'était trouvé autant de gens pour les exécuter sans discuter. »

Stanley Milgram, *Soumission à l'autorité*, Calmann Lévy, 1974.

Doc 2 L'expérience portée au cinéma

Vidéo 19 min
hatier-clic.fr/23ses1812

Doc 3 Protocole et résultats de l'expérience

« Au début des années 1960, Stanley Milgram élabore sa fameuse expérience sur la soumission à l'autorité. Des individus ordinaires, recrutés par voie de presse, croient participer à une recherche sur la mémoire. On leur demande de se mettre dans la peau d'un enseignant, qui doit faire apprendre une liste de mots à une autre personne. L'apprenant, brièvement rencontré, se tient dans une pièce voisine, ceinturé et bardé d'électrochoc. Pour chaque erreur commise, celui qui tient le rôle du professeur doit expédier à son élève un choc électrique (qu'il croit réel mais qui est heureusement factice !). La décharge augmente au fil des erreurs pour atteindre 450 volts au final (ce qui peut être fatal). À 75 volts, l'élève se met à grogner ; à 150 volts, il crie qu'il veut s'arrêter, qu'on le laisse sortir ; à 270 volts, il pousse un cri d'agonie ; à 315 volts, il dit qu'il ne répondra plus ; à 330 volts, il ne répond plus et ne réagit plus. Si le maître veut s'arrêter, l'expérimentateur doit le pousser à continuer, en prononçant successivement quatre phrases :
1) "Continuez, s'il vous plaît." 2) "L'expérience exige que vous continuiez." 3) "Il est absolument essentiel que vous continuiez." 4) "Vous n'avez pas le choix, vous devez continuer."
Avec ce protocole de base, 65 % des sujets vont jusqu'au bout, en administrant un choc de 450 volts à l'élève. »

Claudie Bert, « Stanley Milgram, l'électrochoc », *Sciences humaines*, n° 208, avril 2016.

L'Essentiel

Quels processus sociaux

1 Les normes et les différentes formes du contrôle social

- **Le fonctionnement des sociétés repose sur l'existence de** normes c'est-à-dire de règles que les individus doivent respecter. On distingue les normes sociales et les normes juridiques.
- **Les** normes sociales **sont des règles tacites** partagées par un groupe ou la société (par exemple, les règles de politesse ou les manières de se tenir à table). L'individu qui les transgresse s'expose à des sanctions informelles (une remarque désobligeante, par exemple).
- **Les** normes juridiques **sont des normes sociales particulières** : elles sont codifiées, imposées par des textes de droit ou des règlements (comme le code pénal ou le code de la route). Leur transgression expose à des sanctions formelles (amendes ou peines de prison).
- **Le** contrôle social **est l'ensemble des moyens mis en œuvre par la société pour imposer le respect de ces normes** à ses membres. Le contrôle est interne quand l'individu se l'impose à lui-même (autocontrôle). Le contrôle externe peut être formel, c'est-à-dire exercé par des institutions spécialisées (police, justice) ou informel, c'est-à-dire exercé par les membres d'un groupe comme la famille, les pairs ou encore les collègues. Ces différentes formes du contrôle social s'appuient sur des sanctions qui peuvent être négatives ou positives.

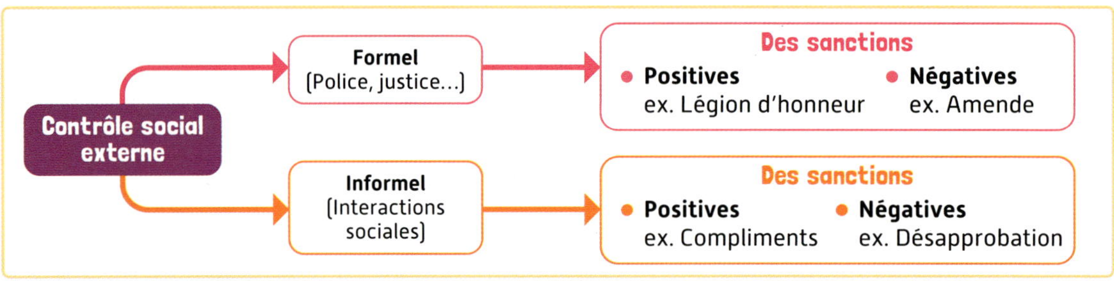

2 La déviance est le produit de différents processus sociaux

- **La** déviance **désigne un comportement de transgression des normes**. Cependant, pour le sociologue Howard Becker, cette transgression de normes ne suffit pas, à elle seule, à qualifier un individu de déviant : il faut également que la société l'ait désigné comme déviant. Autrement dit, il faut que la société l'ait étiqueté comme déviant : **c'est la théorie de l'étiquetage**.
- Howard Becker montre aussi que **la déviance est un processus**, une succession d'étapes, formant une carrière déviante.
- Le sociologue Erving Goffman place, lui, **la notion de stigmate au cœur de sa théorie de la déviance**. Un stigmate est un attribut dont un individu est porteur et qui le dévalorise, le « discrédite » aux yeux de la société. Celui-ci peut être corporel (comme un handicap physique) ou non (comme l'illettrisme). Le stigmate peut conduire la société à déconsidérer l'individu, à le mettre à l'écart. Le processus de stigmatisation est dès lors un processus de « disqualification ».
- L'étude de la déviance montre que c'est un phénomène relatif c'est-à-dire qu'il évolue dans le temps et l'espace. Le statut réservé aux homosexuels est un bon exemple de cette relativité de la déviance.

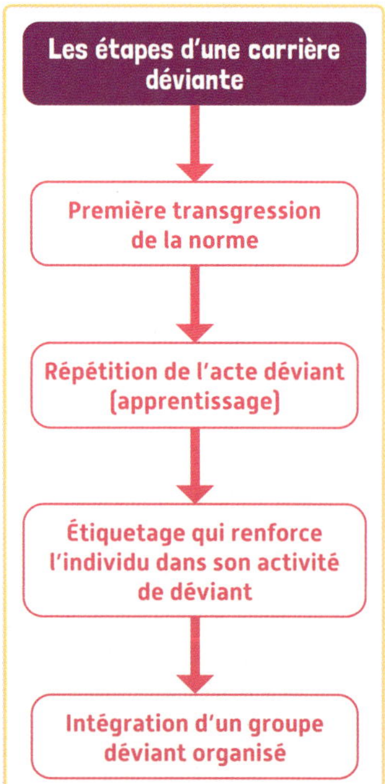

Podcast du cours
hatier-clic.fr/23ses1813

3 La délinquance : une forme particulière de déviance

- **La délinquance est une forme particulière de déviance**, qui concerne la transgression des normes juridiques seulement, et non pas de toutes les normes sociales. Elle est l'objet de sanctions formelles, plus ou moins graves selon les infractions, comme des amendes ou des peines de prison.

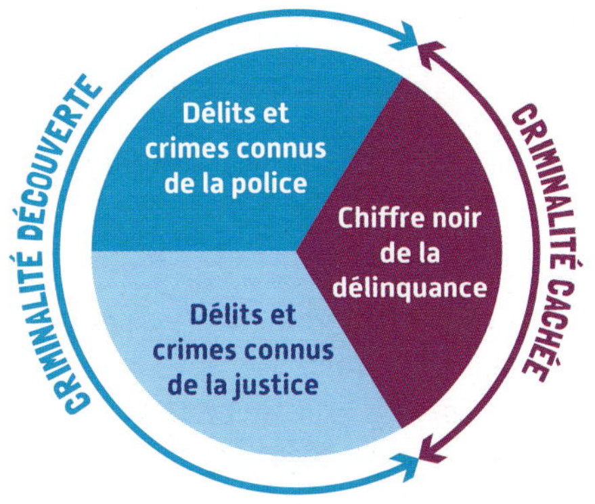

- **En France, la mesure de la délinquance repose principalement sur les statistiques fournies par les services de police et de gendarmerie.** Ces statistiques de la délinquance recensent donc uniquement les faits constatés et ceux qui ont fait l'objet d'une déclaration. Pour différentes raisons, un certain nombre de faits criminels n'intègrent pas ces statistiques. Il existe donc un écart entre la délinquance mesurée statistiquement et la délinquance effective : c'est ce que l'on appelle le « chiffre noir » de la délinquance.
- Pour compléter ces statistiques, **les sociologues ont recours à des** enquêtes de victimation qui consistent à interroger les individus d'un échantillon représentatif de la population sur les infractions dont ils ont été victimes.

Notions

- **Carrière déviante** Le processus par lequel un individu est considéré comme déviant. C'est une succession de séquences ordonnées qui conduisent à l'étiquetage.
- **Chiffre noir de la délinquance** L'écart entre les faits de délinquance effectivement commis et ceux comptabilisés statistiquement.
- **Contrôle social** L'ensemble des moyens dont dispose une société pour imposer le respect de ses normes à ses membres. Il est interne lorsque l'individu s'impose à lui-même des normes et valeurs, externe lorsqu'il se noue dans les interactions avec autrui. Ce contrôle est formel quand il est exercé par des institutions (police, école, etc.), informel quand il est exercé par les membres d'un groupe (parents, amis, collègues, etc.).
- **Délinquance** La transgression des normes juridiques.
- **Déviance** Le terme désigne un comportement non conforme aux normes d'une société, perçu comme inadapté et réprouvé par ses membres.
- **Enquête de victimation** Une enquête menée sur un échantillon représentatif de la population pour connaître et mesurer les infractions dont elle a été victime.
- **Étiquetage** La désignation d'un individu comme déviant par la société.
- **Infractions** Il existe trois types d'infractions punies par une sanction pénale (amende ou prison).
  - **La contravention** [excès de vitesse, menace de dégradation] est la moins grave des trois infractions ;
  - **le délit** [vol, harcèlement moral] est l'infraction intermédiaire
  - **le crime** [meurtre, viol] est l'infraction la plus grave.
- **Normes** L'ensemble des règles prescrites dans une société auxquelles les individus sont censés se conformer.
- **Normes juridiques** Ce sont des normes sociales codifiées par le droit (lois, règlements, codes) dont la transgression expose à des sanctions formelles (amendes, peines de prison, etc.).
- **Normes sociales** Les règles dictées par les habitudes, conventions, coutumes et dont la transgression expose à des sanctions informelles (moqueries, regard désapprobateur, etc.) ou formelles (amendes, peines de prison, etc.) comme pour les règles juridiques.
- **Stigmate** Un attribut susceptible de dévaloriser un individu.
- **Stigmatisation** Le processus au terme duquel une personne porteuse d'un stigmate, d'une différence mal perçue, se voit déconsidérée, mise à l'écart ou encore privée de ses droits.

Révisions

1 Réviser avec le schéma de synthèse

LES PROCESSUS qui contribuent à **LA DÉVIANCE**

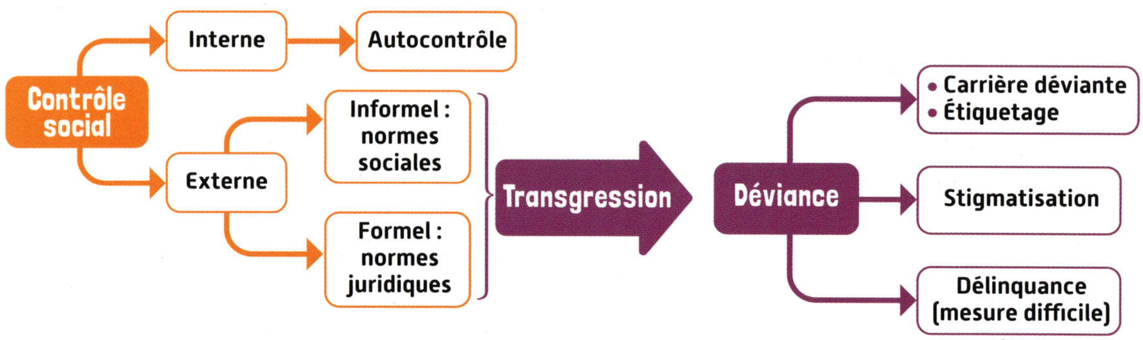

2 Savoir illustrer par des exemples

UNE NORME SOCIALE :
Les gestes barrières durant la crise du Covid-19

UNE NORME JURIDIQUE :
Le pass sanitaire durant la crise du Covid-19

LE CONTRÔLE SOCIAL FORMEL :
Une amende en cas d'infraction au confinement

LE CONTRÔLE SOCIAL INFORMEL :
Un regard désapprobateur d'un proche en cas de non-respect des gestes barrières

LA DÉVIANCE : La toxicomanie

LA CARRIÈRE DÉVIANTE :
Les fumeurs de marijuana

LE STIGMATE :
Un handicap corporel ou l'illettrisme

LE CHIFFRE NOIR DE LA DÉLINQUANCE :
Un vol ne faisant pas l'objet d'une plainte

3 Savoir citer des chiffres clés

En 2021, le **handicap** est le premier motif de discrimination : il représente près de **20 %** des **motifs de discrimination**.

Entre 2016 et 2021, les **plaintes pour violences sexuelles** ont plus que **doublé**.

Le taux de plaintes est de plus de **90 %** pour les **vols de voiture** mais seulement de **14 %** pour les **violences conjugales**.

4 Savoir définir les notions clés

CARRIÈRE DÉVIANTE
CHIFFRE NOIR DE LA DÉLINQUANCE
CONTRÔLE SOCIAL
DÉLINQUANCE
DÉVIANCE
ENQUÊTE DE VICTIMATION
ÉTIQUETAGE
NORMES / NORMES SOCIALES / NORMES JURIDIQUES
STIGMATE/STIGMATISATION

5 Ne pas confondre

Déviance ≠ Délinquance
Étiquetage ≠ Stigmatisation
Normes juridiques ≠ Normes sociales

6 Voir la vidéo de RÉVISION

hatier-clic.fr/23ses1802

7 Écouter le podcast du cours

Podcast du cours
hatier-clic.fr/23ses1813

8 Vérifier ses connaissances

Mémocartes
hatier-clic.fr/23ses1814

Exercices interactifs
hatier-clic.fr/23ses1815

9 Aller plus loin

Lire

Mademoiselle Caroline et Julie Dachez, *La Différence invisible*, Delcourt/Mirages, 2021.

Surfer

Le site du Défenseur des droits : www.defenseurdesdroits.fr

Voir

Expérimenter, de Michael Almereida, 2015.

Suivre l'actualité avec ACTU SES

actu-ses.editions-hatier.fr

hatier-clic.fr/23ses1816

Mobiliser ses connaissances

QUESTION 1 Montrez que le contrôle social repose sur différents types de normes.

Coup de pouce

1. Pour bien cerner le cadre de la question et éviter le hors-sujet :
   a. Identifiez le verbe de la consigne.
   b. Identifiez et explicitez les mots-clés.

Un élève propose la réponse ci-dessous à son professeur de Sciences économiques et sociales lors d'une évaluation.

> *Le contrôle social correspond à l'ensemble des moyens dont dispose une société pour assurer la conformité des comportements de ses membres. Les sociologues distinguent le formel de l'informel. Le contrôle social s'appuie sur des normes juridiques comme les lois ou le règlement intérieur du lycée. La déviance par contre est la transgression des normes et pour Howard Becker, il existe une carrière déviante qui conduit à l'étiquetage, c'est-à-dire à la désignation des individus comme « déviants » par la société.*

2. Quels sont les éléments positifs et négatifs de la réponse (considérez la structure de la réponse et sa rédaction) ?
3. Que conseilleriez-vous à l'élève pour qu'il l'améliore (et obtienne une meilleure note !) ?

QUESTION 2 À l'aide d'un exemple, expliquez la théorie de la carrière déviante.

QUESTION 3 Montrez que le recueil des données de la délinquance présente des limites.

QUESTION 4 Montrez que la déviance est un phénomène relatif.

QUESTION 5 Comparez déviance et délinquance.

QUESTION 6 Illustrez par des exemples les différentes formes de contrôle social.

QUESTION 7 Montrez par un exemple que la déviance est le résultat de processus sociaux.

Étudier un document statistique

ÉTUDE de document 1

Au cours des 5 dernières années, combien de fois avez-vous eu personnellement un contrôle d'identité par la police ou la gendarmerie ? (%)

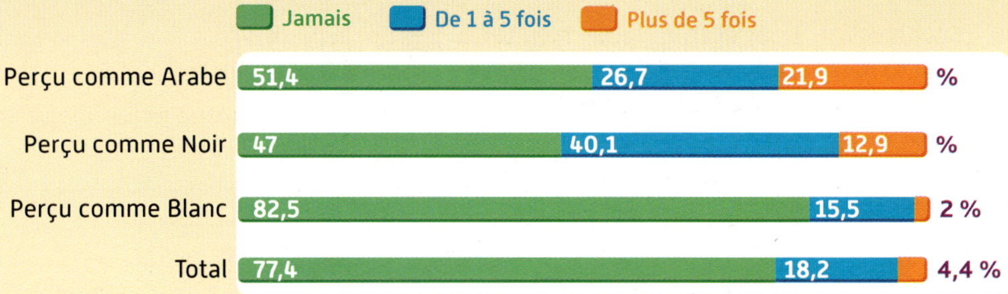

Champ : Ensemble de la population masculine interrogée (2 422 personnes).
Source : Rapport du Défenseur des droits, 2017.

1. À l'aide du document, donnez la signification précise des données concernant ceux qui sont « perçus comme Blancs ».
2. À l'aide du document et de vos connaissances, vous montrerez que la « perception » de l'origine (ou de la couleur de peau) peut agir comme un stigmate.

Coup de pouce

a. Identifiez les unités, la source, le champ, la date des données.
b. Sur quelles données précises porte la question 1 ?
c. Répondez à la question 2 en utilisant les termes définis en vocabulaire ci-contre.

Vocabulaire

> **Sous-représentation** Lorsque le caractère observé est moins présent dans la population contrôlée que dans la population de référence.

> **Surreprésentation** Lorsque le caractère observé est davantage présent dans la population contrôlée que dans la population de référence.

ÉTUDE de document 2

Part des victimes de vols d'automobiles
(pour 1 000 habitants enregistrés en 2021)

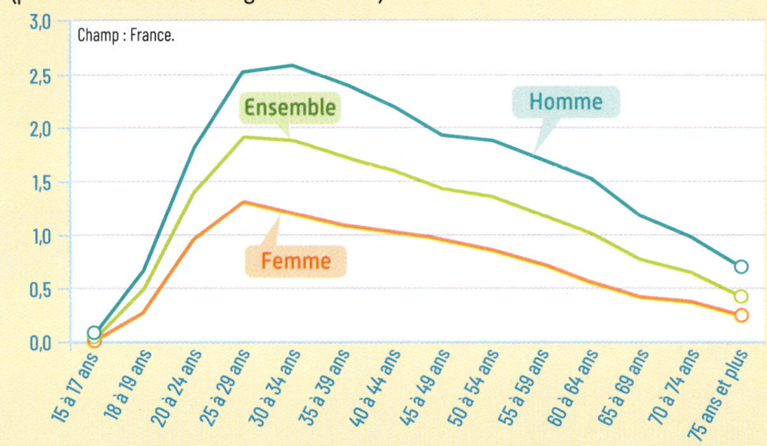

Sources : SSMSI, base des victimes de crimes et délits enregistrés par la police et la gendarmerie ; Insee, estimations de population 2021

1. À l'aide du document, comparez la situation des femmes à celle des hommes dans les vols d'automobiles.
2. À l'aide du document et de vos connaissances, montrez que la victimation concernant les vols d'automobiles dépend de l'âge.

Vers le BAC

Raisonnement s'appuyant sur un dossier documentaire

POINT MÉTHODE
Exploiter un dossier documentaire

Lors de l'épreuve du baccalauréat, il est demandé d'exploiter un dossier documentaire

- soit pour la dissertation (4 documents maximum avec au plus un texte),
- soit pour la partie 3 de l'épreuve composée (3 documents maximum).

ÉTAPES PRÉLIMINAIRES

Avant de se lancer dans l'étude des documents, il est préférable d'avoir déjà travaillé sur :

- **l'analyse de l'énoncé du sujet**, de manière à pouvoir relier chaque document à la question posée.

→ POINT MÉTHODE p. 30.

- **la mobilisation des connaissances**, de manière à mieux exploiter les documents et mobiliser les connaissances suggérées par le dossier (il ne faut surtout pas se limiter aux informations fournies par ce dernier).

→ POINT MÉTHODE p. 120.

Vous pouvez alors **exploiter les documents** en suivant trois étapes.

ÉTAPE 1 Comprendre les informations

Il faut vérifier la compréhension de chaque document en se posant les questions suivantes :

- Que signifient les données chiffrées de la statistique ?
- Quelle est l'idée principale du texte ?
- Comment le document est-il construit ?

→ POINT MÉTHODE p. 32 et 52.

ÉTAPE 2 Collecter les informations

Que va-t-on utiliser du document ? Un exemple, une idée, une illustration, des arguments...

→ POINT MÉTHODE p. 32 et 52.

ÉTAPE 3 Exploiter les informations

- Il s'agit de relier au sujet les informations dégagées et de déterminer : Comment les informations répondent-elles à la question ? À quelles connaissances relier ces informations ? Quand utiliser ces informations dans sa réponse ?
- Parfois, il est possible de relier deux documents, l'un illustrant ou contredisant l'autre.

→ POINT MÉTHODE p. 32 et 52.

APPLICATION

1. Recherchez l'idée ou les idées principales des documents 1 et 3.
2. Identifiez les passages pour chaque texte qui illustrent ces idées.
3. Effectuez une lecture des données concernant « origine-couleur de peau » dans le doc. 2.
4. Les caractéristiques qui sont à l'origine supposée de discriminations sont-elles toujours corporelles ?
5. À quelles connaissances exploitables dans le cadre du sujet pouvez-vous relier ces documents ?

SUJET **À l'aide de vos connaissances et du dossier documentaire, vous montrerez que la déviance peut s'analyser comme le produit de différents processus sociaux.**

Doc 1

« Je suis une femme à qui on colle l'étiquette "trans". J'ai du mal à porter cette identité, car ce que je veux, c'est être considérée comme une femme parmi les autres. Or aujourd'hui, j'ai l'impression que ceux qui ne nous considèrent pas comme des monstres nous voient comme des bêtes curieuses, ou des farfelus qui veulent être "à la mode". J'ai commencé ma "transition" en 2013 en appelant le pôle *transgender* d'un hôpital psychiatrique à Bordeaux [...]. Aujourd'hui, je suis à presque 9 mois d'hormones et 12 mois de castratif. Mes seins ont poussé, mes formes se sont dessinées et tout le monde m'appelle au féminin dans la rue. Bien que mon opération et mon changement d'identité soient encore loin, je suis plus heureuse, et j'ai enfin l'impression de vivre ma propre vie, et pas celle d'un autre. Cependant je souffre encore de ne pas être considérée comme une fille "normale" aux yeux du monde, d'être considérée comme à part, alors que pour moi, j'ai toujours été une fille normale dans mon esprit. Rien ne me différencie d'une autre. »

« J'ai demandé aux autres de m'appeler Julie et ça a sauvé ma vie », témoignages de transgenre, www.libération.fr, 28 août 2015.

Doc 2

Perception de la fréquence des discriminations dans la société française par motif (%)

Pensez-vous qu'aujourd'hui en France des personnes sont discriminées en raison de…

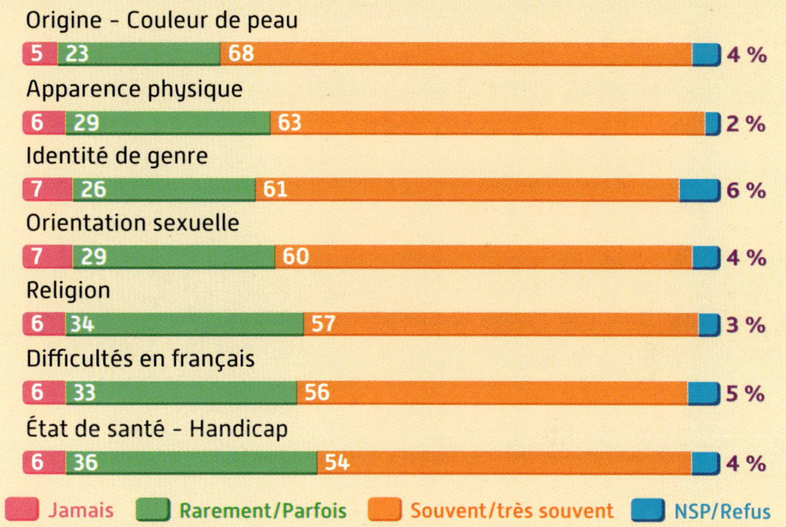

Note : plusieurs réponses possibles.

Lecture : 68 % des personnes interrogées (3 201) considèrent que des personnes sont souvent ou très souvent discriminées en France du fait de leur origine ou couleur de peau.

Source : Défenseur des droits, 14e baromètre de la perception des discriminations dans l'emploi, décembre 2022.

Doc 3

« La carrière du cycliste professionnel commence généralement à travers une socialisation familiale empreinte d'une culture populaire. [...] Plus l'individu progresse dans la carrière de cycliste, plus il se socialise avec ses pairs. [...] Dans un contexte sportif précaire, aux salaires faibles, seuls les résultats peuvent assurer son ascension aux plus hautes sphères. Au contact de l'équipe médicale, la préparation se médicalise peu à peu [...]. C'est à travers les interactions avec le milieu que le cycliste s'initie au dopage, notamment au contact de médecins recommandés par ses pairs et dont il acceptera la demande discrètement émise. Le dopage devient une normalité qui se construit autour d'interactions banales et quotidiennes, mais qui se tiennent dans un univers sportif spécifique. C'est à travers ces mêmes interactions que le sportif développe un savoir spécifique : connaître et bien utiliser les produits, apprendre à ne pas être détecté et à éviter les contrôles. »

Benjamin Chevalier et Igor Martinache, *Déviances et contrôle social*, Bréal, 2017.

Vers le BAC

Dissertation

POINT MÉTHODE
Analyser un sujet

Au début de l'épreuve, il faut prendre le temps d'analyser le sujet, ce qui permettra d'éviter une réponse hors sujet et de mieux exploiter le dossier documentaire proposé.
Ce moment d'analyse doit précéder la lecture des documents car ces derniers peuvent ne couvrir qu'une partie du sujet. C'est donc avec ses connaissances personnelles qu'il faut analyser le sujet.

ÉTAPE 1 Identifier les notions

▶ Chaque sujet aborde **une ou deux notions** du programme (mots-clés) qu'il faut repérer et être capable d'expliciter, pour éviter de mal interpréter le problème posé.

▶ On peut ensuite lister **l'ensemble des notions** que l'on peut relier à celle(s) du sujet, ainsi que les **mécanismes** et **faits** que l'on a pu apprendre et qui peuvent être associés.

Commencer à travailler sur le sujet, c'est aussi commencer à **mobiliser ses connaissances**.

ÉTAPE 2 Préciser le cadrage du sujet

▶ Se demander quelles sont les **bornes temporelles** du problème posé (aujourd'hui ? depuis les années 1980 ?...) et **spatiales** (la société française ? l'économie mondiale ?...) : parler de contrôle social en France ou en Chine, ou encore au XIXe siècle ou aujourd'hui, ce n'est pas la même chose.

▶ La réponse à ces questions (où ? quand ?) peut être indiquée dans le sujet ou être précisée dans les documents ; vos connaissances peuvent aussi vous aider à y répondre (faits d'actualité qui justifient le sujet par exemple).

ÉTAPE 3 Identifier la tâche à accomplir

▶ Analyser le **verbe de commande** (la consigne) et **reformuler sous la forme d'une ou plusieurs questions** ce que le sujet demande de faire, ce qu'il s'agit de développer (la problématique).

▶ Travailler la problématique revient à **mettre en question (en tension) le sujet** : quel problème soulève-t-il ? Même si le sujet est déjà sous la forme interrogative, vous pouvez formuler des questions liées au sujet. La problématique permet de regrouper ces questions. Par exemple, vous pouvez introduire la problématique de manière suivante : « il s'agit de démontrer que... ».

▶ Cette analyse, qui sert évidemment à produire une réponse cohérente au sujet, peut être reprise dans **l'introduction** de la dissertation lors de la présentation du sujet et la mise en perspective de la problématique.

APPLICATION

1. Combien y a-t-il de notions à expliciter dans le sujet proposé ? Explicitez-les.
2. Quel pourrait être le cadre spatio-temporel du sujet ?
3. Travaillez la problématique : quelle(s) question(s) pose(nt) le sujet ? Rédigez la problématique en commençant votre phrase par : « Il s'agit de démontrer... ».
4. Quelles pourraient être les grandes parties de cette dissertation ?

SUJET Le contrôle social permet-il toujours d'éviter les comportements déviants ?

Doc 1

« L'ordre de la Légion d'honneur réunit tous ceux qui peuvent se prévaloir d'actions de grande valeur forgées par leurs mérites propres. Ce principe est un symbole fort de l'esprit issu de la Révolution française et substitue la reconnaissance du mérite personnel au privilège de la naissance. L'ordre de la Légion d'honneur crée ainsi une vaste communauté d'hommes et de femmes traités sur un pied d'égalité, en dehors de toute considération sociale ou professionnelle. [...] Dans un vaste brassage républicain, la Légion d'honneur traduit le kaléidoscope* des mérites de la société française sous toutes ses formes. Qu'il soit militaire bien sûr mais aussi sportif, Prix Nobel, industriel, chanteur ou bénévole associatif, chaque citoyen ayant démontré des mérites éminents, quel que soit le domaine d'expression de ce mérite, peut être distingué dans la Légion d'honneur. »

www.legiondhonneur.fr

* La diversité.

Doc 2

Nombre de cas de fraude aux examens et de sanctions prononcées

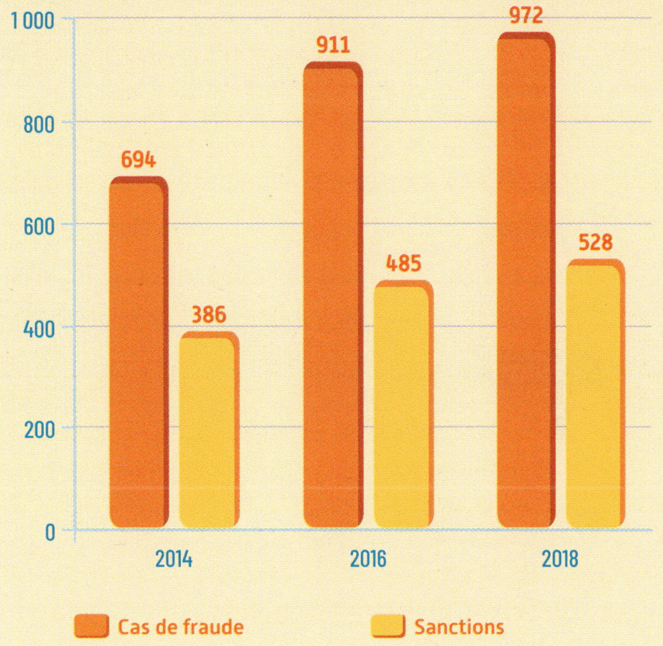

Source : Éducation nationale.

Doc 3

Part des ménages victimes d'un vol ayant déposé une plainte ou une main courante* auprès de la police ou de la gendarmerie entre 2011 et 2017 (en %)

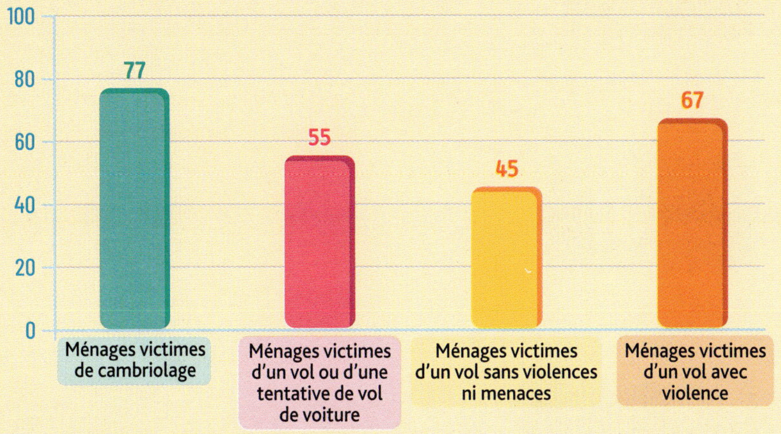

* Une main courante est une déclaration faite par un particulier auprès de la police ou de la gendarmerie pour signaler certains faits sans porter plainte.

Source : Enquêtes cadre de vie et sécurité 2012-2018, Insee – Observatoire national de la délinquance et des réponses pénales – Service statistique ministériel de la sécurité intérieure, 2018.

Chapitre 9

Comment se forme et s'exprime l'opinion publique ?

LA VIDÉOTHÈQUE DU CHAPITRE

hatier-clic.fr/23ses1901

Sondages : une histoire d'opinion ...... p. 191

L'influence de facebook sur le vote ... p. 192

Le grand débat national .... p. 195

10 questions sur les sondages .... p. 196

Les sondages influencent-ils les électeurs ? .... p. 198

Sondages et communication politique .... p. 199

Vidéo de RÉVISION du chapitre

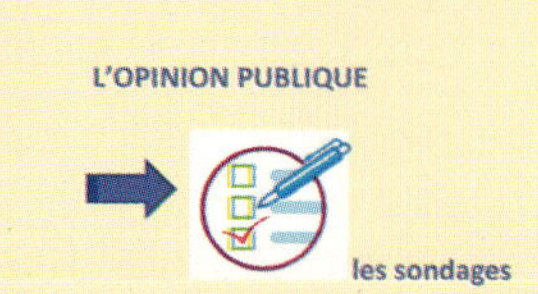

hatier-clic.fr/23ses1902

1 Évaluer l'avis des Français sur une question de société

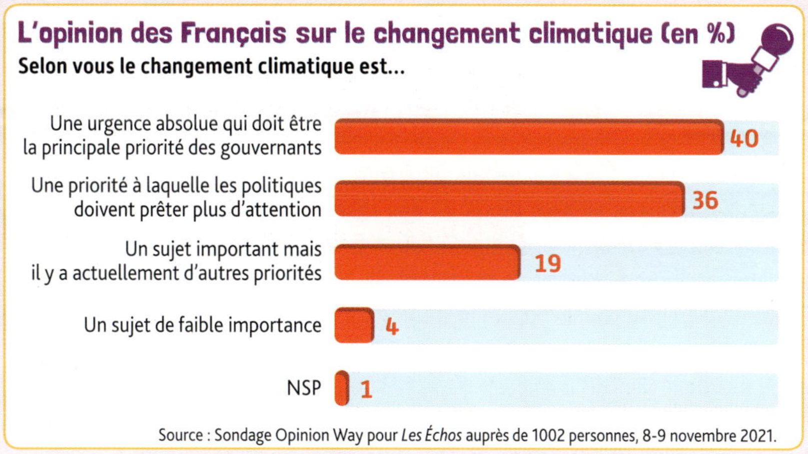

- Comment peut-on connaître l'opinion des Français sur une question comme le changement climatique ?
- Pourquoi connaître cette opinion peut-il influencer les choix politiques ?

2 S'interroger sur la fiabilité des sondages

Vidéo 5 min
hatier-clic.fr/23ses1903

- Pourquoi s'interroger sur la fiabilité des sondages ?
- Selon vous, les sondages peuvent-ils influencer une élection ? Justifiez.

3 Exprimer votre avis

Pour chacune des affirmations ci-dessous, dites si vous êtes :
- « plutôt d'accord »
- « plutôt pas d'accord »
- « sans opinion »

- **1.** L'opinion publique, c'est :
  - **a.** l'opinion du public : un ensemble de jugements sur les problèmes actuels auxquels adhère une grande partie des membres d'une société.
  - **b.** L'opinion rendue publique : l'expression de la pratique démocratique comme les débats au sein des partis politiques ou des médias par exemple.
- **2.** Les sondages d'opinion :
  - **a.** peuvent influencer les élections et donc avoir un impact sur les résultats.
  - **b.** permettent de mesurer l'opinion publique en rendant compte de l'avis majoritaire d'une population dont une partie seulement est interrogée.
  - **c.** influencent les décisions des gouvernants qui suivraient l'opinion majoritaire.

Dossier 1

Les réseaux sociaux peuvent-ils influencer les opinions politiques ?

Doc 1 Les personnalités politiques sur les réseaux sociaux

« YouTube, Twitch, TikTok... Depuis plusieurs mois maintenant, les politiques se sont emparés des réseaux sociaux comme d'un nouvel outil de communication pour s'adresser aux jeunes. En mai dernier, le président de la République, Emmanuel Macron, avait participé à un "concours d'anecdotes" avec le célèbre duo de Youtubeurs, McFly & Carlito. La vidéo a cumulé plus de 15 millions de vues sur la plateforme. Tandis que d'autres comme Agnès Buzyn ou encore Jean-Luc Mélenchon ont créé leur propre compte sur le réseau social TikTok. »

« 62 % des jeunes trouvent stupides les politiques sur les réseaux sociaux », 12 octobre 2021, vl-media.fr. D.R.

Les personnalités politiques qui font des vidéos avec des Youtubeurs, vous trouvez ça :

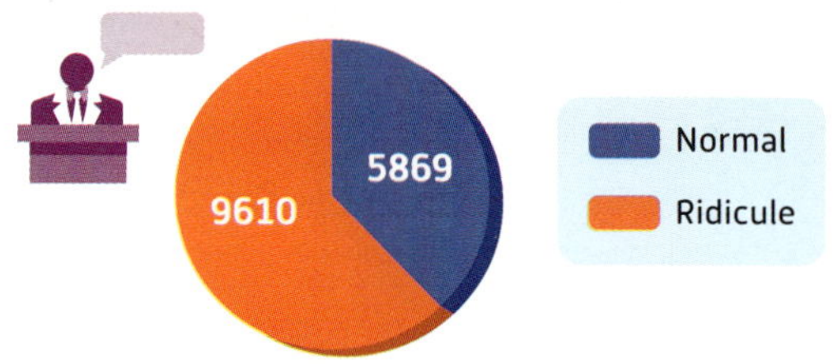

Pensez-vous que les personnalités politiques ont leur place sur Tik Tok ?

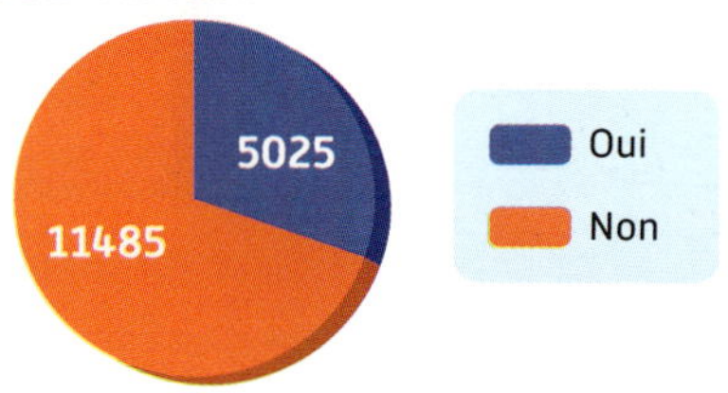

Source : Sondages réalisés par Marmeladz le 5 octobre 2021 avec respectivement 15 479 et 16 510 votants (77,6 % de femmes- 45,7 % de 18-24 ans, 34,9 % de 25-34 ans et 19,4 % autres).

1. Selon vous, pourquoi les personnalités politiques s'expriment sur les réseaux sociaux ?
2. Calculez les parts selon le type de réponse pour les deux questions posées pour le sondage. → Fiche outil p. 284

Doc 2 L'influence de Facebook sur le vote

a. « Seuls une infime partie des électeurs (2 à 5 % en France) changent d'avis pendant une campagne. Pour les candidats, l'enjeu principal est de convaincre les électeurs d'aller voter au lieu de s'abstenir. Pour cela, Facebook est un outil sans égal. Chacun des deux milliards d'utilisateurs de la plateforme peut être ciblé très facilement et très précisément, grâce aux données que l'entreprise possède sur eux. »

« Comment Facebook peut influencer le résultat d'une élection », © *Le Monde*, 13 avril 2018.

b.

1. Pour gagner une élection, quels électeurs les communicants politiques doivent-ils viser (doc. 2a) ?
2. Comment Facebook peut-il connaître les intentions de vote des internautes et ainsi aider les stratégies des influenceurs politiques (doc. 2a) ?
3. Quelle est la thèse de Paul Lazarsfeld qui explique pourquoi Facebook aujourd'hui est un outil efficace de communication politique (doc. 2b) ?

Repère

> Paul Lazarsfeld (1901-1976) est un sociologue américain. Il est considéré comme une référence sur la question des médias et de leur influence sur la société. Il est aussi reconnu pour ses travaux sur les techniques d'enquête et les sondages d'opinion.

Doc 3 Réseaux sociaux et désinformation politique

« TikTok a annoncé mercredi des mesures pour empêcher les créateurs de contenu de publier des messages politiques rémunérés sur l'application de vidéos, dans le cadre de sa préparation aux élections américaines de mi-mandat en novembre. Les critiques et les autorités accusent [les réseaux sociaux] de ne pas faire suffisamment d'efforts pour empêcher la désinformation politique sur leurs applications. Alors que TikTok a interdit en 2019 l'achat de publicités politiques, les stratèges de campagne ont contourné l'interdiction en payant des influenceurs pour des promotions. L'entreprise organise des séances d'information avec les créateurs de contenus pour leur rappeler que la publication de contenus politiques rémunérés est interdite [et annonce] [...], que la société s'appuiera également sur les rapports des médias et des partenaires pour trouver les messages en infraction et les supprimer. [...] Meta, qui possède Facebook et Instagram, a déclaré qu'il empêcherait les annonceurs politiques de diffuser de nouvelles publications une semaine avant l'élection. La semaine dernière, Twitter a déclaré qu'il prévoyait de [...] [placer] des étiquettes devant certains tweets trompeurs et [d'insérer] des informations fiables dans les timelines. »

Sheila Dang, « États-Unis : TikTok va renforcer le contrôle des publications politiques avant les élections de mi-mandat », challenges.fr, 17 août 2022.

1. Pourquoi plusieurs réseaux sociaux mettent-ils en place un contrôle sur les publications sur leur plateforme ?
2. Quels dispositifs devraient être mis en place pour les élections de mi-mandat aux États-Unis ?

Exercice

→ Fiche Outil p. 295

Illustrer une corrélation entre élection et abonnés sur les réseaux sociaux

Élections présidentielles de 2022 et abonnés sur les réseaux sociaux

Voix au 1er tour (% exprimés)	Abonnés aux réseaux sociaux*	Voix au 1er tour (% exprimés)	Abonnés aux réseaux sociaux*
1. E. Macron  9 783 058 (27,85 %)	21 107	**4. É. Zemmour**  2 485 226 (7,07 %)	1 597
2. M. Le Pen  8 133 828 (23,15 %)	4 988	**5. V. Pécresse**  1 679 001 (4,78 %)	707
3. J.-L. Mélenchon  7 712 520 (21,95 %)	6 523	**6. Y. Jadot**  1 627 853 (4,63 %)	225

*toutes plateformes confondues, en milliers, en mars 2022.

Ministère de l'Intérieur et *Les Échos*.

1 Le nombre d'abonnés aux candidats de l'élection présidentielle de 2022 est-il corrélé avec les résultats des élections au 1er tour ? Justifiez votre réponse à l'aide de données du tableau.

2 Selon vous, comment pourrait-on expliquer cette corrélation ?

Vocabulaire

> Il y a **corrélation** quand deux variables (A et B) varient simultanément soit dans le même sens, soit en sens opposé.

Je fais le point

Version interactive
hatier-clic.fr/23ses1905

Vrai ou faux ?

1. Les partis politiques ont tous un compte sur les réseaux sociaux.
2. L'accessibilité des données personnelles permet un ciblage politique.
3. Être sur les réseaux sociaux favorise l'élection d'un candidat.
4. Les influenceurs rendent plus efficace une communication politique.
5. L'effet des réseaux sociaux lors des élections est limité aux jeunes.

Je m'entraîne pour le BAC

Dissertation

Rédigez l'introduction du sujet suivant : Comment les réseaux sociaux influencent-ils l'opinion ?

Dossier 2 Comment l'opinion publique a-t-elle évolué avec la démocratie ?

Doc 1 Pour ou contre la peine de mort : une opinion qui évolue

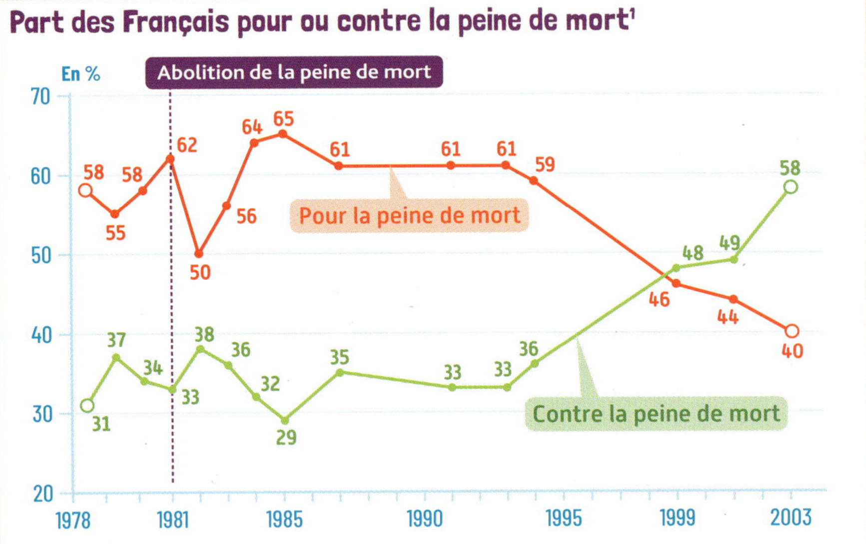

Source : TNS-Sofres.

1. En 2022, selon l'IFOP, 37 % des Français seraient favorables au rétablissement de la peine de mort.

1. Lors de l'abolition de la peine de mort en France quelle était la position des Français sur cette question ?
2. Comment a évolué l'opinion des Français sur le sujet depuis 1981 ?
3. Illustrez par un exemple l'évolution de l'opinion des Français sur une autre question de société.

Doc 2 Naissance et transformation de l'opinion publique

« Le terme d'"**opinion publique**" apparaît au XVIIIe siècle durant la période des Lumières. Il désigne d'abord l'opinion d'une élite cultivée et bourgeoise, opposée à l'absolutisme royal et s'exprimant dans certains lieux de la société tels que les réunions littéraires et philosophiques appelées à l'époque "salons". L'"opinion publique" n'est alors que celle d'une minorité critique vis-à-vis du pouvoir ; l'opinion du peuple dans son ensemble, quant à elle, n'a que très peu de canaux d'expression, si ce n'est par des voies officieuses et détournées.

Avec le développement de la démocratie représentative, c'est ensuite la représentation parlementaire – les élus de la nation – qui détient le monopole de l'expression de l'opinion publique. Seuls les députés peuvent légitimement prétendre exprimer la volonté de la nation et traduire les attentes et les aspirations de l'opinion, puisqu'ils ont été désignés directement par le peuple lui-même. Au cours de cette période, la presse cherchera progressivement, [...] en concurrence avec les parlementaires, à se faire le porte-parole de l'opinion. »

Jean-Yves Dormagen, Daniel Mouchard, *Introduction à la sociologie politique*, De Boeck Supérieur, 4e édition, 2015.

Gabriel Lemonnier , *Le Salon de Madame Geoffrin*, musée national du château de Malmaison, 1814 (détail).

1. Quelle est l'origine sociale des personnes qui fréquentent les cafés et salons littéraires au XVIIIe siècle ?
2. Pourquoi peut-on dire que l'opinion publique est alors exprimée par des « catégories éclairées » ?
3. Comment le développement de la démocratie représentative a-t-il modifié l'expression de l'opinion publique ?

Doc 3 Le Grand débat national

De janvier à mars 2019, en réponse au mouvement de protestation dit des Gilets jaunes, le gouvernement organise un « Grand débat national ».

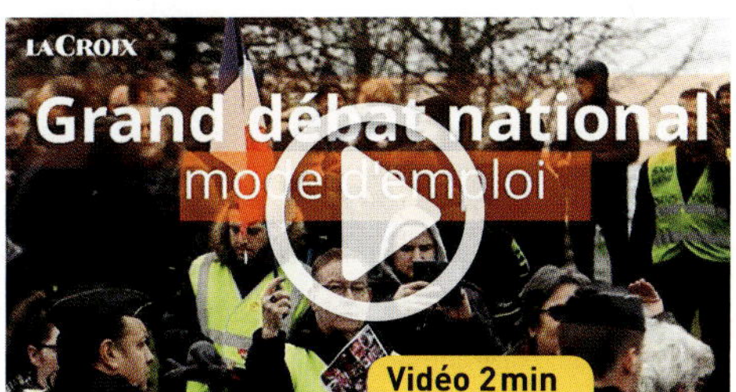

Vidéo 2 min
hatier-clic.fr/23ses1906

1. Faites des recherches sur le mouvement des « Gilets jaunes » : qui y a participé ? Pourquoi ? Comment ?
2. Sur quelles thématiques pouvaient s'exprimer les Français lors du Grand débat de 2019 ?
3. Quels supports techniques ont été mobilisés ?
4. À la suite de ces débats, quels ont été les engagements pris par le Président E. Macron ?

Vocabulaire

> Aujourd'hui, **l'opinion publique** désigne l'ensemble des jugements, avis et positions sur des questions de société auquel une partie importante des membres d'une société adhère.

Doc 4 Vers l'expression du plus grand nombre

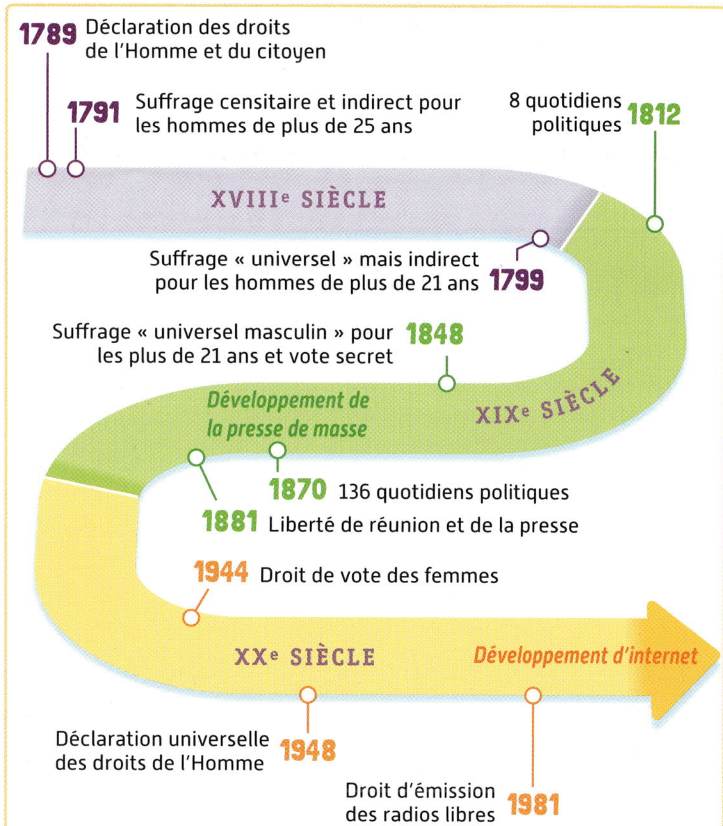

1. Avant 1848, qui peut exprimer son opinion au travers du vote ?
2. Selon vous, quels événements ont favorisé l'expression de l'opinion publique du plus grand nombre ? Quelle est l'importance du développement de la presse dans cette expression ?

Je fais le point

Version interactive
hatier-clic.fr/23ses1907

Complétez le schéma avec les éléments 1 à 6 :
1 Le développement des médias dont internet 2 Le plus grand nombre de citoyens 3 La bourgeoisie éclairée 4 L'existence de cafés et salons littéraires 5 Les élus de la nation 6 Le développement des droits du citoyen

L'évolution de l'opinion publique

	XVIIIe SIÈCLE	XIXe SIÈCLE	XXe SIÈCLE
Qui ?	.....	.....	.....
Pourquoi ?	.....	.....	.....

Je m'entraîne pour le BAC

Épreuve composée partie 1
Montrez que le développement de la démocratie a progressivement modifié l'expression de l'opinion publique.

Dossier 3 Les sondages sont-ils fiables pour mesurer l'opinion publique ?

Doc 1 Principes et méthodes des sondages

Construction d'un échantillon représentatif
- Les personnes interrogées ont les mêmes caractéristiques sociales et sont présentes dans les mêmes proportions que la population étudiée.
- Au moins 1000 personnes.

↓

Rédaction des questions
- Questions simples, neutres et n'introduisant pas de biais dans les réponses.

↓

Interprétation des résultats
- Prise en compte de l'ampleur des non-réponses (comme l'abstention) et les marges d'erreur.

Vocabulaire

> Un **sondage** est une enquête statistique visant à donner une indication quantitative, à une date donnée, des opinions ou attitudes d'une population par l'interrogation d'un échantillon représentatif.

1. Comment est construit un sondage par quotas (voir vidéo) ?
2. Pour qu'un échantillon soit représentatif, quel doit être le nombre de sondés au minimum ?
3. Pourquoi la formulation des questions posées est-elle importante ?
4. Selon vous, pourquoi est-il important de connaître le nombre de non-réponses pour un sondage ?

hatier-clic.fr/23ses1908

Doc 2 L'opinion publique n'existe pas

« Dénombrer comporte toujours une part d'arbitraire, qui commence dès la construction des catégories retenues. Cette part est renforcée en matière d'opinions, dans la mesure où celles-ci ne sont pas observables directement. Le sociologue Pierre Bourdieu l'avait montré dès 1972 dans un texte resté célèbre[1]. Il y relève d'abord un biais dans le choix des questions posées, qui reflètent les intérêts [...] du commanditaire[2]. Celui-ci contribue ainsi à dicter l'agenda médiatique, en imposant ses problématiques aux personnes interrogées [...] : il les "met en demeure de se poser des questions qu'ils ne s'étaient pas posées". [...]

En outre, la formulation des questions comporte en elle-même un certain biais en fonction des termes et de la tournure employés : "pensez-vous qu'il y a trop de fonctionnaires ?" ne va pas induire les mêmes réponses que "la baisse des effectifs de la fonction publique va-t-elle permettre de maintenir la qualité des services publics ?". Proposer des réponses fermées exclut d'autres possibilités, à commencer par l'absence de réponse [...].

De plus, l'ordre même dans lequel les questions se succèdent n'est pas sans effets sur les réponses. [...] C'est ainsi que pour le sociologue, l'"opinion publique est un artefact[3] pur et simple dont la fonction est de dissimuler que l'état de l'opinion à un moment donné du temps est un système de forces, de tensions et qu'il n'est rien de plus inadéquat pour représenter l'état de l'opinion qu'un pourcentage ".

En dépit de ces critiques, [...], les résultats des sondages d'opinion conservent une force sociale particulièrement élevée. »

Igor Martinache, « À quoi servent les sondages ? », *Alternatives Économiques*, n° 308, 2011/12.

1. « L'opinion publique n'existe pas », *Questions de sociologie*, Éditions de Minuit, 1981.
2. Celui qui est à l'initiative du sondage.
3. Phénomène produit par l'instrument censé le mesurer.

Dessin de Xavier Gorce.

1. Identifiez les quatre principaux biais des sondages d'opinion.
2. En quoi le dessin illustre-t-il deux de ces biais ?
3. Selon vous pourquoi l'ordre des questions peut influencer les réponses ?
4. Expliquez le passage souligné.

Doc 3 Comment interpréter un sondage d'opinion ?

Les intentions de vote au 1er tour des législatives de 2022

Si le 1er tour avait lieu dimanche prochain, pour quel candidat voteriez-vous (en % des personnes certaines d'aller voter et exprimant une opinion de vote) ?

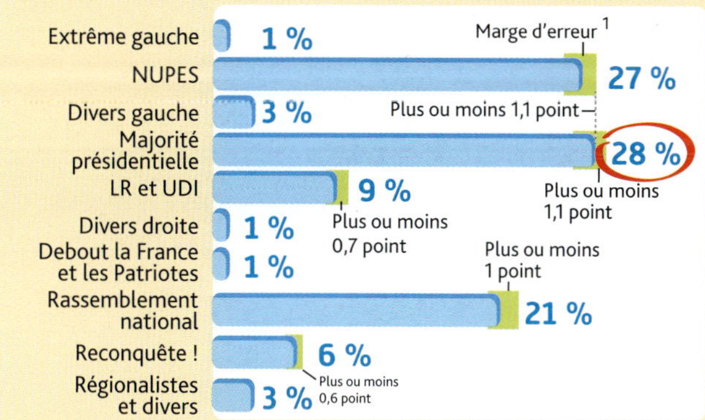

1. Seules les marges d'erreur des candidats dont les intentions de vote sont supérieures ou égales à 5 % sont représentées.

Source : Sondage *Ipsos-Sopra Steria* pour *Le Monde*, la Fondation Jean Jaurès et le *Cevipof* réalisé par Internet du 16 au 19 mai 2022 sur un échantillon de 11247 personnes représentatif de la population française, inscrites sur les listes électorales et âgées de 18 ans et plus, dont 6285 personnes certaines d'aller voter et ayant exprimé une intention de vote.

1. Quelles sont la taille et la composition de l'échantillon de cette enquête ?
2. Faites une lecture exprimant la signification de la donnée entourée.
3. Comparez les intentions de vote pour le groupe « Majorité présidentielle » et le groupe « LR et UDI » à l'aide d'un calcul simple.
4. Pourquoi ne peut-on pas tirer de conclusion des résultats de ce sondage ?

Exercice

→ Fiche Outil p. 284

Construire un échantillon selon la méthode des quotas

La méthode des quotas est une méthode d'échantillonnage qui consiste à s'assurer de la représentativité d'un échantillon en lui affectant une structure similaire à celle de la **population de base**. Cette méthode est par exemple très utilisée pour les sondages politiques. Dans ce cadre, on s'assure que l'échantillon sondé est une représentation réduite de la population en âge de voter en termes d'âges, de PCS et éventuellement d'habitat.

Structure de la population française âgée de 18 ans et plus

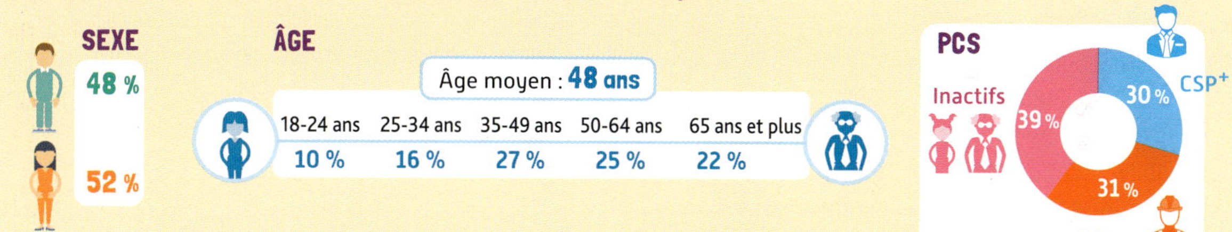

Source : CSA pour 2FPCO, juillet 2017.

▶ Imaginons un sondage réalisé pour connaître l'avis de la population sur une future mesure politique. Sachant que 2 500 personnes sont sondées, calculez à partir de l'infographie ci-dessus, le nombre de sondés pour plusieurs caractéristiques sociales (appelées variables de quotas) afin que l'échantillon soit représentatif.

Je fais le point

Version interactive hatier-clic.fr/23ses1909

Complétez le texte à l'aide des mots suivants : représentatif • critiques • sondage • échelle • quotas • la formulation • PCS • l'opinion.

Le …… est un outil de mesure de l'opinion publique. Il repose la plupart du temps sur la méthode des …… en étudiant …… de la population au travers d'un échantillon ……. Il s'agit de reproduire à une …… réduite les caractéristiques principales de la population (âge, sexe, …… etc.). Les sondages font l'objet de …… quant à la passation et à …… des questions posées ainsi que sur la prise en compte des marges d'erreur et des non-réponses.

Je m'entraîne pour le BAC

Épreuve composée partie 3

À l'aide des documents, vous montrerez les limites des sondages pour mesurer l'opinion publique.

Dossier 4

Comment les sondages modifient-ils le fonctionnement des démocraties ?

Doc 1 Vers une démocratie d'opinion ?

Sondage sur l'adhésion des Français à la mise en place du pass sanitaire pour entrer dans un lieu public

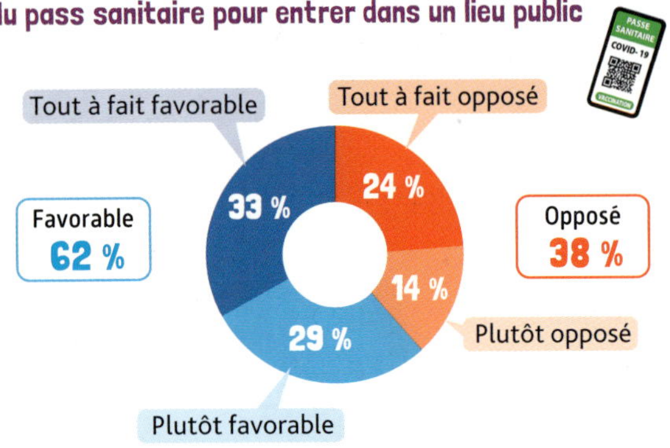

Source : *Ipsos-Sopra Steria*, juillet 2021.

1. Quelles sont les positions des Français interrogés en juillet 2021 sur l'introduction du pass sanitaire ?
2. Selon vous, si les Français avaient été opposés à ce dispositif, cela aurait-il pu avoir des effets sur les décisions du gouvernement ? Justifiez votre réponse.

Vocabulaire

> La **démocratie d'opinion** est le mode de fonctionnement du pouvoir politique dans lequel les décisions sont prises pour répondre aux désirs de l'opinion publique, censée correspondre à celle de la majorité des citoyens. La démocratie d'opinion a tendance à recourir aux sondages pour orienter les choix politiques.

Doc 2 Comment les sondages influencent-ils les gouvernants ?

« La pression exercée par les sondages pèse surtout sur les gouvernants. [...] L'examen des modalités du contrôle des gouvernants par les gouvernés laisse apparaître que les sondages, parce qu'ils donnent à l'expression de l'opinion publique un caractère durable, modifient la forme même de ce contrôle. Il ne s'agit plus seulement d'un contrôle *a posteriori* des électeurs ou du contrôle parlementaire. [...] D'autant que les médias, en se faisant les diffuseurs mais aussi les interprètes des sondages, renforcent leur pouvoir sur les gouvernants, s'attribuant ainsi le rôle de juges et de censeurs. Subissant les sondages quotidiennement, les gouvernants sont obligés de justifier sans cesse leurs décisions en réponse aux opinions des citoyens. La publication des cotes de confiance et de popularité constitue pour eux un facteur de fragilité. [...] La pression exercée par les sondages peut les pousser à écarter ou à retarder des décisions douloureuses, à privilégier le court terme au détriment du long terme [...] dans l'espoir de mécontenter le moins d'électeurs possible. [...]

Les sondages exercent également une influence déterminante sur la sélection et la carrière du personnel politique. [...] Les sondages, en particulier les cotes de popularité et d'avenir, jouent un rôle important en opérant dans chaque parti ou chaque camp un classement des personnalités politiques [...]. Ils peuvent encourager certain(e)s à se lancer et d'autres à renoncer à briguer une candidature. »

G. Grunberg, N. Mayer « L'effet sondage. Des citoyens ordinaires aux élites politiques », *Institutions, élections, opinion*, Presses de Sciences Po, 2014.

1. Pourquoi les médias jouent-ils un rôle particulier en tant que diffuseurs de sondages ?
2. Pourquoi les sondages sont-ils un « facteur de fragilité » pour les gouvernants ?
3. Comment participent-ils à la sélection du personnel politique ?

Doc 3 Les sondages influencent-ils les électeurs ?

Vidéo 1 min 30
hatier-clic.fr/23ses1910

1. Complétez les définitions suivantes :
   Effet « bandwagon » : L'électeur soutient ......
   Effet « underdog » : L'électeur encourage ......
2. Qu'est-ce que le vote utile ? Illustrez votre réponse.
3. En quoi les sondages peuvent-ils également favoriser l'abstention aux élections ?
4. Comment a évolué le nombre de sondages dans le cadre de l'élection présidentielle de 1981 à 2017 ?

Exercice

Illustrer les effets des sondages sur le vote

Associez chaque exemple (a à d) au type d'effet (1 à 4) vu dans le document 3.

1. Effet « bandwagon » ou effet de mode

2. Effet « underdog » ou effet outsider

3. Vote utile ou vote stratégique

4. Effet sur l'abstention

a. En 2000 lors du référendum sur le quinquennat présidentiel, les électeurs, anticipant le résultat, s'abstiennent à hauteur de 69,8 %.

b. Pour l'élection présidentielle de 2002, les électeurs votent massivement pour Jacques Chirac avec 82, 21 % des suffrages exprimés afin de faire barrage à Jean-Marie Le Pen.

c. Lors de l'élection présidentielle en 2017, les sondages annoncent Emmanuel Macron comme favori à l'issue du 1er tour. Il est sélectionné pour le 2e tour.

d. Lors de l'élection présidentielle de 2022 : Jean Lassalle bénéficie d'un engouement en termes de soutien suite à des sondages peu favorables.

Doc 4 Sondages et communication politique

« "La politique sociale, regardez, on met un pognon de dingue dans les minimas sociaux, et les gens sont quand même pauvres". La phrase est signée Emmanuel Macron. On le voit dans une vidéo, publiée sur le compte Twitter de Sibeth Ndiaye, la conseillère en communication du président de la République. L'extrait, devenu viral, est pourtant le fruit d'une communication savamment orchestrée. »

« Emmanuel Macron : une opération de communication savamment orchestrée », Francetvinfo.fr, 13 juin 2018.

Vidéo 1 min 40
hatier-clic.fr/23ses1911

1. Dans la vidéo, quels sont les moyens utilisés pour cette opération de communication ?

2. Selon vous, comment cette communication a-t-elle pu être influencée par des sondages en amont ?

3. Selon vous comment cette vidéo peut-elle influencer l'opinion publique ?

Vocabulaire

> La **communication politique** est l'ensemble des techniques de communication pour obtenir le soutien de l'opinion publique lors de l'exercice ou de la conquête du pouvoir.

Je fais le point

Version interactive
hatier-clic.fr/23ses1912

Complétez le schéma montrant l'influence des sondages sur le fonctionnement de la démocratie avec les termes suivants :

1 Sélection du personnel politique • 2 Effet « bandwagon » • 3 Pression sur les gouvernants • 4 Stratégie de communication politique • 5 Effet « underdog » • 6 Vote utile • 7 Abstention • 8 Démocratie d'opinion

Sondage et vie démocratique

Influence sur la participation politique	Influence sur le personnel politique
▪	▪ ....
▪	▪ ....
▪	▪ ....
▪	▪ ....

Je m'entraîne pour le BAC

Épreuve composée partie 1

À l'aide d'un exemple, montrez que les sondages d'opinion peuvent orienter les décisions prises par un gouvernement.

Atelier 1 Réaliser un sondage L'opinion des lycéens

Vers le GRAND ORAL

Étape 1 Concevoir et préparer le sondage

1. En groupe, choisissez le thème de votre sondage. Exemples : les usages des réseaux sociaux, le vote, les médias utilisés pour s'informer, la participation aux élections...
2. Définissez une problématique, ce que vous voulez montrer.
3. Choisissez l'échantillon représentatif selon la méthode des quotas et le nombre de lycéens à interroger.
4. Rédigez le questionnaire avec une présentation de l'enquête pour le sondé, 2-3 questions relatives aux caractéristiques de l'échantillon (par exemple le genre) et des questions simples fermées sur le thème (avec un nombre de réponses limitées) en fonction d'hypothèses de départ.

Étape 2 Collecter et traiter les informations

5. Rédigez le questionnaire sur un support numérique, comme un formulaire, pour faciliter la diffusion et le recueil des informations. Vous pouvez vous servir des outils de l'ENT, de Framaforms ou de SurveyMonkey pour la réalisation. pix
6. Traitez les résultats obtenus et interprétez-les. Pour cela vous pouvez utiliser un tableur (comme LibreOffice Calc) pour réaliser des calculs simples et des représentations graphiques synthétiques.
7. Réalisez un diaporama pour présenter l'enquête et ses principaux résultats

Coup de pouce

- ✓ Renseignez-vous auprès de l'administration du lycée pour connaître les caractéristiques des élèves (part des filles, des garçons, des élèves de 2de, 1re, Tale ...).
- ✓ Préparez des questions courtes et claires.
- ✓ Interprétez les données en vérifiant que les résultats confirment ou non votre (vos) hypothèse(s) de départ.
- ✓ Utilisez des formulaires en ligne : hatier-clic.fr/23ses1913

Doc 1 Un exemple d'enquête par questionnaire

L'enquête intégrale hatier-clic.fr/23ses1914

Le **sujet** d'enquête (le thème)	Les jeunes Français et la lecture
La **problématique**	Montrer que la lecture diffère selon l'âge, le sexe, le milieu social, les spécialités scolaires choisies...
L'échantillon	Cette étude du CNL confiée à Ipsos porte sur un échantillon de 1 500 personnes, âgées de 7 à 25 ans.
Les **hypothèses** (choix d'indicateurs pour les tester)	Nombre de livres lus dans l'année, supports de lecture (numérique ou papier), type de lecture (romans, presse, revues spécialisées...)
La rédaction du **questionnaire**	- Courte présentation de l'enquête pour le sondé : l'enquête du CNL a pour objectif de mesurer, comprendre et identifier les pratiques ainsi que les leviers et freins à la lecture chez les jeunes de 7 à 25 ans. - Questions pour le profil sociodémographique - Questions fermées avec un nombre de réponses limitées. Exemple : Lisez-vous pour l'école, le travail ? Dans le cadre des loisirs, par goût personnel ?
La diffusion de l'enquête auprès de **l'échantillon** (choix de l'outil en ligne)	L'étude du CNL a été menée à l'échelle nationale, les 1 500 personnes ont été interrogées en ligne du 27 janvier au 6 février 2022.
Le traitement des **résultats**	Utilisation d'un tableur pour les tris et les représentations graphique.
Synthétiser et **présenter** les résultats	On prépare avec un outil de PréAO (présentation assistée par ordinateur) un diaporama comme support de présentation pour l'oral. On y rappelle l'objectif de l'enquête et on précise si les hypothèses ont été vérifiées ou non à partir des données recueillies et traitées.

Atelier 2

Créer et présenter une affiche
L'opinion s'exprime sur les murs

Vers le GRAND ORAL

Étape 1 Recueillir des informations

1. [Doc. 1] L'usage des murs comme support d'une opinion publique est-il récent ? Justifiez votre réponse.
2. [Doc. 1] Quand l'usage des murs dans l'espace public en France a-t-il été réglementé et pourquoi ?
3. [Doc. 2] Que dénoncent les deux photos ? Comment ?

Étape 2 Concevoir et réaliser l'affiche

4. Choisissez un enjeu de société comme sujet de votre affiche et regroupez-vous en fonction du thème choisi. Exemples : le réchauffement climatique, la pauvreté, le droit de vote à 16 ans...
5. En groupe, réalisez une maquette de votre affiche : elle doit comprendre un slogan, un visuel (collage, photo, dessin...) et un court texte mis en valeur par les couleurs, la mise en page de l'affiche.
6. Préparez une courte présentation orale expliquant le choix du sujet, l'organisation de l'affiche et son message.

Coup de pouce

- ✓ Pensez à utiliser des mots et des images clairs, sans ambiguïté.
- ✓ Trouvez un slogan ou un message court et percutant.
- ✓ Pour votre présentation orale des résultats : votre support ne comporte que des mots/idées et chiffres clés, pas de phrases.

Doc 1 Les murs ont la parole

« Depuis l'Antiquité, la parole s'expose sur les murs des villes, qui servent ainsi de tribune à l'expression citoyenne, qu'elle soit individuelle ou collective. [Les expressions sont multiples] : l'affichage politique, légal ou sauvage ; l'affichage commercial et publicitaire, le "dazibao[1]" originaire de Chine ; les graffitis, pochoirs et autres tags [...], à caractère artistique et à vocation souvent contestataire. [...] En France, la liberté d'affichage, conséquence de la liberté de la presse, est encadrée par la loi du 29 juillet 1881 [...] qui punit d'une part ceux qui détériorent ou altèrent, recouvrent ou enlèvent des affiches et autorise d'autre part l'affichage électoral sur tous les établissements publics – à l'exception des édifices religieux –, en laissant aux particuliers la liberté de donner ou de refuser leur accord de placardage sur les murs assimilés à une propriété privée. Par la loi du 29 décembre 1979, l'affichage libre, qui autorise l'expression d'opinions personnelles et d'informations à but non lucratif, est toléré à condition d'être circonscrit. [...] Les murs ne sont pas pour autant devenus muets : l'affichage sauvage s'y pratique toujours ponctuellement, les artistes s'en sont emparés pour s'émanciper des galeries ou des musées ainsi que les tagueurs et les autres grapheurs. »

Bertrand Tillier, *L'Opinion publique*, TDC n° 941, CNDP, 2007.

1. Journal mural affiché dans les lieux publics.

Doc 2 Des murs porteurs de messages

Banksy, Œuvre à Port Talbot, une ville britannique très polluée.

Collage des colleuses féministes à Paris.

L'Essentiel

Comment se forme

A Naissance et évolution de l'opinion publique

- L'opinion publique correspond à un ensemble de jugements, d'avis sur des questions, des problèmes auxquels une grande partie des membres de la société adhère.
- **Au XVIIIe siècle, l'opinion publique désigne la bourgeoisie éclairée,** les intellectuels qui maîtrisent les enjeux importants et détiennent les savoirs savants. Cette élite se considère à l'époque comme un intermédiaire entre le peuple, qui doit être conseillé, et le pouvoir politique qu'elle cherche à influencer. L'opinion publique s'exprime alors dans les salons littéraires, les cafés, la presse… permettant l'émergence de lieux de délibération collective, de discussions publiques.
- **Au XIXe siècle, on assiste au développement de la démocratie,** avec l'accès aux droits civiques (le suffrage universel) et la reconnaissance de libertés individuelles (liberté d'opinion, de presse) qui changent les contours de l'opinion publique. Chaque individu est progressivement considéré comme un citoyen à même de se forger son propre avis et de l'exprimer par son **vote**.
- **À partir du XXe siècle, l'essor des médias** (télévision, réseaux sociaux, presse…) **et de l'outil informatique facilitent l'interrogation de la population** sur des enjeux grâce aux **sondages** afin de mesurer cette opinion publique. Alors, l'opinion publique correspond à l'avis du plus grand nombre.

L'opinion publique	XVIIIe siècle : élite éclairée	XIXe siècle : élus, représentants	XXe-XXIe siècle : le plus grand nombre
	Salons, cafés, presse	Presse, élargissement du vote	Essor des médias et du numérique

B Techniques et interprétation des sondages

- **Les sondages d'opinion,** nés dans les années 1930 aux États-Unis, sont des outils cherchant **à connaître le point de vue de la population**. Ces enquêtes reproduisent à une échelle miniature et de manière représentative la population étudiée. Leur finalité est de connaître la position des sondés sur une question qui fait débat.
- **Les sondages d'opinion sont source de débats dans leurs interprétations.** La prise en compte des **marges d'erreur** (une incertitude statistique) permet de rendre les sondages plus fiables dans leurs prédictions.
- **Il existe quatre limites aux sondages** :
  1. tous les sondés n'ont pas un avis sur la question posée ou n'ont pas les connaissances pour cerner l'enjeu de la question ;
  2. toutes les opinions ne se valent pas : certains sondés sont plus engagés, informés que d'autres sur des questions de société ;
  3. la formulation des questions peut influencer la réponse ;
  4. les conditions de réalisation du sondage et la construction de l'échantillon peuvent poser des difficultés pour accéder à toutes les franges de la population.

Les étapes pour mener un sondage

1. Construction de l'échantillon
2. Rédaction des questions
3. Interrogation des sondés
4. Interprétation des réponses

et s'exprime l'opinion publique ?

Podcast du cours
hatier-clic.fr/23ses1915

C Sondages et fonctionnement des démocraties

- **Les sondages d'opinion modifient l'exercice de la démocratie.** Ils font de l'opinion publique un élément central de la vie politique ce qui peut laisser moins de place aux instances représentatives. Avec l'essor des médias (presse, Internet), la démocratie représentative est concurrencée par une **démocratie d'opinion**. Les sondages permettent un lien direct et permanent entre les gouvernants et les citoyens. Ils parviennent à imposer les enjeux majeurs, les problèmes publics.
- **Les sondages modifient l'exercice de la vie politique et notamment la participation électorale.** Ils peuvent influencer le vote des électeurs de quatre manières : par conformisme, ce vote se rallie au candidat donné vainqueur (**effet « bandwagon »**) ; par compassion, il se porte au contraire sur le candidat donné battu (**effet « underdog »**) ; enfin d'autres sondages poussent au vote utile ou à l'abstention.
- **Les sondages participent au contrôle des gouvernants** : ils évaluent les décisions prises quotidiennement par les pouvoirs publics, ce qui peut orienter l'action publique dans une logique de court terme. Enfin, les sondages donnent un rôle important à la **communication politique** avec la mise en place de stratégies de marketing politique pour créer un lien entre les gouvernants et les électeurs grâce aux médias (clips, discours, mises en scène lors des déplacements, choix des mots…).

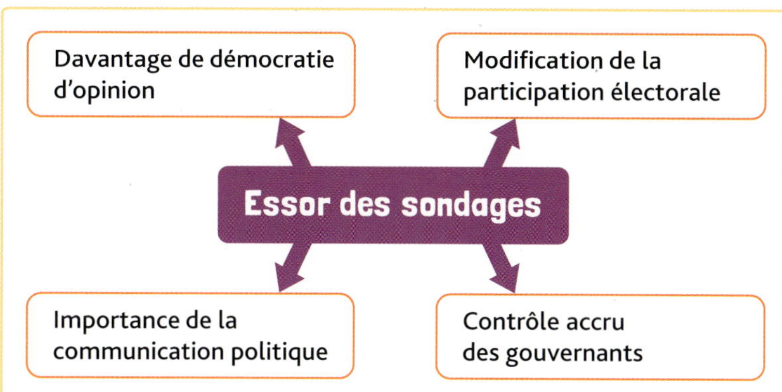

Notions

- **Communication politique** L'ensemble des techniques de communication pour obtenir le soutien de l'opinion publique lors de l'exercice ou de la conquête du pouvoir.
- **Contrôle des gouvernants** (par les sondages) Les sondages exerceraient une pression sur les élus dans leurs prises de décision, ce qui impacterait leurs choix politiques (préférence des effets à court terme).
- **Démocratie d'opinion** Le mode de fonctionnement du pouvoir politique dans lequel les décisions sont prises pour répondre aux désirs de l'opinion publique, censée correspondre à celle de la majorité des citoyens. La démocratie d'opinion a tendance à recourir aux sondages pour orienter les choix politiques.
- **Effet « bandwagon »** (ou effet de mode) La situation dans laquelle l'électeur est incité à voter pour un candidat pressenti vainqueur dans les sondages.
- **Effet « underdog »** (ou effet outsider) La situation dans laquelle l'électeur se remobilise pour soutenir un candidat en perte de vitesse dans les sondages.
- **Opinion publique** L'opinion publique désigne l'ensemble des jugements, avis et positions sur des questions de société auquel une partie importante des membres d'une société adhère.
- **Participation électorale** Elle mesure la part des citoyens qui votent par rapport au nombre d'électeurs inscrits sur les listes électorales ; elle s'oppose à l'abstention.
- **Sondage** Une enquête statistique visant à donner une indication quantitative, à une date déterminée, des opinions, souhaits, attitudes ou comportements d'une population par l'interrogation d'un échantillon.

Révisions

1 Réviser avec le schéma de synthèse

OPINION PUBLIQUE

Son évolution
- Des catégories éclairées au plus grand nombre
- Impact des progrès des droits civiques (droit de vote, liberté de la presse, etc.)
- Impact du développement des médias

Sa mesure : les sondages

Principes
- Au moins 1 000 sondés
- Méthode des quotas (échantillon représentatif)
- Questions simples et neutres

Limites
- Construction de l'échantillon et réalisation du sondage
- Formulation des questions
- Des opinions de valeur inégale
- Des sondés sans avis

Impact sur le fonctionnement démocratique
- Choix électoraux modifiés
- Contrôle des gouvernants
- Essor de stratégies marketing
- Effets sur la participation

➡ **Vers une démocratie d'opinion**

2 Savoir illustrer par des exemples

LES REPRÉSENTANTS DE L'OPINION PUBLIQUE : la bourgeoisie intellectuelle du 18e siècle, les intellectuels comme Émile Zola

LES DROITS CIVIQUES : Le droit de vote des femmes en 1944

LES MÉDIAS : La télévision, la presse écrite, la radio, Internet

L'INFLUENCE POLITIQUE DES SONDAGES : l'effet « underdog » (Le vote pour Jean Lassalle en 2017), l'effet « bandwagon » (L'élection d'Emmanuel Macron en 2017)

LE CONTRÔLE DES GOUVERNANTS : la mesure de la cote de confiance

3 Savoir citer des chiffres clés

13 instituts de sondages en France en 2022 contre **3** en 1972

1er sondage d'opinion en France en **1938**

Le nombre minimum de sondés pour un échantillon représentatif est de **1 000**

Le nombre de sondages en lien avec l'élection présidentielle : **111** en 1981, **560** en 2017. Il a été **multiplié par 5.**

4 Savoir définir les notions clés

COMMUNICATION POLITIQUE
CONTRÔLE DES GOUVERNANTS
DÉMOCRATIE D'OPINION
EFFET BANDWAGON
EFFET UNDERDOG OPINION PUBLIQUE
OPINION PUBLIQUE
PARTICIPATION ÉLECTORALE
SONDAGE

5 Ne pas confondre

Effet bandwagon
≠
Effet underdog

6 Voir la vidéo de RÉVISION

hatier-clic.fr/23ses1902

L'OPINION PUBLIQUE → les sondages

7 Écouter le podcast du cours

Podcast du cours
hatier-clic.fr/23ses1915

8 Vérifier ses connaissances

Mémocartes
hatier-clic.fr/23ses1916

Exercices interactifs
hatier-clic.fr/23ses1917

9 Aller plus loin

Lire

C. Jayet, T. Bagur,
H. Touzet, *Sociologie de l'opinion publique*,
PUF, 2020.

Écouter

Podcast « Des griefs et des lettres : quand l'opinion publique gronde », avec Michel Offerlé et Julien Fretel, France culture, 2022.

hatier-clic.fr/23ses1918

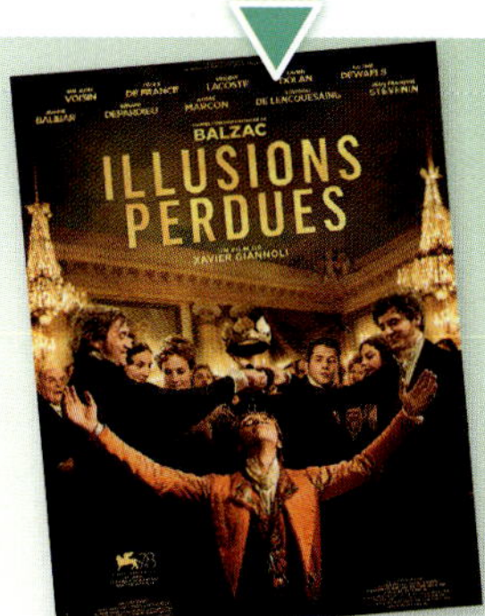

Voir

Illusions perdues,
de Xavier Giannoli,
2021.

Suivre l'actualité avec ACTU SES

actu-ses.editions-hatier.fr

L'inflation sondagière nuit-elle à la vie démocratique ?

hatier-clic.fr/23ses1919

Vers le BAC

Mobiliser ses connaissances

QUESTION 1 À l'aide d'un argument, montrez que les sondages d'opinion ont une influence sur la vie politique.

Coup de pouce

1. Que signifie « Montrez » dans la consigne ?
a. Comparez
b. Présentez
c. Définissez
d. Illustrez

2. Les arguments suivants sont-ils mobilisables dans votre réponse ?

	Oui	Non
1. Une participation politique influencée		
2. Une communication politique ciblée pour accéder au pouvoir		
3. Les limites des sondages d'opinion		
4. Les gouvernants contrôlés par des sondages quotidiens		

3. Identifiez l'affirmation, l'explication et l'illustration (méthode AEI) pour la séquence argumentative ci-dessous, réponse possible au sujet :
a. Par exemple, lors du second tour de l'élection présidentielle de 2017, les sondages annonçant un écart faible entre E. Macron et M. Le Pen, des électeurs ont décidé de ne pas s'abstenir et de donner leur voix à E. Macron même s'il ne représentait pas leurs idées, pour empêcher l'élection de son concurrent.
b. Les sondages d'opinion peuvent influencer la vie politique en modifiant le vote des électeurs.
c. En effet, cet outil peut inciter les électeurs à voter différemment. Suite à la publication d'un sondage, les électeurs peuvent modifier leur vote de quatre manières. Soit soutenir un candidat en perte de vitesse (effet « underdog »), soit voter pour le candidat pressenti comme vainqueur (effet « bandwagon »), soit voter utile en faisant barrage à un candidat qu'ils ne souhaitent pas voir gagner ou encore préférer s'abstenir voyant que leur vote ne servira à rien.

QUESTION 2 Présentez deux limites des sondages d'opinion.

Coup de pouce

1. Identifiez les limites et sélectionnez les deux les plus pertinentes.
2. Illustrez chacune des limites.
3. Structurez votre réponse en paragraphe AEI.

QUESTION 3 Expliquez comment la définition de l'opinion publique a évolué depuis le XVIIIe siècle.

QUESTION 4 À l'aide d'un argument, expliquez que l'opinion publique n'existe pas.

QUESTION 5 Présentez deux principes d'élaboration d'un sondage.

Étudier un document statistique

Vers le BAC

ÉTUDE DE DOCUMENT 1

Sondages publiés une semaine avant les élections de 2019 au Parlement européen et résultats du vote en France

		Estimations[1] des instituts de sondage				
		Harris interactive	Elabe	Ipsos		
Partis politiques[2]	Nombre de personnes interrogées	1 006	2 004	9 610	Nombre de suffrages exprimés	22 654 519
RN	Intentions de vote	25 %	23,5 %	23,5 %	Votes	23,3 %
LREM		22,5 %	23 %	23 %		22,4 %
LR		12 %	12,5 %	12,5 %		8,5 %
EELV		7,5 %	8,5 %	8,5 %		13,5 %

Source : d'après Harris interactive, Elabe, IPSOS et ministère de l'Intérieur, mai 2019.

1 : Estimations provenant de sondages établis avec la méthode des quotas.

2. RN : Rassemblement national ; LREM : La République en marche ; LR : Les Républicains ; EELV : Europe écologie Les Verts.

1. Comparez les estimations des sondages d'opinion avec les résultats des élections européennes en 2019 en France pour le parti LR.

2. À l'aide de vos connaissances et du document, montrez que les sondages n'anticipent pas toujours les résultats des élections.

Coup de pouce

Quelle est la bonne formulation pour présenter les deux données entourées ?

1. Les LR obtenaient 12 % des intentions de vote parmi les électeurs une semaine avant le suffrage selon l'institut de sondage Harris interactive et ont obtenu 8,5 % des suffrages exprimés lors des élections européennes de mai 2019.

2. Les LR obtenaient 12 % des intentions de vote parmi les suffrages exprimés une semaine avant le suffrage selon l'institut de sondage Harris interactive et ont obtenu 8,5 % des suffrages lors des élections européennes de mai 2019.

ÉTUDE DE DOCUMENT 2

Pour quelle raison principale avez-vous voté pour un candidat qui était le favori dans les sondages ? (question posée uniquement à ceux ayant voté pour un candidat car il était le favori, soit 23 % des personnes interrogées).

	% du total	Moins de 35 ans	35-49 ans	50-64 ans	65 ans et plus
Parce qu'il défendait vos idées politiques	**54**	32	46	73	73
Pour voter pour celui qui avait le plus de chance de gagner	**21**	19	31	11	19
Vous faites confiance à l'opinion de la majorité	**11**	15	15	7	5
Parce que vous ne savez pas pour qui voter	**11**	30	5	3	1
Autres raisons	**3**	4	2	5	2

Source : D'après « De l'influence des sondages », Sondage réalisé entre le 10 et 12 avril 2017, par « Opinion way pour délits d'opinion » auprès d'un échantillon de 1 454 personnes représentatif de la population française, âgée de 18 ans et plus interrogées par questionnaire auto-administré en ligne.

1. Comparez les réponses des moins de 35 ans et des 65 ans et plus.

2. À l'aide de vos connaissances et du document, vous montrerez comment les sondages peuvent influencer l'exercice de la démocratie.

Vers le BAC

Raisonnement s'appuyant sur un dossier documentaire

POINT MÉTHODE
Organiser un raisonnement

▶ Dans cette partie 3 de l'épreuve composée, il est demandé de traiter le sujet en développant un raisonnement, en exploitant les documents du dossier, en faisant appel à ses connaissances personnelles, le tout de manière organisée.

ÉTAPE 1 Analyser le sujet → MÉTHODE p. 98

▶ Après lecture du sujet, identifiez les notions et mécanismes qu'il met en œuvre. Il faut être capable de les définir et de les présenter.

▶ Puis analyser la consigne et la reformuler soit sous la forme d'une question soit en indiquant ce qui va être traité (ainsi « Il s'agit de démontrer que… »).

ÉTAPE 2 Mobiliser ses connaissances

Recenser les éléments du chapitre que vous avez appris et qui sont, selon vous, utiles à l'élaboration d'une réponse : vocabulaire, auteurs, illustrations, chiffres-clés… en lien avec le sujet.

→ **CONSEIL** Pour les étapes 1 et 2, ne pas lire les documents du dossier avant car tous les savoirs ne sont pas dans les documents. Cela vous permet ainsi de garder une vision plus large. → MÉTHODE p. 120

ÉTAPE 3 Analyser et exploiter les documents

Pour une bonne exploitation des documents, on peut compléter le tableau suivant.

	Idée principale	Lien avec le sujet	Données utiles
Doc. 1			
Doc. 2			
Doc. 3			

→ MÉTHODE p. 118

ÉTAPE 4 Réaliser un plan détaillé

▶ Le raisonnement est structuré en plusieurs paragraphes, constitué chacun d'une affirmation, d'une explication et d'une illustration (AEI). Ces éléments sont issus du travail réalisé sur la mobilisation de connaissances et l'exploitation des documents. Les paragraphes doivent se suivre de manière cohérente et répondre au sujet.

▶ En amont, rédiger deux à trois phrases introductives qui cadrent la question posée par le sujet.

▶ En aval, faire le bilan de sa réponse dans une brève conclusion.

APPLICATION

1. **Identifiez les arguments possibles pour le sujet proposé ci-contre :**
   a. Les sondages exercent une influence sur les gouvernants.
   b. L'opinion publique correspond à celle exprimée par le plus grand nombre de personnes.
   c. Initialement, l'opinion publique est celle exprimée par des catégories éclairées.
   d. L'opinion publique n'existe pas.
   e. Les sondages sont un outil de mesure pertinent.
2. **Complétez le tableau de l'étape 3.**
3. **En fonction de quel axe allez-vous classer les arguments ?**
   a. Effets à court terme et long terme
   b. Chronologique
   c. Les groupes sociaux concernés
   d. L'échelle micro/macro
4. **Rédigez l'introduction et la conclusion du sujet.**

SUJET

À l'aide de vos connaissances et du dossier documentaire, vous montrerez comment l'opinion publique s'est transformée depuis le XVIIIe siècle

Doc 1

« En novembre 1897, Zola s'engage énergiquement, dans l'affaire qui divise la France entière, aux côtés des dreyfusards. Deux jours après l'acquittement scandaleux du véritable coupable, Esterhazy, par le tribunal de guerre, Zola révolté cherche à publier sa *Lettre à Monsieur Félix Faure, Président de la République*. Refusée par tous les journaux dont *Le Figaro*, elle est finalement publiée par le journal *L'Aurore* le 13 janvier 1898. La lettre fait scandale en dénonçant l'injustice dont est victime le capitaine juif et alsacien Alfred Dreyfus. Plus connue sous le nom de "J'accuse... !" en raison de l'anaphore[1] qui le ponctue, c'est un véritable réquisitoire contre l'armée française, accusée de falsification et d'antisémitisme. [...] »

Johanna Pernot, « J'accuse... ! » d'*Émile Zola, contexte historique*, site lumni Enseignement, © INA.

1. Reprise du même mot au début de phrases successives.

L'AURORE
Littéraire, Artistique, Sociale
J'Accuse...!
LETTRE AU PRÉSIDENT DE LA RÉPUBLIQUE
Par ÉMILE ZOLA

Doc 2

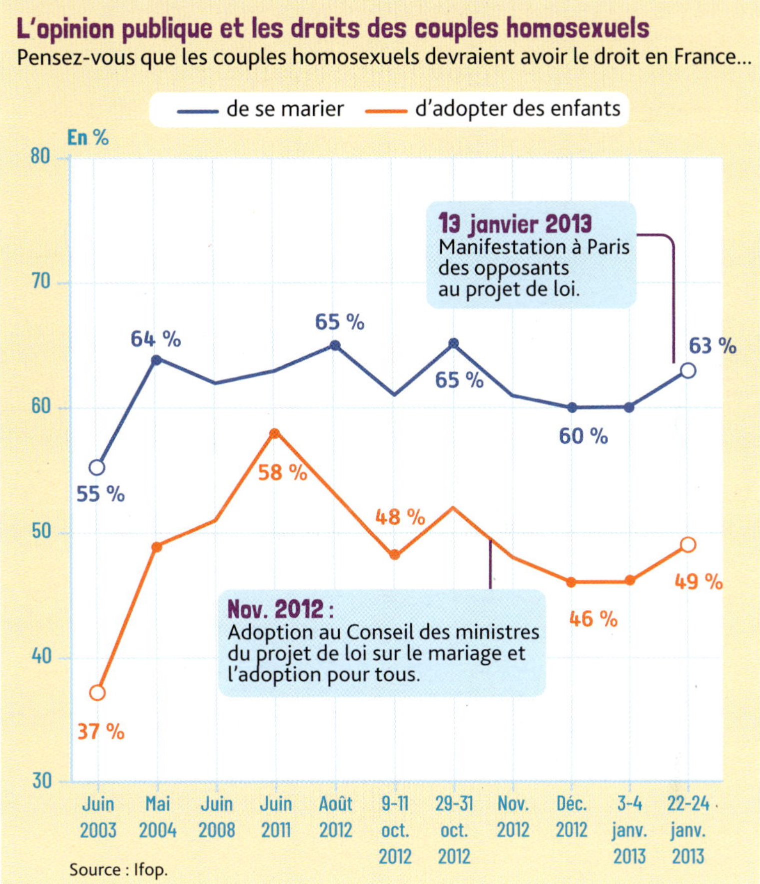

Doc 3

« Avec l'instauration du suffrage universel (masculin)[1] et le développement corrélatif, durant la deuxième moitié du XIXe siècle, de nouvelles formes d'actions collectives encadrées par des organisations "de masse" comme les partis politiques ou les syndicats, on assiste à une lente transformation de la notion d'"opinion publique". Jusqu'alors, celle-ci était de façon quasi exclusive celle d'une élite de citoyens, en principe les mieux informés et les plus qualifiés par leur intelligence et leur moralité, qui, après une discussion rationnelle, devaient faire entendre publiquement et faire respecter, face à l'"opinion commune" et "vulgaire", une opinion autorisée, considérée comme intrinsèquement juste et dirigée vers le "bien commun" (l'universel). Cette opinion était "publique", car elle avait vocation, du fait de sa valeur, à être *rendue publique* [...]. À la fin du XIXe siècle, avec la multiplication des mouvements de masse et des manifestations de rue (liés notamment à l'urbanisation et à l'industrialisation), et surtout avec la diffusion d'une presse populaire et nationale, va surgir une autre "opinion publique", qui va coexister avec la précédente jusqu'au milieu du XXe siècle avant de la supplanter. Cette nouvelle opinion est également qualifiée de "publique", mais dans un autre sens : c'est, apparemment du moins, l'opinion *du public lui-même*. »

Patrick Champagne, *Faire l'opinion. Le nouveau jeu politique*, Éd. de Minuit, 2015 (1re édition 1990).

1. Proclamé et utilisé pour la première fois en 1848 en France

Vers le BAC — Dissertation

POINT MÉTHODE
Rédiger une séquence argumentative

Pour la dissertation du baccalauréat, vous serez amenés à rédiger des séquences argumentatives. Chacune d'entre elles a pour objectif de convaincre de la pertinence de l'idée que vous avancez dans le cadre de votre réponse au sujet.

ÉTAPE 1 Rédiger un paragraphe argumenté

▶ Une réponse convaincante doit s'appuyer sur des séquences argumentatives c'est-à-dire plusieurs paragraphes argumentés.

EXEMPLE DE SUJET :

Les sondages d'opinion peuvent-ils influencer la participation électorale ?

▶ Chaque paragraphe doit comporter 3 étapes (méthode AEI) :

a. Une affirmation ou une idée (le point de vue que vous soutenez) exprimée en une à deux phrases.

EXEMPLE D'AFFIRMATION :

Les sondages d'opinion peuvent inciter les électeurs à voter pour un candidat qui n'est pas favori.

b. Une explication de cette affirmation : Mobiliser des connaissances, des mécanismes pour justifier votre affirmation. Cette étape est essentielle car elle montre la maîtrise des notions, mécanismes. Ne récitez pas le cours mais essayez plutôt de le mettre en lien avec le sujet en sélectionnant les savoirs importants.

c. Une illustration de votre argumentation. Sélectionner un exemple chiffré dans le dossier documentaire (montrez que vous savez exploiter les documents et des savoir-faire mathématiques) ou un fait réel, historique ou d'actualité. Votre illustration finalise votre argument grâce à une preuve concrète.

ÉTAPE 2 Construire une séquence argumentative

▶ Faites un brouillon pour ordonner vos arguments.

▶ Chaque argument doit être un élément de réponse au sujet posé, sinon vous êtes hors sujet.

▶ Pour montrer la logique dans votre démonstration, vous devez mobiliser des connecteurs logiques dans chaque paragraphe.

Pour introduire les arguments	Pour introduire les explications	Pour introduire les illustrations
« Tout d'abord », « De plus »	« En effet », « car », « c'est-à-dire »	« Par exemple », « Ainsi »

APPLICATION

1. Identifiez les effets possibles sur la participation électorale parmi les sept propositions suivantes :

a. Soutien d'un candidat favori.

b. Soutien d'un candidat non favori.

c. Vote utile.

d. Abstention.

e. Sélection des représentants.

f. Sélection des projets.

g. Développement d'une vision à court terme.

2. Expliquez l'effet « soutenir un candidat non favori ».

3. Sélectionnez un exemple mobilisable pour cette explication dans le document 3.

4. Rédigez la séquence argumentative qui correspond à l'affirmation de l'étape 1.a en mobilisant des connecteurs logiques.

SUJET Quels peuvent être les effets des sondages sur l'exercice de la démocratie et de la politique ?

Doc 1

« Comme l'écrit Tony Blair[1] dans ses *Mémoires* : "les sondages sont un véritable enfer. Tous les leaders vous diront qu'ils n'y attachent aucune importance mais c'est faux". Il devient de plus en plus difficile pour un gouvernement de lancer des projets qui rencontrent une forte hostilité dans l'opinion mesurée par des sondages. Un soutien suffisant de celle-ci est a priori nécessaire pour engager le pays dans des réformes importantes. Les élections, si elles restent décisives, ne sont plus le seul contrôle et de sanction des gouvernants à la disposition de l'ensemble des gouvernés.
Les sondages n'exercent d'ailleurs pas uniquement leurs effets sur les majorités au pouvoir, mais aussi sur les oppositions partisanes et parlementaires. Celles-ci peuvent prendre appui sur l'opinion publique exprimée par les sondages pour mettre en difficulté le gouvernement et même l'obliger, dans certains cas, à consulter le peuple. »

Gérard Grunberg et Nonna Mayer, « L'effet sondage. Des citoyens ordinaires aux élites politiques », *Institutions, élections, opinion*, Yves Deloye, 2014.

1. Premier ministre du Royaume-Uni de 1997 à 2007.

Doc 2

La perception de l'influence des sondages sur la campagne présidentielle de 2017

Diriez-vous que les sondages publiés au moment de la campagne électorale ont une influence sur :

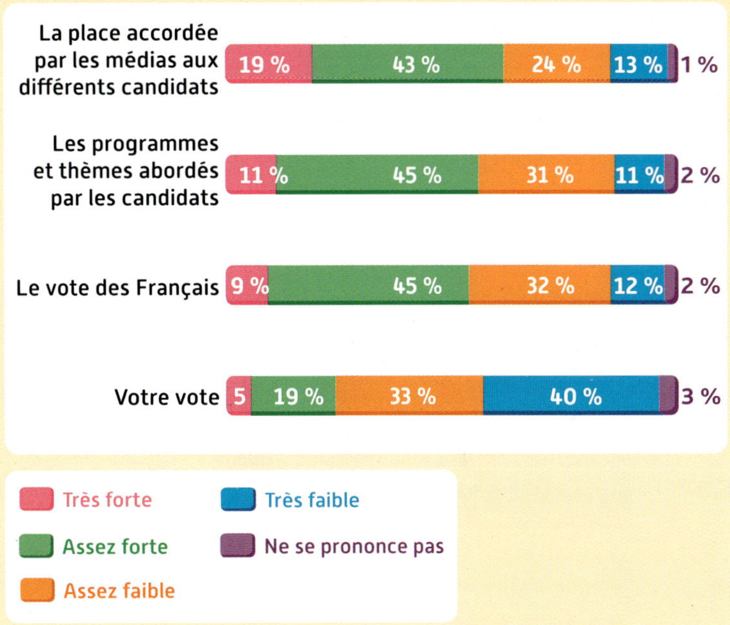

Source : *Opinionway* pour Délits d'opinion, Baromètre « Les Français et les sondages », avril 2017.

Champ : échantillon de 1 454 personnes représentatives de la population française âgée de 18 ans et plus, constitué selon la méthode des quotas.

Doc 3

Pour quelle raison principale avez-vous voté pour un candidat qui n'était pas le favori dans les sondages (question posée uniquement à ceux ayant voté pour un candidat car il n'était pas le favori, soit 33 % des personnes interrogées).

	% du total	Moins de 35 ans	35-49 ans	50-64 ans	65 ans et plus
Parce qu'il défendait vos idées politiques	71	63	65	79	79
Pour le soutenir face aux médias	11	18	11	7	9
Pour contrer les estimations de vote	10	8	16	6	7
Parce que vous ne savez pas pour qui voter	7	9	8	7	-
Autres raisons	1	2	-	1	4

Source : D'après « De l'influence des sondages », Sondage réalisé entre le 10 et 12 avril 2017, par « Opinion way pour délits d'opinion » auprès d'un échantillon de 1 454 personnes représentatif de la population française, âgée de 18 ans et plus interrogées par questionnaire auto-administré en ligne.

Chapitre 10

Voter : une affaire individuelle ou collective ?

Dossiers

Ateliers

LA VIDÉOTHÈQUE DU CHAPITRE

hatier-clic.fr/23ses1921

Rendre le vote obligatoire ? .... p. 213

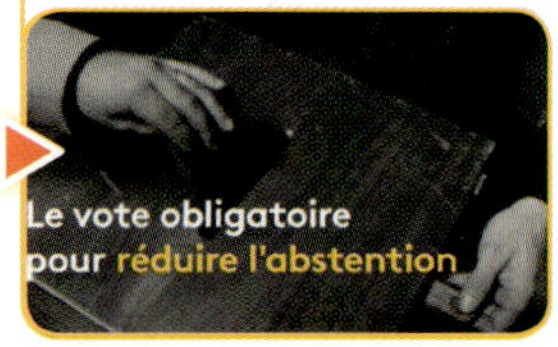

Voter à 16 ans en Suisse .... p. 214

Les jeunes pendant la campagne présidentielle de 2022 .... p. 215

La différence entre la gauche et la droite .... p. 221

Père de gauche, fils au FN .... p. 221

Vidéo de RÉVISION du chapitre

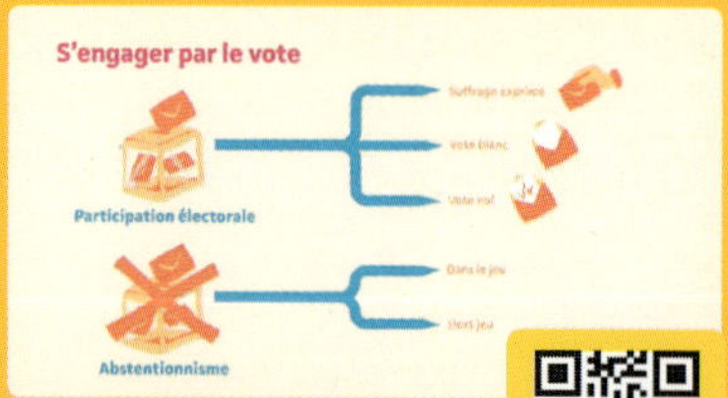

hatier-clic.fr/23ses1922

1 S'interroger sur les facteurs du vote

- Que suggère la caricature ? Qu'en pensez-vous ?
- Selon vous, comment les électeurs font-ils leur choix ?

2 Découvrir un sondage sur les jeunes et la politique

À votre avis, est-ce que les responsables politiques, en général, se préoccupent de ce que pensent les gens de votre génération ?

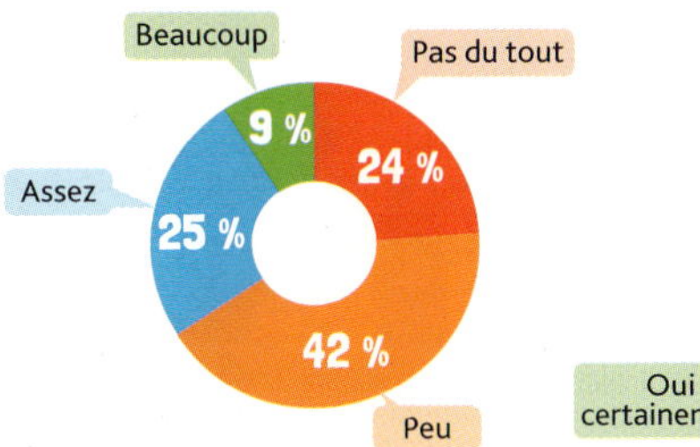

Quelle part des jeunes envisageait d'aller voter à l'élection présidentielle de 2022 ?

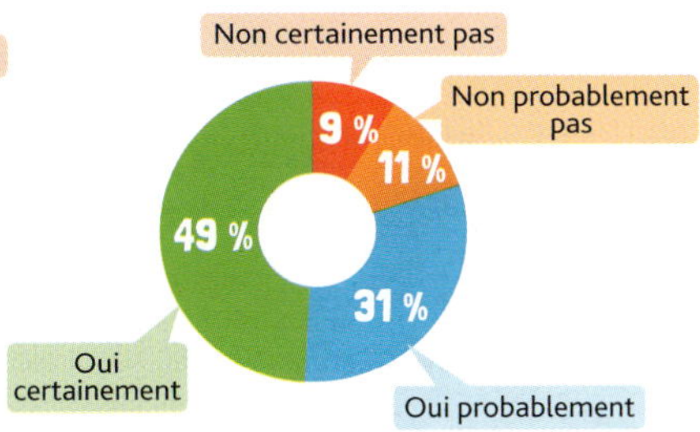

Sondage réalisé sur internet du 11 au 20 janvier 2022 auprès de 2 007 personnes constituant un échantillon représentatif de la population française de 18 à 30 ans.

Source : Ipsos/Le Parisien.

- Quelle part des jeunes est plutôt pessimiste face à la classe politique et au fait qu'elle se préoccupe de la jeunesse ?
- Quelle part des jeunes ira voter à la prochaine élection ?
- Selon vous, comment expliquer le paradoxe entre les deux résultats de ce sondage ?

3 Se positionner pour ou contre le vote obligatoire

- Quels sont les avantages et les inconvénients du vote obligatoire ?
- Selon vous, quels autres moyens pourrait-on utiliser pour inciter les citoyens à voter ?
- Effectuez un sondage dans la classe en répondant à cette question :
  > Êtes-vous favorable au vote obligatoire ? Oui – Non – NSP
- À la suite des résultats, recensez les arguments des « pour » et des « contre ».

Vidéo 2 min
hatier-clic.fr/23ses1923

Dossier 1

Faut-il instaurer le droit de vote à 16 ans ?

Doc 1 Voter à 16 ans en Suisse

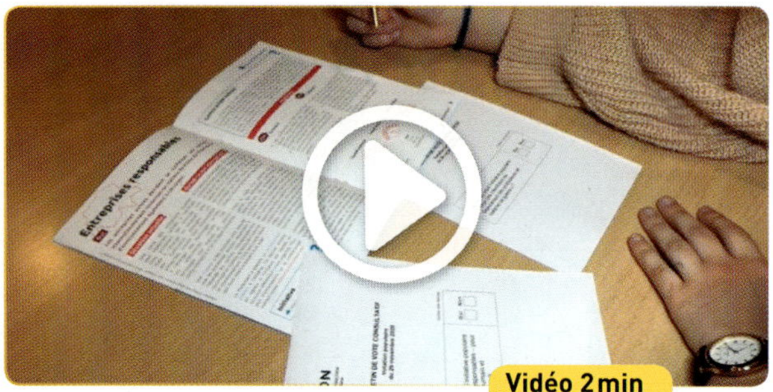

Vidéo 2 min
hatier-clic.fr/23ses1924

« À Nyon, les jeunes de 16 à 18 ans ont pu voter pour les élections de ce week-end. Une première dans le canton, mais le vote est consultatif. Il a pour but d'intéresser les futurs électeurs à la vie politique suisse. »

1. À partir de quel âge, les jeunes de la ville de Nyon peuvent-ils s'exprimer ?
2. Les jeunes ont-ils réellement le droit de vote ? Justifiez votre réponse.
3. Quel est l'objectif poursuivi en permettant aux 16-18 ans de s'exprimer ?

Doc 2 Des arguments en faveur du vote à 16 ans

« Ouvrir le droit de vote dès 16 ans permettrait à de nouvelles personnes de voter. Selon les chiffres de l'Insee, au 1er janvier 2021, il y a en France 839 171 personnes âgées de 16 ans et 830 450 personnes de 17 ans. Soit au total, 1 669 621 nouveaux électeurs et électrices potentiels [...]. Ce corps électoral est donc assez conséquent. [...] L'ouverture du droit de vote à 16 ans pourrait avoir de forts effets sur les résultats. 1 669 621 nouveaux votants potentiels, cela représente un chiffre important. Pour rappel, seuls 977 855 votes séparaient Emmanuel Macron de Marine Le Pen en 2017 au premier tour de la présidentielle. [...]

Selon ses partisans, l'abaissement de l'âge électoral est un outil pour lutter contre **l'abstention** des jeunes. "Les partisans de cette mesure défendent l'idée que faire participer des jeunes de manière plus précoce permet d'associer le temps de la participation électorale au temps scolaire. On peut créer au cours des années de lycée des dispositifs d'incitation au vote et des débats par exemple", explique Laurent Lardeux, sociologue à l'INJEP[1]. Ainsi, les nouveaux votants seraient mieux accompagnés. Le droit de vote dès 16 ans permettrait également de mieux impliquer les plus jeunes à la vie citoyenne et démocratique et de faire entendre leur voix. »

Paul Gratian, « Présidentielle 2022. Et si... on pouvait voter dès 16 ans ? », ouest-france.fr, 28 novembre 2021.

1. Institut national de la jeunesse et de l'éducation populaire, spécialiste du vote des jeunes.

le un 1

N°106

mercredi 11 mai 2016 - France 2,80 €

VOTER À 16 ANS ?

Faut-il abaisser l'âge de la **majorité civique** ? Notre démocratie y trouverait-elle un **second souffle**, et la jeunesse un nouvel **intérêt** pour la politique ? Un an avant la présidentielle, *Le 1* ouvre le débat.

IL Y A QUARANTE ANS...

Le 5 juillet 1974, est promulguée la loi qui abaisse l'âge de la majorité de 21 à 18 ans. Trois jours plus tard, la deuxième chaîne de l'ORTF diffuse un micro-trottoir. Extrait.

Une mère : Il y a des décisions qui sont forts graves à prendre, ne serait-ce que par exemple au point de vue vote. Les enfants ne sont pas informés vraiment bien.

Le journaliste, s'adressant maintenant à trois jeunes filles : Vous sentez-vous capables de voter ?

Les jeunes filles : Ah non, ça non !

L'une d'elle : ... À 18 ans, c'est un peu juste.

Le journaliste : Et vous avez quel âge ?

Les jeunes filles : 18 ans.

Le journaliste : Alors est-ce que vous allez l'utiliser cette majorité ?

L'une d'elle : Dans certains cas peut-être, si on est obligé de l'utiliser de toute façon...

Une autre : Pour le vote non, ça non.

Source : ina.fr

LE 1 et la Fondation Alliance française proposent mercredi 11 mai à 19 h 30 une rencontre-débat

Voter à 16 ans ?

débat animé par Éric Fottorino

avec

Michel Fize SOCIOLOGUE

Serge July JOURNALISTE

Théâtre de l'Alliance française
101 boulevard Raspail
75006 Paris - Tarif 5 €

les mercredis du 1

LE GRAND ENTRETIEN

ANNE MUXEL

SOCIOLOGUE

« Je crois à la vertu d'un apprentissage de la participation électorale et civique pour lutter contre l'abstention en réhabilitant l'engagement politique, aujourd'hui abîmé et entaché » pages 5-6

1. Le droit de vote à 16 ans pourrait-il changer les résultats d'une élection ? Justifiez votre réponse.
2. Quels seraient les avantages d'ouvrir le vote aux jeunes de 16 ans ?

Vocabulaire

> **L'abstention** est le fait pour un citoyen inscrit sur les listes électorales de ne pas aller voter. Le **taux d'abstention** est calculé en rapportant le nombre d'électeurs s'étant abstenu au nombre total de personnes inscrites sur les listes.

Doc 3 L'abstention selon l'âge

Profil des abstentionnistes selon l'âge aux élections législatives de 2022

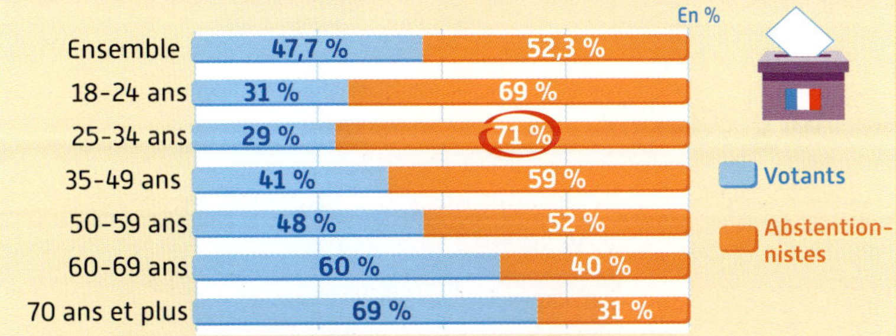

Source : Sondage Ipsos et Sopra Steria pour France Télévisions et Radio France du 8 au 11 juin 2022 auprès de 4 000 personnes inscrites sur les listes électorales.

1. Faites une phrase donnant du sens à la valeur entourée.
2. Quelle corrélation peut-on établir entre âge et abstention ? Justifiez votre réponse à l'aide d'un calcul. ➔ Fiche outil p. 284
3. Selon vous, comment expliquer cette corrélation ?

Vidéo +
Les jeunes pendant la campagne présidentielle
hatier-clic.fr/23ses1925

Exercice

→ Point Méthode p. 210

Associer arguments et illustrations contre le vote à 16 ans

Associez chaque argument à une illustration.

Les arguments

1. Les jeunes sont majoritairement contre le droit de vote à 16 ans.
2. L'abstention n'est pas une question d'âge mais d'inadéquation de l'offre électorale.
3. Les jeunes à 16 ans sont très influençables.

Les illustrations

a. Plus de 72 % des jeunes sont défavorables à l'ouverture du droit de vote à 16 ans (enquête de l'Institut national de la jeunesse et l'éducation populaire (INJEP) et du Centre de recherche pour l'étude et l'observation des conditions de vie (Crédoc), 2017).

Dessin de Bridoulot paru dans L'Actu, dès 13 ans : l'actualité en 10 minutes par jour, www.playbacpresse.fr, 14 octobre 2020.

b. « Les adolescents disposent de capacités intellectuelles suffisantes leur permettant de faire des choix importants, mais pourraient manquer de maturité sociale et émotionnelle pour contrôler leurs impulsions, et résister à la pression d'un groupe, selon une étude publiée dans le numéro d'octobre 2009 d'*American psychologist*. » (ladepeche.fr, 9 octobre 2009).

c. « "Les politiques s'étonnent que les jeunes se soient abstenus, mais on ne parle pas des sujets qui les préoccupent et après on dit que c'est de leur faute." Étienne se dit plus que déçu, en colère : "On a l'impression que les politiques s'en foutent de nous. Si on fait le bilan du quinquennat qui s'est déroulé, c'était une vidéo avec McFly et Carlito. Ce n'est pas ça une politique jeunesse." » (publicsenat.fr, 28 avril 2022).

Je fais le point

Version interactive
hatier-clic.fr/23ses1926

Chacune des propositions suivantes est-elle en faveur ou en défaveur du vote à 16 ans ?

1. Les jeunes pourraient être influencés par leur entourage.
2. L'abstention serait limitée, les jeunes s'impliquant plus.
3. Les préoccupations des jeunes seraient mieux prises en compte.
4. L'éducation à l'école pourrait favoriser l'implication des 16/18 ans lors des élections.
5. Cela n'a pas d'impact sur l'abstention, les causes de celle-ci étant variées.
6. Les jeunes se désintéressent de la politique.

Je m'entraîne pour le BAC

Dissertation

Réalisez le plan détaillé du sujet suivant : Le vote dès 16 ans permettrait-il de résoudre le problème de l'abstention ?
➔ Point MÉTHODE p. 76

Dossier 2

Comment expliquer la participation électorale ?

Doc 1 L'abstention, non-participation électorale

a. Portrait-robot de l'abstentionniste[1]

- Âgé de 18 à 24 ans (41 %)
- Revenu mensuel inférieur à 1 250 euros (40 %)
- Milieu social défavorisé[2] (38 %)
- Sympathisant LFI[3] (43 %)
- Pas de distinction de sexe significative

Enquête Ipsos et Sopra Steria auprès de 4 000 personnes de 18 ans et plus inscrites sur les listes électorales, interrogées du 21 au 23 avril 2022.

1. Taux d'abstention selon les intentions de vote, avant le second tour de l'élection présidentielle de 2022 qui opposait M. Le Pen et E. Macron (en % des inscrits).

2. Auto-déclaré.

3. La France insoumise.

b. Une campagne d'information pour le vote des jeunes

1. Que signifie les 41 % concernant l'âge ?

2. Selon vous, comment expliquer les caractéristiques de l'abstentionniste type ?

3. Pourquoi faire une campagne d'information auprès des jeunes pour l'inscription sur les listes électorales et le vote ?

Doc 2 L'adhésion à l'offre électorale ?

Parmi les enjeux suivants, quels sont les trois qui vous préoccupent le plus ?

	Ensemble des Français	Selon l'électorat du 1er tour de l'élection présidentielle de 2022					
		J.-L. Mélenchon	Y. Jadot	E. Macron	V. Pécresse	M. Le Pen	É. Zemmour
Le pouvoir d'achat	**57**	61	46	49	54	67	51
Le système de santé	**30**	36	31	31	29	23	19
La guerre en Ukraine	**27**	19	37	48	31	16	13
L'environnement	**27**	44	72	30	18	11	7
Les retraites	**25**	26	15	21	25	32	17
L'immigration	**25**	6	3	12	30	53	76
Les inégalités sociales	**23**	46	29	16	9	13	6
La délinquance	**19**	6	9	15	25	29	52

Total supérieur à 100 car trois réponses possibles.

« Enquête électorale française (ENEF) 2022 », Sondage Ipsos pour SciencesPo-Cévipof.

1. Faites une phrase donnant du sens à la valeur entourée.

2. Quels sujets ont été centraux lors de l'élection présidentielle de 2022 en France ?

3. Pourquoi peut-on parler d'un vote sur enjeu lors de cette élection ?

4. Comment les électeurs risquent-ils de réagir si l'offre politique n'est pas en adéquation avec leurs préoccupations ?

Vocabulaire

> On parle d'**abstention « hors-jeu »** quand l'individu inscrit ne vote pas car il ne sent pas d'intérêt et/ou de compétence pour la chose politique. L'**abstention « dans le jeu »** désigne un choix réfléchi et rationnel « dans le jeu » (l'offre politique ne convient pas).

> Le **vote sur enjeu** désigne le choix des électeurs en fonction d'enjeu(x) précis de la campagne électorale (sécurité, pouvoir d'achat...).

Doc 3 L'abstention « hors-jeu »

« L'argument le plus souvent évoqué pour expliquer l'abstentionnisme serait l'absence d'intérêt pour la politique presque toujours complétée par l'expression de l'incompétence personnelle des citoyens.
Pour le politiste français Daniel Gaxie, le "cens caché" – en ce que le capital culturel possédé, cens caché, engendrerait une forme de suffrage censitaire – est un déterminant de l'abstention électorale : la différence de politisation entre classes sociales serait liée aux inégalités culturelles, elles-mêmes principalement déterminées par les inégalités scolaires qui séparent les groupes sociaux et donc au sentiment de compétence politique des sujets.
Le capital culturel engendrerait une inégale maîtrise des instruments de la politique, tels que le fait de s'inscrire au bon bureau de vote, de prendre la parole en public, de se sentir légitime à avoir une opinion. Ainsi les citoyens qui s'auto-excluraient le plus des processus démocratiques seraient ceux qui disposent d'une perception de leur compétence politique faible. Si le suffrage est universel de droit, il deviendrait, par l'exclusion et l'auto-exclusion du vote, comme "censitaire *de facto*" selon Gaxie, c'est-à-dire réservé aux plus favorisés. On constate, certes, de manière générale une corrélation entre l'absence de diplôme et l'abstention ; moins la personne est diplômée, plus elle s'abstient. »

Beatrice Mabilon-Bonfils, Virginie Martin, « Une abstention hautement politique », www.latribune.fr, 25 avril 2022.

1. Recherchez ce qu'est le « cens » (au sens historique du terme) et le « suffrage censitaire ».
2. Comment le texte définit-il l'abstention « hors-jeu » ?
3. Pourquoi le « cens caché » est-il un déterminant de l'abstention électorale ?

Doc 4 Une participation variable selon le type d'élections

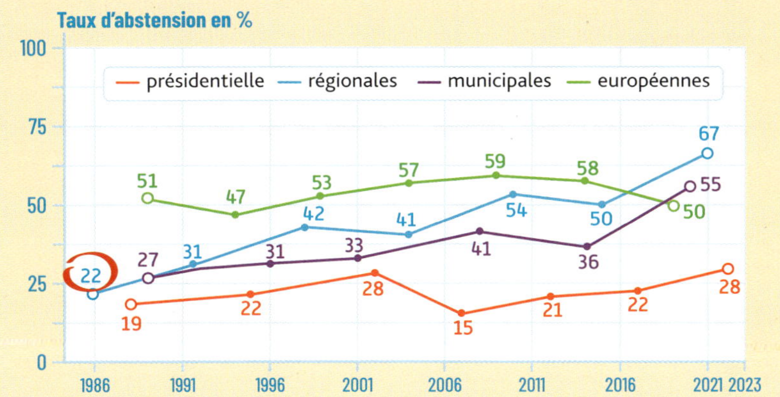

Source : ministère de l'Intérieur.

1. Faites une phrase donnant du sens à la valeur entourée.
2. À l'aide d'un calcul de votre choix, montrez que l'abstention a progressé aux élections régionales entre 1986 et 2021. Qu'en est-il des autres élections ?
➔ Fiche outil p. 288
3. Classez les élections selon leur niveau croissant de participation.
4. Selon vous, comment peut-on expliquer ce classement ?

Je fais le point

Version interactive
hatier-clic.fr/23ses1927

Associez chaque proposition (1 à 5) à une situation (a à c) de (non) participation : a. non-inscrit, b. abstention hors-jeu, c. abstention dans le jeu :
1. Personne ne trouvant pas d'intérêt au scrutin.
2. Personne ne trouvant pas de satisfaction dans l'offre politique.
3. Personne ne se sentant pas apte à faire un choix.
4. Personne voulant exprimer son désaccord avec les partis politiques.
5. Personne non recensée sur les listes électorales.

Je m'entraîne pour le BAC

Épreuve composée partie 2
1. À partir du document 4, comparez l'évolution de l'abstention à la présidentielle à celle des autres élections.
2. À l'aide du document et de vos connaissances, expliquez la montée de l'abstention.

Dossier 3

Le vote est-il une affaire individuelle ou collective ?

Doc 1 Voter : un choix individuel ou sous influence ?

Photomontage du site lvsl.fr.

1. Pensez-vous que les médias puissent faire gagner un candidat ? Justifiez votre réponse.
2. Quels autres éléments peuvent influencer le vote des électeurs ?

Doc 2 Les théories explicatives du vote

	Le modèle sociologique de l'école de Columbia	Le modèle psycho-politique de l'école du Michigan	Le modèle de l'électeur rationnel de l'école de Rochester
Quelles sont les variables explicatives du vote ?	Les caractéristiques sociales de l'individu (statut social, lieu de résidence, religion…) déterminent son vote (« variables lourdes » explicatives).	Un attachement affectif et durable à un parti politique est transmis, généralement par les parents, et renforcé par le milieu social et professionnel (identification partisane).	Les électeurs choisissent parmi les candidats celui qui répond le mieux à leur préoccupation du moment (vote sur enjeu).
Le vote est-il une décision individuelle ?	Non, il dépend de critères socio-culturels qui relèvent du déterminisme social.	Non, l'attachement à un parti se joue en principe dès l'enfance.	Oui, les individus réalisent un calcul coût/avantage qui leur est propre pour chaque élection.
Est-il possible de prédire le vote d'une personne ?	Oui, selon ce modèle, « Une personne pense, politiquement, comme elle est socialement » (Paul Lazarsfeld).	Oui, car l'identification partisane est stable dans le temps.	Non, car les enjeux peuvent changer d'une élection à l'autre.

1. D'après les analyses théoriques, « voter » est-il plutôt une affaire individuelle ou collective ?
2. Selon vous, ces théories explicatives du vote sont-elles contradictoires ou complémentaires ? Pourquoi ?

Exercice

Identifier les modèles explicatifs du vote

Après avoir lu les documents 3, 4 et 5, associez chacun d'entre eux à un modèle du doc. 2 :

- Modèle sociologique
- Modèle psycho-politique
- Modèle de l'électeur rationnel

Doc 3 Le vote des ouvriers

« Le fait que plus de quatre personnes sur dix appartenant [aux milieux populaires] aient l'intention de voter pour Marine Le Pen au premier tour de 2022, (selon l'Ifop) témoigne de la très forte emprise idéologique du Rassemblement national dans ces catégories.
Force est de constater que cette emprise idéologique n'a pas toujours été de ce côté de l'échiquier politique, c'est-à-dire à l'extrême droite. Loin s'en faut. Même si la classe ouvrière a toujours été moins homogène que ce que pensaient et disaient les marxistes pour les besoins de la cause, il n'en demeure pas moins que l'histoire de la gauche, socialiste et communiste, est intimement liée à l'émergence de la notion de classe ouvrière. [...] En effet, [une majorité écrasante] des ouvriers révolutionnaires ou réformistes votaient à gauche, notamment pour le PCF jusque dans les années 1970 et en partie pour le PS jusque dans les années 2000. »

Olivier Biffaud, « Comment la gauche a perdu, en trente ans, le vote ouvrier (au profit de l'extrême droite) », slate.fr, 19 mai 2021.

▶ **Pour quel(s) parti(s) votent les ouvriers ? Expliquez l'évolution.**

Doc 4 Le vote des électorats confessionnels au 1er tour de l'élection présidentielle de 2022

	Ensemble des inscrits (%)	Catholiques (%)	Protestants (%)	Musulmans (%)	Sans religion (%)
Emmanuel Macron	27,5	29	36	14	26
Marine Le Pen	23,3	27	17	7	20
Jean-Luc Mélenchon	22	14	16	69	20
Autres candidats	27,2	30	31	10	34
Total	100	100	100	100	100

« Le vote des électorats confessionnels au 1er tour de l'élection présidentielle », Ifop, 10 avril 2022.

Base : votants s'étant prononcés pour l'un des candidats arrivés dans les trois premiers.

▶ **Quelle est la religion majoritaire de l'électorat de chacun des trois candidats au premier tour de l'élection présidentielle de 2022 ? Illustrez avec des données chiffrées.**

Doc 5 Le vote, un choix éclairé ?

« Hélas, le vote n'est pas un processus simple. Les candidats politiques d'aujourd'hui ont des opinions complexes et nuancées. Le choix du candidat à élire exige des électeurs qu'ils fassent des compromis sur un certain nombre de dimensions importantes, notamment des questions sociales, économiques, religieuses, sécuritaires, nationales et internationales. [...] Le déluge d'informations sur les candidats provenant des journaux, de la radio, de la télévision, d'internet et ses réseaux sociaux signifie également que les électeurs sont inondés de faits, de rumeurs, de citations, d'interviews et d'images qu'ils doivent filtrer, encoder, organiser, retenir et retrouver par la suite pour faire des choix pleinement éclairés. »

Sanae Akodad, « On pense l'électeur rationnel... Il n'en est rien», lecho.be, 27 mars 2022.

▶ **Qu'est-ce qui complique le choix de l'électeur ?**

Je fais le point

Version interactive
hatier-clic.fr/23ses1928

Associez chaque exemple ci-dessous à un modèle (modèle sociologique (a), psycho-politique (b) ou de l'électeur rationnel (c)) et à un facteur de choix électoral (vote sur enjeu (A), identification partisane (B) ou variables lourdes (C)) :

1. Un fils d'ouvrier vote pour le parti communiste.
2. Les catholiques sont statistiquement plus enclins à voter au centre et à droite.
3. Une personne sensible aux questions climatiques vote pour le parti écologiste.

Je m'entraîne pour le BAC

Épreuve composée partie 1

À partir d'un exemple, montrez que le vote est un acte collectif.

Dossier 4

Comment expliquer la volatilité électorale ?

Exercice

→ Point Méthode p. 210

Illustrer la notion d'intermittence du vote

À partir des documents a et b, expliquez et illustrez l'intermittence du vote.

a La fin du vote systématique ?

« Le nombre d'électeurs déclarant avoir fait leur choix dans les jours précédant l'élection, voire le jour même du scrutin, ne cesse d'augmenter. [...] La perplexité qui caractérise le choix électoral se retrouve aussi dans le choix de l'abstention. Et le passage du vote au non-vote est de plus en plus poreux et fluctuant. D'une élection à l'autre, et même d'un tour de scrutin à l'autre, les électeurs font de plus en plus un usage alterné et intermittent du vote et de l'abstention. Le vote systématique ne cesse de s'éroder au sein de la population électorale, tout particulièrement au sein des jeunes générations. »

Anne Muxel, « Abstention : défaillance citoyenne ou expression démocratique ? », *Cahiers du Conseil constitutionnel*, n° 23, février 2008.

b Le moment du choix du vote

À quel moment avez-vous fait votre choix pour le 1er tour de l'élection présidentielle ?

Plusieurs mois avant le scrutin	Un ou deux mois avant	Les dernières semaines avant	Les derniers jours avant	Au dernier moment
42 %	15 %	17 %	17 %	9 %

Source : Enquête électorale française 2022, *Cévipof*, 20 avril 2022.

Doc 1 Les changements de préférence électorale

Pour quel candidat avez-vous voté au 1er tour de l'élection présidentielle de 2022 ?

Selon le vote au 1er tour de l'élection présidentielle 2017	Électeurs de P. Poutou & N. Arthaud	Électeurs de Jean-Luc Mélenchon	Électeurs de Fabien Roussel	Électeurs de Yannick Jadot	Électeurs de Anne Hidalgo	Électeurs de Emmanuel Macron	Électeurs de Valérie Pécresse	Électeurs de Jean Lassalle	Électeurs de Nicolas Dupont-Aignan	Électeurs de Marine Le Pen	Électeurs de Éric Zemmour	% TOTAL
Ensemble	**1,5**	**20,3**	**2,6**	**4,3**	**2**	**28,5**	**4,8**	**3,2**	**2,2**	**23,6**	**7**	**100**
Jean-Luc Mélenchon	2	66	8	3	2	6	1	3	1	7	1	100
Benoît Hamon	2	42	6	18	12	13	0	2	0	4	1	100
Emmanuel Macron	1	7	1	5	3	74	2	1	0	4	2	100
François Fillon	0	2	0	3	0	39	21	2	3	18	12	100
Marine Le Pen	0	2	0	1	0	3	1	0	1	78	14	100

« Sociologie des électorats et profils des abstentionnistes », Ipsos.com, avril 2022.

Benoît Hamon est du même parti qu'Anne Hidalgo (PS), François Fillon du même parti politique que Valérie Pécresse (LR).

Clé de lecture : En France, selon Ipsos, sur 100 personnes qui avaient voté pour F. Fillon au 1er tour de la présidentielle de 2017, 39 ont voté E. Macron au 1er tour en 2022.

1. Faites une phrase donnant du sens à la valeur 42 (vote Hamon/électeurs de Mélenchon).
2. Calculez la part des électeurs volatils pour chaque candidat.
3. En quoi consiste un changement de préférence électorale ?

Doc 2 La fin du clivage gauche-droite ?

« Cet axe (gauche-droite) est traversé par plusieurs clivages : certains sont devenus de plus en plus importants dans la vie politique depuis 2017, comme le débat autour des questions de sécurité et d'immigration, et d'autres continuent à perdre leur rôle structurant, comme le clivage économique "pour ou contre le capitalisme" qui a longtemps structuré l'opposition gauche-droite. [...]
On avait auparavant une bipolarisation autour de deux partis de gouvernement fortement installés. Le centre et les radicaux étaient plutôt faibles. Aujourd'hui, l'espace partisan devient tripolaire, avec un pôle de droite radicale autour de Marine Le Pen, un pôle centriste autour d'Emmanuel Macron, et un pôle de gauche radicale autour de Jean-Luc Mélenchon. »

Luc Chagnon, « Présidentielle 2022 : "Ce n'est pas la fin du clivage gauche-droite, mais son évolution", selon le politologue Pierre Bréchon », francetvinfo.fr, 13 avril 2022.

De droite et de gauche, en même temps...

Vidéo + La différence gauche-droite
hatier-clic.fr/23ses1929

1. Quels éléments laissent penser que nous assistons à la fin du clivage gauche-droite ?
2. Quel parti semble être à l'origine de la fin de ce clivage ?
3. Qui sont les « gagnants » de cette recomposition du paysage politique ?
4. Selon vous, comment la fin du clivage gauche-droite peut-elle expliquer la hausse de la volatilité électorale ?

Doc 3 Les choix contextuels de l'électeur

Vidéo 4min
hatier-clic.fr/23ses1930

« France 2 est allée à la rencontre de Walter Broccoli, syndicaliste, délégué des ouvriers d'ArcelorMittal et père désemparé : son fils a rejoint le Front national. »

1. En quoi cet exemple illustre-t-il un affaiblissement des variables lourdes et de l'identification partisane (voir doc. 2 p. 218) ?
2. En quoi le choix du fils peut-il être considéré comme illustrant le « modèle de l'électeur rationnel » (voir doc. 2 p. 218) ?

Je fais le point

Version interactive
hatier-clic.fr/23ses1931

Classez les propositions suivantes dans le tableau.

1. La montée de l'électeur rationnel
2. L'abstentionnisme intermittent
3. Voter pour un autre parti qu'à l'élection précédente mais à l'intérieur du même camp
4. Le déclin des variables lourdes
5. Un électeur votant pour un parti de droite alors qu'à l'élection précédente il avait voté pour un parti de gauche
6. La fin de l'axe gauche-droite
7. Être indécis sur son vote jusqu'au dernier moment
8. Le déclin de l'identification partisane

A. Illustrations de la volatilité électorale	B. Explications de la volatilité électorale

Je m'entraîne pour le BAC

Dissertation

Rédigez la conclusion du sujet suivant : « Comment peut-on expliquer la volatilité électorale ? ».

➔ Point MÉTHODE p. 278

Je fais le Politest

hatier-clic.fr/23ses1932

Vers le GRAND ORAL

Atelier 1 Réaliser un podcast
Interpréter des résultats électoraux

Étape 1 Calculer

1. [Doc. 1] Recopiez ou imprimez le schéma sur hatier-clic.fr/23ses1933 puis complétez-le en faisant les calculs nécessaires (→ fiche outil p. 284).

Étape 2 Interpréter

2. [Doc. 2 et 3] Comparez le vote blanc et le vote nul.

3. [Doc. 3] Peut-on dire que plus d'un Français sur 2 a voté pour l'actuel président ? Justifiez votre réponse.

Étape 3 Réaliser un podcast pix

4. Journaliste radio, vous présentez aux auditeurs les principaux chiffres du 2e tour de l'élection présidentielle en vous interrogeant sur le poids des électeurs qui ne sont pas exprimés (abstention, vote blanc, vote nul).

Coup de pouce
✓ Sélectionnez et expliquez les données avec vos connaissances.
✓ Limitez votre enregistrement à 2 minutes.

Doc 1 Les chiffres du 2e tour des élections présidentielles françaises de 2022

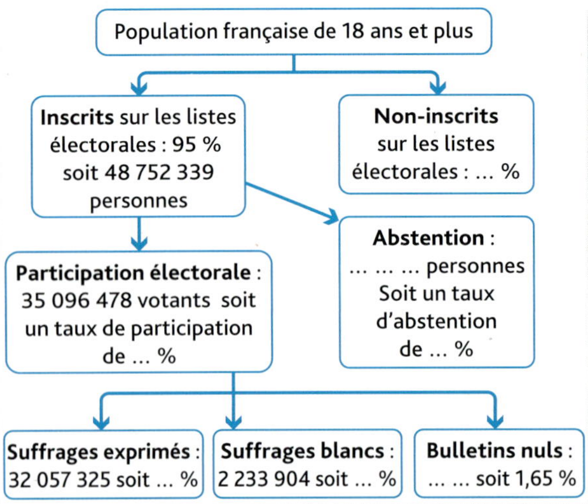

Doc 2 Votes blancs et votes nuls

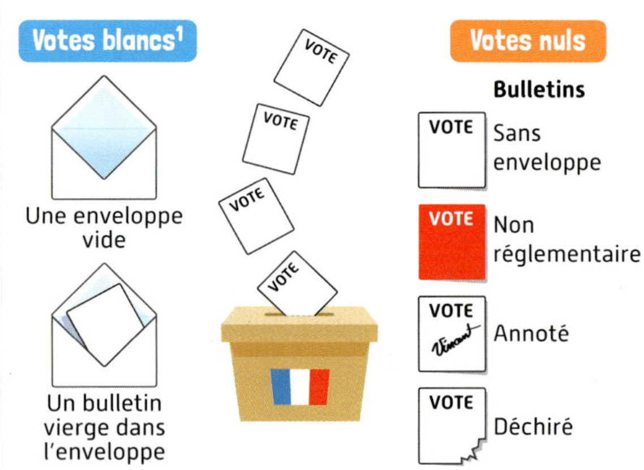

1. Selon les règles actuelles, le vote blanc est décompté à part des bulletins nuls mais ne fait pas partie des suffrages exprimés, ce qui reviendrait à le comptabiliser comme s'il était un candidat à part entière. Source : vie-publique.fr

Doc 3 Des résultats qui diffèrent selon les bases de calculs

Résultats de l'élection présidentielle de 2022

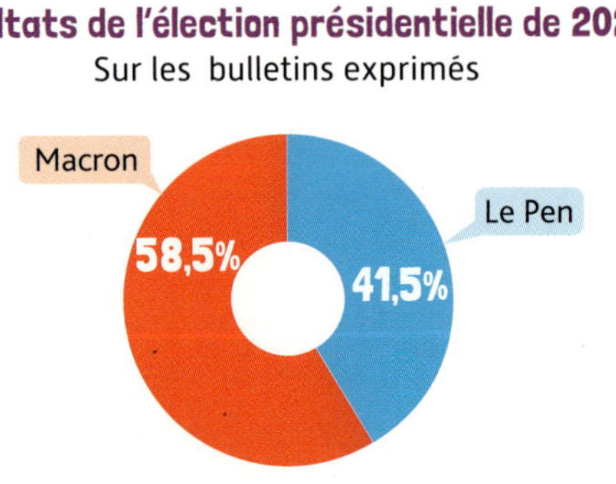

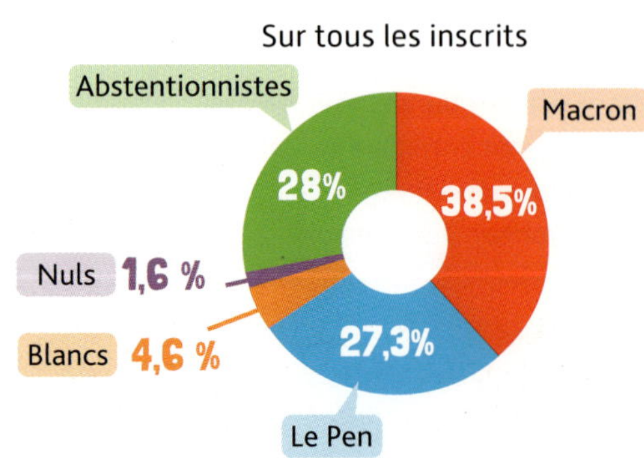

Source : ministère de l'Intérieur.

Atelier 2 Rédiger un article
Le lieu d'habitation, facteur explicatif du vote

Étape 1 Analyser les documents

1. [Doc. 1] Quels départements/territoires ont le plus voté pour E. Macron ? M. Le Pen ? J.-L. Mélenchon ? Quelles communes ?
2. [Doc. 2] Quels arguments expliquent le vote des campagnes pour M. Le Pen ?

Étape 2 Rédiger un article

3. Rédigez un article démontrant que le lieu d'habitation est une des variables explicatives du vote.

Coup de pouce
- ✓ Votre article doit contenir un titre accrocheur, une introduction, des intertitres, une « chute ». Voir p. 67.
- ✓ Chaque paragraphe peut être rédigé en utilisant la méthode AEI > Méthode BAC p. 210

Doc 1 Les résultats du 1er tour des élections présidentielles de 2022

a. Selon les départements et territoires de résidence

Candidats arrivés en tête

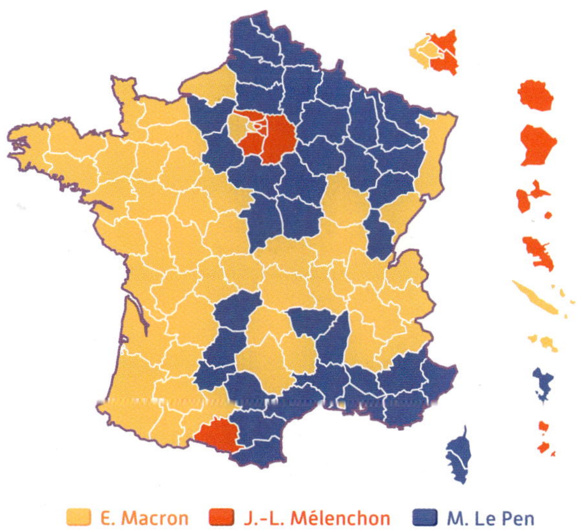

Source : ministère de l'Intérieur.

b. Selon la taille de la commune de résidence

Résultats des 3 premiers candidats

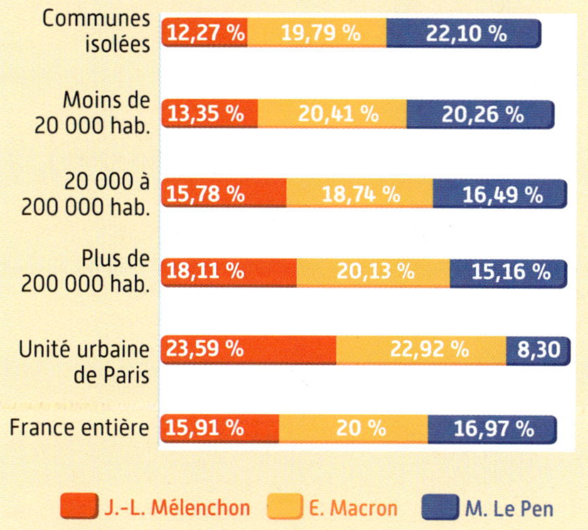

Source : Insee, ministère de l'Intérieur.

Doc 2 Candidat des villes, candidate des champs

« Une étude Ipsos montre qu'Emmanuel Macron remporte 29 % des suffrages dans les agglomérations de 200 000 habitants et plus. Alors que Jean-Luc Mélenchon n'y obtient que 23 % et Marine Le Pen 20 %. C'est assez logique, puisque les grandes villes concentrent une population de cadres et de professions libérales. La spéculation immobilière a engendré une sélection sociale. [...] Marine Le Pen obtient 27 % des voix dans les communes de moins de 2 000 habitants, Macron 25 % et Jean-Luc Mélenchon 20 %. Elle a su séduire par son discours les ruraux qui voient les services publics et les commerces disparaître, dont le pouvoir d'achat est en perte de vitesse... [...] Elle marque des points depuis toujours auprès des personnes qui sont obligées de s'éloigner des villes pour se loger. Et qui le payent cher avec le prix de l'essence. »

Delphine Bancaud, « Résultats Présidentielle 2022 : Qui a voté pour quel candidat au premier tour ? Ce que l'on sait de la sociologie de l'élection », www.20minutes.fr, 11 avril 2022.

L'Essentiel

Voter : une affaire

A Mesurer et expliquer la participation électorale

- La **participation électorale peut prendre plusieurs formes** : voter pour un candidat (suffrage exprimé), voter blanc ou nul. Cette participation se mesure grâce au **taux de participation**. De moins en moins de citoyens inscrits sur les listes électorales participent, provoquant ainsi une hausse du **taux d'abstention**. Pour mesurer les taux d'abstention et de participation, il faut au préalable connaître le **taux d'inscription** : la part des citoyens en âge de voter inscrits sur les listes électorales.
- **L'abstention peut être interprétée selon deux motifs** : **« dans le jeu »** (où l'électeur affirme un désaccord avec l'offre politique par sa non-participation) ou **hors-jeu** (l'électeur ne se sent pas concerné par le scrutin).
- **Différents facteurs expliquent le vote ou l'abstention**. Un certain nombre de **variables sociales** semblent être favorables à la participation électorale : par exemple, un niveau de diplôme élevé augmenterait le **sentiment de compétence politique** et susciterait **l'intérêt politique**. De même, plus le degré d'intégration sociale de l'individu est fort (situation familiale, âge, emploi stable), plus la participation serait élevée. Mais les **variables contextuelles** expliquent aussi que les électeurs se rendront plus ou moins aux urnes, selon :
  - le **type d'élection.** Par exemple, le taux de participation est plus fort lors des élections municipales ou présidentielles que lors des européennes ou des législatives ;
  - les **enjeux de l'élection** et **l'offre politique** (en fonction de la confiance dans les candidats et l'intérêt pour leur programme).

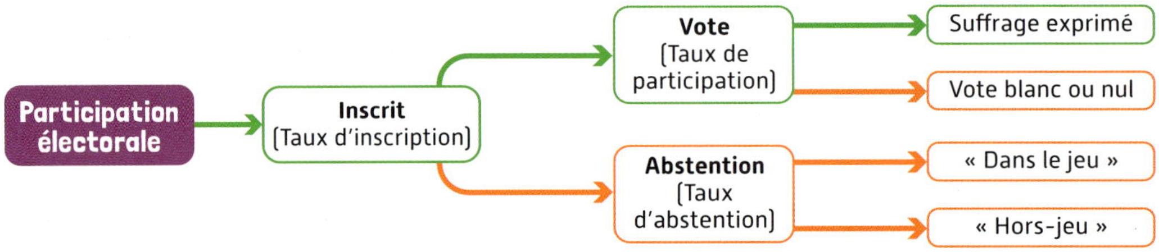

B Le vote, un acte individuel et collectif

- **Le vote dépendrait de nos appartenances sociales**. Un certain nombre de **« variables lourdes »** (religion, lieu d'habitation, niveau de vie…) expliqueraient les choix électoraux et permettraient même de prédire les résultats. Par exemple, on constate encore aujourd'hui une corrélation entre la religion catholique et le vote à droite. Les électeurs ont plutôt tendance à être durablement attachés à un parti et cette **identification partisane** commence dès l'enfance via la **socialisation politique familiale**. Le vote des ouvriers à gauche a longtemps illustré cela.
- **Toutefois, le vote peut aussi s'expliquer par des choix individuels**. Ainsi **l'électeur rationnel** cherche le candidat ou le parti qui maximisera son utilité/sa satisfaction compte tenu de ses conditions d'existence du moment. Le modèle du **vote sur enjeu** stipule, quant à lui, que l'électeur se positionne en fonction des enjeux qui lui semblent les plus importants et choisit en conséquence.
- **Les explications du vote** fondées sur les variables sociales et celles fondées sur les préférences individuelles ne s'opposent pas mais **sont complémentaires**.

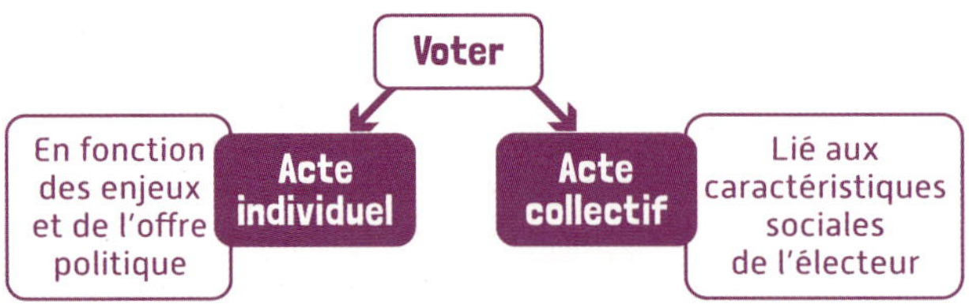

individuelle ou collective ?

Podcast du cours
hatier-clic.fr/23ses1934

C La montée de la volatilité électorale

- Alors que les variables traditionnelles (âge, lieu d'habitation, diplôme et niveau de vie) permettaient de rendre assez prévisible le comportement électoral en fonction des appartenances sociales, nous assistons depuis quelques années au développement d'une **volatilité électorale**. Elle peut prendre différentes formes :
  - **l'intermittence du vote** : voter ou s'abstenir selon l'élection ;
  - **le changement de préférence électorale** : changer de préférence d'une élection à l'autre soit pour un parti/candidat du même camp (un électeur du PS qui voterait pour LFI), soit pour un parti de l'autre camp (une électrice du PC qui voterait pour le RN).
- **Cette volatilité électorale est également visible dans la montée de l'indécision électorale** : de plus en plus de citoyens se décident quelques jours avant le scrutin alors qu'auparavant, ils choisissaient avant même le début de la campagne.
- **La montée de la volatilité électorale reflète ainsi un affaiblissement du poids des variables collectives.** Aujourd'hui ce sont les **variables individuelles et contextuelles** qui semblent plus à même d'expliquer la volatilité électorale. Ainsi, le comportement électoral serait davantage influencé par des facteurs de court terme (comme les enjeux du scrutin, les propositions de programme des partis, la personnalité des candidats) que par les variables lourdes et/ou l'identification partisane. Par ailleurs, l'apparition de candidats et de partis cherchant à dépasser le traditionnel clivage entre la gauche et la droite peut conduire à une montée de l'indécision de la part des électeurs et expliquer cette volatilité électorale.

Comportement politique traditionnel moins marqué → **Volatilité électorale**
- Intermittence du vote
- Changement de préférence

Notions

- **Abstention** Le fait pour un citoyen inscrit sur les listes électorales de ne pas aller voter.
- **Abstention « hors-jeu »** Quand l'individu inscrit ne vote pas car il ne sent pas d'intérêt et/ou de compétence pour la chose politique .
- **Abstention « dans le jeu »** L'abstention qui découle d'un choix réfléchi et rationnel « dans le jeu » (l'offre politique ne convient pas).
- **Électeur rationnel** L'électeur qui choisit le candidat maximisant sa satisfaction au moment de l'élection.
- **Identification partisane** L'attachement durable à un parti politique qui se manifeste par une fidélité au candidat de ce parti politique à chaque élection.
- **Offre politique** L'ensemble des programmes des partis/candidats parmi lesquels l'électeur peut choisir lors d'une élection.
- **Taux d'abstention** La part des personnes inscrites sur les listes électorales qui n'ont pas voté. Le taux d'abstention est calculé en rapportant le nombre d'électeurs s'étant abstenu au nombre total de personnes inscrites sur les listes.
- **Taux d'inscription** La part des personnes en âge de voter qui sont inscrites sur les listes électorales.
- **Taux de participation** La part des personnes inscrites sur les listes électorales qui ont voté.
- **Variables lourdes** Les caractéristiques sociales d'un individu (religion, niveau de vie, âge...) qui déterminent son vote.
- **Volatilité électorale** Le changement de comportement (participation ou non) et de choix électoraux d'une élection à une autre.
- **Vote sur enjeu** Il désigne le choix des électeurs en fonction de « l'offre électorale » c'est-à-dire de la proximité entre les programmes, les profils des candidats, les enjeux propres à l'élection et leurs préférences personnelles.

Révisions

1 Réviser avec le schéma de synthèse

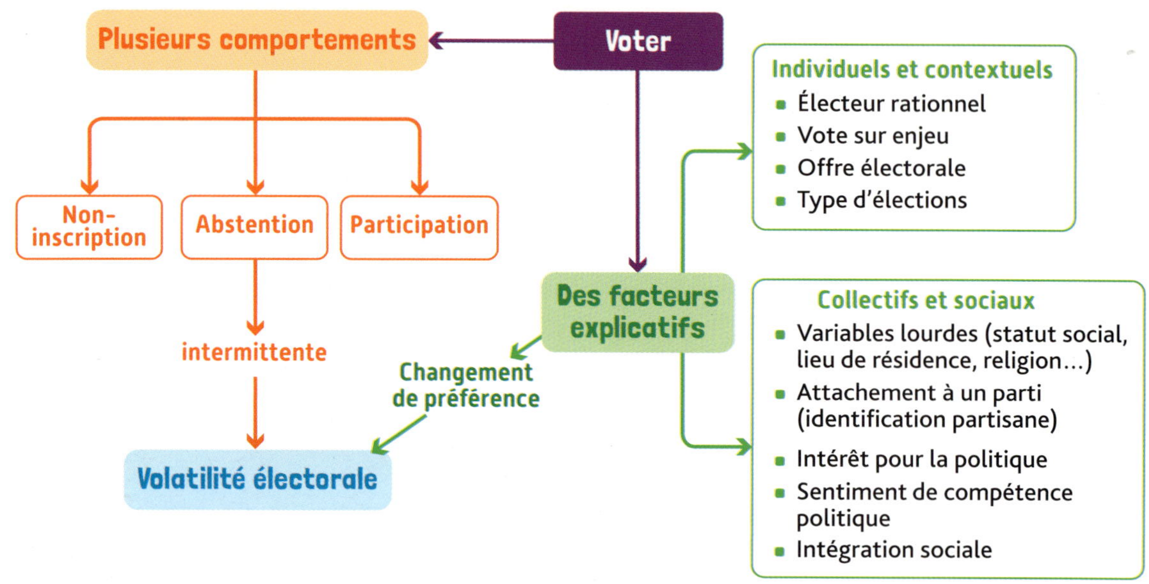

2 Savoir illustrer par des exemples

L'IDENTIFICATION PARTISANE
Le vote longtemps majoritaire des ouvriers pour les partis de gauche

LES VARIABLES LOURDES
Le vote traditionnellement à droite des catholiques

LE SENTIMENT DE COMPÉTENCE POLITIQUE
La corrélation entre l'absence de diplôme et l'abstention

L'ÉLECTEUR RATIONNEL
Les électeurs insatisfaits des politiques menées par la gauche et la droite qui ont été au pouvoir se tournant vers les extrêmes ou l'abstention.

LE VOTE SUR ENJEU
La préoccupation des électeurs pour le pouvoir d'achat lors des présidentielles de 2022

3 Savoir citer des chiffres clés

Second tour des présidentielles de 2022 :
28 % d'abstention
et 4,6 % de votes blancs

46 % des diplômés du supérieur de plus de 25 ans ont systématiquement voté en 2022, contre **31 %** des non diplômés

Sur **100** électeurs d'E. Macron en 2017, 24 n'ont pas voté pour lui en 2022

4 Savoir définir les notions clés

ÉLECTEUR RATIONNEL
IDENTIFICATION PARTISANE
OFFRE POLITIQUE
TAUX D'ABSTENTION
TAUX D'INSCRIPTION
TAUX DE PARTICIPATION
VARIABLES LOURDES
VOLATILITÉ ÉLECTORALE
VOTE SUR ENJEU

5 Ne pas confondre

Abstention dans le jeu
≠
Abstention hors-jeu

Vote blanc ≠ Vote nul

6 Voir la vidéo de RÉVISION

hatier-clic.fr/23ses1922

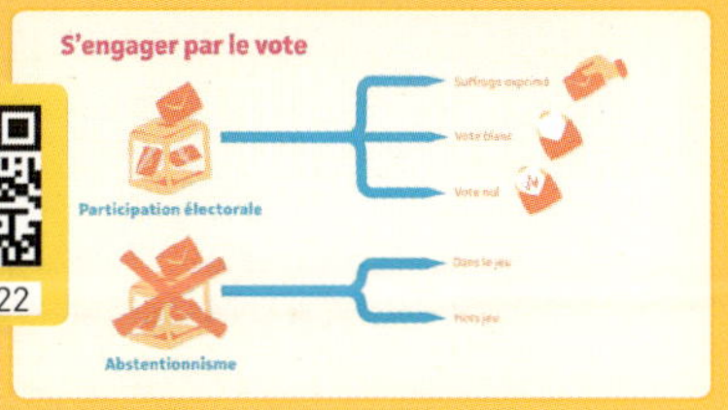

7 Écouter le podcast du cours

Podcast du cours

hatier-clic.fr/23ses1934

8 Vérifier ses connaissances

Mémocartes
hatier-clic.fr/23ses1935

Exercices interactifs
hatier-clic.fr/23ses1936

9 Aller plus loin

Lire

Voter par temps de crise, PUF, 2021

Écouter

Je vote, tu votes, nous votons, série de podcast SciencesPo/Cévipof.

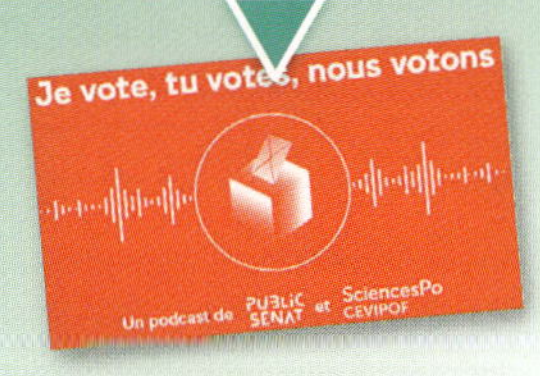

hatier-clic.fr/23ses1937

Voir

La cravate, film d'Étienne Chaillou et Mathias Théry, 2019.

Suivre l'actualité avec ACTU SES

actu-ses.editions-hatier.fr

hatier-clic.fr/23ses1938

Vers le BAC

Mobiliser ses connaissances

QUESTION 1

À partir d'un exemple, montrez que le sentiment de compétence politique est un facteur de participation électorale.

Coup de pouce

1. La consigne « À partir d'un exemple » vous demande :
   a. De discuter le fait que le sentiment de compétence politique est un facteur de participation électorale.
   b. D'expliquer par un exemple que le sentiment de compétence politique est un facteur de participation électorale.
   c. De distinguer par un exemple « sentiment de compétence politique » et « participation électorale ».
2. Le sujet relie deux notions, « le sentiment de compétence politique » (A) et « la participation électorale » (B). Quelle est la causalité ?
   a. A est la cause de B.
   b. B est la cause de A.
   c. A est la conséquence de B.
3. Complétez cette réponse possible à la question en utilisant les termes suivants : enjeux • s'abstenir • corrélation positive • compétents • diplômes • cens caché • participer • discours

Plus les individus se sentent ...... politiquement, plus ils vont ...... à une élection (et vice versa). En effet, un électeur qui ne comprendrait rien aux ...... des politiques, aux enjeux d'une élection, aux programmes des candidats, risque de se désintéresser de l'élection et donc de ...... d'aller voter. À l'inverse, une personne avec un niveau de ...... élevé disposera d'un « ...... » selon D. Gaxie, c'est-à-dire d'un niveau de connaissances suffisant pour comprendre les ...... de l'élection. Ce niveau de connaissances lui permettra donc de participer plus facilement à l'élection. Les statistiques sur la participation électorale montrent en effet une ...... entre niveau de diplôme et taux de participation.

QUESTION 2

Montrez que le type d'élection peut expliquer le taux de participation électorale.

QUESTION 3

À partir d'un exemple, montrez que les appartenances sociales d'un individu influencent son vote.

QUESTION 4

À partir d'exemples, montrez que la volatilité électorale peut prendre différentes formes.

QUESTION 5

Expliquez ce qu'est l'électeur rationnel.

Étudier un document statistique

ÉTUDE DE DOCUMENT 1

L'évolution du vote des ouvriers à l'élection présidentielle en France

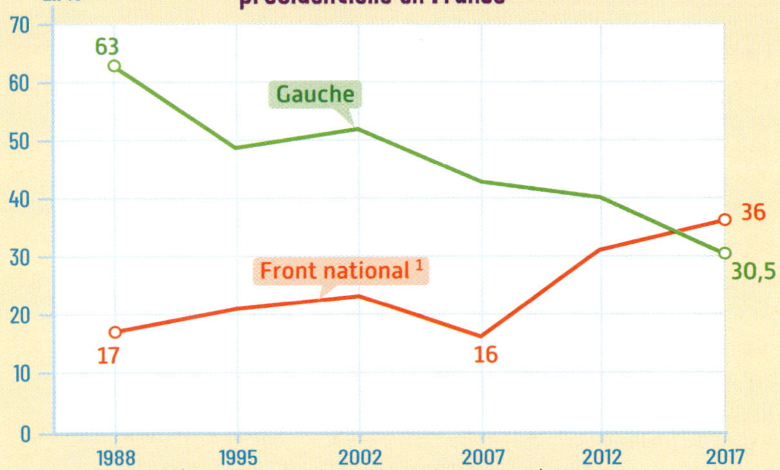

Source : Cévipof (Centre de recherches politiques de Sciences Po), 2018.
1. Le Front national a pris le nom de Rassemblement national en 2018.

1. À l'aide du document, comparez le vote des ouvriers en 1988 avec celui de 2017.
2. À l'aide du document et de vos connaissances, vous montrerez qu'on assiste à un déclin de l'identification partisane.

Coup de pouce

Avant de répondre aux questions, assurez-vous de bien comprendre le document. Pour ce faire, procédez à une rapide présentation de celui-ci au brouillon et assurez-vous de lire correctement les données.

1. Quelle est la bonne lecture de la valeur 36 ?
   a. En France, en 2017, selon le Cévipof, 36 % des électeurs ont voté pour le Front national.
   b. En France, en 2017, selon le Cévipof, le vote des ouvriers en faveur du Front national a augmenté de 36 %.
   c. En France, en 2017, selon le Cévipof, 36 % des ouvriers ont voté pour le Front national.
2. Complétez la réponse à la question 2 avec les chiffres du document et vos calculs.

L'identification partisane correspond au fait pour un individu ou pour un groupe de s'identifier de manière durable à un parti ou de reconnaître en lui le meilleur défenseur de ses intérêts et/ou de ses opinions et de lui afficher une fidélité au fil des différentes élections.
Il est d'usage d'illustrer ce phénomène avec les ouvriers qui ont longtemps pratiqué un vote de classe à gauche. Ainsi en 1988, près des deux tiers des ouvriers votaient à gauche (... %). Mais cette tendance est de moins en moins vraie au fil du temps. En 2017, ils n'étaient plus que... % à voter à gauche. La part des ouvriers à voter à gauche a donc été divisée par plus de... entre 1988 et 2017. Cette baisse se fait au profit du vote pour le Front national qui en 2017 représente le vote de... % des ouvriers soit ... points de plus que le vote à gauche.

ÉTUDE DE DOCUMENT 2

Le taux d'abstention au second tour des élections législatives par niveau de revenus mensuels du foyer

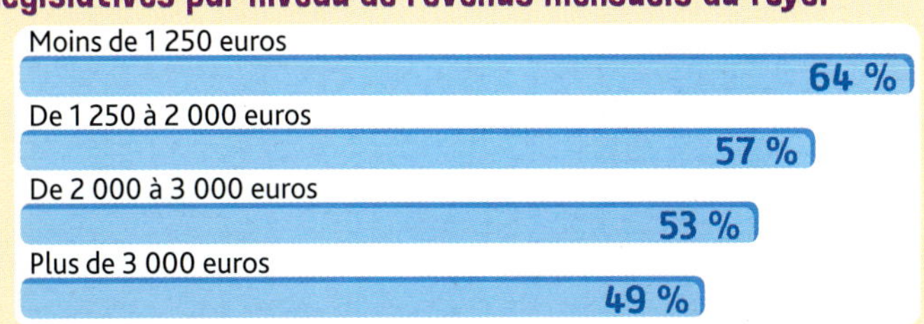

Source : IPSOS, 2022.

1. À l'aide du document, comparez l'abstention des foyers les plus modestes (moins de 1 250 €/mois) avec celle des plus favorisés (plus de 3 000 €/mois).
2. À l'aide du document et de vos connaissances, vous montrerez que la participation électorale est socialement déterminée.

Le taux d'abstention a atteint 53,77 % lors des élections législatives de 2022.

Vers le BAC

Raisonnement s'appuyant sur un dossier documentaire

POINT MÉTHODE
Rédiger une séquence argumentative

▶ Pour répondre au sujet d'une partie 3 d'épreuve composée ou à celui d'une dissertation, il faut rédiger des séquences argumentatives sous forme de paragraphes.

ÉTAPE 1 Rédiger un paragraphe argumenté

▶ Une réponse convaincante doit s'appuyer sur plusieurs paragraphes argumentés. Chaque paragraphe doit comporter 3 étapes (Méthode AEI) :

a. Une **affirmation** ou une idée (le point de vue que vous soutenez) exprimée en une à deux phrases.

b. Une **explication** de cette idée mobilisant des connaissances, des mécanismes pour justifier votre affirmation. Cette étape est essentielle car elle montre la maîtrise des notions, mécanismes. Ne récitez pas le cours mais sélectionnez les savoirs en lien avec le sujet.

c. Une **illustration** de votre argumentation : un exemple chiffré dans le dossier documentaire (montrez que vous savez exploiter les documents et des savoir-faire mathématiques) ou un fait réel, historique ou d'actualité. Votre illustration finalise votre argument grâce à une preuve concrète.

ÉTAPE 2 Construire une séquence argumentative

▶ Faites un brouillon pour ordonner vos arguments.

▶ Chaque argument doit être un élément de réponse au sujet posé, sinon vous êtes hors sujet.

▶ Montrez la logique de votre démonstration en mobilisant des connecteurs logiques dans chaque paragraphe :

Pour introduire les arguments	Pour introduire les explications	Pour introduire les illustrations
« Tout d'abord », « De plus »	« En effet », « car », « c'est-à-dire »	« Par exemple », « Ainsi »

UN EXEMPLE DE SÉQUENCE ARGUMENTATIVE

Affirmation : *Le recul de l'identification partisane peut être un facteur explicatif d'une plus grande instabilité du vote.*

Explication : *En effet jusque dans les années 1970, les électeurs font preuve d'un attachement fort à un même parti, ce qui explique un vote quasi systématique pour celui-ci. Mais avec le recul des partis politiques traditionnels, on observe une plus forte instabilité du vote. « La loyauté partisane s'est affaiblie au profit d'une individualisation du vote » (Doc. 3).*

Illustration : *Par exemple, les ouvriers votaient majoritairement pour le Parti communiste qui avait la capacité de représenter et défendre les intérêts de la classe ouvrière. Mais depuis 30 ans le Front national (actuel Rassemblement national) a progressé dans les milieux populaires, ce qui provoque un étalement du vote ouvrier entre gauche et droite.*

APPLICATION

Propositions

a. En 2017, en France, selon l'Insee, près d'un électeur sur 2 s'est abstenu à au moins un tour.

b. La volatilité électorale peut prendre 2 formes distinctes.

c. Une des formes de la volatilité électorale est la modification du vote d'un électeur d'une élection à l'autre, soit à l'intérieur d'un même camp soit entre 2 camps.

d. Sur 100 électeurs d'E. Macron en 2017, 24 n'ont pas voté pour lui en 2022.

e. Une autre des formes que peut prendre la volatilité électorale est la participation intermittente, c'est-à-dire que l'électeur va tantôt se rendre aux urnes, tantôt s'abstenir d'aller voter.

1. Parmi les propositions ci-dessus, retrouvez :
– a. l'idée.
– b. les 2 explications.
– c. les 2 illustrations.

2. Associez chaque explication à son illustration.

3. Rédigez le paragraphe argumenté de votre choix en utilisant des mots de liaison.

SUJET **À l'aide de vos connaissances et du dossier documentaire, vous expliquerez les causes de la volatilité électorale.**

Doc 1

« En 2000, les politologues Nonna Mayer, Daniel Boy et Marc Swyngedouw [comparent] les législatives de 1993, la présidentielle de 1995 et les législatives de 1997. Ils constatent que les transferts gauche-droite sont plutôt rares - environ 10 % des électeurs -, mais que beaucoup d'électeurs hésitent entre le vote et l'abstention, voire entre deux partis issus de leur camp : 49,9 % des électeurs modifient leur choix entre 1993 et 1995, 47,5 % entre 1995 et 1997. "La mobilité électorale n'a rien d'exceptionnel, concluent-ils. À deux ans d'intervalle, pour les deux paires d'élections étudiées, près de la moitié des électeurs inscrits a modifié son vote." Une dizaine d'années plus tard, l'enquête "Présidoscopie 2012" montre que la moitié des électeurs a changé d'avis pendant la campagne présidentielle. "La fidélité partisane n'est plus ce qu'elle était", résume alors le directeur de la Fondation Jean-Jaurès, Gilles Finchelstein. "En amont du vote, il y a de plus en plus d'itinérances[1] qui contribuent à fragiliser le vote, confirme Pascal Perrineau, professeur à Sciences Po Paris. Il est de moins en moins investi, de plus en plus fragile, de plus en plus réversible." »

Anne Chemin, « Abstention, indécision. Comment expliquer la volatilité grandissante des électeurs ? », © *Le Monde*, 31 mars 2017.

1. Fait de se déplacer ; modification ou changement ici.

Doc 2

Participation électorale aux élections présidentielles et législatives depuis 2002

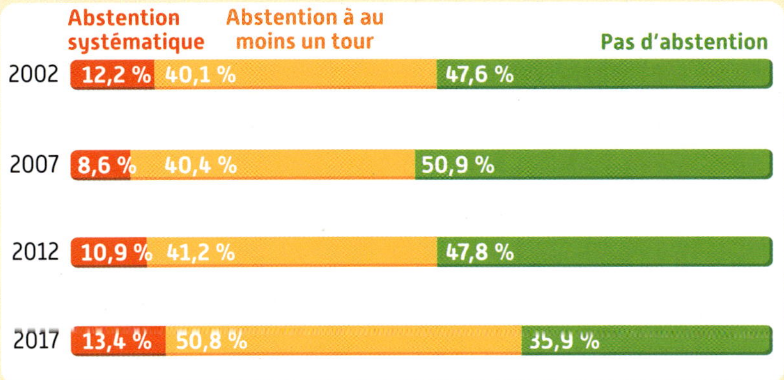

Source : Insee.
Note : en raison des arrondis, les totaux peuvent ne pas être égaux à 100 %.

Doc 3

« La volatilité électorale [est une expression] utilisée dès les années 1970 pour qualifier l'instabilité du vote. Elle remet en cause le vote de classe comme seul outil de lecture des clivages politiques. [...]

Jusqu'aux années 1970, le comportement électoral de la plupart des électeurs est caractérisé par une importante stabilité, chaque électeur ayant tendance à voter systématiquement pour le même parti. [...]

Le déclin des partis politiques traditionnels s'explique par la diversification du corps électoral et l'apparition de nouvelles variables culturelles et socioéconomiques ayant une influence sur le vote. Peu à peu, la loyauté partisane s'est affaiblie au profit d'une individualisation du vote.

Les scrutins de ces dernières décennies ont montré que la position géographique (fait d'habiter en zone rurale, urbaine ou péri-urbaine), les caractéristiques de l'habitat (individuel ou collectif), le niveau de diplôme ou encore la situation familiale avaient une influence sur les choix électoraux. »

« Qu'est-ce que la volatilité électorale ? », vie-publique.fr, juin 2022.

Vers le BAC

Dissertation

POINT MÉTHODE
Réaliser un plan détaillé

Construire un plan détaillé de qualité est primordial pour réussir une dissertation. Il est nécessaire de suivre deux étapes.

ÉTAPE 1 Identifier le type de sujet pour trouver le plan adapté

- Différents types de sujets sont proposés dans les épreuves du baccalauréat. Identifier celui qui vous est soumis est essentiel pour pouvoir organiser un plan qui réponde précisément à la problématique.
- Une fois identifié le type de sujet, vous êtes en mesure de construire le plan attendu (le plus souvent en deux parties).

Type de sujet	Plans attendus (exemples)
Débat (dialectique)	I. Oui II. Mais I. Non II. Mais
Analyse des causes ou des conséquences d'un phénomène, description d'un phénomène	I. Cause 1 II. Cause 2 I. Effet 1 II. Effet 2 I. Constat II. Causes III. Conséquences
Mise en relation de notions	I. Ressemblances II. Différences I. A a des effets sur B II. Mais B a aussi des effets sur A. I. A agit sur B d'une première façon II. A agit sur B d'une autre façon

→ **MÉTHODE** p. 76.

ÉTAPE 2 Organiser les sous-parties

- Une fois repéré le plan attendu, vous devez organiser les sous-parties de chaque partie en vous appuyant sur vos connaissances et l'exploitation du dossier documentaire pour trouver des idées répondant au sujet. Chaque sous-partie peut correspondre à une séquence argumentative (affirmation, explication et illustration).

→ **MÉTHODE** p. 210.

- Ne rédigez pas complètement le devoir au brouillon, cela vous ferait perdre du temps.
- Vous pouvez utiliser des abréviations et des couleurs pour faire ressortir la structure du raisonnement dans votre plan détaillé. Il vous servira de guide pour une rédaction cohérente et pour ne rien oublier de votre travail préparatoire (idées, exemples, données…).

APPLICATION

1. Identifiez le type de sujet.
2. Définissez deux grandes parties en utilisant vos connaissances.
3. Déterminez au moins deux sous-parties par partie en utilisant vos connaissances.
4. Associez chaque document à une sous-partie.
5. Réalisez le plan détaillé pour répondre au sujet.

SUJET Quels sont les facteurs déterminants du vote ?

Doc 1

« "Les dés sont jetés pour les cinq prochaines années" pour Erwann M., 21 ans, étudiant à Sciences Po. "La proximité des législatives et de la présidentielle place tout le débat avant [cette dernière], juge-t-il. Dans ces conditions, quel intérêt pour les législatives ?" [...] "Je sais que ma circonscription va voter LRM[1], mon vote n'a aucune importance, donc je m'abstiens." Pour autant, ce jeune "passionné de politique" espère que son choix, réfléchi, "sera perçu comme un rejet de cette démocratie quinquennale imposée depuis bientôt vingt ans". Et non comme une marque de désaffection. [...]
À 64 ans, Ghislaine C. a bien plus d'années d'isoloir derrière elle. Cette ancienne conseillère principale d'éducation de Bastia (Haute-Corse) égrène quelques-uns de ses derniers votes : non au référendum sur le traité européen en 2005, François Hollande en 2012, Benoit Hamon aux primaires de la gauche, Jean-Luc Mélenchon à la présidentielle. Et puis, aux législatives 2017, rien dans l'urne. Une première, en cinquante ans de vote. Un choix qu'elle explique par cette "sensation que les politiques [sont] irrémédiablement sourds", "que tout se décide sans nous, sans entendre l'opposition à ce système qui broie les plus fragiles, ponctionne les classes moyennes et favorise les plus riches". "Puisqu'on ne m'entend pas, pourquoi m'exprimer ?", s'interroge la retraitée, désabusée. Elle s'est dit que cette fois, "en [s]e taisant, on [l']entendrait peut-être" ».

Camille Bordenet, « À quoi bon aller voter : des abstentionnistes aux législatives expliquent leur choix. », © *Le Monde*, 15 juin 2017.

1. LRM : La République en Marche.

Doc 2

Les électeurs d'Emmanuel Macron et de Marine Le Pen au second tour des élections présidentielles de 2022

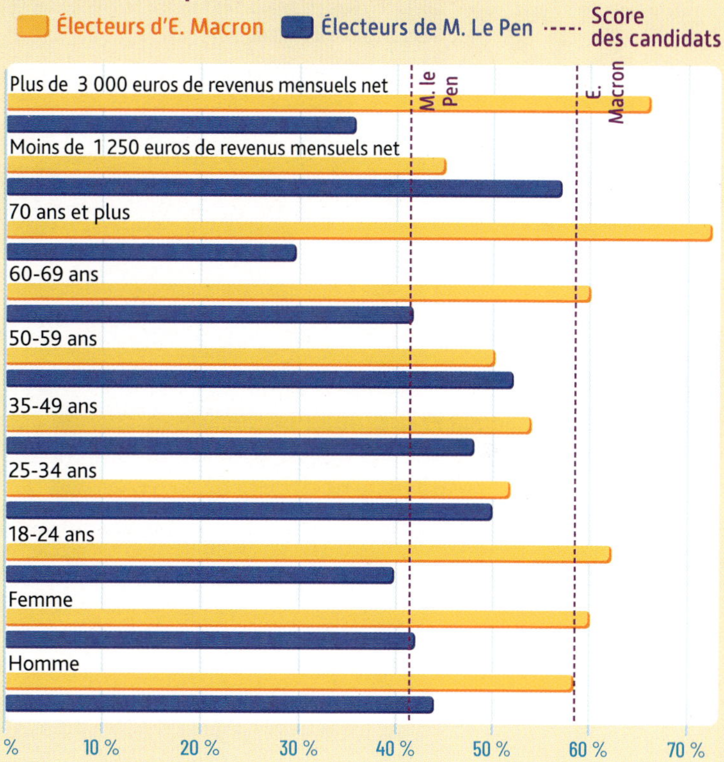

Source : Ipsos-Sopra Steria.

Doc 3

→ Voir le doc. 4 p. 219

Doc 4

Les enjeux du vote au premier tour de l'élection présidentielle de 2022

Parmi les enjeux suivants, quels sont les trois qui compteront le plus dans votre choix de vote[1] ?

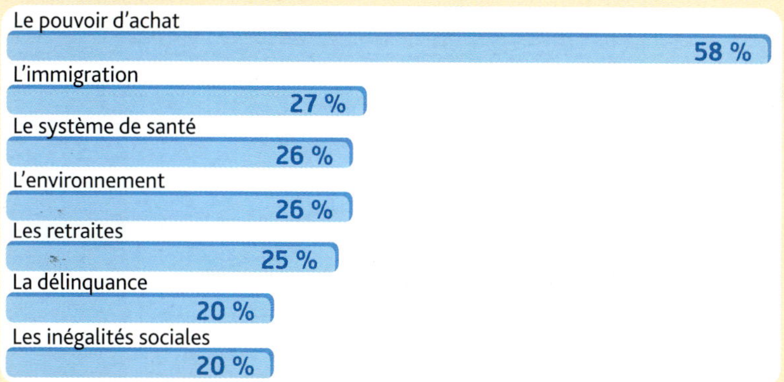

Source IPSOS, 2022.

1. Les autres motifs proposés : La guerre en Ukraine (15%), les déficits publics et la dette (14%), la défense de la République et de la laïcité (12%), le système scolaire (11%), le terrorisme (9%), l'épidémie de Covid-19 (7%), le chômage/L'organisation de la vie politique et le fonctionnement de la démocratie/ Les discriminations (6%), les questions européennes (5%), la répartition des compétences entre l'État et les territoires (3%).

Partie 3

Regards croisés

Chapitre 11

Comment l'assurance et la protection sociale contribuent-elles à la gestion des risques dans les sociétés développées ?

LA VIDÉOTHÈQUE DU CHAPITRE

hatier-clic.fr/23ses1941

Vidéo de **RÉVISION** du chapitre

QUELS RISQUES ? QUELLE PROTECTION ?

hatier-clic.fr/23ses1942

1 Découvrir comment est née la Sécurité sociale

- À quelle date est née la Sécurité sociale ?
- Comment pouvez-vous expliquer la mise en place de la Sécurité sociale ?

2 S'interroger sur la gestion des risques

- Répartissez-vous par groupe. Chaque groupe incarne un ménage ci-dessous.

Irène et Yves
65 et 68 ans
Retraités
Revenu annuel : 23 000 euros
Aucun loyer ni remboursement d'emprunt

Tom et Lélya
31 et 28 ans
Ouvrier et sans emploi
1 enfant
Revenu annuel : 21 000 euros
Loyer : 500 euros /mois

Lenny
20 ans
Étudiant boursier
Sans enfant
Revenu annuel : 7 000 euros
Loyer : 310 euros

Catherine et Sophie
47 et 50 ans
Ingénieur agronome et cadre d'entreprise
2 enfants : 9 et 15 ans
Revenu annuel : 97 640 euros
Remboursement d'emprunt : 1 760 euros/mois (reste 4 annuités)

- Pour chaque proposition du tableau ci-dessous, et en fonction de la situation de votre ménage, dites si vous réalisez ou non l'opération et expliquez votre décision en listant les avantages et les inconvénients pour votre ménage.

	Oui/Non	Avantages	Inconvénients
Souscrire à une assurance vie Contrat qui permet à l'assuré ou ses bénéficiaires d'obtenir une rente ou un capital à l'issue du contrat en contrepartie de primes versées tous les mois à l'assureur.			
Assurer son véhicule Contrat qui permet à l'assuré de bénéficier d'une couverture totale ou partielle des frais de réparation du véhicule en cas d'accident en contrepartie de cotisations.			
Payer une mutuelle santé Contrat qui permet à l'assuré de bénéficier de prise en charge financière de soins non couverts ou partiellement couverts par la Sécurité sociale en contrepartie de cotisations.			
Acheter un appartement L'objectif est de le louer pour obtenir un revenu du capital supplémentaire.			

Dossier 1

À quels risques économiques et sociaux les individus sont-ils confrontés ?

Exercice

Identifier des risques de vie

« Émilie est née en 1988 et habite une petite ville du centre de la France. À 14 ans, ses parents lui ont acheté un scooter avec lequel elle a eu un accident 1 an plus tard. Impossible dès lors pour elle de remonter sur un deux-roues. À 18 ans, elle obtient son permis de conduire et à 20 ans, elle a enfin pu s'acheter sa première voiture grâce notamment à ses petits travaux d'été. Après son master en droit, elle est entrée dans un cabinet de conseil juridique aux entreprises et, à 25 ans, elle a eu son premier enfant. Elle a donc dû arrêter de travailler pendant les 16 semaines de son congé maternité. Malheureusement 3 ans plus tard, l'entreprise d'Émilie a dû la licencier et elle s'est retrouvée au chômage pendant près de 6 mois. Il y a deux ans, elle a dû se faire opérer et n'a pas pu travailler pendant 1 mois et demi. Aujourd'hui tout va bien mais, l'avenir n'étant jamais certain, elle a décidé d'ouvrir un plan d'épargne retraite. »

Hatier, 2023.

1. **Listez les situations qui mettent Emilie en difficulté. À quel risque correspondent-elles ?**
2. **Quelles peuvent être les conséquences économiques de ces différentes situations ?**
3. **Selon vous, par quels moyens peut-on limiter les effets de ces risques ?**

Doc 1 Le risque de la perte d'emploi

« Une "descente aux enfers". Ainsi Jean-Christophe Mojard, 50 ans, résume-t-il sa trajectoire professionnelle. [...]. Sa carrière, pourtant, avait plutôt débuté sous de bons auspices [dans le secteur médical] jusqu'à ce que l'entreprise où il travaillait ferme. Il monte en 2010 sa "boîte, comme photographe indépendant. Mais j'ai fermé en 2017. Qu'est-ce que vous pouvez faire face à quelqu'un qui fait des photos de mariage à 200 euros au black ?" Il quitte alors les Bouches-du-Rhône, où vivent toujours ses trois enfants, pour devenir conseiller pour un opérateur téléphonique à Tarbes (Hautes-Pyrénées), puis conseiller premium pour les clients classés VIP. Mais en 2020, il est licencié. Et depuis, il ne parvient pas à retrouver du travail. "À 50 ans, je suis jugé trop vieux et trop cher. Mais ça, on me le dit à l'oral, jamais par écrit." Pôle Emploi lui suggère même "de mettre des trous dans son CV" pour rendre son parcours plus anodin. Divorcé, il vit aujourd'hui dans un hébergement social, sans guère de perspectives. Il touche 1 000 euros par mois d'allocation-chômage. "Tant que je suis inscrit, rien ne change. Mais après, si je retrouve un CDD mal payé, ce qui est le cas le plus courant, l'indemnisation fera très mal. Elle sera vraiment revue à la baisse." »

Anne Brigaudeau, « Emploi : six chômeurs racontent leurs difficultés à retrouver un travail malgré leurs démarches », France info, 1er octobre 2021.

1. **Expliquez comment Jean-Christophe est devenu chômeur.**
2. **Pourquoi a-t-il des difficultés aujourd'hui à retrouver un emploi ?**
3. **Expliquez pourquoi la perte d'emploi est qualifiée de risque social en vous aidant de la définition.**

Vocabulaire

- Le **risque** est l'éventualité d'un événement qui peut causer des dommages.
- Le **risque en économie** est un événement plus ou moins prévisible (probabilisable), amenant à des calculs sur l'ampleur des pertes et des gains qu'il entraîne pour l'individu pour savoir s'il s'assure contre ce risque.
- Un **risque social** est un risque entraînant pour un individu des dépenses importantes ou une diminution sensible de ses revenus, nécessitant une prise en charge collective (chômage, vieillesse, charges de famille, maladie...).

Doc 2 Le risque vieillesse : la précarité des seniors

Vidéo 3 min
hatier-clic.fr/23ses1944

1. Quelles sont les conséquences économiques et sociales de la retraite pour Michel ?
2. Comment expliquer le faible montant de sa pension retraite ? Quel autre risque social a-t-il subi (voir l'exercice p. 238) ?
3. Que sont les services sociaux dont parle Michel ? Faites une recherche si nécessaire.

Doc 3 L'évolution des maladies professionnelles et des accidents du travail

1. Faites une phrase exprimant la signification des deux données entourées.
2. Calculez l'évolution des maladies professionnelles et des accidents du travail entre 2001 et 2019 → Fiche Outil p. 288. Intégrez vos résultats dans une phrase d'interprétation.
3. À l'aide de la définition, expliquez pourquoi les accidents du travail et les maladies professionnelles sont considérés comme des risques sociaux.

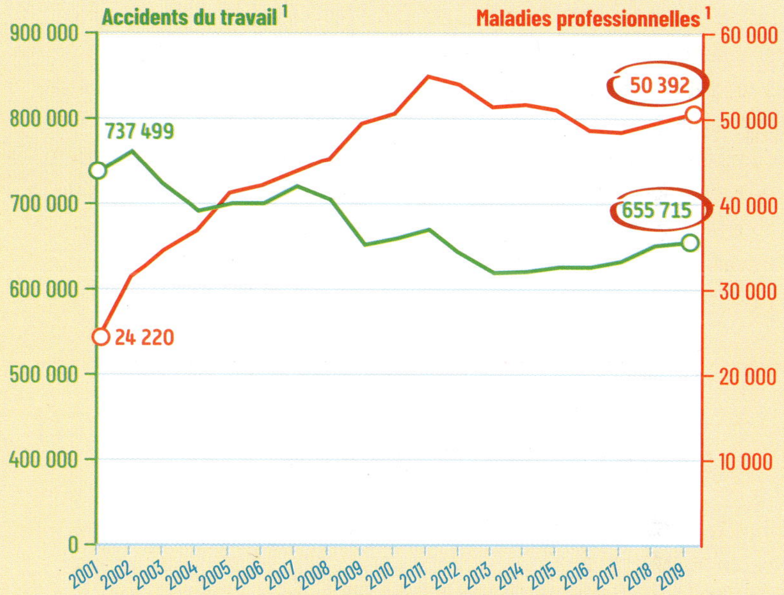

1. Un accident de travail est un événement soudain, arrivé pendant l'activité professionnelle, qui a causé un dommage corporel ou psychologique. Le caractère soudain de l'accident est ce qui le distingue de la maladie professionnelle.

Source : CNAM, direction des risques professionnels.

Je fais le point

Version interactive
hatier-clic.fr/23ses1945

Remplissez le schéma à l'aide des termes suivants :
a. accident • b. diminution • c. lien social • d. isolement • e. maladie • f. précarité économique • g. perte d'emploi • h. vieillesse.

Exemples de risques économiques et sociaux
1 .... 2 .... 3 .... 4 ....

↓

.... ← .... ou perte de revenu → Rupture du .... → ....

Je m'entraîne pour le BAC

Épreuve composée
partie 1
Montrez que le chômage est un risque économique et social.
→ Point Méthode p. 142

Dossier 2

Quelles différences de perception et d'exposition aux risques ?

Doc 1 Les jeunes conducteurs et le permis probatoire

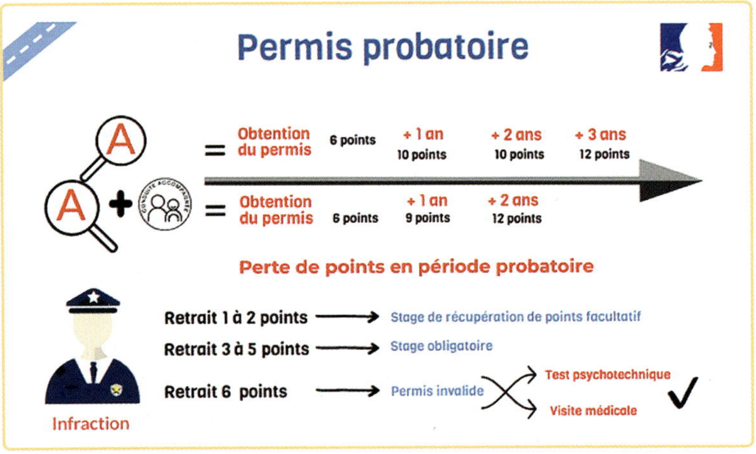

Document de la Sécurité routière.
Selon la Sécurité routière, en 2019, 18 % de l'ensemble des accidents ont impliqué un conducteur ayant son permis depuis moins de deux ans. Le permis probatoire a été mis en œuvre par les pouvoirs publics le 1er mars 2004 avec pour principal objectif de lutter contre l'accidentalité des conducteurs novices, de rendre responsable le nouveau conducteur et d'en faire un conducteur sûr.

1. **Qu'est-ce qu'un permis probatoire ? Pourquoi les jeunes y sont-ils soumis ?**
2. **Comment le permis probatoire limiterait-il les accidents de la route ?**
3. **Pourquoi les risques d'accident de la route ne sont-ils pas des risques sociaux ?**

Doc 2 Avons-nous tous le goût du risque ?

« Le paradoxe de Saint-Pétersbourg fait référence à une histoire que le mathématicien suisse Daniel Bernoulli (1700-1782) aurait racontée à son frère Nicolas en écrivant son traité de probabilité de 1738. Dans cette histoire, un mendiant trouve un billet de loterie dans les rues de Saint-Pétersbourg. Il a une chance sur deux d'empocher 20 000 ducats et donc une chance sur deux de ne rien gagner du tout. Un riche marchand s'approche du mendiant et lui propose de lui racheter sur-le-champ son billet de loterie 6 000 ducats. Le mendiant accepte la proposition et s'en va avec ses 6 000 ducats. »

Jezabel Couppey-Soubeyran, « Le paradoxe de Saint-Pétersbourg », *Alternatives économiques*, 1er mars 2013.

1. **À la place du mendiant, auriez-vous accepté la proposition du riche marchand ? Justifiez votre choix.**
2. **Quel risque prend le marchand en rachetant le billet ?**
3. **Pourquoi la perception du risque n'est-elle pas la même entre le mendiant et le riche marchand ?**
4. **Illustrez par d'autres exemples le fait que « le goût du risque » est différent selon les individus.**

Doc 3 « Sports à risque », une pratique masculine ?

« Les "sports à risque" occupent une place singulière [où] les femmes sont rares. En 2020, elles ne représentaient que 17 % des licencié·es de la Fédération française de vol libre, 15 % au sein de la Fédération de parachutisme, ou 6 % de la Fédération de motocyclisme. Comme souvent lorsqu'on repère des différences entre femmes et hommes, nombreux·ses sont celles et ceux à chercher des explications du côté de la nature. [...] L'éducation explique pour beaucoup les différences de comportements femmes-hommes en matière sportive. Le courage, forgé par la confrontation au risque, est puissamment associé à la masculinité. [...] S'engager dans les prises de risque, c'est accéder au sommet de la hiérarchie des rapports sociaux de sexe, mais aussi risquer un déclassement pour ceux qui ne se montreraient pas à la hauteur. Le courage est si fortement associé à la masculinité que, pour certains, il paraît impossible à décliner au féminin. Au lendemain de la première victoire d'une femme dans la Route du Rhum, prestigieuse course au large transatlantique, en 1990, *Le Parisien* titrait à la une : "Flo, t'es un vrai mec". »

Nicolas Penin, « Frissons, les sportives de l'extrême » Femmes ici et ailleurs #50, juillet-août 2022. D.R.

1. **Relevez dans le texte les éléments qui montrent que la pratique des sports à risque est plutôt masculine.**
2. **Montrez que la socialisation différenciée peut expliquer les différences de conduite à risque entre filles et garçons.**

Doc 4 Un rapport différent à la maladie selon la catégorie sociale

a Espérance de vie à la naissance par sexe et niveau de vie mensuel, en 2012-2016

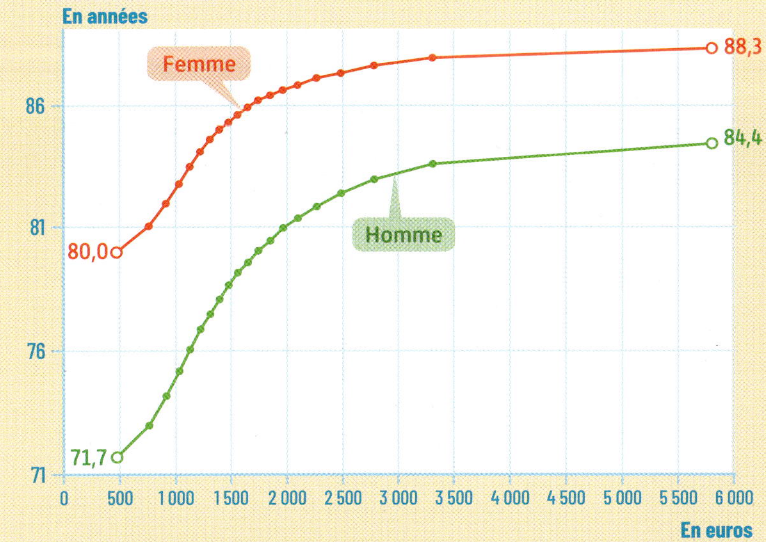

Note : en abscisse, chaque point correspond à la moyenne des niveaux de vie mensuels d'un vingtile (5 % de la population).

Lecture : en 2012-2016, parmi les 5 % les plus aisés, dont le niveau de vie moyen est de 5 800 euros par mois, l'espérance de vie à la naissance des hommes est de 84,4 ans. Et parmi, les 5% les moins aisés (500 euros par mois en moyenne), l'espérance de vie à la naissance des femmes est de 80 ans.

Source : *Insee Première*, 6 février 2018.

b CSP et recours aux soins

« La mise en cause des classes populaires [selon laquelle elles seraient plus "négligentes" vis-à-vis de leur santé] renvoie plus encore à leur rapport aux normes de santé. Leur état de santé serait aggravé par des comportements contraires à ceux prônés dans les campagnes de santé publique. Le tabagisme est ainsi davantage le fait des ouvriers dont 36% fument régulièrement en 2017, soit près de 10 points de plus que les cadres ; l'obésité, supposée renvoyer à de mauvaises pratiques alimentaires, est deux fois plus présente chez les ouvriers que chez les cadres [...]. Ces écarts relatifs ne doivent cependant pas masquer que de telles pratiques ou états restent minoritaires et concernent surtout les individus confrontés à une précarisation de leur condition. Près d'un adulte sur deux (48,4%) concerné par l'obésité vit en effet au sein d'un foyer aux revenus inférieurs à 1200 euros. »

A.-M. Arborio et M.-H. Lechien, « Dans les classes populaires, on ne prend pas soin de sa santé », *La France d'en bas ? Idées reçues sur les classes populaires*, *Le Cavalier bleu (Idées reçues)*, 2019.

1. **Expliquez pourquoi la maladie est un risque social.**
2. **Calculez l'écart d'espérance de vie entre les 5 % les plus aisés et les 5 % les moins aisés pour les hommes et les femmes (doc. 4a).**
3. **Quels sont les éléments apportés par le texte qui peuvent expliquer cet écart d'espérance de vie ?**
4. **Formulez d'autres hypothèses expliquant cet écart entre catégories sociales.**

Je fais le point

Version interactive
hatier-clic.fr/23ses1946

Complétez le texte avec les mots suivants : a. *milieux modestes* • **b.** *garçons* • **c.** *moins* • **d.** *risque* • **e.** *différenciée* • **f.** *filles* • **g.** *groupe social* • **h.** *milieux aisés* • **i.** *supérieure*

Tous les individus ne perçoivent pas le .... de la même façon. Par exemple, les .... ont en général des comportements plus risqués que les .... Cette différence s'explique principalement par la socialisation .... entre les deux sexes : les comportements prudents étant davantage valorisés pour les filles que pour les garçons. De plus, l'exposition aux risques varie d'un .... à l'autre. Ainsi, les femmes sont .... exposées au risque maladie puisque leur espérance de vie est .... à celle des hommes quel que soit leur milieu social. Ce dernier agit également sur l'espérance de vie puisque dans les .... , elle est plus élevée que dans les ....

Je m'entraîne pour le BAC

Épreuve composée, partie 2

1. **À l'aide du document 4a, comparez l'espérance de vie des hommes et des femmes**
2. **À l'aide du document et de vos connaissances, expliquez pourquoi les espérances de vie à la naissance sont inégales.**

Dossier 3

Quels sont les principes de gestion des risques ?

Doc 1 La prévention, un moyen de limiter les comportements à risque

Affiche du Collectif national des associations d'obèses soutenu par le ministère des Solidarités et de la Santé.

Vidéo 1 min
Le spot de prévention de la CNAO
hatier-clic.fr/23ses1947

1. Quels types d'organisations participent à cette campagne de prévention ?

2. Expliquez pourquoi elles ont intérêt à participer à la prévention de l'obésité.

Vocabulaire

> La **prévention** vise à réduire la probabilité du risque en agissant avant que le risque ne survienne. Des informations sont mises en place par tous les organismes de gestion des risques pour favoriser celle-ci.

> La **Sécurité sociale** est l'ensemble des institutions publiques qui ont pour fonction de protéger les individus des conséquences de diverses situations, généralement qualifiées de risques sociaux (ces risques correspondent aux branches de la Sécurité sociale : maladie, famille, accidents du travail et maladies professionnelles, retraite et autonomie).

Exercice

Distinguer les différents principes de gestion des risques

1 Associez dans la 2e colonne du tableau les définitions suivantes aux principes de gestion des risques auxquels elles correspondent.

a. Partage des dommages liés à la réalisation du risque entre l'ensemble des membres d'une même famille, d'une société commerciale, ou d'un État.

b. Stratégies qui visent à réduire la probabilité de survenue d'un risque. Elles agissent avant que le risque ne survienne.

c. Les agents économiques multiplient les moyens de protection contre les risques. Cela consiste à « ne pas mettre ses œufs dans le même panier ».

2 Complétez le tableau en associant les exemples suivants aux principes.

1. Faire de la polyculture dans une exploitation agricole
2. La Sécurité sociale
3. Prendre une assurance pour son appartement
4. Multiplier les placements financiers
5. WWF lance une campagne de protection de la forêt
6. Un couple accueille un parent malade pendant son rétablissement.

3 Enfin, précisez la nature (individuelle ou collective) de chaque principe de gestion des risques.

Les principes de gestion des risques	Définition	Exemples	Gestion individuelle ou collective du risque
Prévention			
Diversification			
Mutualisation des risques			

Doc 2 Le financement des dépenses de santé

a. Le financement de la consommation de soins et de biens médicaux (CSBM), en %

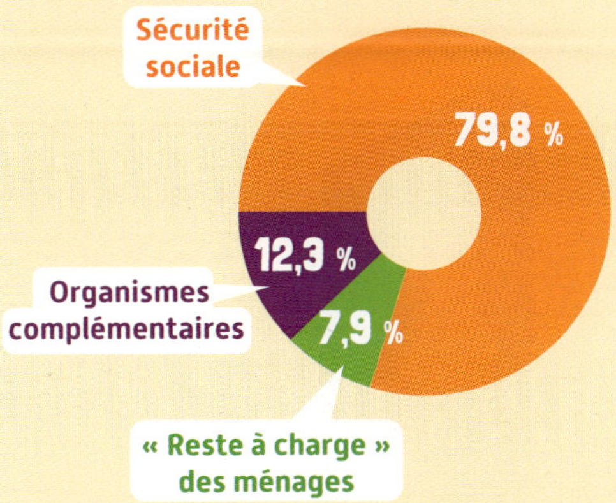

b. Parts de marché par type d'organisme complémentaires[1] entre 2011 et 2020 en % des prestations versées

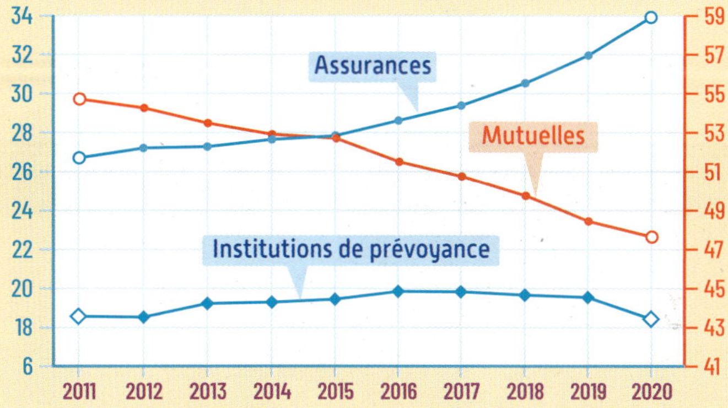

Source : *La complémentaire santé dans le financement des dépenses de santé*, Drees, 2021.

1. Les organismes complémentaires sont des organismes privés prenant en charge tout ou partie des frais de santé, en complément ou en supplément des prestations de l'Assurance Maladie Obligatoire. Les mutuelles et institutions de prévoyance sont à but non lucratif, à la différence des sociétés d'assurance.

1. Expliquez les différences entre ces différentes institutions.
2. Quel est l'organisme complémentaire qui a la plus grande part de marché en 2020 ? Quel est l'organisme qui a vu sa part de marché augmenter le plus de 2011 à 2020 ? Vous justifierez vos réponses à partir de données chiffrées.
3. Calculez la part des mutuelles pour le financement de l'ensemble de la CSBM. → Fiche Outil p. 284

Doc 3 Le rôle des aidants dans la prise en charge des risques

Vidéo 2 min
hatier-clic.fr/23ses1948

1. Qu'est-ce qu'un « aidant » au sens de cette enquête ? Pourquoi doivent-ils jouer ce rôle ?
2. Quels sont les problèmes rencontrés par les aidants non professionnels ?
3. Quelles institutions autres que la famille prennent en charge les personnes soumises à un risque de dépendance ?

Je fais le point

Version interactive
hatier-clic.fr/23ses1949

Répondez par vrai ou faux aux affirmations suivantes.

	Vrai	Faux
a. Seules les mutuelles prennent en charge les risques.	❑	❑
b. La prévention est une forme de gestion individuelle des risques.	❑	❑
c. Seul l'État peut faire de la prévention des risques.	❑	❑
d. Les sociétés d'assurances ont un but lucratif.	❑	❑
e. Les institutions de prévoyance sont des organismes privés.	❑	❑

Je m'entraîne pour le BAC

Épreuve composée
partie 3

À l'aide de vos connaissances et du dossier documentaire, vous montrerez que les principes de gestion des risques sont complémentaires.

→ Point Méthode p. 188

Dossier 4

Comment la protection sociale assure-t-elle la couverture des risques ?

Doc 1 La naissance de la Sécurité sociale

1. Comment ces deux affiches de 1945 définissent-elles l'objectif de la Sécurité sociale ?
2. Expliquez en quoi la Sécurité sociale repose sur la solidarité collective.

Doc 2 Comment fonctionne la protection sociale ?

« Il existe 2 types de mécanismes de protection sociale : les prestations de services sociaux qui désignent l'accès à des services à prix réduit, voire gratuitement, comme la prise en charge dans les hôpitaux publics ; les prestations sociales [versées] directement aux individus.

Ces prestations sociales reposent sur 3 logiques : 1. une logique d'assurance, comme les allocations chômage ou les indemnités journalières de maladie. Les salariés cotisent en étant prélevés sur leur salaire tous les mois. Ainsi, en cas de chômage ou de maladie, ils peuvent bénéficier d'un revenu de remplacement. 2. une logique d'assistance, dont l'objectif est de lutter contre la pauvreté, comme le Revenu de Solidarité Active (RSA). Il n'est pas nécessaire de cotiser pour en bénéficier, cependant elles sont versées sous conditions de ressources. 3. une logique de protection universelle, [comme la protection universelle maladie] dont on peut bénéficier sans condition de cotisation préalable [...]. La protection sociale est assurée par plusieurs organismes : la Sécurité sociale qui fournit aux individus la couverture de base pour les risques [hors chômage] ; les organismes complémentaires qui fournissent une couverture supplémentaire à ces risques, comme les mutuelles de santé et les régimes complémentaires de retraite ; l'Union nationale pour l'emploi dans l'industrie et le commerce (UNEDIC) qui gère l'assurance chômage. »

« La protection sociale », dessinemoileco.com, 2014. Vidéo conçue et réalisée par Sydo, agence de conseil en pédagogies innovantes. hatier-clic.fr/23ses1950

Vocabulaire

> **La protection sociale** est l'ensemble des mécanismes qui garantissent des ressources aux individus affectés par des risques. Voir aussi la définition p. 249.

1. Quels sont les deux types de mécanismes de protection sociale dans la prise en charge des risques sociaux ?
2. Qu'est-ce qui différencie les logiques d'assurance et d'assistance concernant les prestations sociales ?
3. Expliquez le rôle des différents organismes de prise en charge des risques sociaux.

Exercice

Distinguer logique d'assurance et logique d'assistance

► **Associez chaque prestation à la logique sur laquelle elle repose : logique d'assurance ou d'assistance.**

a : Revenu de solidarité active (RSA)
b : Assurance chômage
c : Allocation Adulte handicapé (AAH)
d : Protection universelle maladie
e : Allocation spécifique aux personnes âgées
f : Pension retraite
g : Congé parental.

Doc 3 Les prestations sociales en France

Six grandes catégories de prestations sociales
en milliards d'euros, en 2020

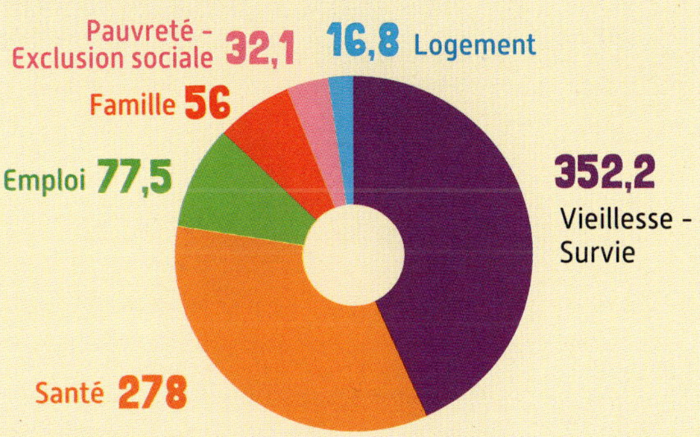

Lecture : En 2020, le risque Vieillesse-Survie représente 352,2 milliards d'euros soit 43 % des prestations sociales.
Source : Drees.

1. **Quelle part des prestations sociales représente la famille ?**
2. **À l'aide d'un calcul, comparez le poids de la vieillesse/survie et de l'emploi dans les prestations sociales.**

Doc 4 Les sources de financement de la protection sociale

« Les sources de financement de la protection sociale proviennent essentiellement des cotisations sociales (des prélèvements effectués sur les salaires, dont une partie est payée par l'employeur et l'autre par le salarié), [...] des impôts, comme la CSG (Contribution Sociale Généralisée) [...] et des contributions publiques de l'Etat pour des dépenses de solidarité, comme le RSA. »

« La protection sociale », dessinemoileco.com, 2014.

	en milliards d'euros			en %
	2018	2019	2020	2020
Cotisation sociales	470,2	453,6	436,6	53,1
Impôts et taxes affectés	210,5	243,2	244,9	29,9
Autres ressources	119,9	125,6	140	17
- Contributions publiques	99,7	105,8	129,3	15,7
- Produits financiers	7,9	8	7,1	0,9
- Ressources diverses	12,2	11,8	3,5	0,4
Total	800,5	822,5	821,5	100

D'après *La Protection sociale en France et en Europe en 2020*, panorama de la DREES, édition 2021.

1. **Quelles sont les sources de financement de la protection sociale ?**
2. **Faites une phrase exprimant la signification des données entourées.**
3. **À l'aide de calculs, montrez le recul de la logique d'assurance au profit de la logique d'assistance.**

→ Fiche Outil p. 288

Je fais le point

Version interactive
hatier-clic.fr/23ses1951

Complétez le schéma à l'aide des termes suivants :
a. *Assurance* • b. *Impôts et taxes* • c. *Prestations sociales* • d. *Cotisations sociales* • e. *Contributions publiques* • f. *Prestations de services sociaux* • g. *Assistance*

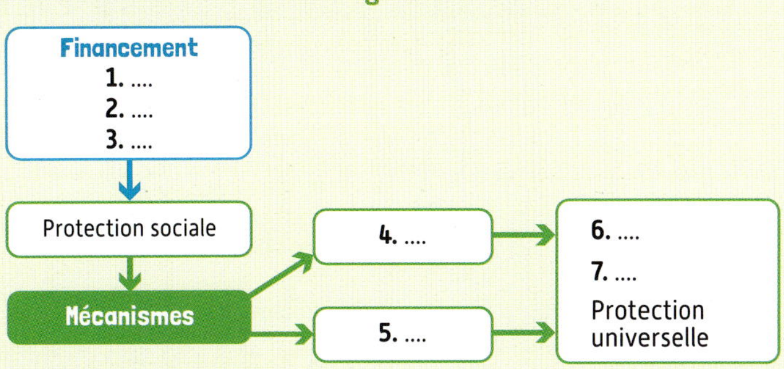

Je m'entraîne pour le BAC

Épreuve composée
partie 1

Vous montrerez que le système de protection sociale français repose sur une logique d'assurance et d'assistance.

→ Point Méthode p. 142

Atelier

Débattre La gestion des risques sociaux : effets positifs ou négatifs ?

Vers le GRAND ORAL

Étape 1 Chercher des arguments

1. À partir de vos connaissances et des documents, listez les arguments correspondant à chaque position du débat.

	La protection sociale a des effets positifs	La protection sociale a des effets négatifs
Document 1	....	....
Document 2	....	....
...	....	....

Étape 2 Mener le débat

2. La classe est divisée en deux groupes défendant chacun un point de vue. Avant de commencer le débat, chaque groupe fait un bilan des arguments issus de l'étape 1. Chaque équipe nomme deux représentants : un élève note les arguments au tableau et un autre régule le débat.

Coup de pouce

✓ Développez vos arguments et appuyez-les sur des exemples concrets.

✓ Essayez d'anticiper les contre-arguments de l'autre groupe pour mieux y répondre.

✓ Écoutez-vous les uns les autres.

Doc 1 Le déficit de la Sécurité sociale

Régime général et fonds de solidarité vieillesse, en milliards d'euros

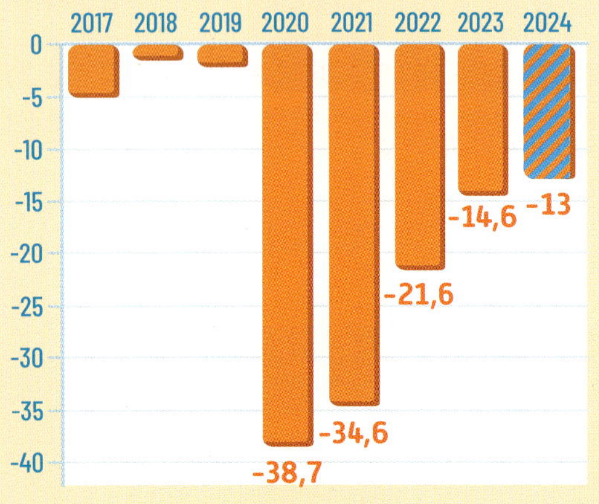

Source : Projet de loi de financement de la Sécurité sociale, 2022.

Vocabulaire

› **L'aléa moral** est la situation dans laquelle, après la signature d'un contrat, une des parties modifie son comportement au détriment d'une autre.

Doc 2 Le risque d'aléa moral

Vidéo + L'aléa moral hatier-clic.fr/23ses1952

« Dans le domaine de l'assurance, on parle d'"aléa moral" lorsque le risque que l'on cherche à assurer – ici les dépenses de santé – est aggravé du fait du comportement des personnes qui se savent couvertes. On distingue deux catégories d'aléa moral : l'aléa moral *ex ante* et l'aléa moral *ex post*.

L'aléa moral *ex ante* correspond à l'augmentation du risque de maladie induite par la modification des comportements à risques des individus lorsqu'ils sont assurés. En effet, n'ayant pas à assumer les coûts liés à leur maladie, les personnes assurées sont incitées à adopter des comportements plus risqués et à faire moins de prévention. Cependant, comme la maladie n'a pas que des coûts financiers mais entraîne aussi d'autres conséquences que l'assurance ne couvre pas, comme la douleur, les années de vie perdues, les incapacités, on considère que ce phénomène est très limité.

L'aléa moral *ex post* correspond, quant à lui, à l'augmentation des dépenses de santé induite par la couverture assurantielle, à pathologie donnée. En effet, n'ayant pas à assumer la totalité du montant de leurs dépenses de santé en cas de maladie, les personnes assurées peuvent se permettre d'avoir des dépenses de santé plus élevées que les personnes non assurées, et ce pour un même état de santé. [...]. Le reste à charge peut alors permettre de "responsabiliser" les patients en les faisant participer financièrement aux coûts des soins, c'est-à-dire de rendre leur demande sensible au prix, et par là de limiter – ou "modérer" – les dépenses de santé. »

Florence Jusot, « Le reste à charge comme instrument de régulation des dépenses de santé en France », *Actualité et dossier en santé publique*, n° 102, mars 2018.

Doc 3 Protection sociale et croissance

« Un système de protection sociale bien conçu et mis en œuvre constitue un élément puissant pour valoriser le capital humain et accroître la productivité, réduire les inégalités, renforcer la résilience et lutter contre la transmission de la pauvreté d'une génération à l'autre. Ces systèmes et instruments ont un pouvoir transformateur en ce qu'ils agissent comme des amortisseurs en aidant les populations pauvres et vulnérables à atténuer l'impact des chocs économiques et budgétaires et qu'ils leur donnent une chance de s'extraire de la pauvreté et de devenir des membres productifs de la société. »

« Protection sociale », Banque mondiale, 28 mars 2022.

Doc 4 Désincitation à travailler

« Mécanisme par lequel les inactifs ne sont pas incités financièrement à entrer sur le marché du travail. [Si l'individu] peut obtenir un revenu sans travailler grâce aux minima sociaux, le RSA par exemple, l'individu rationnel renonce au travail et se trouve pris dans une "trappe", c'est-à-dire un piège, qui le condamne à l'inactivité. Le chômage est alors volontaire. »

« Trappe à inactivité » Dico de l'éco, pourleco.com, 25 novembre 2020.

Doc 5 La Sécurité sociale, prévention et innovation

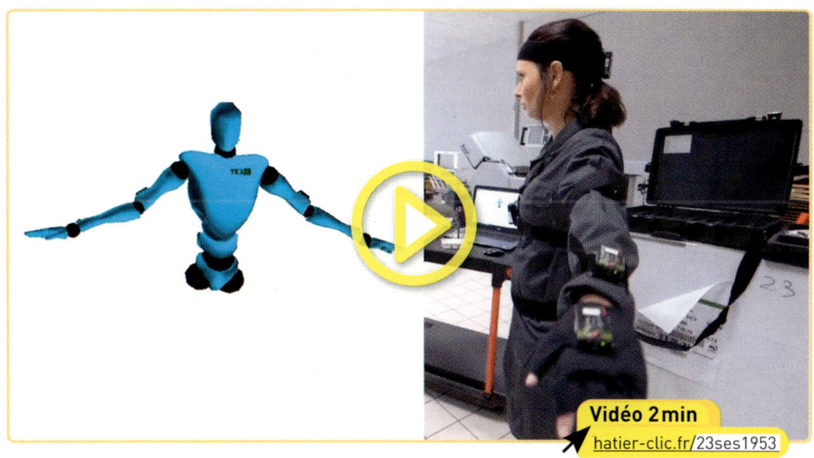

Une technologie pour prévenir les Troubles musculo-squelettiques (TMS).
La *CARSAT* est la Caisse d'Assurance Retraite et de Santé Au Travail. Elle remplace la Caisse Régionale d'Assurance Maladie (CRAM) depuis de 1er janvier 2010.

Doc 6 Les effets des différents transferts selon le revenu initial en 2019

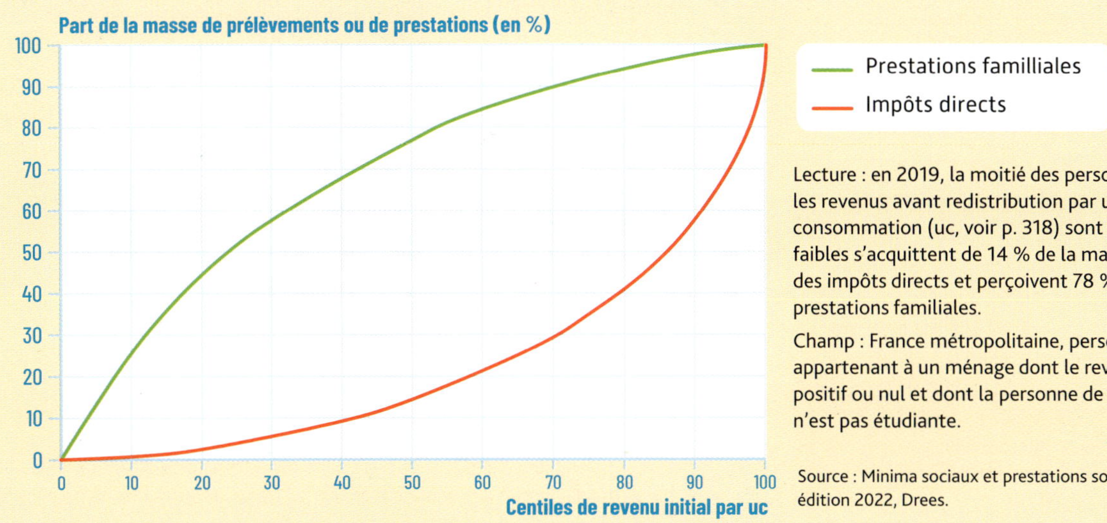

Lecture : en 2019, la moitié des personnes dont les revenus avant redistribution par unité de consommation (uc, voir p. 318) sont les plus faibles s'acquittent de 14 % de la masse des impôts directs et perçoivent 78 % des prestations familiales.

Champ : France métropolitaine, personnes appartenant à un ménage dont le revenu est positif ou nul et dont la personne de référence n'est pas étudiante.

Source : Minima sociaux et prestations sociales, édition 2022, Drees.

L'Essentiel

Comment l'assurance et contribuent-elles à la gestion

A Les caractéristiques des risques

- Tout au long de sa vie, l'**individu peut être soumis à des** risques économiques et sociaux, par définition peu prévisibles, comme la perte d'emploi, la maladie, les accidents du travail et la vieillesse.

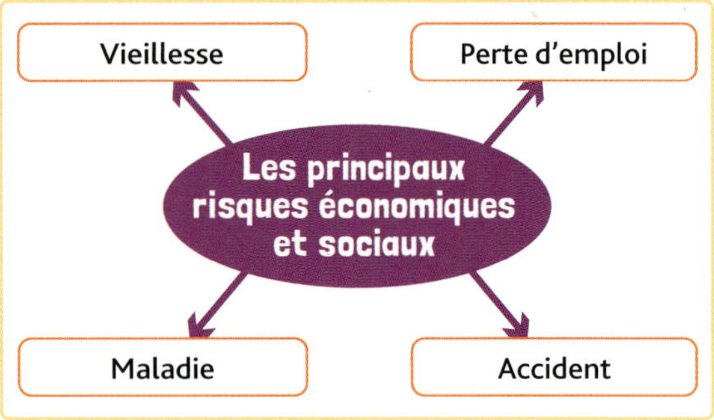

- **Ces risques ont des effets économiques** puisqu'ils entraînent une augmentation des dépenses (de santé, par exemple) ou/et une baisse voire une perte de revenus liée à une incapacité temporaire ou définitive de travailler dans les cas de perte de travail ou d'accidents du travail.
- **À ces effets économiques s'ajoutent des conséquences sociales**. Être privé d'emploi peut conduire à l'isolement ou à un sentiment de honte, dans une société où le travail tient une place centrale, qui alimente en retour les risques de pauvreté et d'exclusion.

B Exposition aux risques et principes de gestion des risques

- **Les individus ne sont pas tous exposés aux risques de la même façon** : les ouvriers ont par exemple une espérance de vie plus faible que celle des cadres et cela engendre des comportements différents dans la gestion des risques.
- De plus, **les individus ne perçoivent pas tous le risque de la même façon**. Les caractéristiques sociodémographiques notamment, comme l'âge et le sexe, alimentées par la socialisation différenciée, peuvent jouer sur l'attitude face au risque : ainsi les jeunes ne perçoivent pas le risque de la même façon que les individus plus âgés, tout comme les hommes n'ont pas le même rapport au risque que les femmes.
- Ainsi tous les individus ne chercheront pas à se protéger des risques et surtout pas de la même façon. **La gestion des risques repose sur trois grands principes :**
  - la prévention qui agit en amont permettant de limiter la survenue des risques. Elle est souvent utilisée par les organismes qui gèrent les risques (État, sociétés d'assurance, mutuelles) ou par les individus qui les subissent par le biais d'associations notamment.
  - la mutualisation qui est une prise en charge collective des risques par un système de cotisations alimentant des fonds reversés à ceux qui sont soumis aux risques.
  - la diversification qui consiste à multiplier les moyens de se protéger, par exemple en effectuant différents placements financiers pour maximiser son épargne en vue de la retraite.

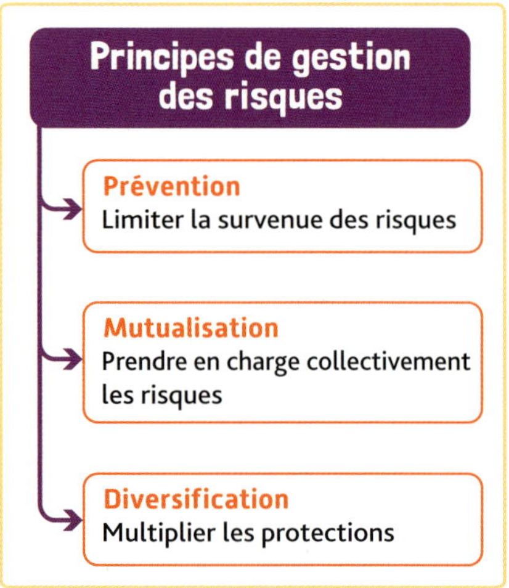

la protection sociale des risques économiques et sociaux ?

Podcast du cours
hatier-clic.fr/23ses1954

C La gestion collective des risques

- **La famille est la première institution à laquelle a recours l'individu en cas de risques.** **Mais d'autres acteurs interviennent**, en s'appuyant sur le principe de mutualisation, pour garantir des ressources aux individus soumis aux risques : les sociétés d'assurance et les mutuelles qui couvrent leurs clients ou sociétaires grâce à des cotisations versées par ces derniers ; la protection sociale, grâce à des institutions comme la **Sécurité sociale**.
- **La protection sociale**, système central de mutualisation des risques, met en œuvre une véritable solidarité collective à travers ses volets d'assistance et d'assurance. Grâce à un financement par les impôts et les cotisations sociales, elle permet de financer les prestations sociales versées en cas de risques sociaux comme la maladie, la perte d'emploi, la vieillesse…

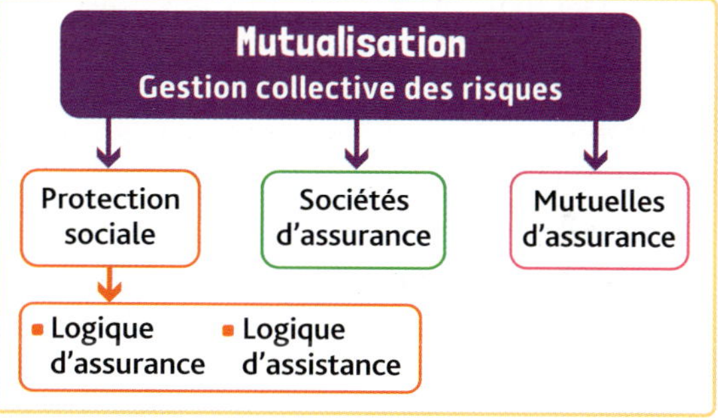

- **Partager les risques** permet aux individus d'**accroître leur bien-être** et à la société de se développer grâce à un **cercle vertueux de croissance économique** tout en favorisant les innovations. Néanmoins, ce partage comporte aussi des risques d'aléa moral en engendrant des comportements risqués de la part des individus se sachant couverts.

Notions

- **Aléa moral** La situation dans laquelle, après la signature d'un contrat, une des parties modifie son comportement au détriment d'une autre.
- **Assistance** La fourniture à un individu qui a subi un risque social d'une prestation financée collectivement sans qu'il ait forcément et préalablement cotisé
- **Assurance** Le service qui fournit une prestation lorsqu'un individu, une entreprise ou une association sont soumis à un risque en échange de la perception d'une prime ou d'une cotisation.
- **Diversification** La stratégie qui consiste pour un investisseur à effectuer différents placements financiers afin de réduire le risque global.
- **Mutualisation** Mécanisme de prise en charge des risques qui se caractérise par le partage de ceux-ci entre les membres d'un groupe afin de les couvrir et d'en réduire le poids sur chacun. Plus la taille du groupe est importante, plus la prise en charge du risque sera étendue.
- **Mutuelles** Sociétés à but non lucratif qui se financent principalement par les cotisations de leurs adhérents. Elles sont basées sur des valeurs de solidarité.
- **Prévention** Les stratégies de prévention visent à réduire la probabilité du risque en agissant donc avant que le risque ne survienne. Des informations sont mises en place par tous les organismes de gestion des risques pour favoriser celle-ci.
- **Protection sociale** L'ensemble des institutions et des mécanismes fondés sur l'idée de solidarité nationale, qui garantissent des ressources aux individus placés dans des circonstances particulières (maladie, accident, chômage, maternité, famille, vieillesse).
- **Risque** L'éventualité d'un événement qui peut causer des dommages.
- **Risque en économie** Voir p. 238.
- **Risque social** Un risque entraînant pour un individu des dépenses importantes ou une diminution sensible de ses revenus, nécessitant une prise en charge collective (chômage, vieillesse, charges de famille, maladie…).
- **Sociétés d'assurance** Ce sont soit des entreprises privées régies par le code des assurances et qui proposent des tarifs différenciés selon les risques (liés à l'âge, au sexe, à la maladie…) soit des sociétés d'assurance mutuelle (régies aussi par le code des assurances).

Révisions

1 Réviser avec le schéma de synthèse

Attitude variable face aux risques
- Exposition
- Perception

→

RISQUES
- Vieillesse
- Maladie
- Accident
- Perte d'emploi

→

Principes de gestion des risques
- Prévention
- Mutualisation
- Diversification

→

Institutions
- Famille
- Sociétés et mutuelles d'assurance
- Pouvoirs publics

↓

Protection sociale
- Assurance/assistance
- Protection universelle

↓

Effets positifs et négatifs du partage des risques
- \+ Incitation à l'innovation
- \+ Développement
- − Aléa moral

2 Savoir illustrer par des exemples

L'EXPOSITION VARIABLE AU RISQUE : l'espérance de vie supérieure des CSP +

LA PERCEPTION VARIABLE DES RISQUES : les hommes pratiquent davantage les sports extrêmes que les femmes

LA PRÉVENTION : La campagne de la ligue contre le cancer pour le dépistage du cancer du sein ou contre l'obésité

LES SOCIETES D'ASSURANCE : AXA, Generali

LES MUTUELLES D'ASSURANCE : MGEN, MAAF

3 Savoir citer des chiffres clés

En 2022, 7,4 % de la population active était au chômage.

En 2021, les dépenses de protection sociale atteignaient 33,3 % du PIB.

En 2020, la redistribution augmente de 74 % le niveau de vie moyen des 20 % de personnes les plus modestes.

Les organismes complémentaires finançaient 12,3 % de la consommation de soin et de biens médicaux en 2020.

4 Savoir définir les notions clés

ALÉA MORAL
DIVERSIFICATION
MUTUALISATION
MUTUELLES D'ASSURANCE
PRÉVENTION
PROTECTION SOCIALE
RISQUE
RISQUE SOCIAL
SOCIÉTÉS D'ASSURANCE

5 Ne pas confondre

Assurance
≠
Assistance

6 Revoir l'essentiel en vidéo

hatier-clic.fr/23ses1942

QUELS RISQUES ? QUELLE PROTECTION ?

7 Écouter le podcast du cours

Podcast du cours

hatier-clic.fr/23ses1954

8 Vérifier ses connaissances

Mémocartes
hatier-clic.fr/23ses1955

Exercices interactifs
hatier-clic.fr/23ses1956

9 Aller plus loin

Lire

Caroline Suhas, Pierre Lecrenier, « Le Casino des catastrophes », *La Revue dessinée*, n° 12, juin 2016.

Écouter

Comment faire payer aux autres nos propres prises de risques ?
France culture, 12 octobre 2021.

hatier-clic.fr/23ses1957

Voir

La Sociale, vive la sécu, de Gilles Perret, 2016.

Suivre l'actualité avec ACTU SES

actu-ses.editions-hatier.fr

hatier-clic.fr/23ses1958

Vers le BAC

Mobiliser ses connaissances

QUESTION 1 Expliquez que la vieillesse est un risque économique et social.

Coup de pouce

1. Quelle attente correspond à la consigne « expliquez » ?
   - une définition
   - une description
   - une liaison entre deux notions
2. Qu'est-ce qu'un risque économique et social ?
   - un événement probabilisable entraînant une perte de revenu ou des dépenses supplémentaires.
   - une situation d'incertitude difficilement prévisible.
   - une situation de hasard impossible à prévoir.
3. Complétez la réponse suivante en utilisant les termes proposés : *travailler • prévisible • Sécurité sociale • revenu.*

La vieillesse est un risque économique et social car c'est une situation .... qui entraîne une perte de .... importante. En effet, lorsque l'individu arrive à un certain âge, il n'est plus en capacité de .... et donc d'avoir un revenu à ce titre. Pour faire face à ce risque, la .... a été mise en place.

QUESTION 2 Pourquoi peut-on dire que la protection sociale est fondée sur le principe de solidarité collective ?

Coup de pouce

1. Commencez par définir « protection sociale » et « solidarité collective ».
2. La forme interrogative amène à donner une explication.
3. Vous pouvez utiliser les réponses du document 1 p. 244.
4. Il est conseillé d'utiliser un exemple.

QUESTION 3 À partir d'un exemple, montrez que la famille contribue à la gestion collective des risques.

QUESTION 4 Illustrez par un exemple un principe de gestion collective des risques.

QUESTION 5 Illustrez par un exemple, le fait que tous les individus ne perçoivent pas les risques de la même façon.

QUESTION 6 Montrez que la protection sociale favorise la croissance.

Étudier un document statistique

ÉTUDE de document 1

Évolution du taux de chômage selon l'âge (en %)

	15-24 ans	25-49 ans	50 ans et +	ensemble
2005	26,1	9,5	7	10,3
2010	24,7	8,2	5,6	9,3
2015	22,3	8	5,1	8,9
2021	17,8	7,9	5,6	8,5

Source : d'après Insee.

1. Comment a évolué le taux de chômage des 50 ans et + entre 2005 et 2021 ?
2. À l'aide de vos connaissances et du document vous montrerez que l'âge agit sur l'exposition au risque chômage.

Coup de pouce

1. Repérez les informations importantes pour comprendre le document : titre, la date, la source, l'unité.
2. Vérifiez la compréhension des données en faisant une lecture qui donne du sens à une donnée.
   Choisissez la phrase qui vous semble la plus appropriée concernant la donnée entourée :
   a. En 2015, le taux de chômage des 25-49 ans était de 8 %.
   b. En 2015, 8 % de la population active âgée de 25 à 49 ans était au chômage.
   c. En 2015, en France on comptait 8 % de chômeurs.
3. Complétez cette réponse possible à la question 2 :

L'.................... au risque chômage est différente selon l'âge. En effet, ce risque baisse avec l'âge. Ainsi, en 2021, le taux de chômage des 15-24 ans est .... fois plus important que celui des 50 ans et plus. Depuis 2005, cet écart a diminué puisqu'à cette date les 50 ans et plus étaient .... fois moins soumis au chômage que les 15-24 ans. Quant aux .... 25-49 ans , ils étaient 7,9 % au chômage en 2021 ce qui est .... points de pourcentage de moins que les 15-24 ans et 2,3 .... de plus que les 50 ans et plus.

ÉTUDE de document 2

Répartition de l'activité par type d'organisme en 2020 en % des cotisations collectées

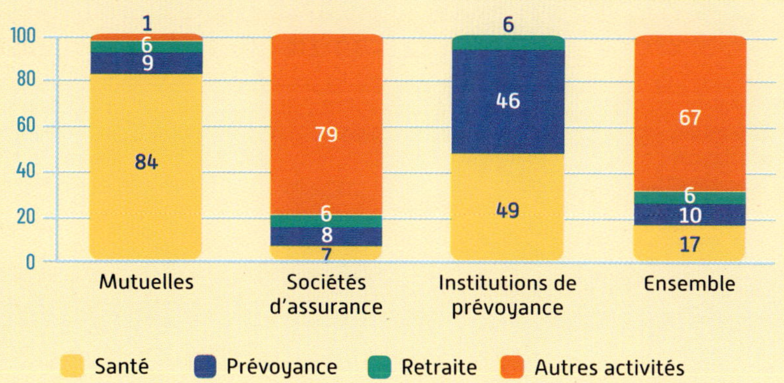

Note : Les autres activités incluent les contrats emprunteurs, les activités de capitalisation, et les autres activités Non vie (automobile, dommages aux biens, etc.). La prévoyance couvre des risques sociaux comme l'assurance incapacité de travail, invalidité, dépendance et décès…
Lecture : Pour les mutuelles, les cotisations collectées en santé représentent 84 % de l'ensemble des cotisations collectées en 2020.

Source : ACPR, calculs Drees.

1. Comparez le poids des différentes activités pour les mutuelles.
2. À l'aide de vos connaissances et du document, vous montrerez que les différents organismes de gestion des risques exercent des missions différentes.

Vers le BAC

Raisonnement s'appuyant sur un dossier documentaire

POINT MÉTHODE
Présenter un mécanisme

Construire un raisonnement repose sur une **argumentation structurée**. Pour cela, il est indispensable de mettre en évidence des **mécanismes** économiques et sociaux qui répondent au sujet. Ces mécanismes fournissent alors des **explications**. Pour développer correctement un mécanisme, il faut suivre plusieurs étapes.

ÉTAPE 1 Identifier le phénomène

Définir la nature du phénomène économique ou social à expliquer et ses caractéristiques, c'est-à-dire la manière dont il se manifeste.

ÉTAPE 2 Identifier les facteurs explicatifs

Identifier l'ensemble des faits, des éléments pouvant avoir un lien avec le phénomène étudié par le sujet.

ÉTAPE 3 Présenter l'enchaînement des facteurs explicatifs

Établir des liens de cause à effet, un fait en entraînant un autre, en enchaînant les phénomènes dans le « bon sens » : A → B → C → D.

ÉTAPE 4 Rédiger un argument s'appuyant sur un mécanisme

▸ Avant de rédiger l'argument, vous pouvez utiliser un schéma qui vous permettra de visualiser le mécanisme.

EXEMPLE :

Diversification des sources de revenus → Placements financiers différents → Maintien de revenus en cas de défaillances d'un placement → Limite les pertes de revenus

▸ Pensez à utiliser des connecteurs logiques pour enchaîner les différentes phases du raisonnement.

EXEMPLE :

***Tout d'abord**, la diversification des sources de revenus est un moyen pour limiter les pertes de revenus. **En effet**, opter pour des placements financiers différents permet le maintien de certains revenus lorsque d'autres placements sont moins rémunérateurs. **Par conséquent**, la diversification contribue à la couverture des risques.*

APPLICATION

1. Quelle différence faites-vous entre exposition et attitude face au risque ?
2. Identifiez deux critères qui expliquent les différences d'attitude face aux risques et deux critères pour les différences d'exposition.
3. Construisez un schéma d'implication permettant d'expliquer comment le sexe influence l'attitude face aux risques.
4. Rédigez un argument en vous appuyant sur le schéma réalisé à la question 3.

SUJET

À l'aide du dossier documentaire et de vos connaissances, vous montrerez que l'exposition et l'attitude face aux risques diffèrent selon les individus et les groupes sociaux.

Doc 1

Proportion de salariés exposés à au moins un agent chimique cancérogène en 2017 (en %), **la semaine précédant l'enquête**

	Effectifs	%
Ensemble	2 733 300	11
Salariés exposés à 3 produits chimiques et plus	1 977 600	8
Catégorie socio-professionnelle		
Cadres et professions intellectuelles supérieures	118 200	2,8
Professions intermédiaires	366 000	7,3
Employés administratifs (public/privé)	33 100	1
Employés de commerce et de service	295 300	5,3
Ouvriers qualifiés	1 552 800	34,8
Ouvriers non qualifiés*	367 900	16,7

* Par convention, les ouvriers agricoles sont classés dans cette catégorie.

Lecture : en 2017, 11% des salariés sont exposés à au moins un agent chimique cancérogène lors de la dernière semaine travaillée, ce qui représente 2,7 millions de salariés.

Champ : ensemble des salariés (secteur public et privé) ; France métropolitaine et DOM.

Dares-DGT-DGAFP, Enquête Sumer 2017.

Doc 2

« De nombreuses études ont montré des différences de perception du risque et de comportements entre, d'une part, les hommes et les femmes, et d'autre part, les populations jeunes et âgées [...].

D'une façon générale, les femmes ont plus fréquemment que les hommes tendance à juger les risques comme "très élevés" et donc à prendre moins de risque que les hommes [...] Plusieurs explications ont été proposées afin d'expliquer pourquoi les femmes perçoivent les risques plus élevés qu'ils ne le sont objectivement. Une des raisons suggère que les femmes sont moins informées que les hommes. [Cette explication a été rejetée]. Une autre explication tient à la place traditionnelle des femmes dans la société et à une préoccupation plus importante de la santé. Enfin, Borghans *et al.* montrent que face à une faible incertitude (information importante), les hommes et les femmes agissent de la même manière. Mais, s'il y a peu d'information, les femmes ont plus d'aversion vis-à-vis de ces situations incertaines que les hommes. Cette différence entre les hommes et les femmes est cruciale dans le cas des campagnes de prévention santé chez les enfants. En effet, il est observé un rôle prédominant des femmes dans l'éducation des enfants et notamment dans l'éducation alimentaire. À cela, s'ajoute le rôle non négligeable du niveau d'éducation des femmes et de leur statut socioprofessionnel. Les autres caractéristiques pertinentes dans l'explication de la perception de risque sont le niveau d'éducation, la localisation ou encore le fait que le risque soit volontaire ou non. »

Johanna Etner, « Comment comprendre les comportements face à l'évolution des risques ? Une approche par les modèles de décision », *Humanisme et Entreprise*, janvier 2011, n° 301.

Doc 3

Nombre de personnes tuées sur la route, par classe d'âge, en France

	0-13 ans	14-17 ans	18-24 ans	25-34 ans	35-44 ans	45-54 ans	55-64 ans	65-74 ans	75-84 ans	75-84 ans	Total
2010	111	180	831	704	545	505	351	264	366	135	3992
2019	61	92	549	516	383	382	412	317	317	215	3244
2020	62	89	449	399	280	324	295	291	229	123	2541
2021	85	101	505	398	366	363	366	321	274	175	2944
Évolution 2019-2021	+ 39%	+ 10%	- 8 %	- 23 %	- 4 %	- 8 %	- 11%	+ 1 %	- 14%	- 19 %	- 9 %

Bilan 2021 de la sécurité routière, ONISR données définitives jusqu'en 2021. Données relatives aux accidents corporels enregistrés par les forces de l'ordre, en France métropolitaine.

Dissertation

POINT MÉTHODE
Rédiger une introduction

L'introduction est un temps important de la dissertation. Elle permet de présenter le sujet et ses enjeux et de montrer le cheminement qui va être suivi pour y répondre. Il est donc primordial qu'elle soit précise et structurée afin de bien amener le sujet.

ÉTAPE 1 Présenter le sujet

▸ Débuter par une **phrase d'accroche** (fait d'actualité, citation, chiffres clés...) qui permet d'entrer dans le sujet et de capter l'attention du lecteur.

▸ **Présenter le sujet** et, dans ce cadre, définir la ou les notion(s) du sujet. L'objectif est aussi de **cadrer** (quelle période ? quel(s) pays ?) et d'**exposer les enjeux** du sujet (pourquoi cette question ?) afin d'amener la problématique.

→ POINT MÉTHODE p. 188.

ÉTAPE 2 Problématiser

▸ La problématique permet de **reformuler le sujet** sans en changer le sens. Elle peut prendre la forme d'une question ou d'une **affirmation** (« Il s'agit de démontrer / d'expliquer / de présenter... »).

▸ On peut parfois apporter lors de cette étape des informations de présentation du sujet que l'on n'a pas fournies lors de l'étape 1 (le cadre spatio-temporel ou une définition par exemple).

ÉTAPE 3 Annoncer le plan

▸ Indiquer le cheminement choisi pour répondre au sujet et donc **annoncer les grandes parties** du plan qui répondront à la problématique.

▸ Cette annonce peut être **explicite**. Par exemple, il est possible d'annoncer le plan de la manière suivante : « **Dans une première partie, nous verrons que... avant de démontrer que... dans la deuxième partie.** »

→ POINT MÉTHODE p. 232.

Les 3 étapes de l'introduction

1. Présentation du sujet	2. Formulation de la problématique	3. Annonce du plan
▪ Phrase d'accroche ▪ Présentation du sujet	▪ Reformulation du sujet ▪ Éventuellement, suite de la présentation du sujet	Cheminement pour répondre au sujet : annonce des 2/3 parties

APPLICATION

1. **Réécrivez l'introduction du sujet suivant en remettant dans l'ordre les phrases proposées :**

Sujet 1 Comment prendre en charge la gestion des risques ?

a. Nous verrons dans une première partie qu'il est possible de gérer les risques de façon collective, par la prévention et la mutualisation.

b. Un risque est l'éventualité qu'un événement survienne et qu'il cause des dommages. En économie, le risque est plus ou moins probabilisable et peut entraîner des pertes pour l'individu. Le risque social, quant à lui, est un risque qui peut entraîner des dépenses importantes voire une diminution sensible des revenus nécessitant une prise en charge collective en cas d'accident, de chômage ou de vieillesse par exemple.

c. Comment les humains peuvent-ils se protéger des risques ? Comment peuvent-ils être pris en charge ?

d. Chaque jour en France, près de 1 800 personnes sont victimes d'un accident du travail ; 14 en décèdent chaque semaine. Ce type d'évènement, certes probabilisable reste difficile à prévoir, c'est pourquoi les individus vont chercher à prendre en charge ces risques.

e. Dans une deuxième partie, nous démontrerons que les risques peuvent également être gérés individuellement en diversifiant ces actions pour limiter les risques.

2. **Après avoir proposé un plan détaillé au sujet ci-contre, rédigez-en l'introduction.**

SUJET Comment la protection sociale contribue-t-elle à la couverture des risques ?

Doc 1

« L'assurance vieillesse créée au sein de la Sécurité sociale en France est un système universel de retraites par répartition. C'est une innovation par rapport à celui instauré dans le cadre des Assurances sociales de 1930, qui fonctionnait par capitalisation et n'offrait qu'une couverture partielle réservée aux travailleurs dont les revenus se situaient au-dessous d'un certain seuil de ressources. Le système de retraite par répartition de 1945 instaure un mécanisme de redistribution publique entre les trois générations coexistantes. Les adultes d'âge actif financent la retraite de leurs vieux parents ainsi que l'éducation de leurs jeunes enfants. Ce second élément de l'échange relève d'autres transferts publics que celui mis en œuvre par les systèmes de retraite mais il est important de le rappeler, car il témoigne de la chaîne de coopérations intergénérationnelles que le système de transferts pour la retraite met en action. Le système de retraite par répartition se fonde ainsi sur un pacte de solidarité entre les générations, lequel devait se révéler mutuellement profitable pour toutes et donc juste et équitable au sens rawlsien (Rawls, 1999), à la condition que tous y adhèrent et que la chaîne de réciprocité soit viable sur le long terme. En effet, chaque génération adulte s'oblige à payer pour les retraites des aînés parce qu'elle a la conviction que les plus jeunes, une fois adultes, cotiseront avec la même détermination pour les pensions de retraite qu'elle-même touchera dans ses vieux jours. »

Anne-Marie Guillemard, « Sécurité sociale et transformation des rapports entre les générations », *Informations sociales*, n° 189, mars 2015.

Doc 2

Répartition des ressources de la protection sociale par type de prélèvement

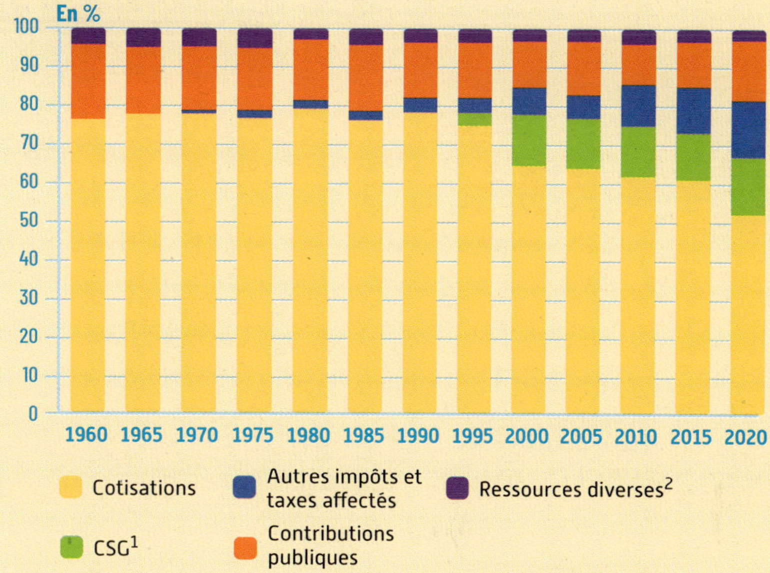

1. La Contribution sociale généralisée (CSG) est un prélèvement à la source sur la plupart des revenus qui participe au financement de la Sécurité sociale.

2. Les ressources diverses incluent notamment les produits financiers, ventes de biens et service, les recours contre tiers.

Lecture : en 2020, les cotisations représentent 52% des ressources de la protection sociale.

Source : *La protection sociale en France et en Europe en 2020*, Drees, édition 2021.

Doc 3

Prélèvements sociaux et prestations sociales rapportés au revenu disponible des ménages par dixième de niveau de vie

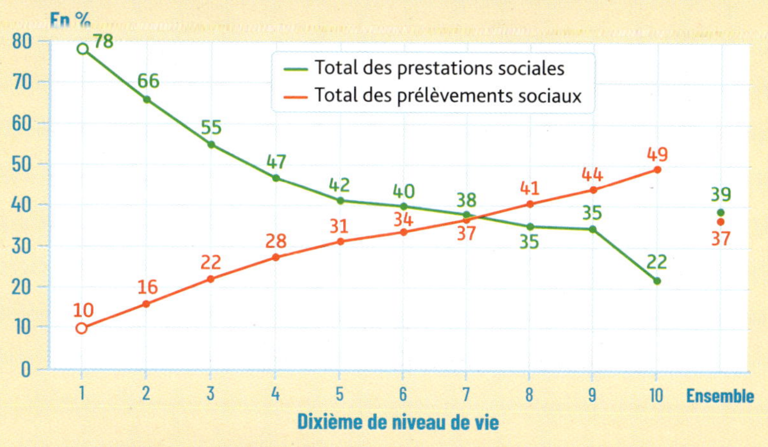

Note : Les individus sont ici classés en 10 groupes de 10 %, par ordre croissant de niveau de vie, des 10 % les plus pauves aux 10 % les plus riches.
Lecture : pour les 10 % les plus riches, les prestations sociales et les prélèvements sociaux représentent respectivement en moyenne 22 % et 49 % de leur revenu disponible total.

Source : *La Redistribution opérée par la protection sociale en France en 2020*, Drees, édition 2021.

Doc 4

→ Voir doc. 3 p. 245.

Chapitre 12

Comment les entreprises sont-elles organisées et gouvernées ?

LA VIDÉOTHÈQUE DU CHAPITRE

hatier-clic.fr/23ses1961

Les raisons du succès d'une entreprise ..... p. 259

Les profils de dirigeants de PME ..... p. 262

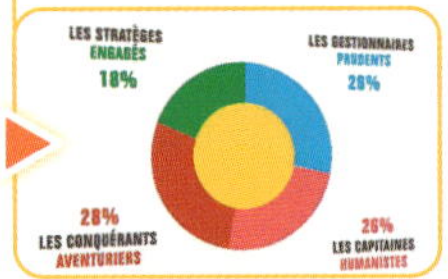

Parcours d'une entrepreneure ..... p. 268

La création et le développement de l'entreprise Michelin ..... p. 260

Une entreprise sans hiérarchie ? ..... p. 264

Quel statut juridique pour une entreprise ? ..... p. 260

Grève des femmes de chambre à l'hôtel Ibis Batignolles à Paris .. p. 267

Vidéo de **RÉVISION** du chapitre

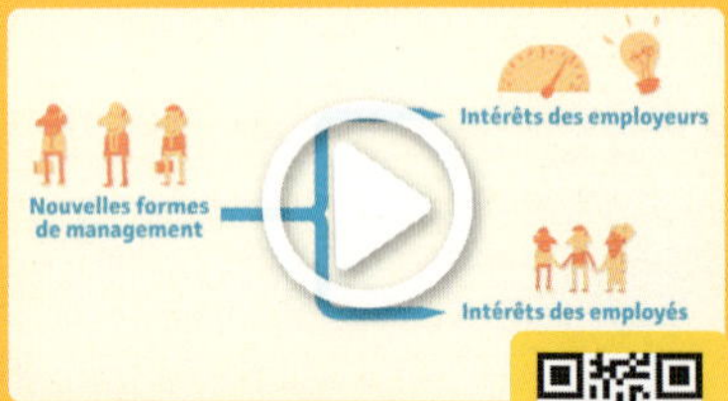

hatier-clic.fr/23ses1962

1 **Comprendre** le succès d'une entreprise

- Caractérisez le poids économique de Netflix en France et dans le monde en 2020.
- Quelles ont été les principales innovations qui expliquent son développement depuis sa création ?
- Quelles sont les principales critiques formulées à l'encontre de Netflix ?

2 **S'interroger** sur les causes des conflits du travail

Dessin de Rust, octobre 2022.

- Le niveau des salaires est-il nécessairement un objet de conflit au sein des entreprises ? Justifiez votre réponse.
- Selon vous, pour quelles autres raisons peut-il y avoir un conflit dans l'entreprise ?

3 **Réagir** à un sondage sur l'entreprise

Les attentes prioritaires vis-à-vis de l'entreprise

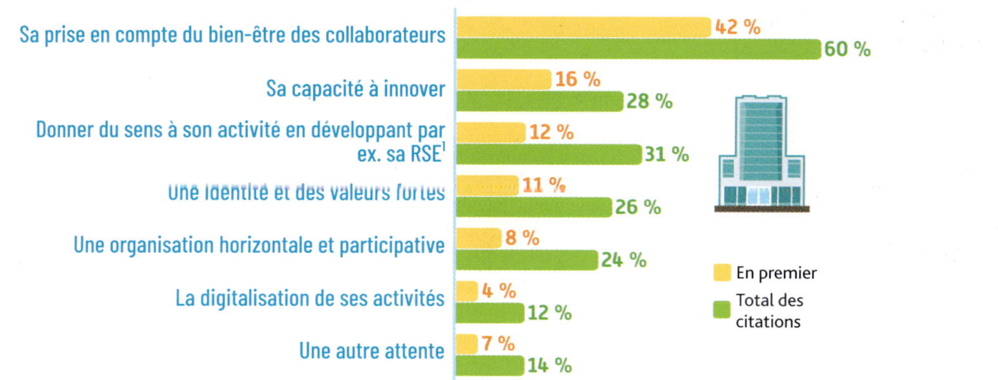

1. La RSE (responsabilité sociale et environnementale) est la prise en compte par les entreprises des enjeux environnementaux, sociaux, économiques et éthiques dans leurs activités.

Source : Sondage Ifop pour Wittyfit-Siaci Saint-Honoré, réalisé auprès d'un échantillon de 1 003 personnes représentatif de la population française salariée, du 18 au 22 mai 2020.

- On dit de l'entreprise que c'est une organisation, un groupe humain structuré et finalisé.
  Classez, en justifiant, les différentes attentes identifiées dans le sondage selon qu'elles illustrent l'idée que :
  > l'entreprise est un groupe humain ;
  > l'entreprise est structurée ;
  > l'entreprise a des finalités (des objectifs particuliers).
- Et vous ? Quelles attentes listées dans ce sondage vous semblent les plus importantes ?

Quelles sont les étapes du cycle de vie d'une entreprise ?

Doc 1 La création et le développement de l'entreprise Michelin

Vidéo 6 min
hatier-clic.fr/23ses1964

1. Quelle fut l'innovation majeure des frères Michelin ?
2. En quoi Michelin fut-elle une entreprise pionnière en matière de publicité ?
3. Quels produits liés à l'automobile ont été créés par Michelin ?
4. Identifiez les phases du cycle de vie de Michelin selon les innovations. À quelle(s) condition(s) cette entreprise pourrait-elle disparaître ?

Vocabulaire

> Le **cycle de vie** d'une entreprise est un ensemble d'étapes traversées par l'entreprise. On peut le résumer à quatre phases principales : création, croissance, maturité et déclin voire disparition.

> Le **statut juridique** est un ensemble de dispositions qui fixe les droits et obligations applicables à un entrepreneur individuel ou à une société. Toute entreprise doit en choisir un à sa création et peut en changer au cours de son développement.

Exercice

Vidéo + 3 min 30
hatier-clic.fr/23ses1965

Identifier les statuts juridiques d'entreprises

	Entreprise individuelle[1] (ou EIRL)	SARL (ou EURL[2])	SA
Nombre d'associés	Aucun	2 à 100 associés (1 associé)	7 actionnaires minimum[4]
Capital minimum à apporter	Aucun	1 €	37 000 €
Statut du dirigeant	Entrepreneur	Gérant	P-DG élu par les actionnaires
Responsabilité financière du dirigeant	Illimitée[3] (limitée pour l'EIRL)	Limitée aux apports	Limitée aux apports
Régime fiscal	Impôt sur le revenu (ou option impôt sur les sociétés pour l'EIRL)	Impôt sur les sociétés (ou option impôt sur le revenu pour l'EURL)	Impôt sur les sociétés
Régime social du dirigeant	Indépendant	Gérant minoritaire, salarié (indépendant sinon)	Président assimilé salarié

1. Les entreprises individuelles peuvent bénéficier du régime de la microentreprise (autoentrepreneur jusqu'en 2014), un régime fiscal ultra-simplifié ouvert aux entreprises individuelles, aux EIRL et aux EURL qui ne dépassent pas certains seuils de chiffre d'affaires.
2. Statut conçu comme un tremplin vers la SARL.
3. Pas de distinctions entre les patrimoines privé et professionnel.
4. Il existe des Sociétés anonymes (SA) particulières, SAS ou SASU. Il faut être au moins deux pour créer une SAS (forme unipersonnelle pour une SASU). Ce statut est utilisé notamment dans le cadre des projets où des distributions de dividendes sont prévues et dans le cadre des projets qui prévoient l'entrée d'investisseurs.

1 Recherchez la signification des sigles des différents statuts juridiques présentés dans le document.

2 Quel(s) statut(s) choisiriez-vous de préférence si vous vouliez créer une entreprise dans les cas suivants ?

a. Boulangerie artisanale dans un petit village ;
b. Cuisiniste, au départ seul, avec volonté d'évoluer en SARL ;
c. Personne qui sort du chômage en se lançant dans de petits travaux de plomberie ;
d. Grande SARL avec associés nombreux, désirant s'agrandir en allant se financer sur les marchés financiers (actions) ;
e. Chercheur en biologie cherchant un médicament.

Justifiez pour chaque cas votre choix.

3 Illustrez par un exemple le fait que le développement d'une entreprise entraîne le changement de son statut.

Doc 2 Croissance et déclin d'une entreprise : l'exemple de Kodak

Le chiffre d'affaires du groupe Kodak

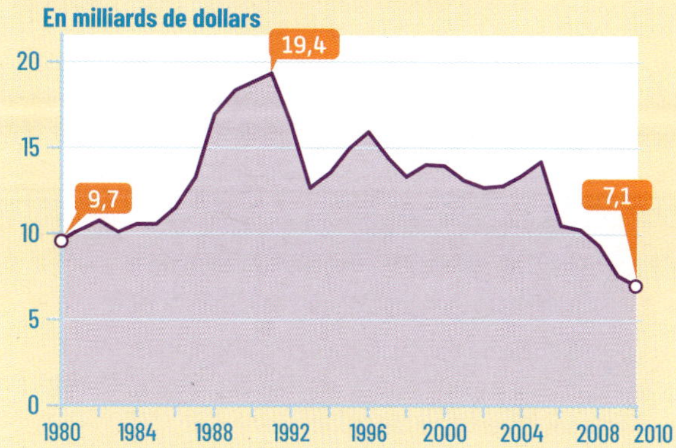

Source : Bloomberg, *Les Échos*, 20 janvier 2012.

« 124 ans après sa création en 1888, Kodak, la célèbre marque de photographie a annoncé hier qu'elle était en faillite [...]. Alors que le groupe générait près de 20 milliards de dollars de revenu à la fin des années 1980, c'est véritablement le numérique qui a sonné le glas de la marque dans les années 1990, où la concurrence des marques asiatiques qui ont fait le pari du numérique, a plongé Kodak dans la tourmente. Ainsi, entre 2003 et 2011, le groupe supprime 47 000 emplois et ferme 13 usines. Le tournant est passé, Kodak a raté le train du numérique et ne le rattrapera jamais. L'entreprise qui ne dégage plus de profits depuis 2007 a atteint hier un point de non-retour avec une cotation boursière évaluée à 150 millions d'euros, une somme ridicule pour une entreprise de cette taille. »

« Kodak, le clap de fin ? », francetransactions.com, 20 janvier 2012.

1. Calculez le taux de variation du chiffre d'affaires de Kodak entre 1991 et 2010. Exprimez la signification du résultat trouvé. → Fiche Outil p. 288.
2. Comment peut s'expliquer la faillite de Kodak ?
3. Pourquoi est-il important pour une entreprise de suivre les évolutions du marché sur lequel elle vend ses produits ?

Doc 3 Création et pérennité des entreprises

a Nombre de créations d'entreprises depuis 2010

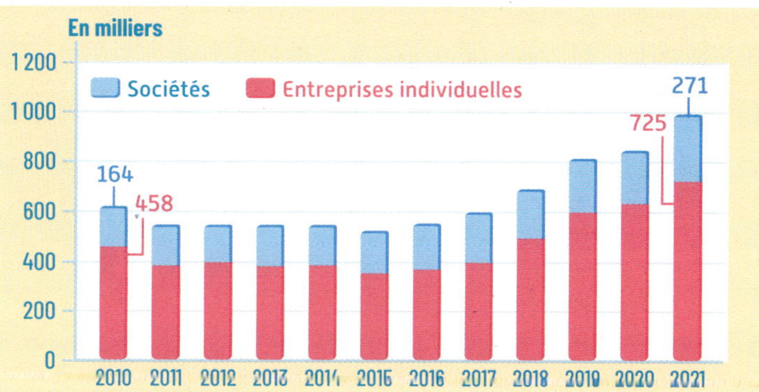

Source : Insee, Sirene.
Lecture : en 2021, 271 000 sociétés ont été créées.

b Taux de pérennité des entreprises

Taux de pérennité à	Entreprises créées en 2010	Entreprises créées en 2014
1 an	91,1 %	91,3 %
2 ans	81,1 %	82,4 %
3 ans	71,8 %	73,6 %
4 ans	64,6 %	66,6 %
5 ans	60,4 %	61,3 %

Source : Insee, enquêtes SINE 2010 (interrogations 2010, 2013 et 2015) et 2014 (interrogations 2014, 2017 et 2019).

Lecture : 91,3 % des entreprises créées en 2014 existent toujours au moins un an après.
Champ : entreprises des secteurs marchands non agricoles créées au premier semestre de l'année de référence, hors auto-entrepreneurs.

1. Par un calcul, décrivez l'évolution du nombre de créations d'entreprises entre 2010 et 2021 (doc. 3a). → Fiche Outil p. 288.
2. Distinguez l'évolution du nombre de créations d'entreprises entre 2010 et 2021 selon le statut juridique. (doc.3a).
3. Comment évolue le taux pérennité des entreprises au bout de 5 ans ? (doc. 3b).
4. Les entreprises créées en 2014 sont-elles plus pérennes que celles créées en 2010 (doc. 3b) ? Justifiez.

Je fais le point

À l'aide du document 2, datez chacune des 4 phases du cycle de vie de l'entreprise Kodak (création, croissance, maturité, déclin/disparition).

Je m'entraîne pour le BAC

Épreuve composée partie 1
Caractérisez les différentes étapes du cycle de vie d'une entreprise.

Dossier 2 Quelles sont les différentes figures de l'entrepreneur ?

Exercice

Identifier des profils de dirigeants de PME

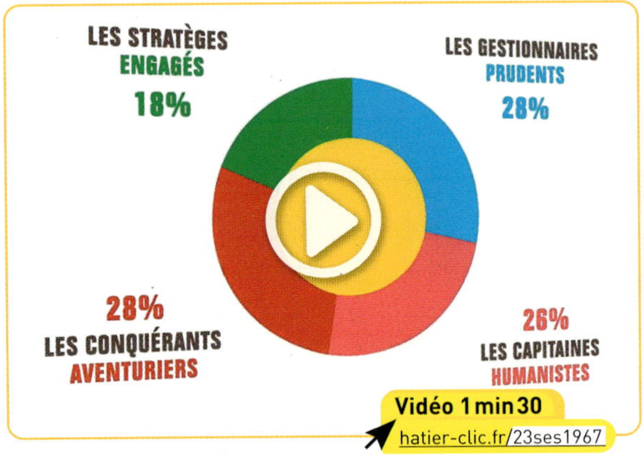

Vidéo 1 min 30
hatier-clic.fr/23ses1967

1. Caractérisez les 4 profils présentés dans la vidéo.
2. Selon vous, quel est le profil qui correspond le mieux à la définition d'entrepreneur innovateur de J.A. Schumpeter ci-dessous ? Justifiez votre réponse.

Le saviez-vous ?

> Pour **Joseph Aloïs Schumpeter** (1883-1950), « l'entrepreneur n'est pas celui qui découvre des procédés techniques nouveaux ni le détenteur du capital, mais celui qui organise économiquement hommes, capitaux, innovations techniques en vue de réaliser de nouveaux projets » (*Théorie de l'évolution économique*, 1911).

Doc 1 Quelques figures d'entrepreneurs français

Xavier Niel (né en 1967)
Fondateur et actionnaire principal d'Iliad, groupe de télécommunications français, maison mère du fournisseur d'accès à Internet Free. Il a notamment bousculé la concurrence sur le marché de la téléphonie mobile avec l'arrivée de Free mobile face aux 3 grands opérateurs en place (Orange, Bouygues et SFR en 2012).

Carlos Tavares (né en 1958)
Ingénieur centralien, chef d'entreprise, il a fait toute sa carrière chez le constructeur automobile Renault, avant de prendre la tête du Groupe PSA puis de Stellantis, groupe né de la fusion du groupe PSA et FCA (Fiat Chrysler Automobiles) en 2021.

Bertile Burel (née en 1969)
Diplômée de Sciences po Paris, fondatrice en 2004, avec son mari, de Wonderbox, entreprise spécialisée dans les coffrets cadeaux et la vente d'activités de loisirs sur internet.

Ernest-Antoine Seillière (né en 1937)
Diplômé de Sciences Po Paris et de l'École nationale d'administration, il est l'un des héritiers de la société d'investissement Wendel qu'il a dirigée comme président. Entrepreneur actionnaire, il a aussi été président du Medef, principale organisation patronale française.

1. Comparez ces quatre figures d'entrepreneurs français.
2. Laquelle de ces personnalités se rapproche le plus de l'entrepreneur schumpétérien selon vous ? Justifiez.

Doc 2 Les trois figures de l'entrepreneur

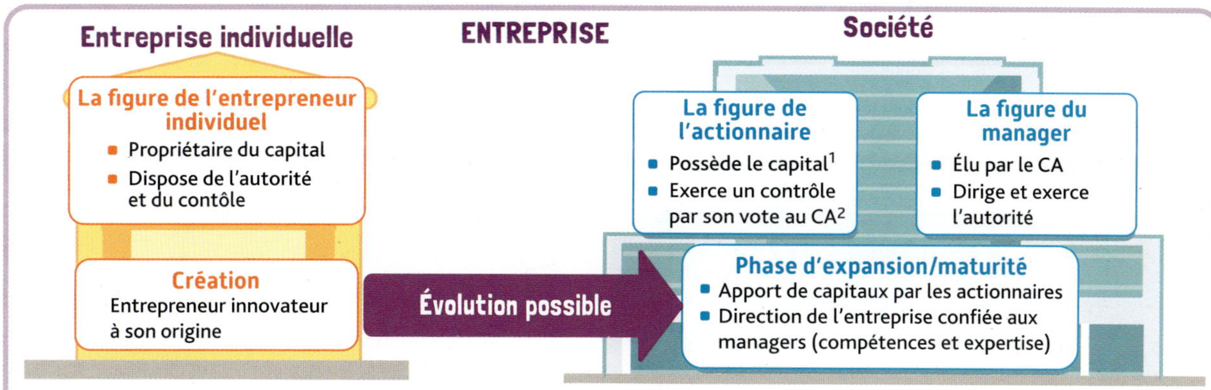

1. Lors des assemblées générales, le droit de vote de l'actionnaire est proportionnel à sa participation au capital de la société ; avec 40% du capital, il dispose de 40% des voix.
2. Le Conseil d'administration est un organe de direction qui a comme mission de définir la stratégie d'une société qui sera appliquée par le manager choisi (le P-DG).

1. Qu'est-ce qui différencie l'entrepreneur individuel de l'actionnaire ?
2. À quelle(s) condition(s) l'entrepreneur individuel peut-il devenir le PDG (manager) de son entreprise ?
3. Un manager peut-il être un entrepreneur innovant au sens de Schumpeter (voir *Le saviez-vous ?* de l'exercice p. 262) ?
4. Trouvez un exemple pour les trois figures de l'entrepreneur parmi les 4 entrepreneurs français présentés dans le doc.1.

Doc 3 La montée en puissance des managers

« Dans le passé, la direction de l'entreprise s'identifiait avec l'entrepreneur, c'est-à-dire l'individu qui joignait au contrôle du capital la capacité d'organiser les autres agents de production et, dans la plupart des cas, une aptitude à l'innovation. Avec la croissance des grosses sociétés, avec l'apparition de l'organisation qu'exigent la technologie et la planification modernes, et avec le divorce survenu entre la propriété du capital et la direction effective de l'entreprise, l'entrepreneur n'existe plus en tant que personne individuelle dans la firme industrielle évoluée. Les conversations quotidiennes [...] ont substitué à l'entrepreneur, force dirigeante de l'entreprise, "la direction" - "le management". C'est une entité collective[1] et imparfaitement définie : [...] il englobe tous ceux qui apportent des connaissances spécialisées, du talent, ou de l'expérience aux groupes de prise de décision. »

J. K. Galbraith, *Le Nouvel État industriel*, 1968 (*The New Industrial State*, 1967).

1. Ce que Galbraith appelle la « technostructure » : le pouvoir dans la grande entreprise typique des Trente glorieuses n'appartient pas réellement à ses actionnaires, mais aux dirigeants salariés (les managers) qui bénéficient de l'expertise technique et financière.

1. Selon l'économiste J.K Galbraith, quelle était la figure de l'entrepreneur dans le passé ? Montrez que cette figure de l'entrepreneur n'a pas complètement disparu aujourd'hui.
2. Pourquoi l'entrepreneur n'existe-t-il plus en tant que personne individuelle dans la firme industrielle évoluée ?
3. À quelle figure de l'entrepreneur correspond la description de la dernière phrase du texte ? Justifiez.

Je fais le point

Version interactive
hatier-clic.fr/23ses1968

Associez chaque figure de l'entrepreneur (1 à 3) à sa définition (a à c).

1. Actionnaire •
2. Entrepreneur innovateur •
3. Manager •

• a. Chef d'entreprise qui lance de nouveaux projets économiques.
• b. Propriétaire du capital social de l'entreprise qui participe à la définition des objectifs de l'entreprise.
• c. Salarié chargé de prendre des décisions dans l'entreprise et de la diriger.

Je m'entraîne pour le BAC

Épreuve composée partie 3

Réalisez un plan détaillé pour le sujet suivant :
À l'aide de vos connaissances et du dossier documentaire, montrez qu'il existe différentes figures de l'entrepreneur.

→ Point Méthode p. 208

Dossier 3 Comment les entreprises sont-elles gouvernées ?

Doc 1 Une entreprise sans hiérarchie ?

Vidéo 3 min
hatier-clic.fr/23ses1969

1. Comment est organisé le groupe Hervé ?
2. Comment sont prises les décisions dans cette entreprise ?
3. Quelles sont les valeurs mises en avant par l'entreprise ?
4. Selon vous, est-il envisageable pour une entreprise de se passer totalement de hiérarchie ?

Vocabulaire

> La **gouvernance** d'entreprise désigne un ensemble de décisions, règles et pratiques visant à assurer le fonctionnement optimal d'une organisation, ainsi que les organes chargés de les formuler, de les mettre en œuvre et d'en assurer le contrôle.

> La **hiérarchie** est un principe d'organisation fondé sur le commandement et l'obéissance. Les entreprises sont des organisations où s'exerce une autorité qui peut revêtir plusieurs formes.

> **Les parties prenantes d'une entreprise** : voir p. 266.

Doc 2 Deux modèles de hiérarchie dans l'entreprise

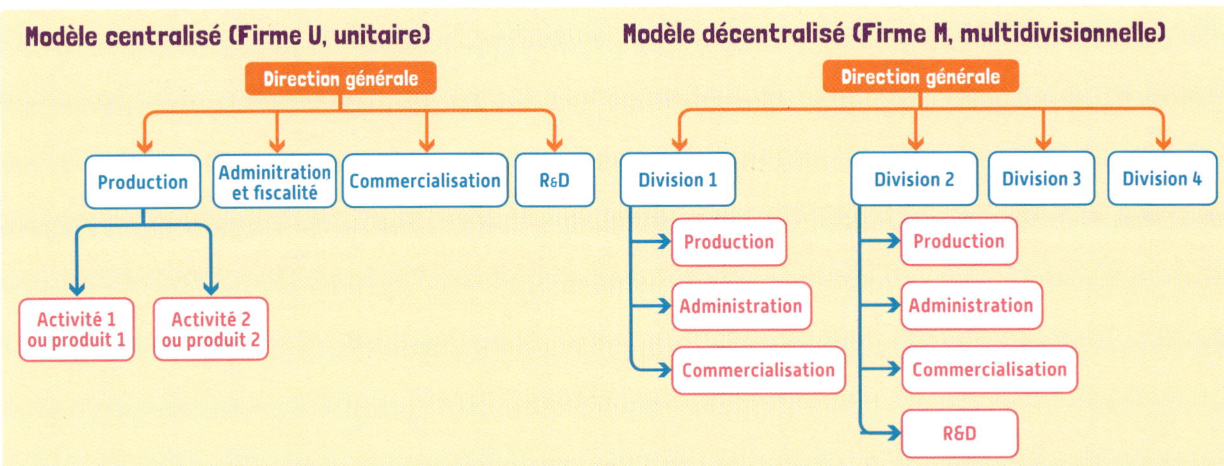

L'historien Alfred Chandler (1918-2007) a étudié les transformations des structures des entreprises au cours de l'histoire. Elles sont, en effet, passées progressivement d'une forme unitaire (firme[1] U) à une forme multidivisionnelle (firme M).
La forme unitaire est fondée sur la centralisation du pouvoir. La direction est la principale source de décisions, son autorité s'exerce sur les différents services. Les départements ont une fonction spécifique et sont dirigés par des spécialistes confirmés du domaine concerné.
La forme multidivisionnelle est fondée sur une décentralisation du pouvoir. La direction assure la coordination entre les divisions, planifie l'ensemble et prend les décisions stratégiques. Les divisions peuvent correspondre à des activités productives ou à des zones géographiques. Chaque division dispose d'une autonomie dans sa prise de décisions dans le respect des objectifs fixés par la direction générale de l'entreprise.

Hatier, 2023.

1. Une firme est une entreprise industrielle ou commerciale.

1. Expliquez la différence entre centralisation et décentralisation des décisions dans l'entreprise.
2. Essayez de trouver un avantage et un inconvénient de chaque type d'organisation.
3. Quelle est la forme d'organisation qui s'est développée au cours du temps ? Pourquoi selon vous ?

Doc 3 Le poids croissant des actionnaires dans les entreprises

a Toujours plus de rentabilité

« L'évolution des marchés financiers au cours des dernières décennies a renforcé la prééminence de l'actionnaire [...]. Dans cette configuration d'un capitalisme financier dit actionnarial, les dirigeants sont censés garantir une rentabilité rapide et élevée de l'argent investi, quitte à prendre des décisions radicales en matière de politique salariale et/ou d'emploi [...]. Cet "alignement des intérêts" entre actionnaires et dirigeants passe par une rémunération des seconds fortement indexée sur l'évolution des profits [...] et du cours de la Bourse. »

P. Artus et M.-P. Virard, *Et si les salariés se révoltaient ? Pour un nouvel âge du capitalisme*, © Librairie Arthème Fayard, 2018.

b Incitation et rentabilité

« Le Conseil d'Administration[2] du 11 février 2021 a décidé de fixer le montant de la rémunération fixe de M. Nicolas Hieronimus[3] à 2 000 000 euros bruts en base annuelle. [...] La volonté du CA est d'inciter le dirigeant à maximiser la performance de chaque exercice [...] En cas de surperformance par rapport aux objectifs, la rémunération variable annuelle pourra atteindre un maximum de 120 % de la rémunération fixe (soit 2 400 000 euros bruts). »

www.loreal-finance.com.

2. Le Conseil d'administration est un organe de direction qui a comme mission de définir la stratégie d'une société.
3. P-DG du groupe L'Oréal.

1. **Pourquoi les actionnaires ont-ils un pouvoir croissant ?**
2. **Comment les dirigeants sont-ils incités à maximiser la performance ? Que risquent-ils s'ils n'atteignent pas leurs objectifs ?**

Doc 4 Deux modèles de gouvernance d'entreprise

	Modèle actionnarial ou *shareholder* (actionnaire)	Modèle partenarial ou *stakeholder* (partie prenante)
Apparition/ développement	À partir des années 1980 avec la financiarisation des entreprises	Suite à la crise de 2008 et les débats sur la responsabilité sociale des entreprises
Objectif	Maximiser les profits pour favoriser les actionnaires (dividendes et cours de l'action)	Prendre en compte les intérêts des différentes **parties prenantes**
Marchés financiers	Très présents et très actifs	Importance limitée
Actionnariat	Dispersé	Concentré
Contrôle	Externe par les marchés	Interne par les parties prenantes
Perspective de gestion	Court terme	Long terme

Hatier 2023 d'après G. Charreau et P. Desbrière, « *Corporate Governance : Stakeholder Value versus Shareholder Value* », Journal of Management and Governance, 2001.

1. **Identifiez, dans chaque modèle, les acteurs de l'entreprise qui ont le plus de pouvoir.**
2. **Comment s'exerce le pouvoir dans chaque modèle ?**
3. **En quoi la gestion de l'entreprise est-elle différente dans chaque modèle ?**

Je fais le point

Version interactive
hatier-clic.fr/23ses1970

Complétez le texte avec les expressions suivantes :
actionnarial • autorité • centralisation du pouvoir • décentralisation du pouvoir • firme M • firme U • partenarial.

Il y a différentes façons de gouverner une entreprise.

Quand l'.................... est exercée uniquement par la direction, l'entreprise est caractérisée par une .... à l'image de la .... En revanche, la .... caractérise la .... où chaque département de l'entreprise a davantage d'autonomie dans ses prises de décision. De même, dans un modèle ...., la gouvernance de l'entreprise s'exerce, principalement, pour défendre les intérêts des actionnaires alors que, dans un modèle ...., les intérêts des différents acteurs de l'entreprise sont pris en compte.

Je m'entraîne pour le BAC

Dissertation

Proposez un développement (plan détaillé) avec au moins deux parties comprenant deux sous-parties pour le sujet suivant :

Quelles sont les différentes façons d'organiser la gouvernance de l'entreprise ?

→ Point Méthode p. 232

Dossier 4 Quelles sont les relations sociales dans l'entreprise ?

Doc 1 Qui sont les parties prenantes de l'entreprise ?

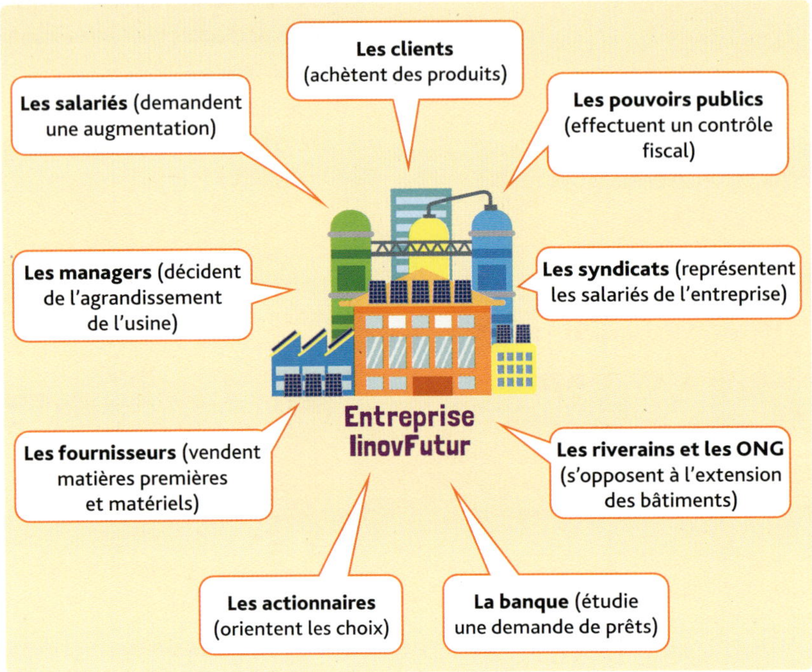

Vocabulaire

> Les **parties prenantes** d'une entreprise sont les différents acteurs ou groupes concernés par ses activités. Les parties prenantes internes agissent à l'intérieur de l'entreprise, les parties prenantes externes à l'extérieur. Elles peuvent avoir des relations de coopération, c'est-à-dire avoir des actions complémentaires pour atteindre un objectif commun, ou entrer en conflit quand leurs intérêts divergent.

1. Distinguez les parties prenantes internes à l'entreprise des parties prenantes externes.
2. Quelles sont les parties prenantes indispensables au fonctionnement de l'entreprise ?
3. Montrez que certaines parties prenantes ont des intérêts divergents.

Doc 2 Les entreprises veulent favoriser la coopération entre salariés

L'atrium dans l'entreprise Pixar, Californie.

« Pour créer un esprit d'équipe, les entreprises s'efforcent souvent d'engager et de connecter les gens [...]. Udacity s'est rendu compte que l'un des moyens les plus simples d'amener les gens à se connecter serait de créer des moments de plaisir partagés. Ainsi, chaque semaine, la direction réserve du temps et des ressources pour des événements spéciaux pour leurs équipes d'entreprise, où les gens se réunissent pour quelque chose de purement amusant, comme un vendredi décontracté ou des happy hours[1]. Cela crée une culture de camaraderie plutôt que de compétition [...]

Chez Pixar, Steve Jobs [...] a décidé d'avoir un seul grand espace avec une zone centrale [...] pour que différentes cultures puissent travailler ensemble et collaborer. Avec ce nouveau format, les salles de réunion, la cafétéria, le café et la boutique de cadeaux étaient situés dans la zone centrale. [...] Jobs croyait que la créativité est à son meilleur lorsque des personnes de différents domaines sont connectées. »

« La collaboration et le travail d'équipe sont-ils identiques ? 9 exemples concrets », www.nutcache.com. D.R.

1. Happy hours : offre de boissons à un prix réduit dans une plage horaire limitée.

1. Pourquoi la coopération est-elle importante dans les entreprises ?
2. Quelles sont les stratégies choisies par les deux entreprises pour favoriser la coopération entre les salariés ?
3. Quels sont les objectifs de ces stratégies ?

Doc 3 Un exemple de conflit dans l'entreprise

Vidéo 1 min 40
hatier-clic.fr/23ses1971

En juillet 2019, les femmes de chambre de l'hôtel IBIS des Batignolles à Paris sont en grève pour dénoncer notamment leurs conditions de travail et les bas salaires.

1. Quels sont les acteurs de ce conflit du travail ?
→ Fiche Outil p. 282
2. Quelles sont les revendications des femmes de chambre ?
3. Quels sont les moyens d'action utilisés par les femmes de chambre pour faire aboutir leurs revendications ?
4. Selon vous, quelles peuvent être les conséquences d'un conflit sur les relations dans l'entreprise ?

Doc 4 Les thèmes de négociation collective dans les entreprises en France en 2020 (en %)

Principaux thèmes abordés	Négociations engagées		Accords conclus		Ont abouti à un accord sur ce thème
	Ensemble des entreprises	Salariés concernés	Ensemble des entreprises	Salariés concernés par un accord	
Salaires et primes	9,4	49,4	6,2	31,8	66,3
Temps de travail	6,1	25,2	4,5	20,5	74
Épargne salariale	5,3	28,8	4,4	26,2	83,3
Conditions de travail	5,1	22,8	3,3	17,3	64,5
Égalité professionnelle femme/homme	3,6	21,8	2,5	16,2	67,9
Autres[1] (données moyennes)	2,25	13,8	1,4	11,2	62,25

DARES, enquête Acemo « Dialogue social en entreprise », 2021.

Champ : entreprises de 10 salariés ou plus du secteur privé non agricole, hors négociation de groupe. France (hors Mayotte).

1. Emploi, Protection sociale, formation, représentation du personnel…

1. Exprimez la signification des données de la première ligne.
2. Qui sont les acteurs de la négociation collective dans l'entreprise (voir doc. 1) ?
3. Quels étaient les principaux sujets de négociation collective en France en 2020 ? Utilisez des données du tableau pour illustrer votre réponse.
4. Les négociations engagées aboutissent-elles toujours à un accord ? Justifiez.

Je fais le point

Version interactive
hatier-clic.fr/23ses1972

Répondez par vrai ou faux aux affirmations suivantes.

	Vrai	Faux
1. Les parties prenantes de l'entreprise ont toujours des objectifs convergents.	☐	☐
2. L'entreprise n'est qu'un cadre de coordination contraignant où la hiérarchie impose son autorité.	☐	☐
3. Les salariés sont incités à coopérer au sein d'une entreprise.	☐	☐
4. Pour obtenir des augmentations de salaires, les salariés peuvent faire grève.	☐	☐
5. Les négociations collectives dans les entreprises se concluent toujours par un accord.	☐	☐

Je m'entraîne pour le BAC

Épreuve composée partie 1

Illustrez par deux exemples le fait que l'entreprise est à la fois un lieu de coopération et de conflit.

Atelier 1 Créer un podcast
Le parcours d'une entrepreneure

Vers le GRAND ORAL

Étape 1 Prélever des informations

1. [Doc. 1] Quelles ont été les grandes étapes du parcours d'Aliza Jabès ?
2. [Doc. 1] Quelles difficultés a-t-elle rencontrées ?
3. [Doc. 2] Illustrez en utilisant des données :
   a. le caractère innovant de Nuxe ;
   b. l'internationalisation de Nuxe.

Étape 2 Créer le podcast pix

4. À partir des documents et de l'étape 1, créez un podcast de 2 minutes maximum présentant la trajectoire d'Aliza Jabès.

Coup de pouce
✓ Structurez votre propos en repérant les étapes clés du parcours d'Aliza Jabès
✓ Parlez d'une voix calme et intelligible.
✓ Respectez la durée indiquée.

Doc 1 Entretien avec Aliza Jabès, fondatrice de Nuxe

« À 12 ans, déjà végane et passionnée par les plantes, je concoctais mes produits de beauté naturels à la maison. Mes parents m'ont offert un dictionnaire de botanique, que j'étudiais pendant des heures. J'ai enchaîné avec des études à Sciences Po Paris puis un MBA de finance et de marketing à la New York University. [...]
J'ai commencé ma carrière dans la finance chez Eli Lilly, le géant pharmaceutique américain. Mais j'ai vite senti l'envie de créer ma propre entreprise. Avec l'aide de mon père, pharmacien, j'ai racheté un petit laboratoire de formulation. Le début n'a pas été facile, mais j'ai appris la patience et la persévérance [...]. Fondatrice et présidente du groupe Nuxe, je définis la stratégie et l'orientation du groupe, avec une attention particulière au développement produit et à l'innovation. Les textures et la sensorialité sont une vraie obsession !
Mes défis : poursuivre notre développement à l'international, malgré le contexte, notamment en Asie où les femmes, très sensibles aux produits naturels, ont des rituels de soins ultrasophistiqués. Et aller toujours plus loin dans le naturel. Nous avons lancé cette année Nuxe Bio, une gamme ultrasensorielle et écoresponsable, fabriquée en France, comme tous nos produits [...]
En fait, j'ai toujours eu confiance. Je n'avais ni argent ni expérience, mais j'avais une vision, et c'est elle qui m'a guidée. »

Maria Grazia Meda, « Aliza Jabès, fondatrice de Nuxe : «Je n'avais ni argent ni expérience, mais j'avais une vision» », madame.lefigaro.fr, 27 octobre 2020.

Doc 2 Nuxe en quelques chiffres-clés

NUXE PARIS

- N° 1 des huiles et des soins anti-âges en pharmacie (classement IMS Health).
- Chiffre d'affaires : 200 millions d'euros.
- Export : 40 % du chiffre d'affaires, dans 75 pays.
- Salariés : 605 personnes.
- 45 brevets
- 157 marques en France et environ 2 000 dépôts à l'international.
- 200 récompenses nationales et internationales.

« La prodigieuse histoire de Nuxe », www.inpi.fr.

Doc 3 Aliza Jabès raconte son parcours

Vidéo 2 min 50
hatier-clic.fr/23ses1973

Atelier 2 Réaliser un diaporama
L'évolution des conflits du travail en France

Étape 1 Prélever des informations

1. [Doc. 1] Faites une phrase exprimant la signification des données entourées.
2. [Doc. 1] Quelles principales évolutions constatez-vous entre 2005 et 2020 ?
3. [Doc. 2] Quelles sont les autres formes de conflits du travail en dehors de la grève dans les entreprises ?
4. [Doc. 2] En quoi les informations du doc.2 valident-elles celles du doc.1 ?

Étape 2 Créer le diaporama pix

5. Dans un diaporama, montrez de manière nuancée l'évolution récente des conflits du travail en France.

Coup de pouce

✓ Proposez 4 diapositives. **Diapo 1 :** annoncez la problématique et le sommaire ; **Diapo 2 :** décrivez l'évolution globale de la grève en France depuis 2005 ; **Diapo 3 :** décrivez d'autres formes de conflits dans le monde du travail ; **Diapo 4 :** expliquez l'évolution des conflits du travail en France.

✓ Ne surchargez pas les diapositives : limitez-vous à un titre, quelques mots-clés dans une police lisible et un ou deux éléments visuels légendés (images, graphiques, vidéos…).

Doc 1 L'évolution récente des grèves en France

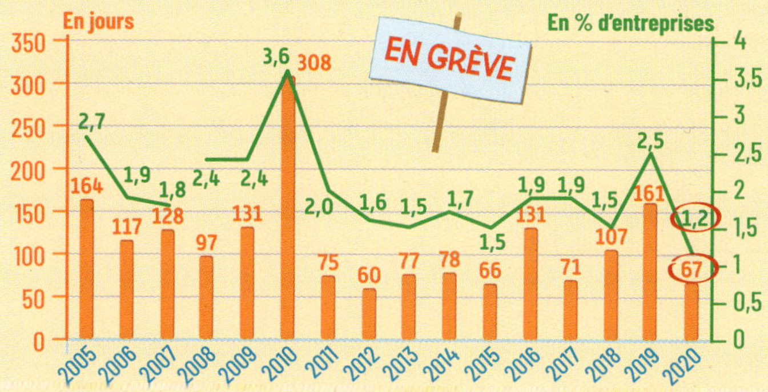

Nombre de jours de grève pour 1000 salariés de 2005 à 2020 et pourcentage d'entreprises ayant déclaré au moins une grève

Champ : entreprises de 10 salariés ou plus du secteur privé non agricole en France (hors Mayotte).

Source : DARES, enquête *Acemo* « Dialogue social en entreprise ». © *Dares* 2022.

Doc 2 Diversification et recul des formes de conflit dans les entreprises

« La proportion de salariés ayant participé à un arrêt de travail (grève, débrayage, etc.) et la proportion de ceux ayant participé à une autre forme d'action collective (rassemblement, manifestation, pétition, etc.) au cours des trois années précédant l'enquête sont inférieures en 2017 à ce qu'elles étaient en 2011. […] Les représentants du personnel déclarent plus souvent que leur direction l'existence d'un conflit collectif (arrêt de travail, ou d'autres formes : grève du zèle, refus d'heures supplémentaires, manifestation, pétition…). Mais dans tous les cas, les réponses des représentants de la direction et du personnel mettent en évidence une baisse de la part des établissements ayant connu un conflit collectif entre les périodes 2008-2010 et 2014-2016. […]

Dans les relations sociales en entreprise, les négociations collectives[1] jouent un rôle crucial. Elles ont en effet pour objectif d'aboutir à des accords ou à des conventions qui fixent la norme sociale dans les entreprises et les établissements via des processus qui réunissent représentants de la direction et représentants du personnel. »

« Les relations professionnelles en 2017 : un panorama contrasté du dialogue social dans les établissements ? », Dares, avril 2018.

1. Dans les entreprises où sont constituées une ou plusieurs sections syndicales et dans lesquelles a été désigné au moins un délégué syndical, l'employeur a l'obligation d'engager, périodiquement, des négociations portant sur certains thèmes (rémunérations ou égalité professionnelle entre les femmes et les hommes par ex).

L'Essentiel

Comment les entreprises sont-elles organisées et gouvernées ?

A Le cycle de vie des entreprises

- Une **entreprise** est une organisation produisant des biens et des services pour les vendre sur un marché. **Les entreprises ont un cycle de vie marqué par plusieurs étapes** : création, croissance, maturité, déclin voire disparition. À chaque étape de son évolution, se présentent des opportunités et des risques que l'entreprise doit saisir ou affronter. Elle peut en particulier changer de **statut juridique** pour continuer à se développer (passant d'une entreprise individuelle à une société par exemple).

Le cycle de vie de l'entreprise

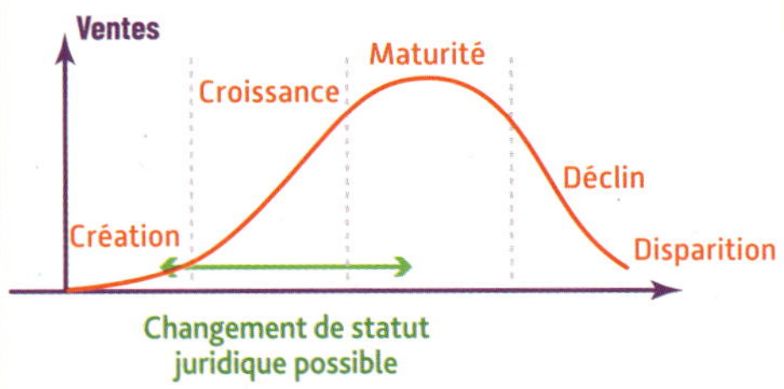

B Les figures de l'entrepreneur

- L'entreprise est sous la responsabilité d'un entrepreneur qui doit choisir un **statut juridique** adapté à sa situation. Le **chef d'entreprise** peut être un **entrepreneur individuel** non salarié, notamment sous un statut de **microentrepreneur** caractérisé par des formalités administratives et fiscales simplifiées. Il peut également diriger une **société** appartenant à plusieurs propriétaires et être salarié.
- En raison de sa position et de ses fonctions économiques, on distingue : l'**entrepreneur innovateur** qui porte un projet nouveau et bouleverse le système productif ; le **manager** qui dirige l'entreprise au quotidien pour en maximiser le profit au nom des **actionnaires**. Ces derniers ont vu leur pouvoir considérablement augmenter depuis les années 1980.

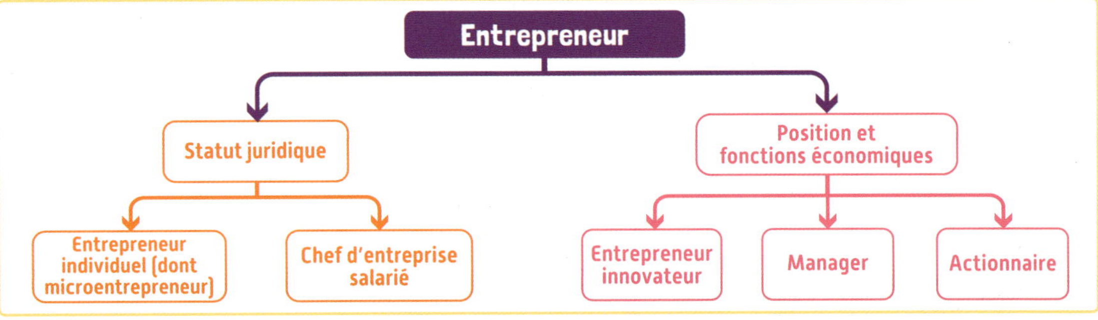

C L'organisation et la gouvernance des entreprises

- **La gouvernance permet de comprendre comment les décisions se prennent dans une entreprise.** Organisation fondée sur une **hiérarchie,** elle assure la coordination des actions et décisions. Dans ce cadre, des relations d'**autorité** existent entre les différents acteurs de l'entreprise.
- **L'autorité** peut prendre la forme de la **centralisation du pouvoir** avec une autorité unique de direction ou celle de la **décentralisation du pouvoir** qui consiste à déléguer davantage le pouvoir de décision et à donner plus de responsabilités aux autres acteurs de l'entreprise. Pour s'adapter plus rapidement aux changements technologiques et à la demande, les entreprises actuelles ont tendance à privilégier une structure multidivisionnelle où chaque division dispose d'une relative autonomie plutôt qu'une structure unitaire où la direction prend des décisions que les échelons inférieurs doivent appliquer.

sont-elles organisées

Podcast du cours
hatier-clic.fr/23ses1974

- On peut opposer **deux modèles de gouvernance** : **un modèle actionnarial** fondé sur le pouvoir de l'actionnaire et la maximisation de ses revenus ; **un modèle partenarial** prenant davantage en compte l'ensemble des intérêts des différentes catégories d'acteurs de l'entreprise (managers, salariés, actionnaires…).

D Les relations sociales dans l'entreprise

- **Différents acteurs interviennent dans l'entreprise.** Salariés, managers, propriétaires/actionnaires constituent les **parties prenantes** internes à l'entreprise, tandis que clients, fournisseurs, banques, pouvoirs publics, etc. sont ses acteurs extérieurs.
- **Les objectifs et intérêts de ces acteurs peuvent être partagés mais aussi différents voire opposés** : l'entreprise est un lieu de relations sociales où coexistent **coopération** et **conflit**. Les entreprises cherchent à améliorer la coopération entre salariés en les incitant à travailler en équipe et à communiquer pour améliorer leur cohésion, espérant ainsi réaliser des gains de productivité et fidéliser le personnel.
- Quand les parties prenantes ne partagent plus les mêmes objectifs, le **conflit** peut surgir. Il existe à différents niveaux : salariés contre direction de l'entreprise, actionnaires contre managers, ONG contre entreprise, etc. Le conflit donne souvent lieu à des négociations qui se concluent par des accords pour concilier les intérêts contradictoires des acteurs de l'entreprise.

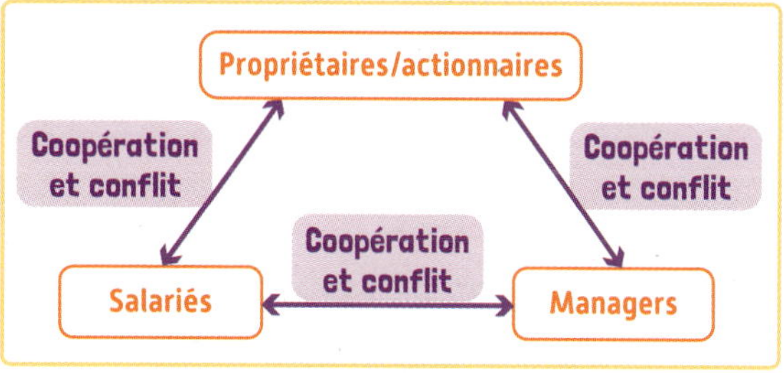

Notions

- **Actionnaire** Le détenteur d'actions, titres de propriété d'une partie du capital d'une entreprise. L'actionnaire perçoit des dividendes et participe aux prises de décisions dans l'entreprise.
- **Autorité** La capacité à donner des directives et à les faire appliquer.
- **Centralisation/décentralisation du pouvoir** La centralisation du pouvoir correspond à des décisions prises par une autorité unique, la décentralisation du pouvoir à des décisions prises par les multiples parties prenantes internes à l'entreprise.
- **Chef d'entreprise** Le dirigeant d'une entreprise (entreprise individuelle ou société) qui est parfois son propriétaire ou créateur.
- **Conflit** Une divergence d'intérêt entre les acteurs de l'entreprise qui peut déboucher sur une action collective (grève par exemple).
- **Coopération** La contribution à une activité commune à d'autres personnes dans le cadre d'un objectif commun.
- **Cycle de vie** L'ensemble des étapes traversées par une entreprise. On peut le résumer à quatre phases principales : création, croissance, maturité, déclin voire disparition.
- **Entrepreneur innovateur** Un chef d'entreprise qui introduit une innovation dans le système productif.
- **Entrepreneur individuel** Un travailleur non salarié, indépendant. Depuis la loi du 14 février 2022, le patrimoine personnel de l'entrepreneur devient par défaut insaisissable par les créanciers professionnels.
- **Gouvernance** Ensemble des décisions, règles et pratiques visant à assurer le fonctionnement optimal d'une organisation, ainsi que les organes chargés de les formuler, de les mettre en œuvre et d'en assurer le contrôle.
- **Hiérarchie** Un principe d'organisation fondé sur le commandement et l'obéissance. Elle représente la structure formelle de l'autorité dans une entreprise.
- **Manager** La personne assurant la direction et l'administration d'une grande entreprise, sous l'autorité des propriétaires de l'entreprise.
- **Statut juridique** L'ensemble de dispositions qui fixe les droits et obligations applicables à un entrepreneur individuel ou à une société.

Révisions

1 Réviser avec le schéma de synthèse

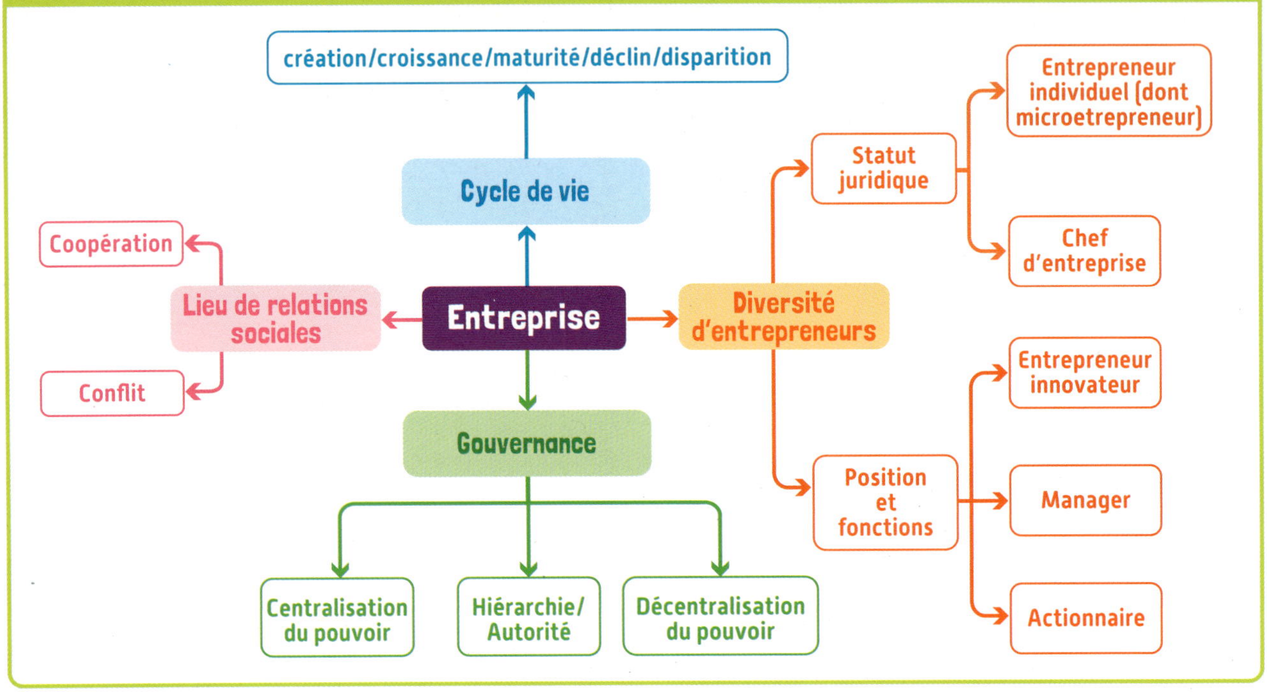

2 Savoir illustrer par des exemples

LE CYCLE DE VIE D'UNE ENTREPRISE :
l'histoire de Kodak

LES DIFFÉRENTES FIGURES DE L'ENTREPRENEUR :
Xavier Niel, entrepreneur innovateur ; Carlos Tavares, chef d'entreprise

LA GOUVERNANCE D'ENTREPRISE :
Firme U (centralisation du pouvoir) et Firme M (décentralisation du pouvoir)

U ou M

LE CONFLIT DANS L'ENTREPRISE :
la grève pour une hausse de salaires chez TotalEnergies en 2022

3 Savoir citer des chiffres clés

Tous les mois, entre 80 000 et 90 000 entreprises nouvelles voient le jour en France.

En France, 4 entreprises sur 10 meurent 5 ans après leur création.

En France, en 2020, seules 1,2 % des entreprises avaient connu un mouvement de grève.

En France, en 2020, 66 % des entreprises ayant ouvert des négociations sur les salaires avaient conclu un accord sur ce thème.

4 Savoir définir les notions clés

ACTIONNAIRE
AUTORITÉ
CENTRALISATION/DÉCENTRALISATION DU POUVOIR
CHEF D'ENTREPRISE
CONFLIT
COOPÉRATION
CYCLE DE VIE
ENTREPRENEUR INNOVATEUR
ENTREPRISE INDIVIDUELLE
GOUVERNANCE
HIÉRARCHIE
MANAGER
STATUT JURIDIQUE

5 Ne pas confondre

Entrepreneur innovateur
≠
Entrepreneur actionnaire
≠
Manager-chef d'entreprise

6 Voir la vidéo de RÉVISION

hatier-clic.fr/23ses1962

7 Écouter le podcast du cours

Podcast du cours

hatier-clic.fr/23ses1974

8 Vérifier ses connaissances

Mémocartes
hatier-clic.fr/23ses1975

Exercices interactifs
hatier-clic.fr/23ses1976

9 Aller plus loin

Lire

Grégoire Gambatto, *Cicatrices : 25 histoires courtes pour apprendre à entreprendre*, Ed. 1Min30 Publishing, 2021.

Écouter

« Dans les coulisses de l'entreprise » *Entendez-vous l'éco ?* France culture.

hatier-clic.fr/23ses1977

Voir

En guerre, Stéphane Brizé, 2018.

Suivre l'actualité avec ACTU SES

actu-ses.editions-hatier.fr

hatier-clic.fr/23ses1978

Félix Bonnetête pour l'Insee, *Insee Première* n° 1985, 30 janvier 2018

Les créations d'entreprises en 2017

Un numéro d'*Insee Première* sur les créations d'entreprises en 2017, pour la première à la hausse depuis 2010. Des données récentes, illustrées par des textes, graphiques et tableaux.

Lire la suite

Vers le BAC

Mobiliser ses connaissances

QUESTION 1 Présentez deux types de relations sociales au sein d'une entreprise.

Coup de pouce

1. Il faut définir les relations sociales présentées.
   Associez chaque relation sociale (1 à 3) à sa définition (A à C).

1. Conflit •	• A. Opposition d'individus ou de groupes sociaux aux intérêts divergents.
2. Coopération •	• B. Principe d'organisation fondé sur le commandement et l'obéissance.
3. Hiérarchie •	• C. Fait, pour une personne, dans un groupe donné, de contribuer consciemment à une activité complémentaire de celles d'autres personnes dans le cadre d'un objectif commun.

2. Associez chaque relation sociale (1 à 3 ci-dessus) à un exemple (D à F) :
   D. L'organigramme de l'entreprise E. Une grève des salariés. F. Un projet de nouveau produit qui mobilise les services financier, marketing et recherche-développement de l'entreprise.
3. Complétez cette réponse à la question 1 avec les termes ou expressions suivants :
   communiquer • conflit • coopération • grève • intérêts • négociations • parties prenantes • profits • salaires.

L'entreprise est un lieu où existent différents types de relations sociales. Pour produire des biens et des services, les différentes .... doivent construire des relations de .... et partager des objectifs communs. Ainsi, le travail en équipe est généralisé et chaque acteur est incité à .... avec les autres membres lors de réunions régulières. Quand les différents acteurs de l'entreprise ne partagent plus les mêmes objectifs, ils peuvent entrer en .... Par exemple, les salariés peuvent estimer que leurs .... n'augmentent pas assez par rapport aux .... réalisés par leur entreprise. Ils peuvent donc déclencher une .... pour créer un rapport de force qui leur est favorable. En général, cet arrêt du travail donne lieu à des .... qui se concluent par des accords pour concilier les .... contradictoires des acteurs de l'entreprise.

QUESTION 2 Caractérisez les différentes étapes du cycle de vie d'une entreprise.

QUESTION 3 Présentez les différentes figures possibles de l'entrepreneur.

QUESTION 4 Montrez qu'il existe une diversité de modes de gouvernance au sein des entreprises.

QUESTION 5 Montrez que l'objectif du manager peut être différent de celui de l'actionnaire.

Étudier un document statistique

Vers le BAC

ÉTUDE de document 1

Évolution des créations d'entreprises dans quelques secteurs d'activité (en %) (créations en milliers en 2021)

En France	Évolution 2021/2020			
	Sociétés	Entreprises individuelles classiques	Micro-entrepreneurs	Ensemble
Industrie	24,6 % *(12,1)*	11,5 % *(3,3)*	18,3 % *(32,4)*	**19,4 %** *(47,8)*
Construction	20,9 % *(36,5)*	-5,2 % *(5,3)*	5 % *(46,9)*	**10,3 %** *(88,8)*
Commerce et réparation d'automobiles et motocycles	24,5 % *(49)*	5,3 % *(9,8)*	-2,7 % *(79,4)*	**6,1 %** *(138,2)*
Transports et entreposage	25,2 % *(10,6)*	50,8 % *(6,3)*	23,6 % *(109,4)*	**24,9 %** *(126,2)*
Activités spécialisées, scientifiques et techniques	20,3 % *(41,7)*	6,1 % *(9,9)*	17,1 % *(111,9)*	**17,2 %** *(163,5)*
Ensemble	**24,3 %** *(271)*	**1,7 %** *(83,4)*	**17 %** *(641,5)*	**17,4 %** *(995,9)*

Éric Hofstetter, « Essor des créations de sociétés et de micro-entrepreneurs en 2021 », *Insee Première*, n° 1892, février 2022.

Lecture : En France, en 2021, les créations d'entreprises avaient augmenté de 17,4 % par rapport à 2020, soit 995 900 entreprises créées.

1. **À l'aide du document, comparez les créations d'entreprises et leurs évolutions selon les secteurs d'activité en France en 2021.**
2. **À l'aide de vos connaissances et du document, montrez la diversité des statuts juridiques possibles lors de la création d'une entreprise.**

Coup de pouce

- Complétez cette réponse à la question 2.

En France, en 2021, trois possibilités de .... sont offertes à un créateur d'entreprise. Celui qui avait le plus de succès était le régime de .... qui correspond à un statut d'entrepreneur .... où la création est simplifiée. Ainsi, en 2021, ... entreprises avaient été créées sous ce régime et leur nombre avait .... de .... par rapport à 2020. Si plusieurs personnes veulent s'associer pour créer une entreprise, elles vont créer une .... Les créations de .... ont été particulièrement importantes dans le secteur de la .... avec .... créations en 2021. Leur nombre a globalement augmenté de .... entre 2020 et 2021. Enfin, une personne seule peut créer une .... classique même si ce statut est le moins .... parmi les créations d'entreprises. Sa hausse est très .... de 2020 à 2021 et le nombre de créations sous ce statut avait même diminué de .... dans le secteur de la ....

ÉTUDE de document 2

1. **À l'aide du document, présentez la spécificité des entreprises de 10 à 49 salariés en matière de négociations collectives.**
2. **À l'aide du document et de vos connaissances, expliquez le lien entre taille des entreprises et ouverture de négociations collectives.**

Négociations collectives[1] en 2016 selon la taille des entreprises (en %)

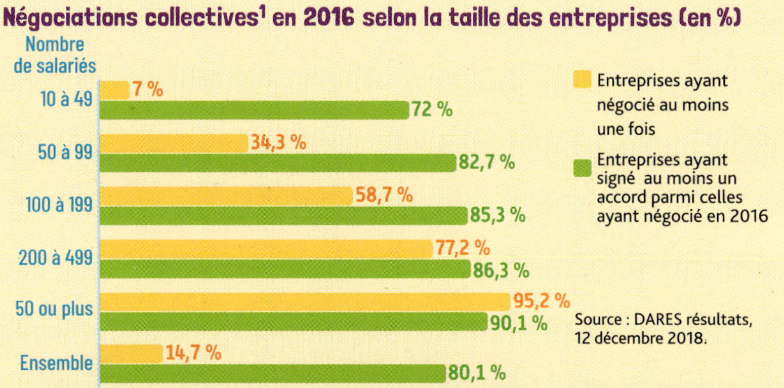

Source : DARES résultats, 12 décembre 2018.

Champ : France métropolitaine, entreprises de 10 salariés ou plus du secteur marchand non agricole.
1. Négociations collectives : ensemble des discussions entre les représentants des employeurs et ceux des salariés en vue d'adapter les règles du code du travail aux spécificités et aux besoins de l'entreprise.

Vers le BAC

Raisonnement s'appuyant sur un dossier documentaire

POINT MÉTHODE
Mobiliser ses connaissances

Dans les intitulés des sujets de raisonnement sur dossier documentaire ou de dissertation, il est précisé que pour répondre au sujet le candidat doit mobiliser des connaissances. Ces connaissances personnelles sont d'abord celles de votre cours qui peuvent bien évidemment être complétées par le travail personnel autour des thèmes développés dans les programmes de SES.

ÉTAPE 1 Analyser le sujet

▶ Pour mobiliser des connaissances de façon pertinente, il faut maîtriser les notions clés du sujet, à savoir être capable de :

- **Définir les notions** ;
- **Illustrer ces notions** en donnant des exemples ;
- **Distinguer ces notions** de notions proches ;
- **Utiliser ces notions et les mobiliser dans des mécanismes** où elles sont mises en relation avec d'autres (causes ou conséquences).

▶ Tout ceci devrait vous aider à élaborer votre problématique (pour la dissertation) et votre plan détaillé (dissertation ou raisonnement sur dossier documentaire).

→ POINT MÉTHODE p. 188.

ÉTAPE 2 Exploiter ses connaissances

▶ Pour répondre correctement au sujet, il convient d'appuyer son raisonnement sur des connaissances de nature différente : notions, mécanismes ou théories, faits précis, données chiffrées.

▶ La mobilisation des connaissances favorise l'exploitation du dossier documentaire et symétriquement, l'étude des documents peut favoriser la mobilisation des connaissances. Il faut relier les deux sources d'information pour argumenter de façon complète.

ÉTAPE 3 Organiser les connaissances mobilisées dans un plan détaillé

Le raisonnement n'est pas la récitation du cours.

▶ Il faut sélectionner les connaissances pertinentes pour traiter le sujet et les inclure dans les différents paragraphes constituant le plan de votre devoir.

▶ Il faut relier les connaissances aux informations tirées des documents de façon cohérente pour répondre à la consigne du sujet : « À l'aide du dossier documentaire et de vos connaissances ».

APPLICATION

1. Quelles sont les différentes figures de l'entrepreneur auxquelles le sujet fait référence ?
2. Qu'est-ce que le statut juridique d'une entreprise ? Donnez-en des exemples.
3. Reliez les différentes caractéristiques de l'entrepreneur présentées dans le document 1 aux figures de l'entrepreneur énoncées à la question 1.
4. À quelle figure de l'entrepreneur peut-on relier le statut juridique « Entreprises individuelles » ? (Doc. 2)
5. Lors de créations d'entreprises quel est le statut juridique le plus courant ? Illustrez votre réponse avec des données chiffrées. (Doc. 2)
6. Quel est le profil du créateur type d'entreprise type ? (Doc. 3)
7. Placez les connaissances mobilisées dans le plan suivant :
   I. Les entrepreneurs sont divers par leur profil
   II. Les entrepreneurs sont divers par le statut juridique de l'entreprise
   III. Les entrepreneurs sont divers par leur position sociale et leurs fonctions économiques

SUJET **À l'aide de vos connaissances et du dossier documentaire, vous montrerez qu'il existe une diversité de figures de l'entrepreneur.**

Doc 1

« En s'appuyant sur l'histoire et l'actualité économiques, Schumpeter dresse le portrait d'un entrepreneur prompt à relever des défis, repoussant la routine pour aller contre l'ordre économique établi [...]. L'entrepreneur est l'agent économique qui innove [...]. C'est un individu hors du commun. L'exécution des nouvelles combinaisons est "difficile et accessible seulement à des personnes de qualité déterminées"*. Seules quelques personnes "ont les aptitudes voulues pour être chefs dans une telle situation". Il relie la technique et l'économie [...]. Il est l'agent économique qui réalise de "nouvelles combinaisons de facteurs de production"*. La recherche du profit est secondaire, bien qu'elle ne soit pas négligée. L'entrepreneur est une espèce de joueur pour qui la joie de créer l'emporte sur la recherche intrinsèque du gain. Même si le profit couronne le succès des nouvelles combinaisons de facteurs de production. Il est l'expression de la valeur de la contribution de l'entrepreneur à la production, comme le salaire pour le travailleur [...]. L'entrepreneur a du charisme et de l'autorité et sait s'imposer. "L'importance de l'autorité n'est pas absente, il s'agit souvent de surmonter des résistances locales, de conquérir des *relations* et de faire supporter des épreuves de poids." »*

Sophie Boutillier, Dimitri Uzinidis, « L'entrepreneur schumpétérien », La Pensée, n°375, 2013/3.

* J. A. Schumpeter, Théorie de l'évolution économique, Dalloz-Sirey, 1935, édition originale 1911.

Doc 2

Nombre de créations d'entreprises depuis 2016 (en milliers)

	Entreprises individuelles sous le régime du micro-entrepreneur[1]	Entreprises individuelles hors micro-entrepreneurs	Sociétés	Ensemble
2016	285,8	79,3	188,9	554
2017	314,1	79,3	197,9	591,3
2018	399,9	90,3	201,1	691,3
2019	502	94,8	218,4	815,3
2020	548,1	82	218,1	848,2
2021	641,5	83,4	271	995,9

1. La microentreprise est une entreprise individuelle qui bénéficie d'un régime qui offre des formalités de création d'entreprise allégées et un mode de calcul et de paiement simplifié des cotisations sociales et de l'impôt sur le revenu. Il s'applique aux entrepreneurs individuels (appelé avant 2014 auto-entrepreneur) qui en font la demande, sous certaines conditions.

Lecture : en 2021, 271 000 sociétés ont été créées.

Champ : ensemble des activités marchandes non agricoles.

Insee, répertoire des entreprises et des établissements (Sirene).

Doc 3

« Si l'on définit un créateur type d'entreprise comme une personne fictive qui possède les caractéristiques les plus fréquemment observées parmi l'ensemble des créateurs ayant démarré leur activité en 2018, il s'agit d'un homme (65 % des créateurs) de moins de 40 ans (56 %). Sans expérience dans l'entreprenariat (72 %), il était, juste avant la création de son entreprise, salarié du secteur privé ou de la fonction publique (38 %). L'activité de sa nouvelle entreprise est devenue sa seule activité professionnelle rémunérée (74 %) et correspond au métier qu'il a exercé le plus longtemps (56 %). Au-delà de ce portrait type, les créateurs d'entreprise 2018 ont des profils très variés, qu'il est possible de regrouper en sept grandes catégories au moyen d'une méthode statistique de classification : étudiants et jeunes diplômés, seniors expérimentés, micro-entrepreneurs en activité de complément, créateurs éloignés de l'emploi, anciens travailleurs précaires, anciens salariés créateurs d'une entreprise classique et entrepreneurs avertis créateurs de société. »

« Quatre entrepreneurs sur dix étaient salariés avant la création de leur entreprise », *Insee Première*, n° 1922, 15 septembre 2022.

Vers le BAC

Dissertation

POINT MÉTHODE
Rédiger une conclusion

La conclusion est avant tout une réponse au sujet, réalisée en trois étapes.

ÉTAPE 1 Répondre à la problématique

Les attentes officielles de la dissertation au baccalauréat précisent que l'élève doit « construire une argumentation à partir d'une problématique qu'il devra élaborer ». Cette dernière figure dans l'introduction avant l'annonce du plan. La conclusion répond globalement à cette problématique.

ÉTAPE 2 Faire un bilan de l'argumentation

Les éléments de la réponse à la problématique sont développés tout au long de la dissertation. La conclusion les récapitule. Si le développement est organisé en deux parties comprenant deux sous-parties, il faut synthétiser les quatre idées présentes dans le devoir.

Attention à ne pas ajouter de nouvelles idées ou à trop développer un argument car ce n'est pas la fonction de la conclusion mais celle du développement.

ÉTAPE 3 Proposer une ouverture

En fin de conclusion, une ouverture vers un sujet proche de celui traité peut être rédigée (elle est facultative). Elle pourrait servir de problématique à un nouveau sujet mais doit être absolument reliée au sujet. Elle peut prendre la forme d'une question.

Exemple de conclusion d'une dissertation sur les différentes figures de l'entrepreneur

Il existe une diversité des figures de l'entrepreneur selon le statut juridique mais aussi selon leurs positions et leurs fonctions économiques. — Réponse globale à la problématique

Au début de son activité, un entrepreneur doit choisir un statut juridique en fonction de son projet et de ses spécificités. Celui-ci peut évoluer au cours du cycle de vie de l'entreprise : l'entreprise individuelle ou la microentreprise peut devenir une société. — Idée principale de la partie I

Cependant, il faut aussi considérer le point de vue économique : l'entrepreneur peut être innovateur quand il introduit une nouveauté dans le système productif, un manager chargé de gérer l'entreprise et de prendre les grandes décisions ou un actionnaire qui détient la propriété de l'entreprise et vise à en maximiser le profit. Ces différentes figures peuvent être incarnées par une même personne ou bien être dissociées. — Idée principale de la partie II

Depuis les années 1980, c'est la figure de l'actionnaire qui monte en puissance dans les entreprises. Les exigences de rentabilité deviennent ainsi des priorités qui influencent l'action quotidienne des autres parties prenantes. — Ouverture possible

APPLICATION

1. Répondez en une phrase à la problématique.
2. Combien y a-t-il d'idées présentes dans le développement ?
3. Rédigez un bilan de l'argumentation en n'oubliant aucun des arguments du développement. Utilisez des connecteurs logiques pour les relier.
4. Recherchez ce qu'est la RSE (responsabilité sociale des entreprises) et rédigez une ouverture en y incluant cette information.

SUJET En quoi l'entreprise est-elle un lieu de relations sociales entre différentes parties prenantes internes ?

Doc 1

L'organigramme de l'entreprise AMC (centrale d'achat du groupe Casino) en 2017

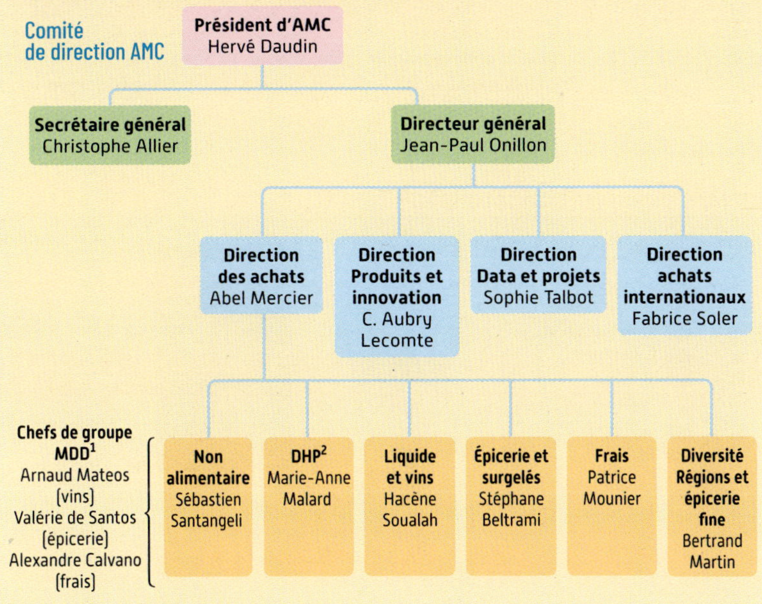

1. MDD : Marque de distributeurs
2. DHP : Droguerie hygiène parfumerie

Source : www.lsa-conso.fr.

Doc 2

Nombre de journées individuelles non travaillées pour fait de grève pour 1 000 salariés

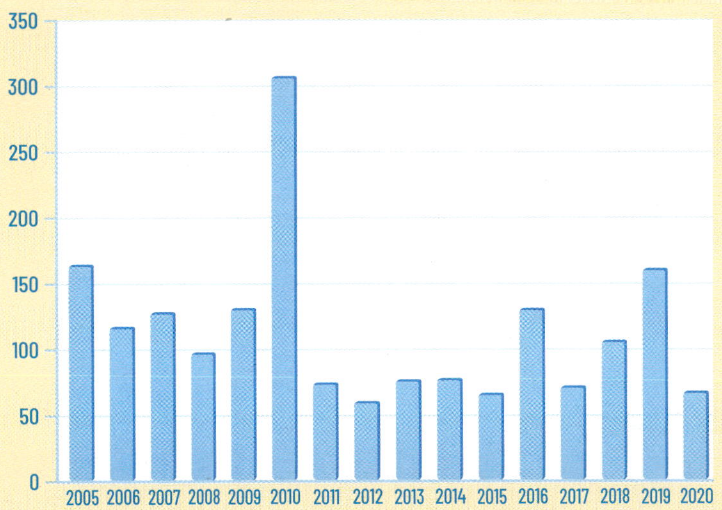

Source : *Dares*, enquête *Acemo*.
Champ : entreprises de 10 salariés ou plus du secteur privé non agricole en France (hors Mayotte).

Doc 3

« La coopération en équipe dans toute organisation est toujours avantageuse. Elle améliore la performance générale des employés et la productivité de l'organisation. Dans une équipe, chaque employé est responsable de la réussite. Il s'agit d'une combinaison de forces, qui peut également conduire à minimiser les faiblesses individuelles. Dans ce cas, les forces et les faiblesses des membres de l'équipe peuvent se renforcer et se compléter mutuellement [...] Lorsque les employés travaillent en coopération, leurs efforts se multiplient, deviennent plus forts et meilleurs. Dans le processus, les employés travaillant ensemble échangent des idées, car chacun d'entre eux acquiert une nouvelle perspective et de nouvelles connaissances sur les tâches sur lesquelles ils travaillent [...] Le partage des connaissances se traduit par des possibilités d'apprentissage pour les employés, ce qui ne serait pas possible si chaque membre de l'équipe veillait à ses intérêts limités [...] Travailler en équipe permet d'établir la confiance dans n'importe quel contexte et dans le cadre d'une coopération en équipe, cela crée des relations solides entre les employés. »

« 5 Avantages de la coopération d'équipe et des équipes travaillant ensemble », entrepriseprevention.com. D.R.

FICHE OUTIL 1 — Lire et analyser des représentations graphiques

ÉTAPE 1 Repérer les informations sur le graphique

Pour bien lire un graphique, il faut d'abord repérer son type. Les diagrammes circulaires (doc. 1) et les diagrammes en bandes (doc. 2) permettent de représenter une **répartition**. Les graphiques en courbe (doc. 3) et en bâtons (doc. 4) permettent de représenter une **évolution.**

On cherche ensuite les informations qui permettent de répondre aux questions : qui, quoi, où, quand, comment ?

- le titre permet d'identifier le(s) phénomène(s) représenté(s).
- les variables qui font l'objet du graphique (chômeur, population active, investissements des entreprises, PIB...).
- les unités (millions, milliers, euros, pourcentage de répartition ou pourcentage d'évolution...).
- le champ pour connaître la population étudiée (pas toujours présent).
- la source pour connaitre l'auteur et les informations complémentaires (titre de l'ouvrage, du site ou du périodique de parution par exemple).
- les notes qui apportent certaines précisions.
- les clés de lecture, aides à l'interprétation des données.

Part de marché des enseignes en matière de circuit généraliste[1] (en %)

Doc.1

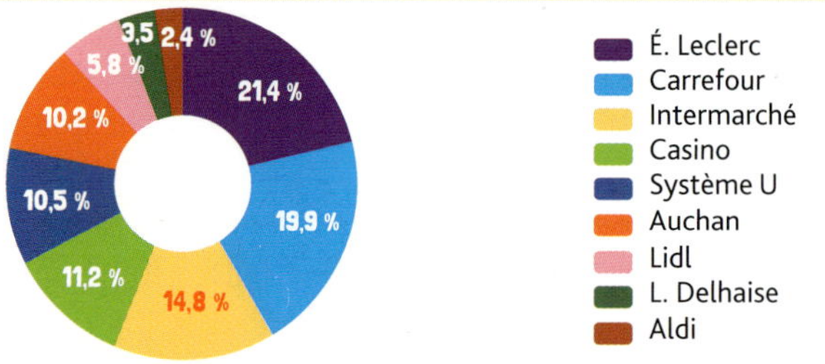

Doc.2

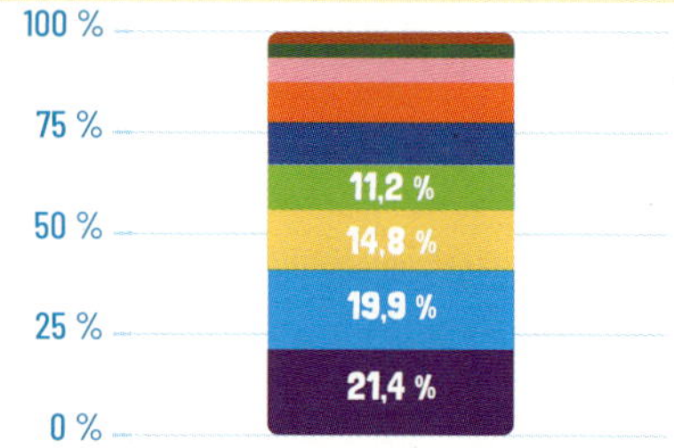

1. Hypermarchés + Supermarchés + Hard Discount + Proximité + Internet et sur les ventes de produits de grande consommation et frais libre-service : alimentaire, liquides, hygiène/beauté, entretien.

Champ : panel de 20 000 foyers de Kantar Worldpanel.

Source : E. Charonnat, « Distribution de PGC : E.Leclerc et Lidl gagnent des parts de marché en février », www.cb-expert.fr, 17 mars 2019.

L'évolution du nombre de chômeurs entre 1975 et 2021, (en milliers)

Doc.3

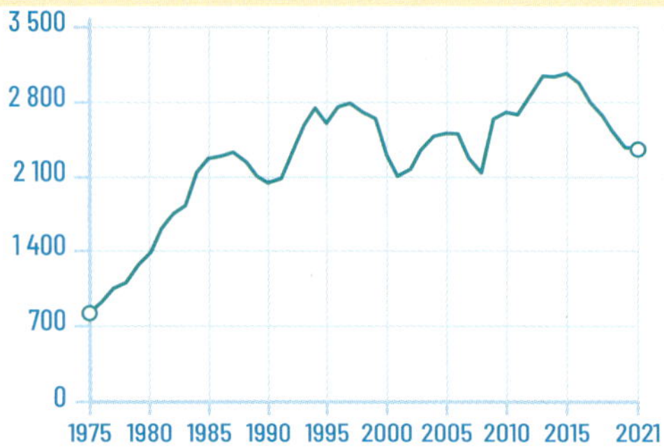

Doc.4

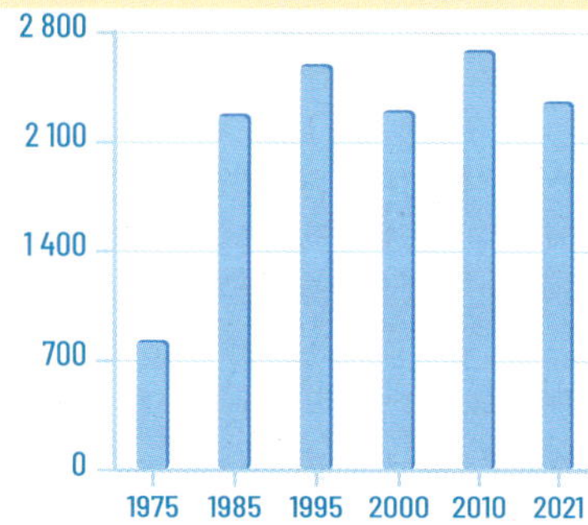

Champ : France hors Mayotte, personnes vivant en logement ordinaire, actives.
Lecture : en 2021, 2 365 000 personnes sont au chômage.

Source : Insee, enquête Emploi 2021, séries longues sur le marché du travail.

ÉTAPE 2 Lire un graphique

On identifie la tendance générale ou l'ensemble.

> EXEMPLE **Doc. 3 et 4.** En 1975, en France, on comptait 834 000 chômeurs contre 2 365 000 en 2021 soit une hausse de 183 %.

On repère ensuite les sous-périodes, les ruptures, les parts les plus importantes ou les plus faibles.

> EXEMPLE **Doc. 2.** E. Leclerc représente la plus grosse part de marché du circuit généraliste avec 21,4 % des ventes.

On identifie puis on compare les grandes périodes ou les données.

> EXEMPLE **Doc. 3 et 4.** Entre 1975 et 1997, le nombre de chômeurs augmente de 235 % malgré une baisse entre 1987 et 1990. Il connaîtra ensuite une période à la baisse pour atteindre 2 140 000 chômeurs en 2008 puis augmentera fortement jusqu'en 2015, date à laquelle on compte plus de 3 millions de chômeurs. Depuis la tendance est à la baisse.

EXERCICE 1 Lire un graphique de répartition

Taux d'inscription immédiate des bacheliers 2020 dans les différentes filières de l'enseignement supérieur (en %)

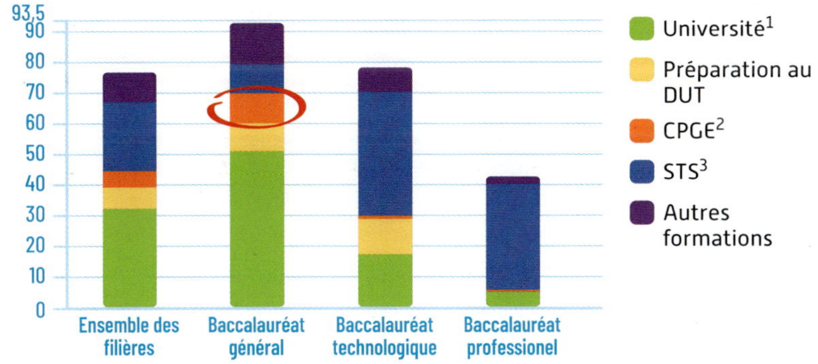

1. Hors inscription en CPGE et préparation au DUT.
2. Classe Préparatoire aux Grandes Écoles.
3. Section de Technicien Supérieur.

Champ : France métropolitaine et Drom.

Source : MESRI-DGESIP/DGRI-SIES.

1. Quel est le type de représentation graphique ? Pourquoi avoir choisi ce type de graphique ?
2. Faites une phrase qui donne le sens de la donnée entourée.
3. Quelles informations nous apporte ce graphique et où sont-elles inscrites ?
4. Quels constats tirez-vous de ce graphique ? Illustrez-les par des données chiffrées.

EXERCICE 2 Lire un graphique d'évolution

Évolution du taux d'emploi précaire[1] selon l'âge (en % de l'emploi)

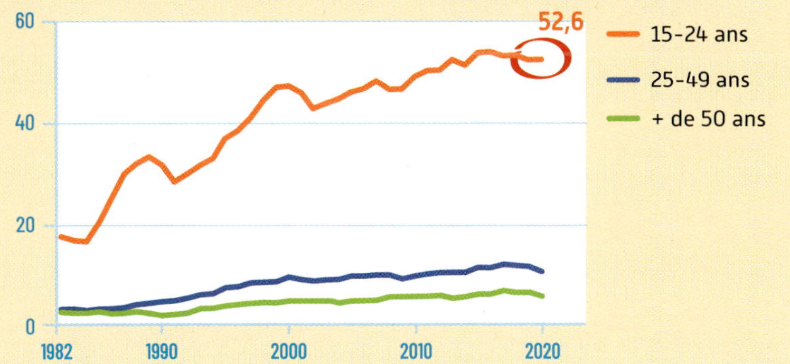

1. Part des intérimaires, CDD et apprentis rapportée à l'emploi total.

Source : Insee – © Observatoire des inégalités.

1. Faites une phrase qui donne du sens à la donnée entourée.
2. Quelle est la tendance générale de l'évolution de l'emploi précaire en France entre 1982 et 2020 ? Illustrez votre réponse.
3. Comparez l'évolution du taux de précarité selon l'âge.

EXERCICE 3 Comprendre un graphique combinant répartition et évolution

Les conséquences de la crise sanitaire sur l'activité économique des entreprises (en % des salariés)

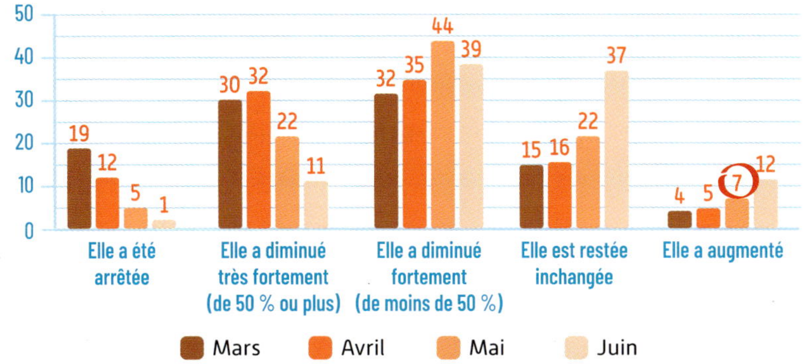

Champ : salariés du privé hors agriculture, particuliers employeurs et activités extraterritoriales ; France (hors Mayotte).

Lecture : au 31 mars, 19 % des salarié·es travaillent dans une entreprise où l'activité est arrêtée.

Source : Enquête *Acemo* Covid, 2020.

1. Pourquoi y a-t-il 4 bâtons pour chaque conséquence de la crise sanitaire sur les entreprises ?
2. Que représentent les bâtons de la couleur la plus foncée ?
3. Faites une phrase avec la donnée entourée.
4. Mettez en évidence les conséquences de la crise sanitaire sur l'activité économique des entreprises.

FICHE OUTIL 2

Lire un tableau à double entrée

Un tableau à double entrée est un document statistique permettant de **croiser deux variables** et de s'interroger sur la manière dont un phénomène évolue par rapport à une autre variable (ex : la réussite scolaire par rapport au milieu d'origine).

ÉTAPE 1 Identifier et comprendre le tableau

EXEMPLE

Objet — Variable en ligne — Variable en colonne — Cadre spatial — Unité

Salaire net moyen par âge selon la catégorie socioprofessionnelle en France (mensuel, euros)

	Cadres supérieurs	Professions intermédiaires	Ouvriers	Employés	Ensemble
Moins de 30 ans	2 592	1 910	1 581	1 500	1 730
30-49 ans	3 545	2 257	1 769	1 707	2 233
40-49 ans	4 495	2 464	1 841	1 772	2 581
50-59 ans	4 990	2 597	1 862	1 794	2 706
60 ans et plus	5 863	2 890	1 891	1 910	3 198
Ensemble	4 214	2 353	1 774	1 690	2 369

Salariés en équivalent temps plein du secteur privé.
Source : Insee, données 2018 ; Observatoire des inégalités.

Population concernée (**champ**) et date des données

Une lecture possible : en France, en 2018, les cadres supérieurs à temps plein du secteur privé de moins de 30 ans ont un salaire mensuel net moyen de 2 592 euros.

ÉTAPE 2 Sélectionner des données pour exploiter le document

On repère d'abord **l'ensemble** (voire les ensembles) si cela est donné, afin de dégager une tendance générale.

EXEMPLE En France en 2018, le salaire net moyen était de 2 369 euros par mois.

On repère ensuite **les données supérieures** et **inférieures** à l'ensemble pour préciser la lecture.

EXEMPLE

- En ligne : les cadres supérieurs ont un salaire plus élevé que la moyenne.
- En colonne : c'est après 40 ans que le salaire net mensuel dépasse le salaire net mensuel moyen de chaque catégorie.

On peut enfin formuler des constats et les illustrer.

EXEMPLE

- Grâce à la colonne « Ensemble » : Quelle que soit la catégorie sociale, plus on vieillit, plus le salaire augmente. Ainsi, les actifs de moins de 30 ans ont un salaire moyen net mensuel de 1 730 euros alors qu'à plus de 60 ans il atteint 3 198 euros soit 1,8 fois plus.
- Grâce à la ligne « Ensemble » : Quel que soit l'âge, plus la catégorie sociale est élevée, plus les salaires sont élevés. En effet, le salaire moyen d'un cadre est 2,6 fois plus élevé que celui d'un employé.
- Grâce au croisement des deux (données entourées) : Les écarts entre les mieux et les moins bien rémunérés se creusent avec l'âge. Pour les moins de 30 ans, le salaire d'un cadre est 1,7 fois supérieur à celui d'un employé alors qu'à 60 ans et plus, il est 3 fois plus élevé.

EXERCICE 1 Illustrer des constats par des données chiffrées

Usage des médias sociaux[1] et des wikis[2] selon la taille de la société (en %)

	Réseaux sociaux	Blogs et microblogs	Partage de contenu multimédia	Wikis, sites de partage
Société de 10 à 19 personnes	37	8	8	2
Société de 20 à 249 personnes	42	15	14	5
Société de 250 personnes ou plus	66	40	40	21
Ensemble	40	12	11	4

Source : Insee, enquête TIC 2017.

1. Au moins un profil sur un média social.
2. Site web collaboratif, au développement duquel les visiteurs peuvent participer par l'écriture de pages.

1. Quelles sont les deux variables du document ?
2. Faites une phrase avec la donnée entourée.
3. Que nous apprend la ligne ensemble ?
4. Ce constat est-il identique pour toutes les sociétés ? Illustrez votre réponse par l'utilisation de données.
5. Ce constat est-il valable pour tous les médias sociaux ? Illustrez votre réponse par des données chiffrées.
6. Faites un constat à partir de la colonne « réseaux sociaux ».

EXERCICE 2 Extraire des informations d'un tableau

L'origine sociale des élus locaux (en %)

	Conseillers municipaux	Conseillers communautaires[1]	Conseillers départementaux	Conseillers régionaux	Part dans la population
Agriculteurs	10,7	11,8	5,8	4,5	**1,3**
Artisans, commerçants, chefs d'entreprise	9,0	10,3	9,2	12,4	**6,5**
Cadres supérieurs	28,0	41,8	55,3	61,1	**19,8**
Professions intermédiaires	23,8	20,7	19,8	13,5	**25,6**
Employés	18,9	12,3	9,1	7,6	**26,5**
Ouvriers	9,6	3,2	0,7	1,0	**20,3**
Ensemble	**100**	**100**	**100**	**100**	**100**

Hors retraités et inactifs. Lecture : la part des ouvriers est de 9,6 % parmi les conseillers municipaux, alors qu'ils constituent 20,3 % de la population.

Source : ministère de l'Intérieur, données 2021 ; Observatoire des inégalités.

1. Les conseillers communautaires représentent les élus au sein des Établissements publics de coopération intercommunale (EPCI).

1. Présentez le tableau.
2. Que nous apprend la dernière colonne ?
3. Quelle est la catégorie sociale (PCS) la moins représentée parmi les élus locaux ?
4. Quelle est la PCS la plus représentée parmi les élus locaux ?
5. Quelle est la fonction de conseiller où les inégalités selon l'origine sociale sont les plus réduites ? Justifiez par des données du tableau.

FICHE OUTIL 3 Calculer et lire des proportions et des pourcentages de répartition

Une **proportion** est utile pour comparer deux grandeurs entre elles, notamment pour savoir quel est le poids de la partie sur le tout. En SES, on exprime souvent les proportions en pourcentage : ce sont les **pourcentages de répartition**.

Pourquoi calculer une proportion ?

EXEMPLE La classe de seconde A compte 12 filles et 24 garçons, la classe de seconde B, 10 filles et 10 garçons. Dans quelle classe y a t-il le plus de filles ? Dans quelle classe sont-elles le mieux représentées ?

▶ C'est dans la classe de seconde A qu'il y a le plus de filles (12 contre 10 en seconde B). Pourtant, par rapport à l'ensemble de la classe, c'est en seconde B que les filles sont les mieux représentées.

Pour justifier cela, il suffit de rapporter le nombre de filles au nombre total d'élèves dans chaque classe :

Seconde A : 12/36 = 1/3 = 0,33
Seconde B : 10/20 = 1/2 = 0,50

▶ On constate que la proportion de filles est plus importante dans la classe de seconde B. Une proportion est donc utile pour comparer deux grandeurs entre elles et savoir quel est le poids de l'une par rapport à l'autre.

ÉTAPE 1 Calculer une proportion (ou un pourcentage de répartition)

Proportion = sous-ensemble / ensemble

On peut exprimer les proportions en pourcentage et ainsi obtenir des « **pourcentages de répartition** » ; il suffit de multiplier la proportion obtenue par 100.

Proportion de 1/3 ou 0,33 = pourcentage de 33 %
Proportion de 1/5 ou 0,50 = pourcentage de 50 %

REMARQUE
Un pourcentage de répartition ne peut pas dépasser 100%, car 100% correspond à l'ensemble total. La partie ne peut pas être plus importante que l'ensemble total. Dit autrement, un pourcentage de répartition a une valeur comprise **entre 0 et 100 %**.

ÉTAPE 2 Lire une proportion (ou un pourcentage de répartition)

Il y a plusieurs manières de lire une proportion :

« La partie représente x % de l'ensemble total » ou « x % de l'ensemble total est la partie »

EXEMPLE « Les filles représentent 33 % des élèves dans la classe de seconde A. »
« 50 % des élèves sont des filles dans la classe de seconde B. »

Pour de grands ensembles, on peut lire la proportion pour 100 : « Sur 100 de l'ensemble total, x est la partie »

Par exemple : sur 100 Français, 29,5 sont âgés de moins de 25 ans au 1er janvier 2022.

ÉTAPE 3 Trouver la valeur d'un sous-ensemble

On peut trouver la valeur d'un sous-ensemble si on a le pourcentage de répartition et le total de l'ensemble :

Sous-ensemble = ensemble total × proportion

EXEMPLE Nombre de filles en seconde B = $20 \times 0{,}50$ (ou $\frac{1}{2}$ ou 50 %) = 10

ÉTAPE 4 Calculer l'écart entre deux proportions

Lorsqu'on calcule l'écart entre deux pourcentages de répartition, s'ils font référence au même ensemble, on exprime le résultat en pourcentage. Sinon, on obtient un écart en **points de pourcentage**.

EXEMPLE La part des filles de la seconde B est supérieure de 17 points de pourcentage à celle de la seconde A.

EXERCICE 1 Transformer les proportions en pourcentages

Traduisez en pourcentage les proportions suivantes.

1. 1/2
2. 1/4
3. 1/100
4. 0,67
5. 1/20
6. 0,12

EXERCICE 2 Calculer des parts

Répartition des recettes nettes de l'État en 2022 (en milliards d'euros)

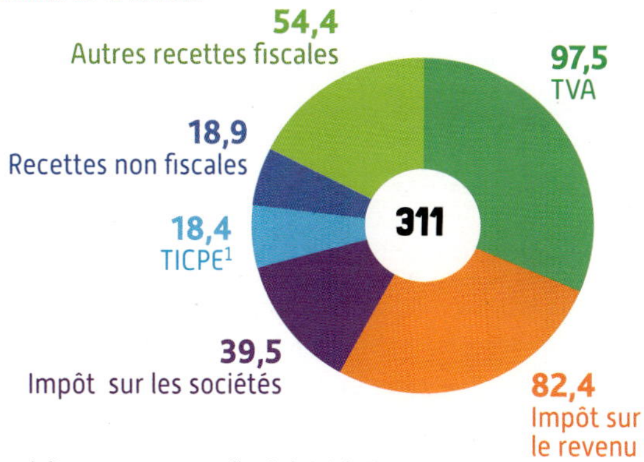

Source : lafinancepourtous.com d'après la Loi de Finances 2022.

1. Taxe intérieure de consommation sur les produits énergétiques.

1. Quelle est la valeur des recettes totales de l'État ?
2. Comment calculer la part des recettes représentée par la TVA ?
3. Calculez l'ensemble des parts des différentes recettes.
4. À quoi correspond la somme de l'ensemble des parts calculées à la question 3 ?

EXERCICE 3 Lire une évolution des parts

Évolution de la proportion de bacheliers dans une génération (en %)

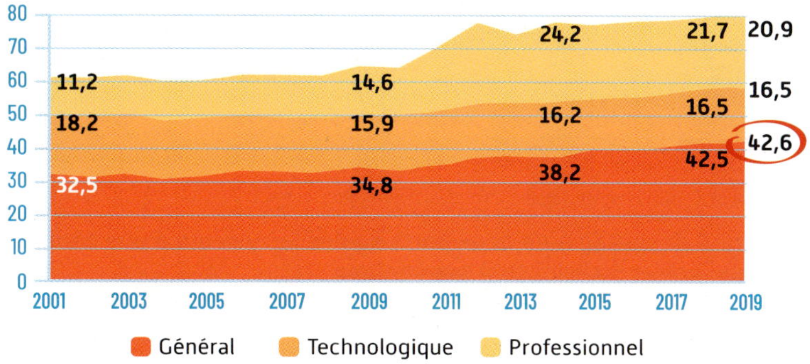

Champ : France hors Mayotte.
Sources : MENJS-MESRI-DEPP ; Insee ; calculs MENJS-MESRI-DEPP pour les effectifs de population.

1. Présentez le document.
2. Faites trois phrases avec la donnée entourée en utilisant les trois manières de lire un pourcentage de répartition.
3. En 2019, quelle est la part de bacheliers au total dans une génération ?
4. Comment peut-on lire de façon simple l'évolution de la proportion de bacheliers entre 2001 et 2019 ?

EXERCICE 4 Lire des parts et des écarts de parts

Part des femmes parmi les députés (en %)

	Part des femmes candidates	Part des femmes parmi les élus
1958	2,3	1,3
1978	16,3	4
1997	23,2	10,8
2017	42,4	38,7
2022	44,2	37,3

Source : Insee.

1. Que signifient les données pour 1958 ?
2. Quelle est la part des hommes députés en 2017 ?
3. Calculez l'écart entre la part des femmes députées en 1958 et leur part en 2022. Faites le même calcul pour les femmes candidates. Que peut-on en dire ?

FICHE OUTIL 4

Calculer des moyennes et une médiane

Analyser une série statistique peut être facilité par le calcul de la **moyenne** ou de la **médiane**.

ÉTAPE 1 Calculer une moyenne simple

Pour une série de *n* valeurs passant de x_1 à x_n, on calculera la **moyenne arithmétique simple** en additionnant toutes les valeurs de la série puis en divisant par le nombre de valeurs de la série :

$$\text{Moyenne arithmétique simple} = \frac{X_1+X_2+X_3+...+X_n}{n}$$

EXEMPLE Un élève a obtenu en SES les notes suivantes (12/20, 14/20, 11/20, 17/20) au cours du précédent trimestre. Sa moyenne trimestrielle est de 13,5/20.

$$\text{Moyenne} = \frac{12+14+11+17}{4} = 13{,}5$$

Le calcul d'une moyenne simple donne à toutes les valeurs le même « poids ».

ÉTAPE 2 Calculer une moyenne pondérée

Pour une série de *n* valeurs ayant un poids ou une pondération différents, il faudra alors calculer la **moyenne arithmétique pondérée** en additionnant chaque valeur multipliée par son coefficient de pondération puis en divisant par la somme des coefficients.

$$\text{Moyenne artihmétique pondérée} = \frac{(X_1 \times C_1) + (X_2 \times C_2) + (X_3 \times C_3) + ... + (X_n \times C_n)}{C_1 + C_2 + C_3 + ... + C_n}$$

Le calcul d'une moyenne pondérée donne un poids plus ou moins important aux différentes valeurs de la série.

EXEMPLE Un élève a obtenu en SES les notes coefficientées suivantes (12/20 coefficient 1, 14/20 coefficient 2, 11/20 coefficient 4, 17/20 coefficient 1) au cours du précédent trimestre. Sa moyenne trimestrielle est de 12,6/20.

$$\text{Moyenne pondérée} = \frac{(12 \times 1)+(14 \times 2)+(11 \times 4)+(17 \times 1)}{8} = 12{,}6$$

ÉTAPE 3 Calculer une médiane

La médiane est une valeur statistique permettant de partager en deux parts égales les valeurs d'une série statistique. Ainsi, 50 % des valeurs sont inférieures à la médiane et 50 % lui sont supérieures.

Soient *n* observations dans une série statistique. On range ces observations dans l'ordre croissant : $x_1, x_2, x_3, ..., x_p, ...x_n$.

Si *n* est pair, la médiane est le centre de l'intervalle $[x_p ; x_{p+1}]$.

Si *n* est impair, la médiane est la valeur prise par x_p avec $p = \frac{n+1}{2}$

La lecture d'une médiane peut se faire « par le haut » (c'est la valeur maximale atteinte pour la première moitié de la série) ou « par le bas » (c'est valeur minimale atteinte pour la deuxième moitié de la série).

EXEMPLE Un élève a obtenu en SES les notes suivantes (12/20, 14/20, 11/20, 17/20) au cours du précédent trimestre. Sa note médiane est de 13/20.
Ainsi, 50 % des notes de cet élève sont inférieures à 13, la médiane, et 50 % des notes sont supérieures à 13.

REMARQUES

✓ La moyenne, simple ou pondérée, ne renseigne pas sur la manière dont les valeurs se répartissent dans l'ensemble qu'elle est supposée refléter. Une même moyenne peut exprimer des répartitions de valeurs différentes avec beaucoup de valeurs extrêmes ou, au contraire, des valeurs se concentrant autour de la moyenne. Il faut donc être vigilant dans l'interprétation d'une moyenne.

✓ Ne pas confondre la moyenne et la médiane. Ces deux valeurs sont le plus souvent différentes car la première est sensible aux valeurs extrêmes dans un ensemble, à la différence de la médiane.

EXERCICE 1 Calculer une moyenne et une médiane

Voici le montant de l'argent de poche mensuel reçu par les élèves de l'équipe de basket d'une AS de lycée :
Quentin : 10 € ; Louise : 20 € ; Karim : 15 € ;
Arthur : 30 € ; Sarah : 20 € ; Carmen : 15 €

1. Quel est le montant moyen d'argent de poche mensuel reçu par les élèves de l'équipe ?
2. Quel est le montant médian d'argent de poche versé aux joueurs de l'équipe ?

EXERCICE 2 Calculer une moyenne simple et une moyenne pondérée

Voici les résultats obtenus par Axel en classe de première.

	Note obtenue	Coefficient de la matière
Français	12	5
Histoire-Géographie	13	3
Enseignement moral et civique	7	1
Mathématiques	11	3
Langue vivante A	16	3
Langue vivante B	15	3
Éducation physique et sportive	9	1
Enseignement scientifique	14	3
Spécialité n° 1	13	8
Spécialité n° 2	18	8
Spécialité n° 3	17	8

1. Calculez la moyenne trimestrielle non pondérée d'Axel.
2. Calculez la moyenne trimestrielle pondérée d'Axel.
3. Que constatez-vous ?

EXERCICE 3 Calculer des moyennes

Voici la répartition des salaires mensuels versés dans une entreprise spécialisée en informatique selon l'emploi et la qualification des salariés.

	Opérateurs de maintenance réseau		Programmeurs	
	Non qualifiés	Qualifiés	Non qualifiés	Qualifiés
Nombre de salariés	10	20	5	35
Salaire mensuel (en euros)	1 500	2 500	2 000	3 800

1. Calculez le salaire moyen des opérateurs de maintenance réseau.
2. Calculez le salaire moyen des programmeurs.
3. Calculez le salaire moyen dans l'entreprise.

EXERCICE 4 Comparer moyenne et médiane

Montants de patrimoine net début 2018

	Répartition des ménages (en %)	Moyenne (en euros)	Médiane (en euros)
Moins de 30 ans	9,0	38 500	12 700
30-39 ans	14,8	129 200	51 400
40-49 ans	17,6	219 900	106 600
50-59 ans	16,9	299 700	171 500
60-69 ans	19,0	315 200	194 300
70 ans ou plus	22,7	305 500	182 100
Ensemble	100,0	?	117 000

Insee, *Revenus et patrimoine des ménages*, édition 2021.

1. Donnez la signification des données de la ligne des moins de 30 ans.
2. Calculez la moyenne pour l'ensemble.
3. Faites une phrase donnant la signification de la médiane pour l'ensemble.
4. Pourquoi le patrimoine moyen est-il supérieur au patrimoine médian quel que soit l'âge ?

FICHE OUTIL 5 Mesurer des variations relatives

Pour mesurer l'**évolution d'une grandeur**, on peut calculer sa **variation relative**, plus parlante et souvent plus pertinente que sa variation absolue.

Trois outils spécifiques sont utilisés pour mesurer de manière relative les variations : le taux de variation, le coefficient multiplicateur et l'indice.

EXEMPLE Il y a 400 élèves de plus en 2022 dans les lycées Bleu et Vert qu'en 2017. Mais la progression n'est pas la même car le lycée Vert a vu son nombre d'élèves doubler alors que le nombre d'élèves du lycée Bleu n'a augmenté que d'un tiers.

Nombre d'élèves	2012	2017	2022
Lycée Bleu	1 000	1 200	1 600
Lycée Vert	350	400	800

1 Calculer et interpréter un taux de variation

Le taux de variation permet d'exprimer à l'aide d'un pourcentage la variation d'une grandeur entre deux dates.

Taux de variation (T) = $\frac{Va-Vd}{Vd} \times 100$

On notera : *Vd* pour la valeur de départ, *Va* pour la valeur d'arrivée.

EXEMPLE Taux de variation du nombre d'élèves du lycée Bleu entre 2017 et 2022.

Taux de variation $= \frac{Va-Vd}{Vd} \times 100 = \frac{1600-1200}{1200} \times 100 = 33{,}3$

Entre 2017 et 2022, le nombre d'élèves du lycée Bleu a augmenté de 33,3 %.

2 Calculer et interpréter un coefficient multiplicateur

Lors d'une forte augmentation (par exemple + 358 %) il est plus pratique d'utiliser le coefficient multiplicateur (multiplication par 4,58) pour exprimer une variation relative.

Coefficient multiplicateur (CM) = $\frac{\textit{Valeur d'arrivée (Va)}}{\textit{Valeur de départ(Vd)}}$

Le coefficient multiplicateur, toujours positif, n'a pas d'unité.

EXEMPLE Coefficient multiplicateur de la variation du nombre d'élèves du lycée Vert entre 2012 et 2022.

Coefficient multiplicateur $= \frac{(Va)}{(Vd)} = \frac{800}{350} = 2{,}3$

Entre 2012 et 2022, le nombre d'élèves du lycée Vert a été multiplié par 2,3.

3 Calculer et interpréter un indice d'évolution

Lorsqu'une grandeur varie sur une période longue ou lorsque l'on souhaite comparer l'évolution de phénomènes dont les dimensions sont différentes, on utilise l'indice d'évolution.

Indice d'évolution (I) =

$\frac{\text{Valeur recherchée en indice}}{\text{Valeur en année de base}} \text{ x base}$

(Base = 100 la plupart du temps)

La valeur en année de base sera **la même** pour les différents indices de la même série.

EXEMPLE Indice d'évolution du nombre d'élèves du lycée Bleu entre 2012 et 2017 puis entre 2012 et 2022. Année de référence 2012, base = 100

Indice 2017 $= \frac{1200}{1000} \times 100 = 120$

Indice 2022 $= \frac{1600}{1000} \times 100 = 160$

S'il y avait 100 élèves dans le lycée Bleu en 2012, alors il y en aurait 120 en 2017 et 160 en 2022.